파이썬 딥러닝으로 시작하는 이상 징후 탐지

Beginning Anomaly Detection Using Python-Based Deep Learning

Sridhar Alla · Suman Kalyan Adari 지음

박기웅 · 김준섭 옮김

역자소개

박기웅

세종대학교 정보보호학과 교수
국가보안기술연구소 연구원
Microsoft Research, Graduate Fellow
정보보호학회 상임이사
KAIST 전기및전자공학과 박사
관심분야: 시스템보안, 디지털포렌식, AI보안, 침해대응

김준섭

㈜이스트시큐리티 부사장
충북대학교 컴퓨터공학과 학사
미래 보안기술 포럼, AI 보안 산업 포럼 전문 위원
관심분야: 시스템 보안, 엔드포인트 보안, 클라우드 보안, 악성코드 분석

파이썬 딥러닝으로 시작하는 이상 징후 탐지

Beginning Anomaly Detection Using Python-Based Deep Learning

Sridhar Alla · Suman Kalyan Adari 지음 | 박기웅 · 김준섭 옮김

Apress®

도서출판 홍릉

Beginning Anomaly Detection Using Python-Based Deep Learning

With Keras and PyTorch

by Sridhar Alla, Suman Kalyan Adari

First published in English under the title
Beginning Anomaly Detection Using Python-Based Deep Learning: With Keras and PyTorch
by Sridhar Alla and Suman Adari, edition: 1

파이썬 딥러닝으로 시작하는 이상 징후 탐지

인 쇄: 2021년 9월 15일 초판 1쇄
발 행: 2021년 9월 24일 초판 1쇄

역 자: 박기웅, 김준섭
발행인: 송 준
발행처: 도서출판 홍릉
주 소: 01093 서울시 강북구 인수봉로 50길 10
등 록: 1976년 10월 21일 제5-66호

전 화: 02-999-2274~5, 903-7037
팩 스: 02-905-6729
e-mail: hongpub@hongpub.co.kr
http://www.hongpub.co.kr
ISBN: 979-11-5600-878-1(93000)

정 가: 37,000원

CONTENTS

CONTENTS

CHAPTER 03

딥러닝소개

CHAPTER 04

오토인코더(Autoencoder)

CHAPTER 05

볼츠만 머신(Boltzmann Machine)

CONTENTS

CHAPTER 08 이상 징후 탐지의 실제 사용 사례

APPENDIX A 케라스(Keras) 소개

CONTENTS

APPENDIX B

파이토치 소개

저자에 대하여

스리다르 알라(Sridhar Alla)는 루웨일(Bluewhale)의 공동 설립자이자 CTO로, 다양한 조직이 AI 기반의 빅데이터 솔루션과 분석 솔루션을 구축하는 데 도움을 주고 있습니다. 그는 이 책을 저술한 저자이자 스트라타(Strata), 하둡 월드(Hadoop World), 스파크 서밋(Spark Summit)에서 다양한 발표를 하기도 하였으며, 대규 모 컴퓨팅 및 분산 시스템에 대한 여러 특허를 미국 특허청에 출원 했습니다.

그는 스파크(Spark), 플링크(Flink), 하둡(Hadoop), AWS, 애저(Azure), 텐서플로(Tensorflow), 카산드라(Cassandra) 등 여러 기술에 대한 실무 경험이 풍부합니다. 2019년3월 스트라타(Strata SFO)에서 딥러닝을 이용한 이상 징후 탐지에 대한 사례발표를 했으며, 2019년 10월에는 스트라타 런던(StrataLondon)에서 발표를 했습니다.

스리다르는 인도 하이데라바드에서 태어났고 지금은 아내 로지와 딸 에블린과 함께 뉴저지에서 살고 있습니다. 그는 코드를 작성할 때가 아니면, 가족과 함께 시간을 보내는 것을 좋아합니다.

그와 이메일(sid@bluewale.one)이나 링크드인(www.linkedin.com/in/sridhar－a－1619b42/)을 통해 소통할 수 있습니다.

수만 칼얀 아다리(Suman Kalyan Adari)는 플로리다 대학교에서 컴퓨터 과학 학사 과정을 이수하고 있는 학생입니다. 1학년 때부터 사이버 보안 분야에서 딥러닝 연구를 진행했으며, 2019년 6월 미국 오리건 주 포틀랜드에서 열린 IEEE DSN(IEEE Dependable Systems and Networks) 워크샵에서 신뢰할 수 있고 안전한 머신러닝 기법에 대해 논문 발표를 하기도 하였습니다.

그는 딥러닝에 매우 깊은 관심을 가지고 있어, 비디오 처리, 이미지 인식, 이상 징후 탐지, 적대적 표적 공격 등 다양한 분야에서의 실용적인 딥러닝 적용기법에 대해 연구를 하고 있습니다.

그와 이메일(sumank.adari@yah oo.com 또는 sadari@ufl.edu)을 또는 링크드인(www.linkedin.com/in/suman－kalyan－adari/)을 통해 소통할 수 있습니다.

기술 검토자에 대하여

조조 물라일(Jojo Moolayil)은 인공지능 전문가로 머신러닝, 딥러닝, IoT에 관 한 세권의 책을 출판했습니다 . 현재 AWS(Amazon Web Services)의 밴쿠버 BC 사무실에서 AI 연구 과학자로 일하고 있습니다.

그는 인도의 푸네에서 태어나고 자랐으며, 푸네대학에서 정보기술 공학을 전공했습니다. 문제 해결과 데이터 기반 의사 결정에 대한 열정으로 그는 세계 최대의 퓨어-플레이 분석 업체인 Mu Sigma Inc.에서 경력을 쌓기 시작했습니다.

여기서 그는 의 료 및 통신 대기업의 복잡한 문제를 해결하기 위한 머신러닝 및 의사결정 과학 솔루션을 개발하는 일을 담당했습니다. 이후 플뤼투라(Flutura, IoT 분석 스타트업) 및 제너럴 일렉트릭(General Electric)에서 인공지능 솔루션 개발 부서를 총괄하였습니다. 그는 현재 AWS에서 클라우드에서 발생가능한 부정행위를 방지하고 고객의 결제 환경을 개선하기 위한 대규모 AI 솔루션을 연구하고 개발하는 일을 담당하고 있습니다. 또한 주요 출판사의 기술 검토자이자 AI 컨설턴트로 활동하고 있으며 머신러닝, 딥러닝, 비즈니스 분석 등에 관한 십여 권의 책을 감수하였습니다.

아래의 다양한 채널을 통해 그와 소통할 수 있습니다.

- www.jojomoolayil.com/
- www.linkedin.com/in/jojo62000
- https://twitter.com/jojo62000

사티아지트 패트닉(Satyajit Pattnaik)은 데이터 과학 분야에 서 약 8년간 전문 지식을 쌓아온 선임 데이터 과학자입니다. 그는 데이터의 심도 있는 분석을 통해 의미있는 정보와 인사이트를 도출하는데 많은 관심을 갖고 있습니다. 그는 데이터 추출에서 부터 최종 데이터 분석을 통해 도출한 인사이트를 얻기까지의 전 과정에 대한 다양한 경험을 보유하고 있습니다.

감사의 글

스리다르 알라(Sridhar Alla)

저는 이 책을 집필하는 여러 달 동안 사랑과 인내심을 보여 준 멋지고 사랑스러운 아내 로지 사르카리아와 아름답고 사랑스런 딸 이블린에게 감사 드립니다. 또한 저는 부모님인 라비와 라크슈미 알라께서 저에게 베풀어주신 축복과 관심, 그리고 격려에 감사 드립니다.

수만 칼얀 아다리(Suman Kalyan Adari)

저의 생애 첫 책을 쓰는 동안 저를 응원해주신 부모님 크리슈나와 조티, 그리고 나의 사랑하는 반려견 핑키에게 감사드립니다. 특히, 그래프 작성, 교정, 편집, 코드 샘플 테스트에 도움을 주신 누이 니하에게 감사드립니다.

소개

딥러닝과 딥러닝을 이용한 흥미로운 이상 징후 탐지 세계로의 여행을 환영합니다.

이상 징후 탐지는 정상 동작 또는 예상 동작이 아닌 패턴을 찾는 것입니다. 기업들은 비정상 적인 사건으로 인해 수백만 달러의 손해를 입을 수 있으며, 기업 뿐만 아니라 소비자들도 예외는 아닙니다. 예를 들어, 여러분의 은행 계좌가 해킹 되어 무단 인출 되는 사태가 벌어질 수도 있고, 건물의 수도관이 파열되어 지하실이 침수되거나, 공항의 관제시스템에 이상 통신이 발생하여 해당 공항을 기점으로 하는 모든 항공편이 오랫동안 지연되는 문제가 생길 수도 있습니다. 또한 여러분의 건강 검진에 있어 진단이 잘못되거나 아예 진단이 안되는 경우가 발생할 수 있는데, 이는 우리의 생명에 직접적인 영향을 미칠 수 있습니다.

이 책에서는 이상 징후 탐지를 이용하여 우리 주변에서 발생 가능한 다양한 문제를 해결하는 방법에 대해서 알아볼 것입니다. 이상 징후 탐지 기술이 우리의 실행활에서 어떻게 활용될 수 있는지 살펴볼 것입니다. 모든 활용 사례는 다양한 변수가 있기 때문에 단순히 코드를 복사하여 붙여넣는 것으로 모든 이상 징후를 완벽히 탐지할 수 있는 성공적인 모델을 만들 수는 없지만, 이 책에서는 가능성과 개념에 대한 이해를 돕기 위해서, 실제로 코딩을 해보면서 익힐 수 있는 다양한 활용 사례를 다루고 있습니다, 파이썬(Python)은 다양한 패키지 및 사이킷런(Scikit－learn), 딥러닝 라이브러리 등과 통합되어 있는 데이터 과학에 가장 적합한 언어이기 때문에 이 책에서는 파이썬을 실습 언어로 사용하고 있습니다. 우리는 이상 징후 탐지가 무엇인지 소개하는 것을 시작으로 수십 년 동안 이상 징후 탐지 분야에서 사용된 기존의 기법들을 살펴볼 것입니다. 그리고 나서 맛보기로 딥러닝을 이상징후 탐지에 활용하기 위한 기법을 살펴볼 것입니다.그런 다음 우리는 모델 생성에 활용할 수 있는 오토인코더(autoencoder)와 변이형 오토인코더(variational autoencoder)를 살펴볼 것입니다.또한, 우리는 이상 징후를 탐지하는 방법으로 RBM(Boltzmann machine)을 살펴볼 것입니다. 그런 다음 LSTM(long short－term memory) 모델을 통해 시계열 데이터를 어떻게 처리하여 이상징후에 활용할 수 있는 지 살펴볼 것입니다.우리는 시계열 데이터의 이상 징후 탐지에 있어서 TCN(Temporal Convolutional Networks) 을 살펴보고, 마지막으로 다양한 비즈니스 사용 사례에서 이상 징후를 탐지하는 몇 가지 사례를 살펴볼 것입니다. 또한, 부록에서는 가장 인기 있는 두 가지 딥러닝 프레임워크인 케라스(Keras)와 파이토치(PyTorch)도 자세히 다룰 것입니다.

주피터 노트북(Jupeter Notebook)기반의 연습을 통해 이 모든 광범위한 지식을 실제 코딩과 결합하여 직접 경험하고 이러한 알고리즘과 프레임워크를 어디서 사용할 수 있는지 알게될 것입니다.

딥러닝의 세계에 온 것을 환영하며, 행운을 빕니다!

역자 서문

그야말로 '머신러닝 열풍'이라는 생각이 듭니다. 한때 '머신러닝'이라는 키워드가 인공지능 학문 분야의 한 기술 분야로 여겨졌던 것이 무색할 정도로 현재 머신러닝 기술은 IT 전공자의 기본 교양이 되었을 뿐만 아니라 정치, 사회, 문화를 포함해 산업 전반에 큰 영향을 주고 있습니다. 코로나 팬데믹으로 우리 주변의 업무환경이 급격히 변하고 있는데, 그 변화 중 하나가 비대면 시대에 발맞춘 업무 자동화라고 생각합니다. 업무 자동화를 실현하기 위해서는 상황을 파악해야 하고, 상황을 파악하기 위해서는 여러 센싱된 데이터를 해석할 수 있어야 합니다.

상황을 파악하는 관점에서, 이 책에서 다루는 '이상징후 감지(Anomaly Detection)'는 말 그대로 이상한 상황을 탐지하기 위한 기법입니다. 이 책은 이상징후 탐지 기술의 개념 및 적용 가능 분야 모색 등의 '기술 경영자적 관점'의 내용부터, 예제 코드 및 데이터와 함께하는 실습을 통한 이상징후 감지 기법의 소프트웨어적 이해와 실질적 활용 가능성을 알아보는 '엔지니어 관점'의 내용까지 폭 넓은 영역을 다루고 있습니다.

특히 이 책은 통계적 기법을 기반으로 한 기존의 이상징후 탐지 기법부터, 딥러닝을 활용한 이상징후 탐지 기법을 함께 다루기에 각 기법의 한계점과 가능성을 생각해 볼 수 있도록 내용이 구성되었고, 복잡한 수식적 이해를 바탕으로 한 기술의 이해보다는 제공되는 코드를 직접 실행하고 데이터가 처리되는 프로그램의 실행 과정 및 그에 따른 실질적인 활용 사례를 체험해 볼 수 있도록 하여, '기술 적용 관점'에서의 고찰을 할 수 있도록 하였다는 점에서 본 책은 읽어볼 충분한 가치가 있다고 생각합니다. 또한, 지금과 같은 사회 및 기술의 변화 기로에 있어 많은 인사이트와 안목을 여러분에게 줄 수 있으리라 확신합니다.

이 책은 머신러닝 테크닉을 배우고 구현하는데 가장 최적의 언어로 인식되고 있는 파이썬 언어 및 머신러닝을 위한 파이썬 라이브러리에 있어 많이 활용되고 있는 케라스 및 파이토치를 기반으로 실습이 구성되어 있습니다. 또한 부록으로 케라스 및 파이토치의 활용기법을 다루기에, 독자입장에서 이 책을 통해 습득한 내용의 확장 및 실무 적용에 따른 개념 검증에서도 매우 수월할 것입니다.

이 책이 나오기까지 많은 분의 도움이 있었습니다. 특히 김준섭 역자님은 이스트시큐리티에서 보안 시스템 개발 및 악성코드 분류에 있어 이상징후 탐지 기술을 다양하게 활용하고 있기에 남다른 시각으로 이 책의 번역을 함께 할 수 있었습니다. 번역된 책은 번역자만 있다고 출판이 될 수는 없습니다. 이 책을 번역할 기회를 준 홍릉출판사의 송성환 부장님과 부족한 번역 원고를 교정해주고 편집해준 박찬혁 님께 감사드립니다. 마지막으로 언제나 믿음과 사랑으로 저에게 무한한 힘을 주시는 부모님과 헌신과 사랑으로 지원해준 아내 영경이와 사랑스러운 두 딸 서현이와 규리에게 끝없는 사랑과 감사를 전합니다.

박 기 웅

CHAPTER

01

이상 징후 탐지(Anomaly Detection)란 무엇인가?

이 장에서는 일반적으로 이상 징후가 무엇을 말하는지, 이상 징후의 범주 및 이상 징후 탐지에 대해 설명합니다. 또한 이상 징후 탐지가 중요한 이유와 이상 징후를 탐지하는 방법, 그리고 이상 징후 탐지 적용 사례에 대해 알아봅니다.

간단히 말해서, 이 장 전체에 걸쳐서 다음 주제를 다룰 것입니다.

- 이상 징후란 무엇인가?
- 이상 징후의 다양한 범주
- 이상 징후 탐지란 무엇인가?
- 이상 징후 탐지 기능은 어디에서 사용되는가?

이상 징후란 무엇인가?

이상 징후 탐지에 대해 배우기 전에 먼저 이상 징후 탐지를 통해 성취할 목표를 정확히 정의해야 합니다. 일반적으로 이상 징후는 예상되는 것에서 벗어나는 결과나 값을 의미하지만, **이상 징후**임을 판단하는 정확한 기준은 상황에 따라 다를 수 있습니다.

이상 징후 백조들

이상 징후가 무엇인지 더 잘 이해하기 위해서, 호수 옆에 앉아 있는 백조 몇 마리를 살펴보겠습니다(그림 1–1).

그림 1–1. 호수 옆에 있는 백조 두 마리

여러분은 이 백조를 관찰하여 백조의 색은 무엇인지 가정하려고합니다. 여러분의 목표는 백조의 정상적인 색이 무엇인지를 결정하고 다른 색의 백조가 있는지 확인하는 것입니다(그림 1−2).

그림 1-2. 수 많은 백조가 있고, 색이 흰 백조만 존재

백조가 더 많이 나타나는데, 흰색이 아닌 백조를 본 적이 없다는 점을 고려하면, 이 호수의 모든 백조가 흰색이라고 보는 것이 타당해 보입니다. 이 백조들을 계속 관찰해 볼까요?

그림 1-3. 수 많은 백조 중에 검은 백조가 나타남

이게 뭐죠? 이제 여러분은 검은 백조가 나타나는 것을 볼 수 있습니다(그림 1−3). 하지만 어떻게 그럴 수 있을까요?

이전의 모든 관찰을 고려해 볼 때, 여러분은 다음 백조도 흰색일 것이라고 가정할 만큼 백조를 충분히 봤습니다. 하지만, 여러분이 보는 검은 백조는 그것을 완전히 무시하고 이상 징후를 만듭니다. 정말 큰 백조나 아주 작은 백조는 그렇게 특이한 것은 아니지만, 완전히 다른 색의 백조는 이상 징후입니다. 이 시나리오에서는 백조의 압도적 다수가 흰색이므로 검은 백조는 극히 드뭅니다.

즉, 호숫가에 백조가 있다면 검은색일 확률은 매우 작습니다. 여러분은 검은 백조를 두 가지 방법 중 하나를 사용하여 이상 징후로 분류하는 이유를 설명할 수 있습니다. 단, 이 두 가지 방법에만 국한된 것은 아닙니다.

첫째로, 이 특정한 호수에서 관찰되는 백조의 대부분이 흰색이라는 것을 고려하면, 귀납적 추론과 유사한 과정을 통해 백조의 정상적인 색은 흰색이라고 가정할 수 있습니다. 당연히, 여러분은 지금까지 흰색 백조만 보았다는 것을 고려했을 때, 모든 백조가 흰색이라는 이전의 가정에 근거하여 검은 백조를 이상 징후로 분류할 것입니다.

검은 백조가 왜 이상 징후인지를 살펴볼 수 있는 다른 방법은 확률입니다. 이 거대한 호수에 총 1,000마리의 백조가 있고 이 중에서 두 마리만 검은 백조라고 가정하면, 백조가 검은 색일 확률은 2/1000 또는 0.002입니다. 정상으로 받아들여질 결과나 사건의 가장 낮은 확률을 의미하는 확률 임계값에 따라 검은 백조는 이상 징후이거나 정상으로 분류될 수 있습니다. 여러분의 경우, 이 호수에서의 극단적인 희귀성 때문에 검은 백조를 이상 징후로 생각할 것입니다.

데이터 포인트로서의 이상 징후

이와 같은 개념을 실제 애플리케이션으로 확장해 보겠습니다. 다음 예에서는 나사를 생성하는 공장을 살펴보고 이 상황에서 어떤 이상 징후가 발생할 수 있는지 확인하려고 합니다. 공장에서는 대량의 나사 묶음을 생산하고, 각 나사 묶음의 샘플을 검사하여 일정 수준의 품질을 유지하도록 합니다. 각 표본에 대해 밀도와 인장 강도(스트레스 상태에서 나사가 얼마나 잘 견디는지)가 측정된다고 가정합니다.

그림 1−4는 각 표본의 밀도와 인장강도 측정치를 나타내는 데이터 포인트와 허용되는 밀도와 인장 강도의 범위를 나타내는 점선으로 구성된 예제 그래프입니다.

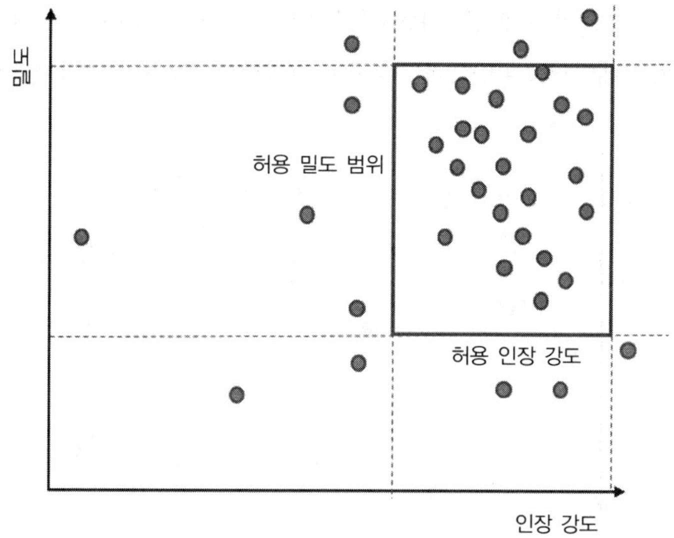

그림 1-4. 나사 표본 묶음의 밀도와 인장 강도

점선의 교차점은 데이터 포인트를 포함하는 여러 다른 영역을 만듭니다. 관심사는 두 점선의 교차점에서 생성된 경계 상자(실선)입니다. 이 상자에는 허용 가능한 것으로 간주되는 표본의 데이터 포인트가 포함되어 있기 때문입니다(그림 1-5). 이 상자 외부에 있는 모든 데이터 포인트는 이상 징후로 간주됩니다.

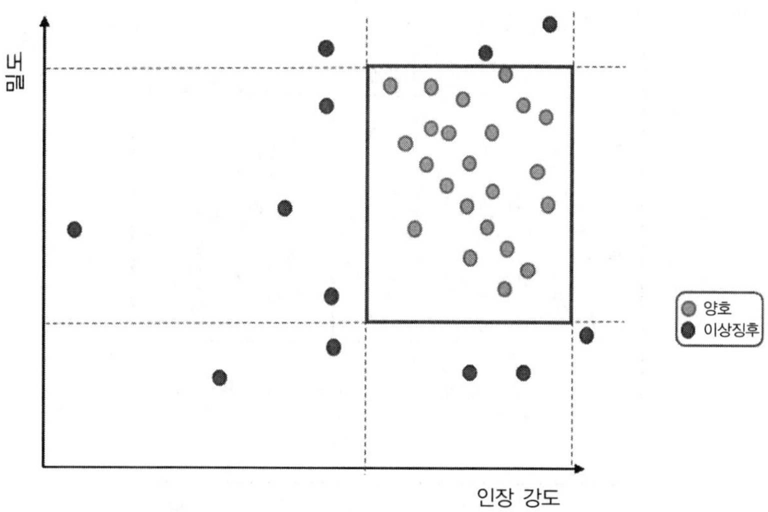

그림 1-5. 데이터 포인트는 위치에 따라 양호 또는 이상 징후로 식별

여러분은 이제 포인트가 무엇이고 허용범위의 의미를 알 수 있습니다. 새 나사 묶음에서 샘플을 선택하고 해당 데이터를 확인하여 그래프에 표시되는 확인해 보겠습니다.(그림 1−6).

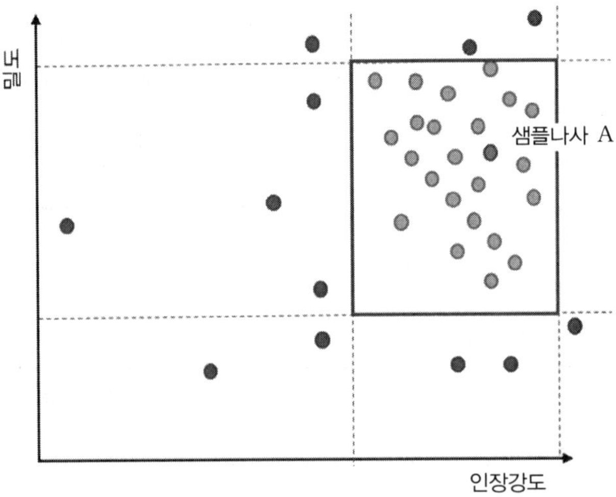

그림 1-6. 새 샘플 나사를 나타내는 새 데이터 포인트가 생성되고 데이터가 경계 상자 안에 들어감

이 샘플 나사에 대한 데이터가 허용 범위 내에 있습니다. 즉, 나사의 밀도와 인장 강도가 소비자가 사용하기에 적합하기 때문에 사용하기에 좋다는 것을 의미합니다. 이제 다음 나사 묶음의 샘플을 살펴보고 해당 데이터를 확인합니다(그림 1−7).

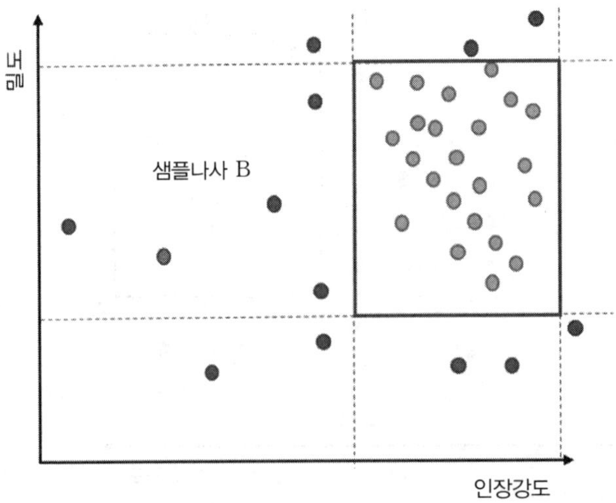

그림 1-7. 다른 표본에 대해 새 데이터 포인트가 생성되지만, 이 데이터 포인트는 경계 상자 밖에 있음

반면, 샘플나사 B에 대한 데이터는 허용 범위를 훨씬 벗어납니다. 밀도는 정상이나, 인장강도가 허용범위에 들지 않아 사용하기에 부적합합니다. 이상 징후로 표시되었기 때문에 공장에서는 이 나사 묶음이 부서지기 쉬운 이유를 조사할 수 있습니다. 상당한 규모의 공장인 경우, 높은 품질 기준을 유지하는 것뿐만 아니라 소비자 수요를 따라잡기 위해 높은 생산량을 유지하는 것이 중요합니다. 이와 같은 경우, 결함이 있는 나사를 출하하지 않기 위해 이상 징후를 탐지하는 자동화는 필수적이며 확장성이 매우 뛰어나다는 장점이 있습니다.

지금까지 검은 백조의 경우 제자리에 있지 않거나, 나사에 결함이 있는 경우에는 원하지 않는 데이터 포인트로 이상 징후를 조사했습니다. 그렇다면 시간을 새로운 변수로 도입하면 어떻게 될까요?

시계열의 이상 징후

시간이 변수로 도입되면서 이제 데이터 세트와 관련된 시간적 연관성을 다룰 수 있게 됩니다. 이것은 타임스탬프를 기반으로 특정 패턴이 나타날 수 있다는 것을 의미합니다. 그래서 여러분은 매달 일어나는 현상들을 볼 수 있습니다. 시계열 기반 이상 징후를 더 잘 이해하기 위해 임의의 사람을 데리고 임의의 달에 대한 지출 습관을 살펴보겠습니다(그림 1–8).

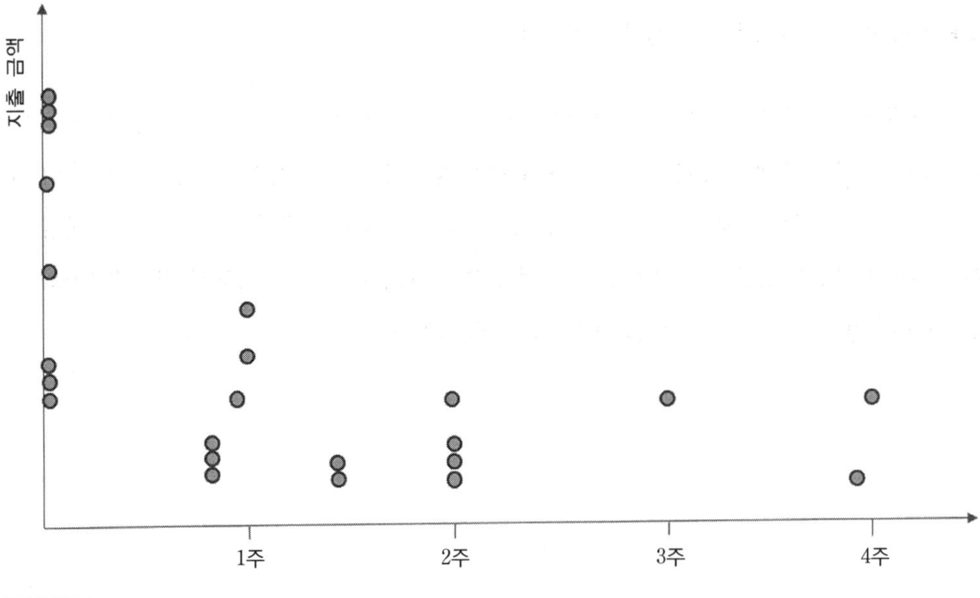

그림 1–8. 한 달 동안 한 사람의 소비습관

월초에 지출이 급증한 것은 임대료나 보험과 같은 청구서의 지불 때문이라고 가정합니다. 평일에는 가끔 외식을 하고 주말에는 식료품이나 옷, 등 여러 가지 물건을 구매합니다. 이러한 지출은 휴일의 존재에 따라 매월 달라질 수 있습니다. 블랙 프라이데이 구매가 급증할 것으로 예상되는 11월을 살펴보겠습니다(그림 1-9).

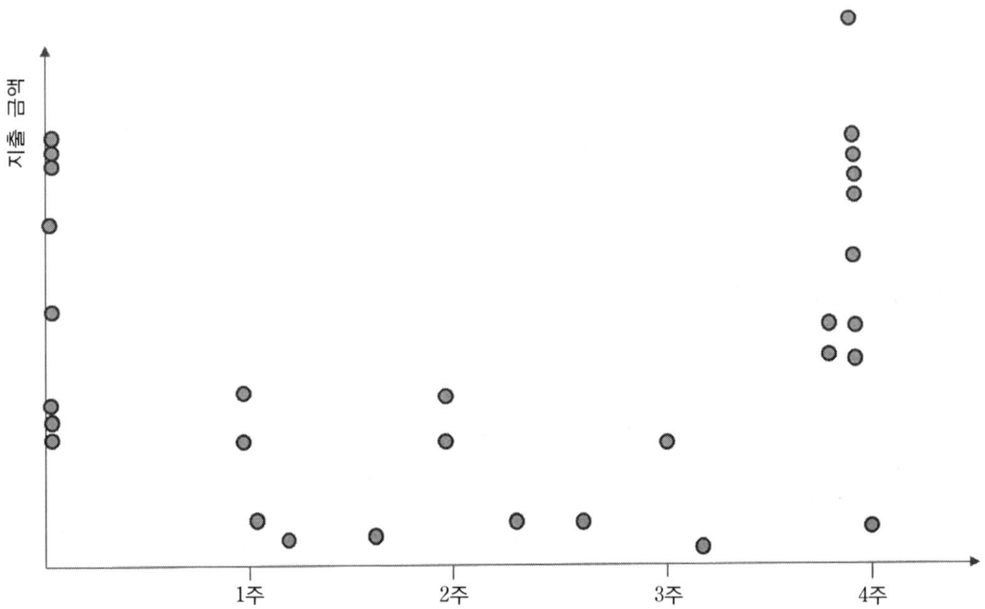

그림 1-9. 11월 한 달 동안 같은 사람의 소비 습관

예상대로 블랙프라이데이에 구매가 많은데, 그 중에는 꽤 비싼 것도 있습니다. 하지만, 이것은 많은 사람들에게 공통된 추세이기 때문에 예상할 수 있는 것입니다. 불행하게도, 이 사람은 신용카드 정보를 도난당했으며 범죄자들이 그 정보를 이용해서 그들의 다양한 관심 품목을 구매하기로 결정했다고 가정합니다. 첫 번째 사례와 같은 달을 사용하여(그림 1-8) 그림 1-10은 발생할 수 있는 상황을 보여주는 그래프입니다.

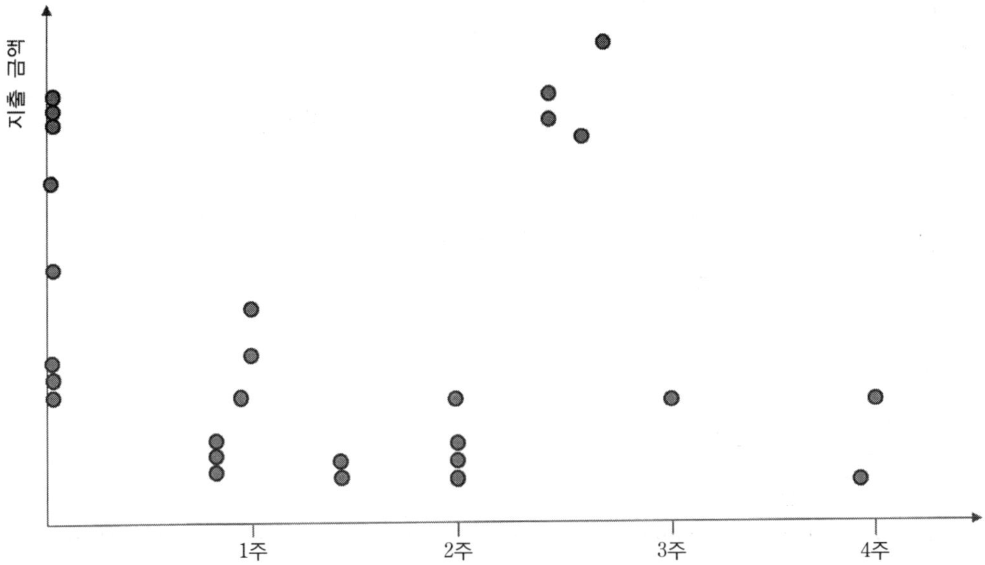

그림 1-10. 그림 1-8과 동일한 달의 구매그래프

전년도의 사용자 구매 기록으로 인해서 갑작스러운 구매 유입은 상황에 따라 이상 징후로 표시될 것입니다. 이러한 일련의 구매는 블랙 프라이데이나 크리스마스 전이라면 정상일 수 있지만, 큰 휴일이 없는 다른 달에는 어울리지 않는 것처럼 보일수 있습니다. 이 경우 해당 담당자가 구매 여부를 확인하기 위해 연락할 수 있습니다.

일부 기업은 심지어 정상적인 사회적 추세에 따른 구매에도 표시를 합니다. 만약 그 TV가 블랙 프라이데이에 그사람이 산 것이 아니라면요? 이 경우 기업의 소프트웨어는 전화 앱을 통해 고객에게 직접 문의할 수 있습니다. 예를 들어 해당 물품을 실제로 구입했는지 여부 등을 확인하여 사기 구매에 대한 추가적인 보호를 제공할 수 있습니다.

택시

마찬가지로, 임의의 도시에 대한 택시 픽업 및 하차 데이터를 보고 이상 징후를 탐지할 수 있는지 알아보겠습니다. 시간대별 픽업 횟수는 그림 1-11과 같이 나타낼 수 있습니다.

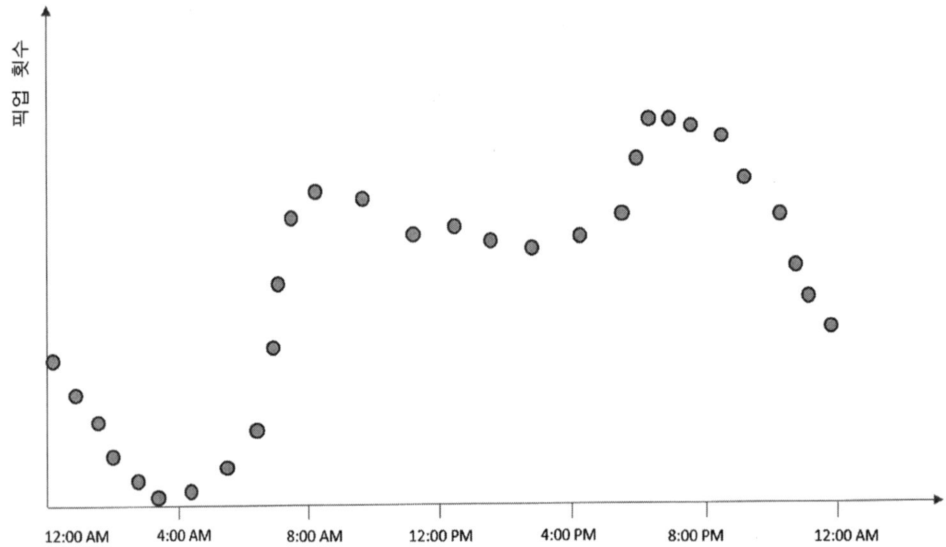

그림 1-11. 하루 종일 택시 회사의 픽업 수를 그래프로 표시

그래프를 보면, 심야시간대에는 거의 픽업이 없는 상태로 떨어지는 것을 볼 수 있습니다. 하지만, 아침 출근 시간 무렵 갑자기 상승해 퇴근 시간대에 절정을 이루는 것을 볼 수 있습니다. 이것이 기본적으로 평균적인 하루의 모습입니다.

범위를 좀 더 확장하여 일주일 동안의 승객 교통량을 파악해 보겠습니다. 그림 1-12를 보도록 하겠습니다.

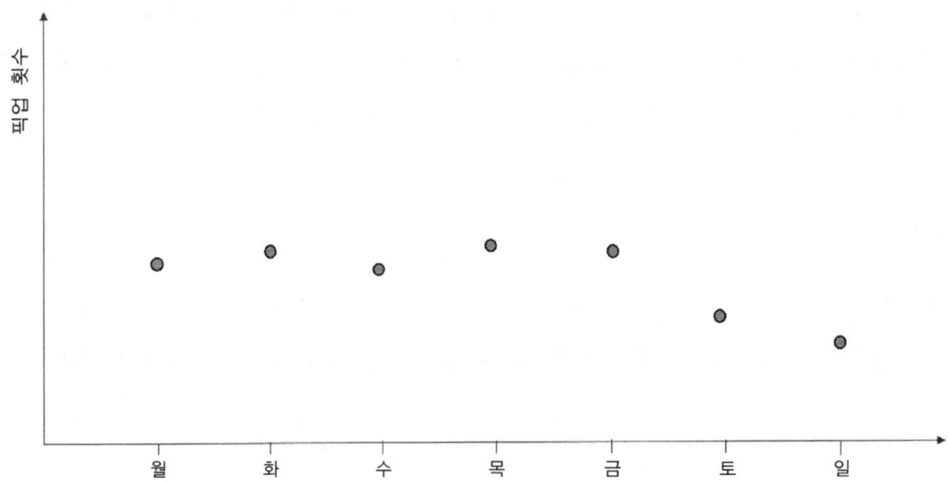

그림 1-12. 일주일 동안 요일 별 택시 회사의 픽업 횟수를 그래프로 표시

예상대로, 대부분의 픽업은 통근자들이 출퇴근해야 하는 평일에 일어납니다. 주말에도 상당수의 사람들이 여전히 식료품을 사러 나가거나 주말 동안 어디론가 외출합니다.

이와 같은 소규모의 경우, 이상 징후의 원인은 택시의 운행을 방해하는 요인이 있어 고객이 택시를 탑승하지 않은 경우 입니다. 예를 들어, 끔찍한 뇌우가 금요일에 온다고 가정해 보겠습니다. 그림 1−13은 이와 같은 상황을 이 그래프로 보여줍니다.

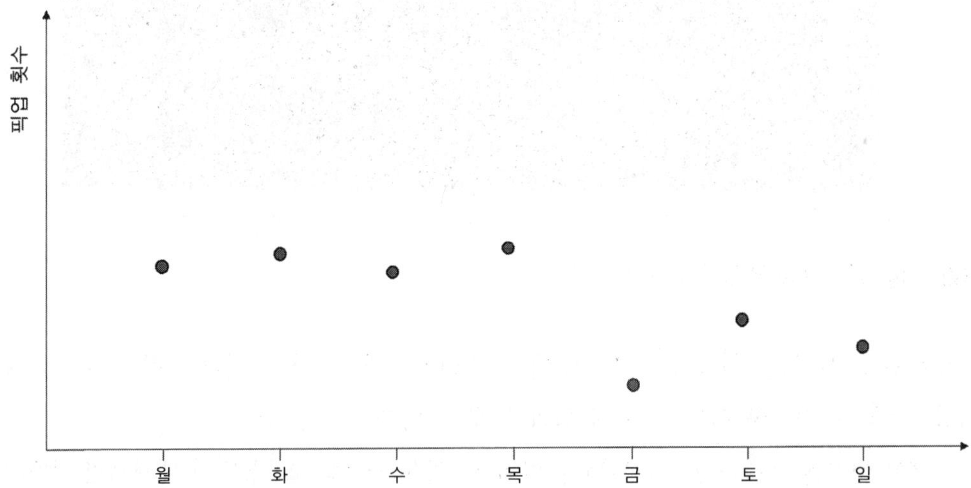

그림 1−13. 금요일에 심한 뇌우를 동반한 한 주 동안 한 택시 회사의 픽업 횟수를 그래프로 표시

천둥 번개가 치는 것이 일부 사람들에게 실내에 머무르게 하는 영향을 주었을 수도 있어서 평일 보다 픽업 횟수가 적었습니다. 그러나 이러한 유형의 이상 징후는 일반적으로 너무 작아서 전체적인 패턴에 눈에 띄는 영향을 주지 못합니다.

1년 동안의 데이터를 살펴보겠습니다. 그림 1−14를 참조하십시오.

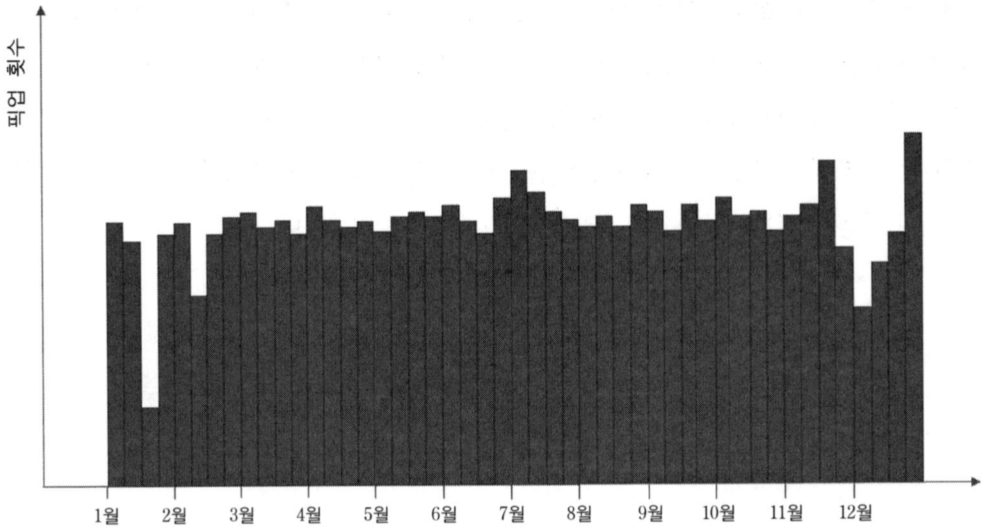

그림 1-14. 일년 동안 택시 회사의 픽업 횟수

눈보라가 예상되는 겨울철을 전후해 하락 현상이 발생합니다. 아니나 다를까, 이것들은 매년 비슷한 시기에 관찰될 수 있는 규칙적인 패턴입니다.

그래서 이것은 이상 징후가 아닙니다. 하지만 4월쯤 극지방 소용돌이가 내려오면 어떻게 될까요?

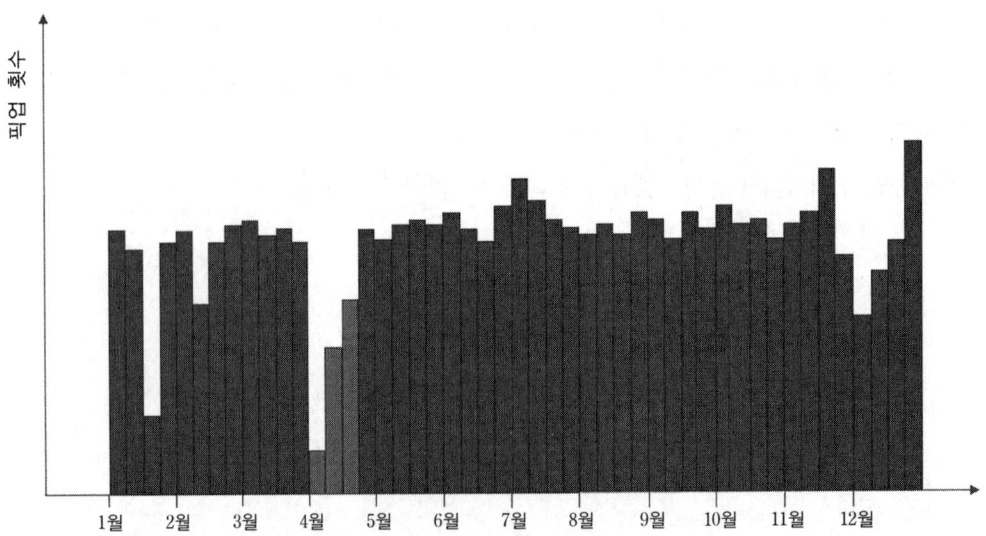

그림 1-15. 4월 극지방 소용돌이가 도심을 덮치는 연중 한 택시회사의 픽업 횟수

그림 1-15에서 볼 수 있듯이, 소용돌이는 가상의 도시에 몇 개의 강력한 눈보라를 발생시켜 첫 주에는 모든 교통이 심각하게 느려지고 그 다음 2주 동안 도시교통에 부담을 주는 것을 볼 수 있습니다. 위의 그래프를 그림 1-14의 그래프와 비교해 보면, 4월 한 달 동안 극지방 소용돌이에 의한 이상 징후가 나타난 것을 볼 수 있습니다. 이 패턴은 4월에 발생할 수 있는 매우 드문 패턴이기에 이상 징후로 표시될 것입니다.

이상 징후 분류

이제 다양한 상황에서 어떤 이상 징후가 나타날 수 있는지에 대한 어느 정도 이해했으므로, 이상 징후는 다음과 같은 광범위한 범주 중하나에 속한다는 것을 알 수 있습니다.

- 데이터 포인트 기반 이상 징후
- 상황 기반 이상 징후
- 패턴 기반 이상 징후

데이터 포인트 기반 이상 징후

데이터 포인트 기반 이상 징후는 데이터 포인트 집합의 특이값과 유사하게 보일 수 있습니다. 그러나 이상 징후와 특이값은 같은 것이 아닙니다. **특이값(outlier)**[1]은 데이터 집합에 존재할 수 있는 데이터 포인트이며 피할 수 없는 무작위 오류 또는 데이터 샘플링 방법과 관련된 시스템의 오류로 인해 발생할 수 있습니다. **이상 징후**는 특이값 또는 존재하지 않을 것으로 예상되는 다른 값입니다. 이러한 유형의 이상 징후는 데이터 집합이 존재하는 모든 위치에서 찾을 수 있습니다.

그 예로는 갑상선 진단 값의 데이터 집합이 있는데, 여기서 대부분의 데이터 포인트는 정상적인 갑상선 기능을 나타냅니다. 이 경우 이상 징후 값은 병든 갑상선을 나타냅니다. 그것은 반드시 특이값이지는 않지만 모든 정규 데이터를 고려할 때 존재할 확률이 낮습니다.

1) 역자주: 통계 용어로서 다른 데이터들과 비교하여 비교적 차이가 큰 값을 의미한다.

또한 고객의 구매 총액의 과도한 증가를 탐지하여 이상 징후로 분류할 수 있습니다. 왜냐하면 과도한 구매 총액의 증가는 발생할 것으로 예상되지 않거나 발생 확률이 매우 낮기 때문입니다. 이 경우 사기 거래로 분류하고, 카드 보유자에게 연락해 실제 구매 여부를 확인 할 수 있습니다.

기본적으로 이상 징후와 특이값 간의 차이에 대해 이렇게 말할 수 있습니다. 데이터 집합에는 특이 값이 있을 것으로 예상되지만, 이상 징후는 존재하지 않습니다.

상황 기반 이상 징후

상황 기반 이상 징후는 처음에는 정상인 것처럼 보일수있지만 특정상황에서는 이상 징후로 간주되는 데이터 포인트로 구성됩니다. 예를 들어, 특정 공휴일 근처에 갑자기 구매가 급증할 것으로 예상할 수 있지만, 이러한 구매는 8월 중순에는 어울리지 않는 것처럼 보일 수 있습니다. 앞서 사례에서 보았듯이 블랙 프라이데이 무렵에 많은 양의 구매를 한 사람은 일반적으로 사람들이 그렇게 하기 때문에 이상 징후로 표시되지 않습니다. 하지만, 이전 구매 이력이 없는 달에 구매가 이루어졌다면 이상 징후로 표시됩니다. 이는 데이터 포인트 기반 이상 징후에서 제기된 사례와 유사하게 보일 수 있습니다. 만약 전기자동차를 가지고 있기 때문에 휘발유를 구매하지 않는다면, 갑작스러운 휘발유의 구매는 상황에 비추어 볼 때 맞지 않을 것입니다. 휘발유를 구매하는 것은 누구에게나 당연한 일이지만, 이런 상황에서는 이상 징후입니다.

패턴 기반 이상 징후

패턴 기반 이상 징후는 과거의 패턴에서 벗어난 패턴과 추세입니다. 택시 사례에서, 4월의 픽업 횟수는 일년 중 나머지 기간과 상당히 일치했습니다. 하지만, 일단 극지방 소용돌이가 강타하자, 그 숫자들은 눈에 띄었고, 이상 징후로 분류된 시기의 값에 큰 하락을 나타냈습니다.

마찬가지로, 직장에서 네트워크 트래픽을 모니터링할 때, 일부 기업의 경우 몇 개월 또는 몇 년 동안 데이터를 지속적으로 모니터링하여 형성된 네트워크 트래픽의 예상 패턴이 있습니다. 직원이 많은 양의 데이터를 다운로드하거나 업로드 할 때, 전체 네트워크 트래픽 흐름에서 특정 패턴을 감지하여 직원의 일반적인 행동에서 벗어날 경우 그것을 이상 징후로 간주할 수 있습니다.

외부 해커가 기업의 웹 사이트에 **디도스**(DDOS, 분산 서비스 거부 공격은 전체 웹 사이트를 중단 시키거나 기능을 중지 시키기 위해서 특정 웹 사이트로의 네트워크 트래픽을 유발하여 서버의 정상동작을 방해하려는 시도) 공격을 하기로 결정한 경우, 모든 개별 시도는 네트워크 트래픽의 비정상적인 급증으로 인식됩니다. 이와 같은 네트워크 트래픽의 급증은 분명히 정상적인 트래픽과 다르며 이상 징후로 간주될 것입니다.

이상 징후 탐지

발생할 수 있는 다양한 유형의 이상 징후를 더 잘 이해한다면, 이제 이를 탐지하기 위한 모델 생성을 시작할 수 있습니다. 이를 수행하기 전에, 여러분이 사용할 수 있는 몇 가지접근 방법이 있습니다. 검은백조를 이상 징후로 분류한 이유를 기억하십시오. 그 이유 중 하나는 지금까지 본 백조들이 모두 흰색이었기 때문에 검은 백조가 이상 징후였습니다. 또 다른 이유는 백조가 검게 될 확률이 매우 낮아서 그 결과를 예상하지 못했기 때문에 그것을 이상 징후로 분류하였습니다. 이 책에서 살펴볼 이상 징후 탐지 모델은 정상 데이터로 훈련하여 이상 징후를 분류하거나, 이상 징후가 특정 임계값 미만일 경우 확률에 따라 분류함으로써 이상징후를 탐지하는 방식을 따릅니다. 그러나 선택한 모델 클래스 중 하나에서 이상 징후와 정상 포인트에 모두 레이블이 지정되므로 기본적으로 어떤 백조가 정상인지, 어떤 백조가 이상 징후인지 알 수 있습니다.

마지막으로 이상 징후 탐지를 살펴보겠습니다. **이상 징후 탐지**는 알고리즘을 이용해서 이 이상 징후인 특정 데이터나 또는 데이터 패턴을 식별하는 과정입니다. 이상 징후 탐지에는 특이값 탐지, 잡음 제거 및 이상값 탐지 작업이 밀접하게 관련되어 있습니다. 이 책에서는 이런 옵션이 기본적으로 이상 징후 탐지에 활용되기 때문에 모두 살펴보겠습니다.

특이값 탐지

특이값 탐지(outlier detection)는 지정된 데이터 집합 내에서 비정상적인 특이값 탐지를 목표로 하는 기술입니다. 살펴본 바와 같이, 이 상황에 적용할 수 있는 세 가지 방법은 높은 재구성 오류를 이용하여 이상 징후를 식별하기 위해서 정상 데이터로만 훈련하거나, 실제로 매우 낮은 확률과의 연관성에 기초하여 이상 징후가 식별되는 확률분포를 모델링하거나, 또는 이상 징후 데이터 포인트의 모양과 정상적인 데이터 포인트의 모양을 학습하여 이상 징후를 인식하도록 모델을 훈련시키는 것입니다. 높은 재구성 오류와 관련해서는, 모델이 지금까지 보아왔던 정상적인 데이터 포인트에 비해서 이상하기 때문에 이상 징후에 레이블을 지정하는 데 어려움을 겪을 것입니다. 모든 백조가 흰색이라는 초기의 가정에 근거하여 검은 백조가 정말 어떻게 다른 지처럼, 모델은 비정상적인 데이터 포인트를 "다름"으로 인식하고 해석하는데 더 어려움을 겪습니다.

잡음 제거

잡음 제거에서는, 필터링해야 하는 데이터 세트에 일정한 배경 잡음이 있습니다. 여러분이 파티에 있고 친구와 이야기하고 있다고 상상해 보십시오. 배경 잡음이 많지만, 뇌는 친구의 목소리에 초점을 맞추고 다른 소리는 모두 무시해 버립니다. 왜냐하면 그것이 여러분이 듣고 싶어하는 것이기 때문입니다. 마찬가지로, 모델은 원래 데이터를 효율적으로 나타내는 방법을 학습하여 비정상적인 간섭 잡음 없이 재구성할 수 있습니다. 이는 작은 변화, 세부사항 손실, 안개 등과 같이 어떤 형태로든 이미지가 변경된 경우일 수 있습니다. 모델은 원본 이미지의 정확한 표현을 학습하고 이미지의 비정상적인 요소를 제거하는 방식으로 재구성하여 출력합니다.

이상값 탐지

이상값 탐지(novelty detection)는 특이값 탐지와 매우 유사합니다. 이 경우, 이상값은 모델이 이상 징후 여부를 결정하기 위해 훈련한 데이터 세트 이외의 데이터 포인트입니다.

이상값 탐지와 특이값 탐지 간의 주요 차이점은 특이값 탐지에서는 모델의 역할이 훈련 데이터 세트 내의 이상 징후를 파악하는 것입니다. 이상값 탐지에서는 모델이 정상 데이터 포인트와 그렇지 않은 것을 학습하고 이전에 본 적이 없는 새로운 데이터 세트에서 이상 징후를 분류하게 됩니다.

이상 징후 탐지의 세 가지 스타일

이상 징후 감지에는 세 가지 중요한 "스타일"이 있습니다.

- **지도 이상 징후 탐지** (Supervised anomaly detection)
- **준지도 이상 징후 탐지** (Semi–supervised anomaly detection)
- **비지도 이상 징후 탐지** (Unsupervised anomaly detection)

지도 이상 징후 탐지에는 훈련 데이터에 이상 징후와 일반 데이터 포인트에 대한 레이블을 지정하는 작업이 포함됩니다. 기본적으로 훈련 과정 중에 데이터 포인트가 이상 징후 인지 아닌지를 모델에 알려줍니다. 하지만 전체 데이터 세트를 대상으로 각 데이터 포인트에 레이블을 지정해야 하기 때문에 이 방법이 가장 실용적인 학습 방법은 아닙니다. 지도 이상 징후 탐지는 기본적으로 이진 분류 작업의 한 유형이고 모델의 작업은 두 개의 레이블 중 하나에 따라 데이터를 분류하는 것이기 때문에 모든 모델이 높은 수준의 성능을 달성할 수는 없지만 모든 분류 모델을 작업에 사용할 수 있습니다. 이것의 예는 7장에서 시간합성곱신경망과 함께 볼 수 있습니다.

준지도 이상 징후 탐지에는 훈련 데이터 세트에 부분적으로 레이블을 지정하는 작업이 포함됩니다. 이상 징후 탐지의 경우, 정상 데이터만 레이블이 지정되는 경우가 될 수 있습니다. 이상적으로는 모델이 정상 데이터 포인트와 다른 비정상적인 데이터 포인트를 이상 징후로 표시할 수 있도록 정상 데이터 포인트의 모양을 학습합니다. 이상 징후 탐지를 위해 준지도 학습을 사용할 수 있는 모델의 예는 4장에서 배우게 될 오토인코더가 있습니다.

비지도 이상 징후 탐지는 이름에서 알 수 있듯이 레이블이 지정되지 않은 데이터에 대해 모델을 훈련하는 것을 포함합니다. 훈련 과정이 끝나면 모델은 어떤 데이터 포인트가 데이터 세트 내에서 정상인지, 어떤 데이터 포인트가 데이터 세트 내에서 이상 징후인지 알게 됩니다. 2장에서 살펴볼 모델인 아이솔레이션 포레스트(Isolation forest)는 비지도이상 징후 탐지에 사용할 수 있는 모델 중 하나입니다.

이상 징후 탐지는 어디에서 활용될까요?

이상 징후 탐지는 오늘날 우리 삶의 거의 모든 면에서 활용되고 있습니다. 거의 모든 종류의 데이터 수집과 관련된 작업에 이상 징후 탐지를 적용할 수 있습니다. 이상 징후 탐지가 적용될 수 있는 가장 보편적인 분야와 주제를 살펴보겠습니다.

데이터 침해

다양한 기업에서 방대한 양의 정보를 저장하고 처리하는 오늘날의 빅데이터 시대에는 정보 보안은 필수입니다. 모든 정보 침해는 즉시 보고 되고 표시되어야 하지만, 대규모에서는 이를 수동으로 수행하기가 어렵습니다. 데이터 유출은 기업의 민감한 정보가 들어 있는 USB 스틱의 분실 등 단순한 사고부터 외부자에게 의도적으로 내부 데이터를 전송하는 직원, 데이터베이스에 대한 무단 접속을 시도하는 침입 공격까지 다양합니다. 페이스북 보안 침해, 아이클라우드 데이터 침해, 수백만 개의 비밀번호가 유출된 구글 보안 침해 등 상당히 주목받았던 데이터 유출에 대해 들어보셨을 겁니다. 이러한 기업들은 모두 초대형 정보시스템을 운영하고 있으며, 어떠한 침해에 대해서도 가장 빠른 대응 시간을 보장하기 위해서는 자동화를 통해서 모든것을 모니터링해야 합니다.

데이터 침해는 네트워크 접속조차 필요하지 않을 수 있습니다. 예를 들어, 직원은 직접 만나서 기밀정보를 교환하기 위한 여행 계획을 경쟁사와 관계가 있는 외부 당사자나 다른 직원에게 이메일로 보낼 수 있습니다. 이상 징후 탐지 모델은 의심스러운 직원을 표시하기 위해서 직원의 이메일을 선별하고 처리할 수 있습니다. 소프트웨어는 핵심 단어를 선택하여 처리하여 상황을 이해하고 직원의 이메일에 검토를 위한 표시 여부를 결정 할 수 있습니다.

직원들이 다른 연결을 통해서 데이터를 업로드하려고 하면 이상 징후 탐지 소프트웨어가 네트워크 트래픽을 모니터링하는 동안 비정상적인 데이터 흐름을 포착하여 보안 관리자에게 경고메시지를 표시할 수 있습니다. 예를들어 개발자의 정규 근무일 중 주요한 업무가 코드 저장소에서 코드를 가져오고 수정된 코드를 저장하는 것이라면, 평일 중 데이터 전송이 정기적으로 발생할 것을 예상할 수 있습니다. 이상 징후 탐지 소프트웨어는 보낸 사람, 받는 사람, 데이터가 전송되는 방식(불규칙한 간격으로 한꺼번에 전송되거나 시간에 따라 분산

됨) 등 많은 변수를 고려하여 이상 징후를 탐지할 수 있습니다. 어느 경우든, 어떤 것이 앞뒤가 맞지 않는다면 소프트웨어가 이를 찾아내어 보안 관리자에게 알려줄 것입니다. 이와 같은 환경에서 이상 징후 탐지를 사용할 때 가장 큰 이점은 쉽게 확장할 수 있다는 것입니다. 이 모델들은 대기업뿐만 아니라 중소기업에도 사용될 수 있습니다.

신분 도용

신분 도용은 오늘날의 사회에서 자주 발생하는 문제입니다. 물건을 살 때 쉽게 접근할 수 있는 온라인 서비스가 발달한 덕분에 신용카드 거래량이 크게 늘었습니다. 하지만, 이 발달은 신용카드 정보나 은행 계좌 정보를 훔치는 것을 더 쉽게 만들어, 범죄자에게 유출된 카드 정보가 비활성화되지 않았거나 계정 정보가 유출된 경우 범죄자들이 신분 도용을 통해 원하는 것을 구입할 수 있게 해줍니다. 하지만 엄청난 카드 거래량 때문에 모든 것을 감시하기가 어려울 수 있습니다. 여기에서 이상징후 탐지 소프트웨어는 확장성이 뛰어나 거래요청이 발생하는 순간 부정거래를 탐지할 수 있어 보안성을 높일 수 있을 것입니다.

앞에서 보신 것처럼 이상징후를 탐지하는 데에는 상황이 중요합니다. 거래가 이루어지는 경우 이상징후 탐지 소프트웨어는 카드 소유자의 과거의 거래 기록을 고려하여 이상 징후 여부를 결정할 수 있습니다. 당연히, 갑작스러운 고가의 구매는 즉시 경보를 울릴 것입니다. 하지만 만약 범죄자들이 그 사실을 깨닫고 카드 소유자의 계좌에 눈에 띄는 거래가 발생하지 않도록 시간이 지남에 따라 일련의 구매를 한다면 어떨까요? 상황에 따라 이상징후 탐지 소프트웨어는 이러한 거래를 선택하여 다시 표시합니다.

예를 들어, 누군가의 할머니가 최근 아마존과 온라인에서 물건을 구매하는 방법을 배우게 되었다고 가정해 보겠습니다. 어느 날, 불행하게도, 그녀는 우연히 아마존과 유사한 곳을 발견하고 그녀의 신용카드 정보를 입력합니다. 다른 쪽에서는, 어떤 범죄자가 그것을 가지고 무작위로 물건을 사기 시작하지만, 의심을 불러일으키지 않기 위해 한꺼번에 큰 액수의 물건을 구입하지는 않습니다. 신분도용 사고 보험 회사에서는 최근에 구입한 배터리, 하드 드라이브, 플래시 드라이브 및 기타 전자 제품에 대해 분석하기 시작합니다. 이러한 구매들은 그렇게 비싸지 않을 수도 있지만, 지금까지 할머니가 구매한 모든 것들이 식료품, 애완동물 사료, 그리고 다양한 장식용품들로 이루어져 있을 때에는 확실히 눈에 띌 것입니다. 이와 같이 이전 기록을 기반으로 이상징후 탐지 소프트웨어는 새로운 구매내용을 표시하고 할머니에게 연락하여 구매 내용의 진위를 확인합니다. 이런 거래는 구매를 시도하는 즉시 표시될 수도 있습니다. 이 경우 거래가 시도되려는 위치에 따라 이상 징후 경보를 발생시켜 거래가 성공하는 것을 막을 수 있습니다.

제조업

여러분은 제조업에서 이상 징후 탐지의 사용 사례를 살펴보았습니다. 제조 공장들은 일반적으로 제품을 출하하기 전에 제품의 품질을 보장하기 위해 충족해야 하는 일정 수준의 품질 기준을 가지고 있습니다. 공장이 일정한 속도로 대량생산을 하도록 구성된 경우, 다양한 샘플의 품질을 확인하는 과정을 자동화할 필요가 있습니다. 나사의 제조 사례와 마찬가지로, 실생활의 제조 공장에서는 다양한 금속 부품, 공구, 엔진, 식품, 의류 등의 품질을 유지하기 위해 테스트할 수 있습니다.

네트워킹

이상 징후 탐지의 중요한 적용 사례 중 하나는 네트워킹 입니다. 인터넷은 전 세계에 위치한 다양한 웹 사이트를 호스팅합니다. 불행히도, 인터넷 접근의 용이성 때문에 다양한 개인들이 불의의 목적을 가지고 인터넷에 접속할 수 있습니다. 기업의 데이터 보호와 관련하여 앞에서 논의된 데이터 유출과 마찬가지로, 해커들은 정보를 유출하기 위해 다른 웹 사이트에 대한 공격을 할 수 있습니다.

그러한 예 중 하나는 해커들이 네트워크 공격을 통해 정부의 기밀을 누설하려고 시도하는 것입니다. 이와 같이 민감한 정보뿐만 아니라 매일 대량의 공격이 예상되는 상황에서 네트워크 공격 탐지의 자동화는 사이버 보안 전문가들이 공격을 처리하고 국가 기밀을 보존할 수 있도록 돕는데 필요한 기술입니다. 더 작은 규모에서는 해커가 개별 클라우드 네트워크나 로컬 영역 네트워크를 침해하고 데이터 유출을 시도할 수 있습니다. 이와 같은 소규모의 경우에도 이상 징후 탐지를 통해 네트워크 침입 공격이 발생하는 것을 감지하고 적절하게 보안 관리자에게 알릴 수 있습니다. 네트워크 침입 이상 징후 탐지를 위한 데이터 세트의 예로는 KDD Cup 1999 데이터 세트입니다. 이 데이터 세트에는 다양한 유형의 네트워크 침입 공격을 상세히 기술하는 항목과 함께 모델이 각 공격 유형을 식별하는 데 도움이 될 수 있는 각 공격에 대한 변수의 세부 목록이 많이 포함되어 있습니다.

의료

네트워킹에서 더 나가가서, 이상 징후 탐지는 의료 분야에서는 큰 역할을 할 수 있습니다. 예를 들어, 모델들은 질병을 분류하기 위해 환자의 심장 박동에서 미묘한 불규칙을 감지하거나 뇌파 활동을 측정하여 의사가 특정상태를 진단하는데 도움을 줄 수 있습니다. 그 외에도 앞에서 살펴본 갑상선 사례처럼 환자의 장기에 대한 원시 진단 데이터를 분석하고 처리하여 환자에게 발생 가능한 모든 문제를 신속하게 진단하는데 도움을 줄 수 있습니다.

이상 징후 탐지는 특정 이미지에 비정상적인 개체가 포함되어 있는지 여부를 확인하기 위해서 의료 이미지에도 사용할 수 있습니다. 예를 들어, 모델이 정상 뼈의 MRI 형상만 학습된 상태에서 부러진 뼈의 이미지를 보여 준다면 이 새로운 이미지는 이상 징후로 표시될 것입니다. 마찬가지로, 이상 징후 탐지는 종양 검출까지 확장될 수 있어서 모델이 전신 MRI 스캔의 모든 이미지를 분석하여 비정상적인 성장이나 패턴이 있는지 확인할 수 있습니다.

비디오감시

이상 징후 탐지는 비디오 감시에도 사용되는데, 이상 징후 탐지 소프트웨어는 비디오 피드를 모니터링하여 비정상적인 행동이 포착되는 모든 비디오에 표시할 수 있습니다. 이것이 디스토피아적(dystopian)인 것처럼 보일 수도 있지만, 이것은 범죄자들을 잡거나 번화한 거리나 도시에서 공공의 안전을 유지하는 데 도움이 될 수 있습니다. 예를 들어, 이상 징후 탐지 소프트웨어는 밤에 거리에서 강도 행위를 하는 것을 비정상적인 사건으로 식별하고 경찰을 부를 수 있는 기관에 경고할 수 있습니다. 또 사고나 비정상적인 방해물 등 교차로에서 일어나는 예외적인 사건들을 탐지하는 즉시 그 화면에 탐지 결과를 출력하여 보안 관리자의 주의를 환기시킬 수 있습니다.

요약

일반적으로 이상 징후 탐지는 의료, 금융, 사이버 보안, 은행, 네트워킹, 운송, 제조 등에서 많이 활용되지만 이런 분야에만 국한되는 것은 아닙니다. 데이터 수집과 관련하여 상상할 수 있는 거의 모든 경우에 이상 징후 탐지기술을 사용하여 사용자가 이상 징후를 탐지하고 제거하는 과정을 자동화 할 수 있습니다. 많은 과학 분야에서는 많은 양의 원시 데이터가 수집되기 때문에 이상 징후 탐지를 활용할 수 있습니다. 이상 징후가 체계적 또는 무작위로 인해 발생한다면 결과 해석을 방해하거나 데이터에 일종의 편향성을 유발할 수 있는 이상 징후를 탐지하여 제거할 수 있습니다.

이 장에서는 이상 징후가 무엇인지, 이상 징후를 탐지하는 것이 조직에서 보유하고 있는 데이터 처리에 매우 중요한 이유에 살펴보았습니다.

다음 장에서는 이상 징후 탐지를 위한 전통적인 통계 기법 및 머신러닝 알고리즘에 대해 살펴보겠습니다.

CHAPTER 02

전통적인 이상 징후 탐지 방법

이 장에서는 전통적인 이상 징후 탐지 방법에 대해 살펴봅니다. 또한 다양한 통계적 기법과 머신 러닝 알고리즘이 어떻게 작동하는지, 이상 징후를 탐지하는 데 어떻게 사용할 수 있는지, 그리고 여러 알고리즘을 사용하여 이상 징후 탐지를 구현하는 방법을 살펴봅니다.

간단히 말해서, 이 장 전체에 걸쳐서 다음 주제를 다룰 것입니다.

- 데이터 과학 리뷰
- 세 가지 유형의 이상 징후 탐지
- 아이솔레이션 포레스트
- 원-클래스 서포트 벡터 머신

데이터 과학 리뷰

모델이 얼마나 잘 작동하는지 평가하고 다른 모델과 성능을 비교하려면 몇 가지 기본적인 데이터 과학의 개념을 이해하는 것이 중요합니다.

우선 이상 징후 탐지의 목표는 주어진 데이터 포인트가 이상 징후인지 아닌지를 판단하는 것입니다. 기본적으로 데이터 포인트 x에 클래스 y로 레이블을 지정합니다. 어떤 상황에서 어떤 동물이 어떤 질병에 대해 양성(그렇다는 의미)을 나타내는 지 여부를 분류하려고 한다고 가정해 보십시오. 만약 그 동물이 병에 걸렸고 검사에서 양성이 나타나면, 이 경우는 **참 양성**(true positive)입니다. 만약 그 동물이 건강하고 검사에서 음성이 나타나면(병이 없음을 의미) **참 음성**(true negative)입니다. 하지만, 테스트가 실패하는 경우도 있을 수 있습니다.

만약 그 동물이 건강하지만 검사에서 양성으로 나타난다면 **거짓 양성**(false positive)입니다. 만약 동물이 병에 걸렸는데 검사에서 음성으로 나타난다면 **거짓 음성**(false negative)입니다.

통계에는 거짓 양성 및 거짓 음성과 유사한 용어가 있습니다. **1종 오류**와 **2종 오류**입니다. 이러한 오류는 귀무 가설(null hypothesis, 일반적으로 두 관측된 현상 사이에 관계가 없음을 의미)과 대립 가설(alternate hypothesis, 이는 귀무 가설을 반증하는 것을 목표로 하며, 이는 두 관측치간에 통계적으로 유의미한 한 관계가 있음을 의미)이 있는 가설 검정에 사용됩니다.

1종 오류는 귀무 가설이 참인 것으로 판명되었지만, 대립 가설을 채택하는 경우입니다. 즉, 실제는 거짓이었지만, 예측은 참으로 하여 발생한 오류 입니다. **2종 오류**는 대립가설이 참인 것으로 판명 되었지만, 귀무가설을 채택하는 경우 입니다. 즉 실제는 참이었지만, 예측은 거짓으로 하여 발생한 오류 입니다.

다음 정의의 상황에서 이 조건을 증명하려고 한다고 가정해 봅니다. "이 동물은 아프다"와 같이 간단한 것일 수도 있습니다. 동물의 상태는 아프거나 건강한 상태이며, 여러분은 그것이 아픈지 건강한지 예측하려고 합니다.

다음은 몇 가지 정의입니다.

- **참 양성(true positive)** : 실제 참일 때 예측도 참
- **참 음성(true negative)** : 실제 거짓일 때 예측도 거짓
- **거짓 양성(false positive)** : 실제 거짓일 때 예측은 참
- **거짓 음성(false negative)** : 실제 참일 때 예측은 거짓

이들을 합치면 이른바 **오차 행렬(confusion matrix)**을 형성할 수 있습니다(그림 2−1). 한 가지 유의할 점은 이상 징후 탐지의 경우 데이터 포인트는 이상 징후이거나 정상이므로 2×2 오차 행렬만 필요하다는 것입니다.

Actual →

Prediction ↓

	True	False
Predicted True (Positive)	True Positive	False Positive (Type I error)
Predicted False (Negative)	False Negative (Type II error)	True Negative

그림 2−1. 오차 행렬

네 사각형의 각 값에서 **정확도(accuracy)**, **정밀도(precision)** 및 **재현율(recall)** 값을 도출하여 모형의 성능을 더 잘 이해할 수 있습니다.

다음은 모든 공식에 대한 오차 행렬입니다(그림 2−2).

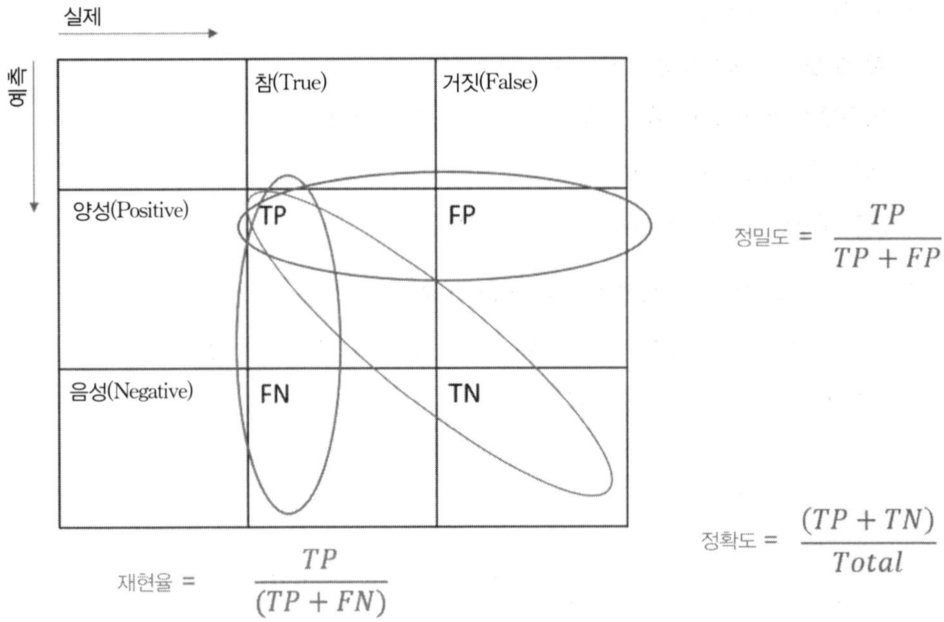

그림 2-2. 정밀도, 정확도 및 재현율

- **정밀도(precision)**는 참으로 예측 했던 것들 중에서 얼마나 참으로 판명 되었는지 설명하는 측정값입니다. 즉, 참으로 판명된 것들 중에서 모델이 얼마나 참으로 예측했습니까?
- **정확도(accuracy)**는 전체 데이터 세트에서 얼마나 예측이 맞았는지 설명하는 측정값입니다. 즉, 전체 데이터 세트에서 모델이 얼마나 참과 거짓을 정확하게 예측 했습니까?
- **재현율(recall)**은 실제로 참이었던 모든 데이터 포인트에 대해 얼마나 참으로 예측했는지 설명하는 측정값입니다. 즉, 데이터 세트의 모든 참인 데이터 포인트에 대해서 모델이 얼마나 정확히 예측 했습니까?

여기서 더 많은 값을 얻을 수 있습니다.

F1 스코어는 정밀도(precision)와 재현율(recall)의 조화 평균(harmonic mean)입니다. 모델이 실제로 참인 경우를 얼마나 잘 참으로 예측하는 지와 모델이 정확하게 예측한 전체 참 예측 수를 모두 고려하기 때문에 모델이 얼마나 정확한지 알려주는 지표입니다.

$$\text{F1 스코어} = \frac{2 * 정밀도 * 재현율}{정밀도 + 재현율}$$

참 양성 비율(TPR, true positive rate) = 재현율(recall) = 민감도(sensitivity)입니다. 재현율과 마찬가지로, 참 양성 비율은 실제로 참인 데이터 포인트 중 몇 개가 모델에 의해 참으로 예측 되었는지를 알려줍니다.

$$거짓\ 양성\ 비율(FPR) = (1 - 민감도) = \frac{FP}{FP + TN}$$

거짓 양성 비율(FPR, false positive rate)은 실제로 거짓인 데이터 포인트 중 몇 개가 모델에 의해 참으로 예측되었는지 알려줍니다. 공식은 재현율과 유사하지만 참인 모든 데이터 포인트에 대한 참 양성 비율 대신 거짓인 모든 데이터 포인트에 대한 거짓 양성 비율입니다.

$$민감도 = 1 - FPR = \frac{TN}{TN + EP}$$

특이도(specificity)는 실제로 거짓인 데이터 포인트 중 몇 개가 모델에 의해 거짓으로 예측 되었는지를 알려준다는 점에서 재현율과 매우 유사합니다.

우리는 참 양성 비율과 거짓 양성 비율을 사용하여 **수신자 조작 특성 곡선**(receiver operating characteristic curve) 또는 ROC 곡선으로 알려진 그래프를 구성할 수 있습니다. **곡선의 아래면적** 또는 AUC(**수신자 조작 특성 곡선의 아래면적 또는** AUROC**라고 함**) 데이터 포인트에서 모델이 참 양성 또는 참 음성인 경우를 가질 확률을 의미합니다. 이 곡선은 AUROC 곡선이라고도 합니다.

AUC가 1.0일 때 ROC 곡선 (그림 2-3)

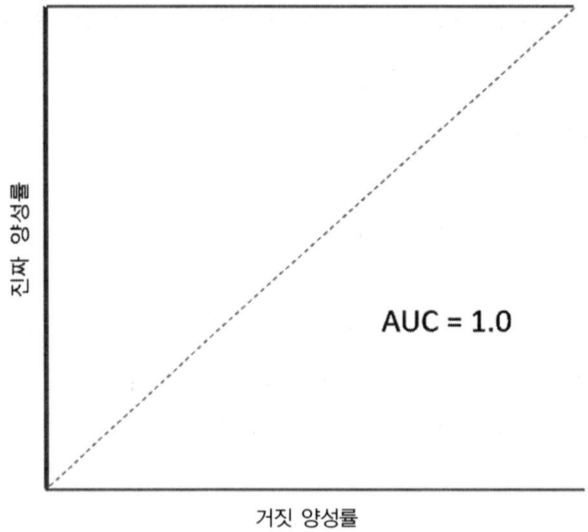

그림 2-3. AUC = 1.0인 ROC 곡선

그림 2-3의 ROC 곡선은 가장 이상적인 AUC이지만, 달성이 거의 불가능하기 때문에 AUC > 0.95의 목표가 가장 바람직합니다. 모델이 AUC에 대한 1.0의 값을 달성하는 데 근접할수록, 모델이 참 양성 또는 참 음성인 경우를 예측하는 확률이 높아집니다.

위의 그래프에 있는 AUC 값은 이 확률이 1.0임을 나타내며, 이는 100% 정확하게 예측한다는 것을 의미합니다. 그러나 AUC 값이 0.99999로 매우 높으면 모델이 **과적합(overfitting)** 될 수 있으며, 이는 모델이 이 특정 데이터 세트에 대한 레이블을 예측하는 데 너무 능숙해지고 있다는 것을 의미합니다. 서포트 벡터 머신(SVM)과 관련하여 이 개념을 좀 더 자세히 살펴보겠지만, 여러분은 예상치 못한 변형이 포함된 새 데이터를 도입하더라도 모델이 제대로 작동할 수 있도록 최대한 과적합을 피하려고 할 것입니다.

예를 들어, AUC가 0.99가 될 수 있지만, 모델이 **훈련 데이터 세트**(이상 징후 및 정상 데이터를 분류하는 방법을 학습 할 수 있도록 모델을 훈련하는 데 사용되는 데이터)가 아닌 경우에도 높은 수준으로 계속 수행되는 것을 보장할 수는 없습니다. 현실 세계에는 때때로 인간조차도 혼란스럽게 만드는 예측 불가능한 요소가 있기 때문입니다. 이를테면, 데이터가 흑백이라면 세상은 더 단순한 곳이겠지만, 대개는 다양한 회색 영역이 있습니다. 딥러닝 모델의 경우, 다양한 변형이 포함된 새로운 데이터에 노출될 때에도 높은 AUC 점수를 계속 달성하는 것이 중요합니다. 기본적으로 훈련 세트 이외의 새로운 데이터에 모델을 노출할 때 성능이 약간 떨어질 것으로 예상하는 것이 합리적인 가정입니다.

훈련 모델의 목표는 과적합을 피하고 가능한 한 높은 AUC를 유지하는 것입니다. 만약 많은 다양성을 포함하는 매우 큰 새로운 데이터 샘플에 노출된 후에도 AUC가 0.99999로 판명되면, 그 모델은 기본적으로 우리가 얻을 수 있는 이상적인 모델에 가깝고 인간의 능력을 훨씬 능가할 수 도 있다는 것을 의미합니다.

AUC가 0.75인 ROC 곡선 (그림 2-4)

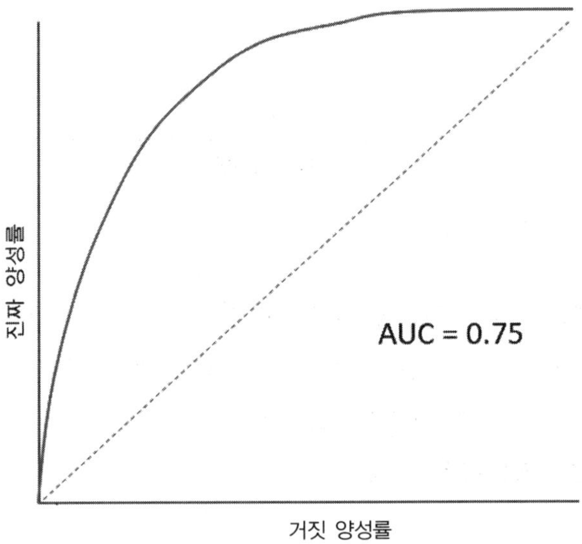

그림 2-4. AUC = 0.75인 ROC 곡선

AUC = 0.75는 모델이 데이터 포인트의 레이블을 75%만 정확하게 예측한다는 것을 나타냅니다. 나쁘지는 않지만, 좋지도 않습니다. 따라서 개선할 여지가 분명히 있습니다.

AUC가 0.5인 ROC 곡선 (그림 2-5)

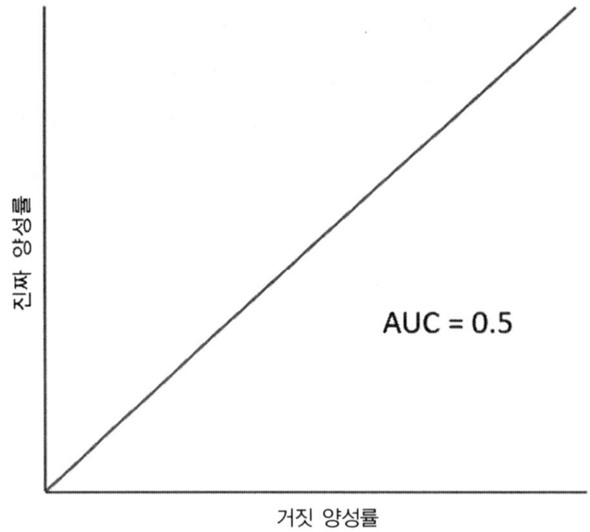

그림 2-5. AUC = 0.5인 ROC 곡선

AUC = 0.5는 모델이 레이블을 정확하게 예측할 수 있는 가능성이 50%이거나 확률이 0.5임을 나타냅니다. 이것은 여러분이 얻을 수 있는 가장 나쁜 AUC 값으로, 모델이 양성과 음성 클래스를 구분할 수 없다는 것을 의미합니다.

AUC가 0.25인 ROC 곡선 (그림 2-6)

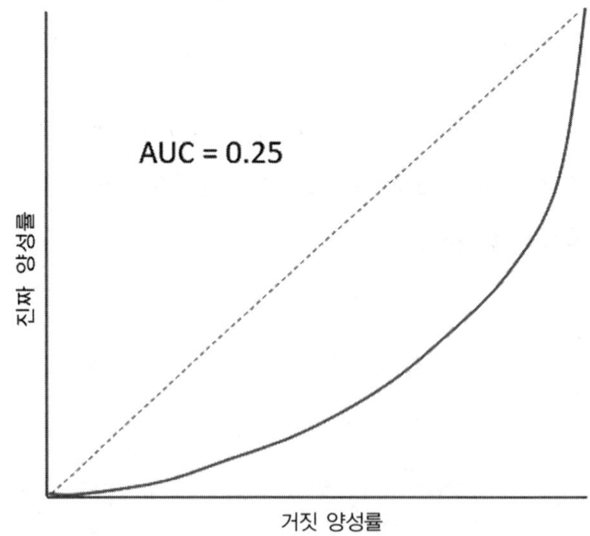

그림 2-6. AUC = 0.25인 ROC 곡선

이 경우 모델은 올바른 레이블을 예측할 확률이 0.25임을 의미합니다. 즉, 잘못된 레이블을 예측할 확률이 0.75임을 의미합니다. AUC가 0인 경우, 이는 모델이 완벽하게 잘못된 레이블을 예측한다는 것이고, AUC가 0에 가까워질수록 모델이 부정확한 예측을 더 잘하게 된다는 의미입니다. 어떤 경우에도 AUC는 0.5 보다 커야 하고, 적어도 0.9 이상이어야 하는데, 이상적으로는 0.95 보다 커야 합니다.

아이솔레이션 포레스트

아이솔레이션 포레스트는 데이터 세트를 재귀적으로 분할하는 개별 트리 구조의 집합입니다. 과정이 반복될 때마다 무작위로 특성이 선택되고 데이터는 선택한 특성의 최소값과 최대값 간에 무작위로 선택된 값을 기준으로 분할됩니다. 이 작업은 전체 데이터 세트가 분할되어 포레스트에 개별 트리를 형성할 때까지 반복됩니다. 이상 징후는 일반적으로 훨씬 쉽게 분리되므로 정상 데이터 포인트 보다 루트에서 훨씬 짧은 경로를 형성합니다. 평균 경로 길이와 관련된 데이터 포인트 함수를 사용하여 이상 징후 점수를 찾을 수 있습니다. 이상 징후를 포착하기 위해 레이블이 지정되지 않은 데이터 세트에 아이솔레이션 포레스트를 적용하는 것은 **비지도 이상 징후 탐지**의 예입니다.

돌연변이 물고기

아이솔레이션 포레스트가 하는 일을 더 잘 이해하기 위해, 가상의 시나리오를 살펴 보겠습니다. 어떤 호수에서 어느 무책임한 물고기 양식 업자가 토착종과 비슷해 보이지만 평균적으로 토착종보다 큰 돌연변이 어종을 방류했다고 가정해 보겠습니다. 돌연변이 종의 꼬리 지느러미 길이와 몸길이의 비율은 토착종 보다 큽니다. 전체적으로, 돌연변이종을 토착종과 구별하기 위해 사용할 수 있는 세 가지 특성이 있습니다.

다음은 두 종의 평균 표본의 차이를 자세히 설명하는 시각적 예입니다. 여러분은 그림 2-7에서 **토착종**을 볼 수 있습니다.

그림 2-7. 호수의 토착종

여러분은 그림 2-8에서 돌연변이 종을 볼 수 있습니다.

그림 2-8. 호수로 방류된 새로운 돌연변이 종

돌연변이 종은 더 크고, 둘레가 더 넓으며, 평균적으로 더 긴 꼬리 지느러미를 가지고 있습니다(그림 2-7과 그림 2-8비교). 그러나 문제는 각 종들의 평균 표본 사이에는 눈에 띄는 차이가 있지만, 일부 토착종은 크게 자라고 일부 돌연변이 종은 더 작으며, 두 종 모두 다양한 꼬리 지느러미 크기를 가지고 있는 등 두 종들 사이에는 많은 중복이 있습니다. 그렇기 때문에 차이점이 항상 명확하지 않을 수 있다는 것입니다.

이런 침입의 정도를 파악하기 위해 대규모로 어부들을 모아 천 마리의 물고기를 잡고, 각 물고기의 종을 확인하는 작업을 하였다고 가정해 봅시다. 이 경우, 각각의 어부가 각각의 물고기의 종을 무작위로 프로파일링하여 그것이 토착종인지 아닌지를 판별한다고 가정합니다.

이제 평가를 시작하겠습니다. 각 어부들은 먼저 샘플을 판단하기 위해 무작위로 특성을 선택합니다: 물고기의 길이, 물고기의 둘레 또는 꼬리 지느러미의 전체 길이 대비 비율. 그런 다음, 어부는 토착종에 대해 알려진 최소값과 최대값 사이에서 임의의 값을 이용하여 그에 따라 모든 물고기를 나눕니다(예를 들어 관련 측정값이 선택된 값보다 크거나 같은 모든 물고기는 오른쪽으로 가고, 다른 모든 것은 왼쪽으로 갑니다). 어부는 모든 물고기가 분할되고 물고기의 "트리"가 만들어질 때까지 이 과정을 반복합니다.

이 경우, 각각의 어부는 아이솔레이션 포레스트에 있는 트리를 의미하고, 그 결과로 생긴 어부 전체 집단의 트리들은 아이솔레이션 포레스트를 상징합니다. 이제, 잡힌 물고기 전체에서 무작위로 물고기가 주어지면, 얼마나 많은 어부가 이 물고기를 돌연변이 종으로 판단했는지 확인하기 위해 이상 징후 점수를 매길 수 있습니다. 이상 징후 점수에 대해 선택한 임계값을 기준으로 특정 물고기를 돌연변이 종으로, 다른 물고기는 토착종으로 레이블을 지정할 수 있습니다.

하지만, 문제는 이것이 완벽한 시스템이 아니라는 것입니다; 일부 돌연변이 종인 물고기는 토착종으로, 일부 토착종인 물고기는 돌연변이 종으로 판단할 것입니다.

이러한 경우는 거짓 양성 및 거짓 음성을 나타냅니다.

아이솔레이션 포레스트를 이용한 이상 징후 탐지

이제 아이솔레이션 포레스트의 작동 방식을 더 잘 이해했으므로 데이터 세트에 적용할 수 있습니다. 시작하기 전에 아이솔레이션 포레스트가 고차원 데이터에서 잘 수행된다는 점에 유의해야 합니다. 침입종 물고기 예제의 경우 물고기의 길이, 둘레 및 전체 길이에 대한 꼬리 지느러미 길이의 비율이라는 세 가지 특성을 사용할 수 있었습니다. 다음 예에서는 데이터 항목 당 42개의 특성을 사용할 수 있습니다.

다양한 침입 공격을 나타내는 방대한 양의 데이터가 포함된 KDDCUP 1999 데이터 세트를 사용합니다. 특히 HTTP 공격과 관련된 모든 데이터 항목에 초점을 맞출 것입니다. 데이터 세트는 `http://kdd.ics.uci.edu/databases/kddcup99/kddcup99.html`에서 찾을 수 있습니다. 링크를 열면 그림 2-9와 같은 것이 표시됩니다.

KDD Cup 1999 Data

Abstract

This is the data set used for The Third International Knowledge Discovery and Data Mining Tools
detector, a predictive model capable of distinguishing between ``bad'' connections, called intrusion:

Information files:

- task description. This is the original task decription given to competition participants.

Data files:

- kddcup.names A list of features.
- kddcup.data.gz The full data set (18M; 743M Uncompressed)
- kddcup.data_10_percent.gz A 10% subset. (2.1M; 75M Uncompressed)
- kddcup.newtestdata_10_percent_unlabeled.gz (1.4M; 45M Uncompressed)
- kddcup.testdata.unlabeled.gz (11.2M; 430M Uncompressed)
- kddcup.testdata.unlabeled_10_percent.gz (1.4M;45M Uncompressed)
- corrected.gz Test data with corrected labels.
- training_attack_types A list of intrusion types.
- typo-correction.txt A brief note on a typo in the data set that has been corrected (6/26/07)

The UCI KDD Archive
Information and Computer Science
University of California, Irvine
Irvine, CA 92697-3425
Last modified: October 28, 1999

그림 2-9. KDD Cup 1999 Data 를 소개하는 웹 페이지

kddcup.data.gz 파일을 다운로드하고 압축을 푸십시오.

버전 불일치 및 코드 기능에 문제가 없어야 하기 때문에, 만약의 경우를 대비하여 이 예제에서 사용된 정확한 파이썬(Python) 3 패키지는 다음과 같습니다:

- numpy 1.15.3
- pandas 0.23.4
- scikit−learn 0.19.1
- matplotlib 2.2.2

먼저 코드에서 호출하는 모든 필수 모듈을 가져오십시오(그림 2−10).

```
import numpy as np
import pandas as pd
import matplotlib.pyplot as plt
from sklearn.ensemble import IsolationForest
from sklearn.model_selection import train_test_split
from sklearn.preprocessing import LabelEncoder

%matplotlib inline
```

그림 2-10. numpy, pandas, matplotli.pyplot 그리고 sklearn 모듈 가져오기

넘파이(NumPy) 모듈은 높은 수준의 연산을 수행할 수 있기 때문에 다른 많은 모듈과 종속성을 갖고 있습니다. **판다스(Pandas)**는 다양한 형식의 데이터 파일을 읽어서 데이터 프레임 객체로 저장하기 위해 사용되는 모듈로, 일반적으로 데이터 과학에 널리 사용되는 프레임워크입니다. 이러한 데이터 프레임은 배열과 유사한 방식으로 데이터 항목을 보관하며, 값들의 표로 생각할 수 있습니다. **맷플롯립(Matplotlib)**은 사용자 정의형 데이터 출력을 위한 파이썬 라이브러리입니다. 마지막으로, **사이킷런(Scikit-learn)**은 데이터 세트에 다양한 머신러닝 모델을 적용할 수 있게 해주고 데이터 분석을 위한 도구를 제공하는 패키지입니다.

`%matplotlib inline`을 사용하면 셀 아래에 그래프를 표시하고 노트북과 함께 저장할 수 있습니다.

다음으로, 열을 정의하고 데이터 프레임을 로드 합니다(그림 2-11).

```
columns = ["duration", "protocol type", "service", "flag", "src bytes",
"dst bytes", "land", "wrong fragment", "urgent",
        "hot", "num failed logins", "logged in", "num compromised",
"root shell", "su attempted", "num root",
        "num file creations", "num shells", "num access files",
"num outbound cmds", "is host login",
        "is guest login", "count", "srv count", "serror rate",
"srv serror rate", "rerror rate", "srv rerror rate",
        "same srv rate", "diff srv rate", "srv diff host rate",
"dst host count", "dst host srv count",
        "dst host same srv rate", "dst host diff srv rate",
"dst host same src port rate", "dst host srv diff host rate",
        "dst host serror rate", "dst host srv serror rate",
"dst host rerror rate", "dst host srv rerror rate", "label"]

df = pd.read_csv("datasets/kdd cup 1999/kddcup.data/kddcup.data.corrected",
sep=",", names=columns, index_col=None)
```

그림 2-11. 모든 열을 정의하고 데이터 세트를 df라는 변수에 저장

각 데이터 항목은 대규모이며, 각 입력 당 42개의 데이터 열이 있습니다. 정확한 이름은 중요하지 않지만, "서비스"와 "레이블"을 동일하게 유지하는 것이 중요합니다. 열 이름의 전체 목록은 다음과 같습니다.

- duration
- protocol_type
- service
- flag
- src_bytes
- dst_bytes
- land
- wrong_fragment
- urgent
- hot
- num_failed_logins
- logged_in

- num_compromised
- root_shell
- su_attempted
- num_root
- num_file_creations
- num_shells
- num_access_files
- num_outbound_cmds
- is_host_login
- is_guest_login
- count
- srv_count
- serror_rate
- srv_serror_rate
- rerror_rate
- srv_rerror_rate
- same_srv_rate
- diff_srv_rate
- srv_diff_host_rate
- dst_host_count
- dst_host_srv_count
- dst_host_same_srv_rate
- dst_host_diff_srv_rate
- dst_host_same_src_port_rate
- dst_host_srv_diff_host_rate
- dst_host_serror_rate
- dst_host_srv_serror_rate
- dst_host_rerror_rate

- dst_host_srv_rerror_rate
- label

판다스에서 참조되는 테이블의 차원(dimension), 또는 **형태(shape)**를 얻기 위해 다음을 수행합니다.

```
df.shape
```

또는, 주피터 노트북을 사용하고 있지 않다면

```
print(df.shape)
```

주피터 노트북에서는 코드를 실행한 후에 그림 2-12와 같은 것을 볼 수 있습니다.

```
In [87]:   1  df.shape
Out[87]: (4898431, 42)
```

그림 2-12. 출력은 데이터 프레임의 차원을 설명하는 튜플

보시는 것처럼, 이것은 대규모 데이터 집합입니다.

다음으로, 전체 데이터 프레임을 필터링하여 HTTP 공격과 관련된 데이터 항목만 포함하고 서비스 열을 삭제합니다(그림 2-13).

```
df = df(df["service"] == "http"]
df = df.drop("service", axis=1)
columns.remove("service")
```

그림 2-13. df를 필터링하여 HTTP 공격과관련된 데이터 항목만 남겨두고 서비스 열을 제거

확실히 하기 위해서 df의 형태를 다시 확인합니다(그림 2-14).

```
In [91]:   1  df.shape
Out[91]: (623091, 41)
```

그림 2-14. 필터링 된 df의 차원 수

행 수가 대폭 줄었고, 실제로 더 이상 필요하지 않은 서비스 열을 제거했기 때문에 열의 개수가 1개 감소했습니다. 데이터 분포를 확인하기 위해 가능한 모든 레이블과 각 레이블에 대한 카운트 수를 확인합니다.

다음을 실행해 보십시오:

```
df["label"].value_counts()
```

또는 다음을 수행합니다.

```
print(df["label"].value_counts())
```

그림 2-15와 같이 보여야 합니다.

```
In [93]:  1  df["label"].value_counts()

Out[93]: normal.        619046
         back.            2203
         neptune.         1801
         portsweep.         16
         ipsweep.           13
         satan.              7
         phf.                4
         nmap.               1
         Name: label, dtype: int64
```

그림 2-15. df의 고유 레이블과 해당 레이블이 있는 df 내의 데이터 포인트 인스턴스 수

대부분의 데이터 세트는 정상 데이터 항목으로 분류되어 있으며, 실제 침입 공격을 구성하는 모든 HTTP공격은 전체 데이터 항목 중 약 0.649% 입니다.

또한 일부 열에는 범주형 데이터 값이 있으므로 모델을 훈련시키는데 문제가 있을 수 있습니다. 이 문제를 피하기위해 **레이블 인코더**라는 사이킷런의 내장 함수를 사용합니다.

그림 2-16은 df.head(5)실행시출력되는 상위 5개의 항목의 결과를 보여줍니다.

```
In [97]: df.head(5)
Out[97]:
```

	duration	protocol_type	flag	src_bytes	dst_bytes
0	0	tcp	SF	215	45076
1	0	tcp	SF	162	4528
2	0	tcp	SF	236	1228
3	0	tcp	SF	233	2032
4	0	tcp	SF	239	486

그림 2-16. 표의 상위 5개 항목을 표시하는 코드로 첫 5 열을 출력한 결과

print(df.head(5))를 통해 텍스트 형식으로 출력할 수 있습니다(그림 2-17).

```
In [98]: print(df.head(5))
   duration protocol_type flag  src_bytes  dst_bytes  land  wrong_fragment  \
0         0           tcp   SF        215      45076     0               0
1         0           tcp   SF        162       4528     0               0
2         0           tcp   SF        236       1228     0               0
3         0           tcp   SF        233       2032     0               0
4         0           tcp   SF        239        486     0               0

   urgent  hot  num_failed_logins  logged_in  num_compromised  root_shell  \
0       0    0                  0          1                0           0
1       0    0                  0          1                0           0
2       0    0                  0          1                0           0
3       0    0                  0          1                0           0
4       0    0                  0          1                0           0
```

그림 2-17. 그림 2-16과 동일하지만 텍스트 형식

이 문제를 해결하기 위해 **레이블 인코더**는 범주형 값의 고유한(여러항목이 아닌 범주형 값당 하나의 항목을 의미) 목록을 가져와서 각 값을 나타내는 숫자를 할당합니다. 만약 다음과 같은 배열이 있다면

["John", "Bob", "Robert"]

레이블 인코더는 다음과 같은 숫자 표현을 만듭니다.

[0, 1, 2] 여기서 0은 "John", 1은 "Bob", 2는 "Robert"를 나타냅니다.

이제 데이터 프레임의 레이블에 대해서도 동일한 작업을 수행합니다.

그림 2-18의 코드를 실행합니다.

```
for col in df.columns:
    if df[col].dtype == "object":
        encoded = LabelEncoder()
        encoded.fit(df[col])
        df[col] = encoded.transform(df[col])
```

그림 2-18. 데이터 값이 문자열인 열에 레이블 인코더를 적용

encoded.fit(df[col])은 레이블 인코더에게 고유한 범주형 값을 추출하는 열의 모든 데이터를 제공합니다.

df [col] = encode.transform (df [col])을 실행할 때

각 범주형 값의 인코딩된 표현을 df[col]에 지정하고 있습니다.

지금 데이터 프레임을 확인해 보겠습니다(그림 2-19).

```
In [101]:  1  df.head(5)
Out[101]:
```

	duration	protocol_type	flag	src_bytes	dst_bytes	land
0	0	0	9	215	45076	0
1	0	0	9	162	4528	0
2	0	0	9	236	1228	0
3	0	0	9	233	2032	0
4	0	0	9	239	486	0

그림 2-19. 레이블 인코더를 적용한 후 df의 처음 5개 항목을 확인

좋습니다. 모든 범주형 값이 숫자로 대체되었습니다. 이제 그림 2-20의 코드를 실행합니다.

```
for f in range(0, 3):
    df = df.iloc[np.random.permutation(len(df))]

df2 = df[:500000]
labels = df2["label"]
df_validate = df[500000:]
x_train, x_test, y_train, y_test = train_test_split(df2, labels,
test_size = 0.2, random_state = 42)

x_val, y_val = df_validate, df_validate["label"]
```

그림 2-20. df의 값을 섞고 훈련, 시험 및 검증 데이터 세트를 생성

`df = df.iloc[np.random.permutation(len(df))]`

데이터 세트의 한 영역에서 비정상적인 항목이 풀링되는 문제를 방지하기 위해 데이터 세트의 모든 항목을 임의로 섞습니다.

`df2 = df[:500000]`

df의 처음 500,000개 항목을 변수 df2에 할당합니다.

다음 코드 `labels = df2["label"]`에서, 레이블 열을 변수 labels에 할당합니다. 그리고 나머지 데이터 프레임을 df_validate라는 변수에 할당하여 `df_validate = df[500000:]`의 검증 데이터 세트를 만듭니다.

데이터를 **훈련 세트**와 **시험 세트**로 분할하려면 아래에서와 같이 `train_test_split`라는 사이킷런의 내장 함수를 사용할 수 있습니다.

`x_train, x_test, y_train, y_test = train_test_test_test(df2, labels, test_size=0.2, random_state=42)`

파라미터는 x, y, test_size 및 random_state 입니다. x와 y는 각각 훈련 데이터와 훈련 레이블이어야 하며, test_size는 시험 데이터로 사용될 데이터 세트의 비율을 나타냅니다. random_state는 훈련 데이터 세트와 시험 데이터 세트에 대해 어떤 데이터 항목이 선택되는지 결정하는 난수 생성기를 초기화하는 데 사용되는 값입니다.

마지막으로 나머지 데이터를 **검증 세트**로 지정합니다. 다시 말하자면:

- **훈련 데이터(Training data)**는 모델을 훈련하고 학습하는 데이터입니다. 아이솔레이션 포레스트의 경우 이 세트는 모델이 분할 하는 대상입니다. 신경망의 경우, 이 세트는 모델의 가중치를 조정하는 대상입니다.
- **시험 데이터(Test data)**는 모델의 성능을 시험 하는 데 사용되는 데이터입니다. train_test_split() 함수는 기본적으로 데이터를 훈련하는 데 사용되는 부분과 모델의 성능을 시험하는 데 사용되는 부분으로 나눕니다.
- **검증 데이터(Validation data)**는 훈련 중에 모델의 훈련 상황을 측정하기 위해 사용됩니다. 검증데이터는 기본적으로 모델이 훈련 데이터에 대한 작업을 더 잘 수행하는데 도움이 되면서, 새롭지만 유사한 데이터에 대해 동일한 작업을 수행하는 데 도움이 됩니다. 이렇게 하면 모델은 훈련 데이터에 대한 작업을 잘 수행할 뿐만 아니라, 새로운 데이터에서도 유사한 성능을 발휘할 수 있습니다. 다시 말하면, 여러분은 모델이 훈련 데이터 세트와 같은 특정 데이터 세트에서는 매우 잘 동작하지만 새 데이터가 나타나면 성능이 눈에 띄게 저하되는 상황인 **과적합**을 피하고자 할 것입니다. 모델이 데이터의 새로운 변형에 노출될 때 성능이 약간 저하될 것으로 예상하지만, 과적합인 경우에는 더 두드러지기 때문입니다.

이 예에서는 훈련 과정에 검증 세트나 테스트 세트를 사용하지 않지만, 나중에 신경망 네트워크를 훈련할 때 사용될 것입니다. 대신 모델의 성능을 평가하는 데 사용합니다.

그림 2-21의 코드를 실행하여 새로운 변수의 형태를 살펴보겠습니다.

```
In [140]:
print("Shapes:\nx_train:%s\ny_train:%s\n" % (x_train.shape, y_train.shape))
print("x_test:%s\ny_test:%s\n" % (x_test.shape, y_test.shape))
print("x_val:%s\ny_val:%s\n" % (x_val.shape, y_val.shape))
```

```
Shapes:
x_train:(400000, 41)
y_train:(400000,)

x_test:(100000, 41)
y_test:(100000,)

x_val:(123091, 41)
y_val:(123091,)
```

그림 2-21. 훈련, 시험 및 검증 데이터 세트의 형태를 가져옴

아이솔레이션 포레스트 모델을 구축하기 위해 다음을 실행합니다.

```
isolation_forest = IsolationForest(n_estimators=100, max_samples=256, contamination=0.1, random_state=42)
```

다음은 파라미터에 대한 설명입니다:

- **n_properators**는 포레스트에서 사용할 트리의 수입니다. 기본값은 100입니다.
- **max_max**는 트리가 구축해야 하는 최대 데이터 포인트 개수입니다. 기본값은 256개 또는 데이터 세트의 샘플 수 중 작은 값입니다.
- **오염(contamination)**은 이상 징후/특이값으로 간주되어야 하는 전체 데이터 세트의 백분율을 추정하는 것입니다. 기본적으로 0.1입니다.
- **random_state**는 훈련 과정 중에 사용할 난수 생성기를 초기화할 숫자입니다. 아이솔레이션 포레스트는 훈련 과정 중에 난수 발생기를 광범위하게 사용합니다.

이제 다음을 실행하여 아이솔레이션 포레스트 모델을 훈련 시켜 보겠습니다.

```
isolation_forest.fit(x_train)
```

이 과정은 시간이 좀 걸리기 때문에 일어나서 잠시 동안 스트레칭 하십시오.

작업이 완료되면 이상 징후 점수를 계산할 수 있습니다. 검증 세트에서 테스트할 때 이상 징후 점수에 대한 그래프를 만들어 보겠습니다.

그림 2-22의 코드를 실행합니다.

```
anomaly_scores = isolation_forest.decision_function(x_val)
plt.figure(figsize=(15, 10))
plt.hist(anomaly_scores, bins=100)
plt.xlabel('Average Path Lengths', fontsize=14)
plt.ylabel('Number of Data Points', fontsize=14)
plt.show()
```

그림 2-22. 훈련된 아이솔레이션 포레스트 모델에서 이상 징후 점수를 얻고 그래프를 표시

그림 2-23과 같은 그래프가 표시되어야 합니다.

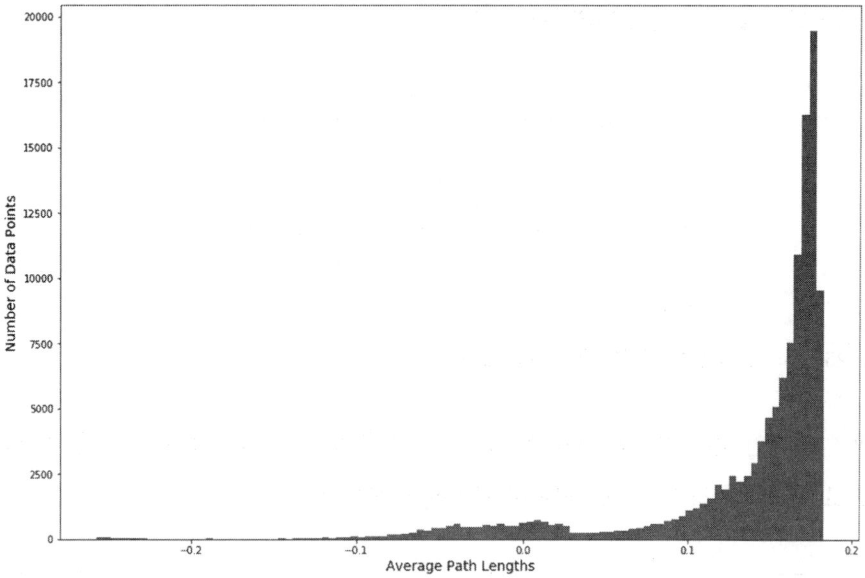

그림 2-23. 데이터 포인트의 평균 경로 길이를 표시하는 그래프입니다. 가장 짧은 경로 길이 집합을 사용하면 모델이 이러한 포인트를 쉽게 분리할 수 있음을 나타내기 때문에 이상 징후가 무엇인지 확인할 수 있습니다.

간단한 설명: `%matplotlib.inline`인 경우 주피터 노트북에는 `plt.show()`가 필요 없지만 다른 것을 사용하는 경우 그래프가 있는 새 창이 열립니다.

AUC를 계산하여 모델이 얼마나 잘 작동했는지 알아보겠습니다. 그래프를 보면 평균 경로가 −0.15 미만인 몇 가지 이상 징후 데이터가 있는 것으로 보입니다. 정규 데이터 범위 내에 특이값이 몇 개 있을 것으로 예상되므로 −0.19와 같이 좀 더 극단적인 항목을 선택합니다. 경로 길이가 적을수록 데이터가 이상 징후일 가능성이 커지기 때문에 그래프가 오른쪽으로 이동할수록 곡선이 급격히 증가한다는 점을 기억해야 합니다. 그림 2−4의 코드를 실행합니다.

```
from sklearn.metrics import roc_auc_score

anomalies = anomaly_scores > -0.19
matches = y_val == list(encoded.classes_).index("normal.")
auc = roc_auc_score(anomalies, matches)
print("AUC:     {:.2%}".format(auc))
```

그림 2-24. 그래프에서 선택한 임계값을 기준으로 이상 징후를 분류하고 각 포인트의 해당 레이블 세트에서 AUC 점수를 생성

그림 2-25와 같은 결과가 나와야 합니다.

```
In [167]:
from sklearn.metrics import roc_auc_score

anomalies = anomaly_scores > -0.19
matches = y_val == list(encoded.classes_).index("normal.")
auc = roc_auc_score(anomalies, matches)
print("AUC: {:.2%}".format (auc))

AUC: 99.81%
```

그림 2-25. 코드를 실행한 후 생성된 AUC 점수

정말 인상적인 점수입니다! 하지만, 그것은 과적합에 따른 결과일 수 있지 않을까요? 시험 세트로부터 이상 징후 점수를 얻어서 확인해 보겠습니다.

```
anomaly_scores_test =    isolation_forest.decision_function(x_test)
plt.figure(figsize=(15, 10))
plt.hist(anomaly_scores_test, bins=100)
plt.xlabel('Average Path Lengths', fontsize=14)
plt.ylabel('Number of Data Points', fontsize=14)
plt.show()
```

그림 2-26. 검증 세트 대신 시험 세트에 대해서 그림 2-23과 같은 그래프를 생성

그림 2-27과 같은 그래프를 얻어야 합니다.

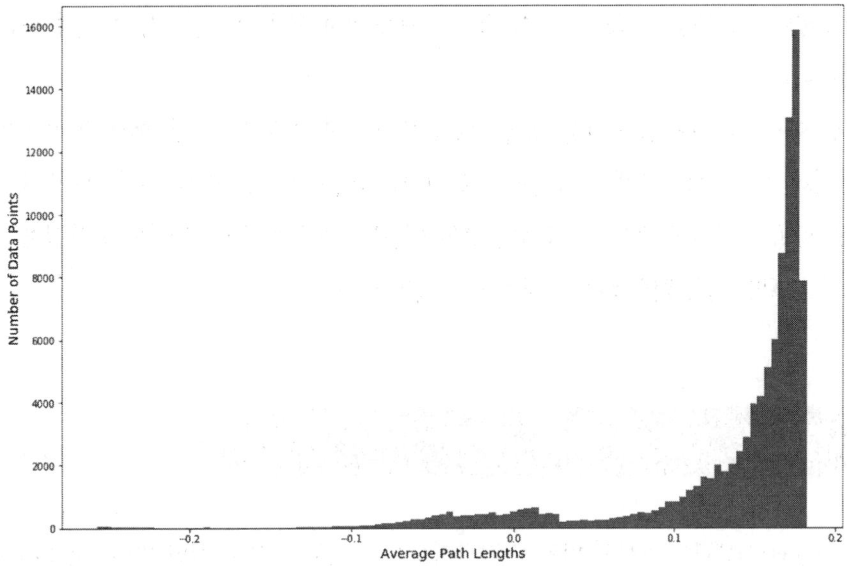

그림 2-27. 그래프는 그림 2-23과 동일하지만 시험 세트의 경우

−0.15의 왼쪽에 이상 징후 데이터로 보이는 것과 유사한 패턴이 있습니다. 다시 한번 특이값이 있다고 가정하고 −0.19 미만의 평균 경로 길이를 이상 징후의 컷 오프로 선택합니다.

그림 2−28의 코드를 실행합니다.

```
anomalies_test = anomaly_scores_test > -0.19
matches = y_test == list(encoded.classes_).index("normal.")
auc = roc_auc_score(anomalies_test, matches)
print("AUC: {:.2%}".format(auc))
```

그림 2-28. 그림 2-24의 코드를 시험 세트에 적용합니다. 이 경우 임계값은 동일하지만 그래프를 기준으로 선택

그림 2−29와 같아야 합니다.

```
In [163]:
anomalies_test = anomaly_scores_test > -0.19
matches = y_test == list(encoded.classes_).index("normal.")
auc = roc_auc_score(anomalies_test, matches)
print("AUC: {:.2%}".format (auc))

AUC: 99.82%
```

그림 2-29. 시험 세트에 대해 생성된 AUC 점수

정말 좋습니다! 검증 데이터와 시험 데이터 모두에서 매우 우수한 성능을 발휘하는 것으로 보입니다.

지금쯤 여러분은 아이솔레이션 포레스트가 무엇인지 그리고 그것을 어떻게 적용해야 하는지에 대해 더 잘 이해하게 되셨기를 바랍니다. 아이솔레이션 포레스트는 다차원 데이터(이 경우 서비스 열을 삭제한 후 41개의 열이 있음)에 적합하며 이 절에서 구현된 방식으로 적용할 때 **비지도 이상 징후 탐지**에 사용할 수 있습니다.

원-클래스 서포트 벡터 머신

One-Class SVM은 이상치 탐지에 적합하도록 수정된 서포트 벡터 머신(support vector machine) 모델입니다(**준지도 이상 징후 탐지**의 예). 이 모델은 정상 데이터로 훈련하여 새로운 데이터가 제시될 때 이상 징후를 탐지하는 데 사용됩니다. OC-SVM은 준지도 이상 징후 탐지에 가장 적합해 보일 수 있지만, 한 클래스에 대해서만 훈련을 한다는 것은 전체 데이터 세트를 고려할 때 여전히 "부분적으로 레이블이 지정"된 것을 의미하기 때문에, 비지도 이상 징후 탐지에 사용할 수도 있습니다. 아이솔레이션 포레스트 예제와 동일한 KDDCUP 1999 데이터에 대해 준지도 이상 징후 탐지를 수행해 보겠습니다.

아이솔레이션 포레스트와 마찬가지로 OC-SVM 역시 고차원 데이터에 적합합니다. 또한 OC-SVM은 데이터 세트의 형태를 매우 잘 포착할 수 있으며, 이것은 아래에 자세히 설명되어 있습니다.

서포트 벡터 머신의 작동 방식을 이해하기 위해 먼저 2D 평면에서 일부 데이터를 시각화합니다(그림 2-30).

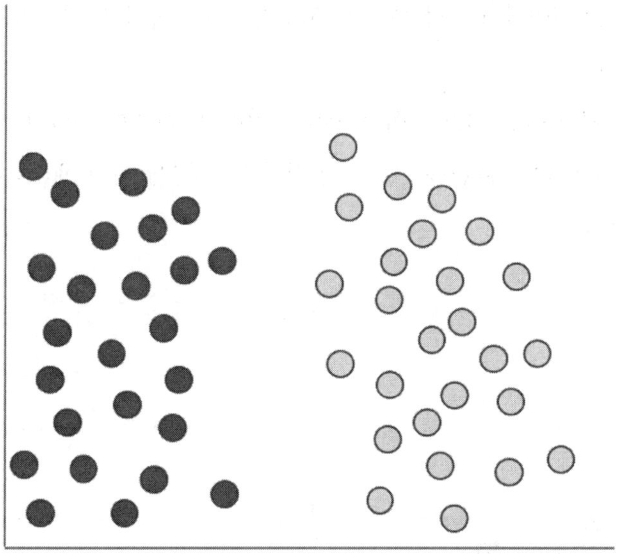

그림 2-30. 그래프의 두 영역으로 그룹화되도록 표시된 포인트

선을 사용하여 데이터를 두 개의 고유한 영역으로 구분하는 방법은 무엇일까요? 그것은 매우 간단합니다(그림 2-31).

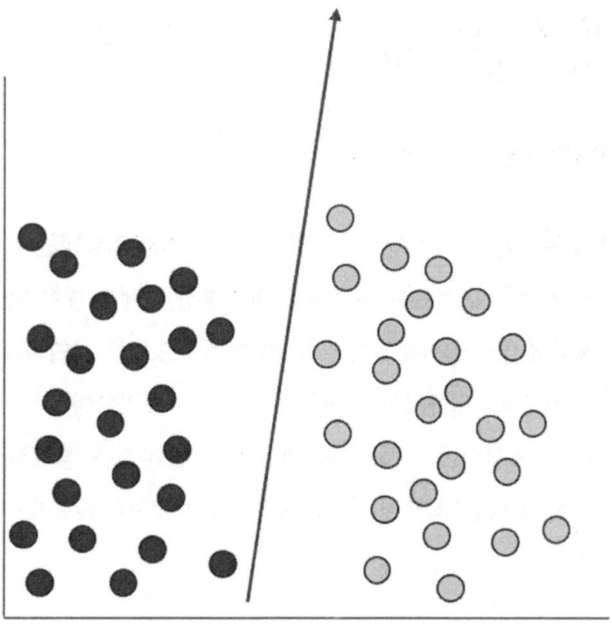

그림 2-31. 표시된 포인트를 기준으로 두 영역을 구분하는 선

이제 두 개의 다른 레이블을 나타내는 두 개의 영역이 있습니다. 하지만, 문제는 그것보다 조금 더 깊어집니다.

모델을 "서포트 벡터 머신"이라고 하는 이유는 이러한 "서포트 벡터"가 실제로 모델이 의사결정 경계(decision boundary)를 그리는 방식에 큰 역할을 하기 때문입니다. 그림 2−32의 선으로 표현됩니다.

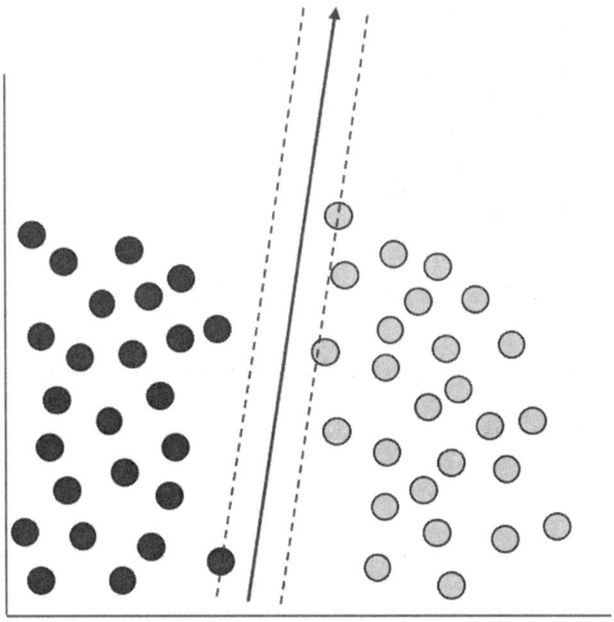

그림 2-32. 서포트 벡터가 있는 의사결정 경계

기본적으로 **서포트 벡터**는 의사결정 경계 역할을 하는 **하이퍼플레인**과 평행한 벡터이며, 하이퍼플레인에 가장 가까운 포인트를 포함하고 의사결정 경계에 대한 마진을 설정하는 데 도움이 됩니다. 이 예제에서 하이퍼플레인은 두 차원만 있으므로 선입니다. 3차원에서는 하이퍼플레인이 평면이 되고 4차원에서는 3차원 공간이 되는 식입니다.

가장 최적화된 하이퍼플레인에는 하이퍼플레인의 최대 마진을 설정하는 서포트 벡터가 포함됩니다. 그림 2−32의 예는 최적이 아니므로, 그림 2−33에서 보다 최적의 하이퍼플레인을 찾아보겠습니다.

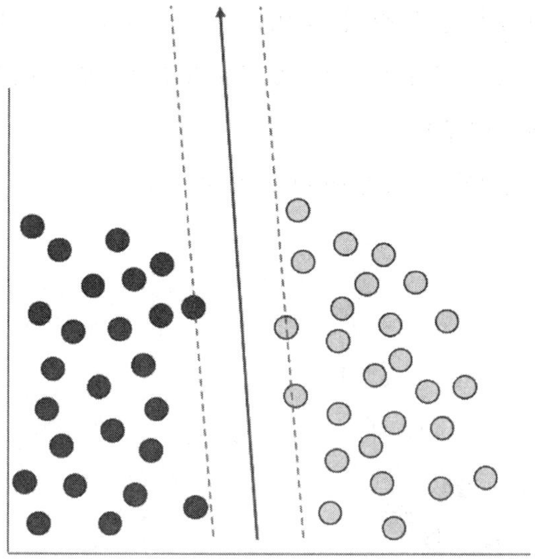

그림 2-33. 더 큰 마진을 허용하는 서포트 벡터가 있는 하이퍼플레인

하이퍼플레인이 그려지는 방식에 따라 각각의 서포트 벡터가 통과하는 지점은 하이퍼플레인에 가장 가깝습니다. 이는 하이퍼플레인의 마진이 이전 예보다 훨씬 크기 때문에 하이퍼플레인에 가장 적합한 솔루션입니다(그림 2-32).

그러나 실제로는 그림 2-34와 유사한 하이퍼플레인을 볼 수 있습니다.

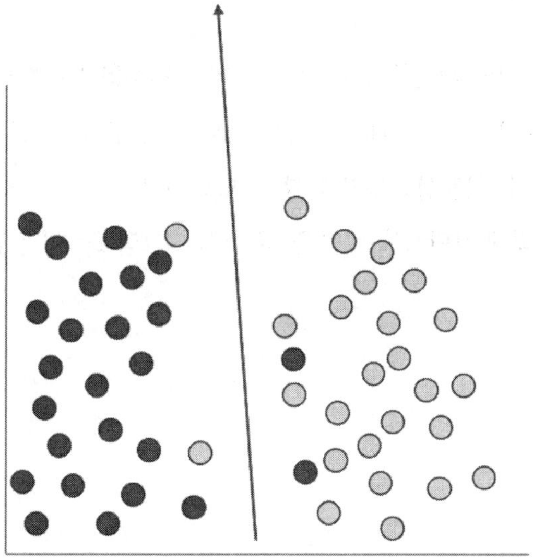

그림 2-34. 하이퍼플레인이 작동하는 방식에 대한 보다 현실적인 예

두 분류 간의 명확한 구분을 방해하는 특이값이 항상 있습니다. 돌연변이종 물고기의 예를 생각해보면 돌연변이종 물고기처럼 생긴 토착종 물고기도 있었고, 토착종 물고기처럼 생긴 돌연변이종 물고기도 있었습니다.

또는 그림 2-35에 가능한 해결 방법이 나와 있습니다.

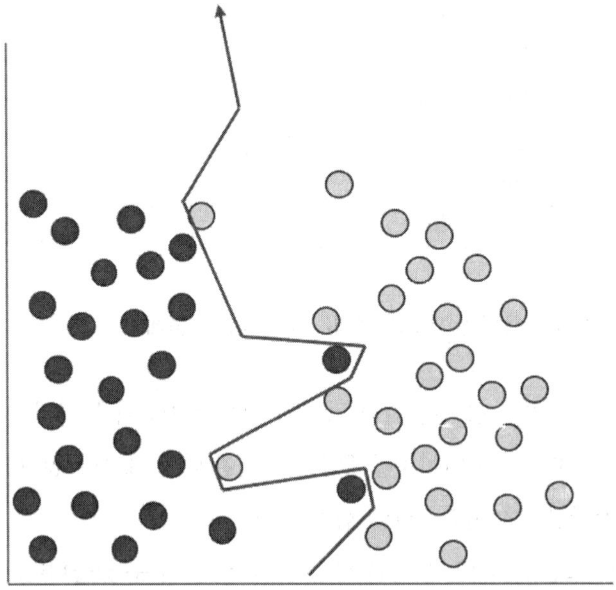

그림 2-35. 두 영역을 완전히 분리하는 하이퍼플레인에 의해 과적합이 발생하는 예

이것은 분류 문제에 대한 해결책으로 간주 되지만, **과적합**으로 이어지고 또 다른 문제가 발생할 수 있습니다. SVM이 훈련 데이터에서 너무 잘 수행되는 경우, 다른 변형을 포함하는 새로운 데이터에서 더 나쁜 성능을 발휘할 수 있습니다.

의사결정 경계도 그렇게 간단하지는 않을 것입니다. 그림 2-36과 같은 상황이 발생할 수 있습니다.

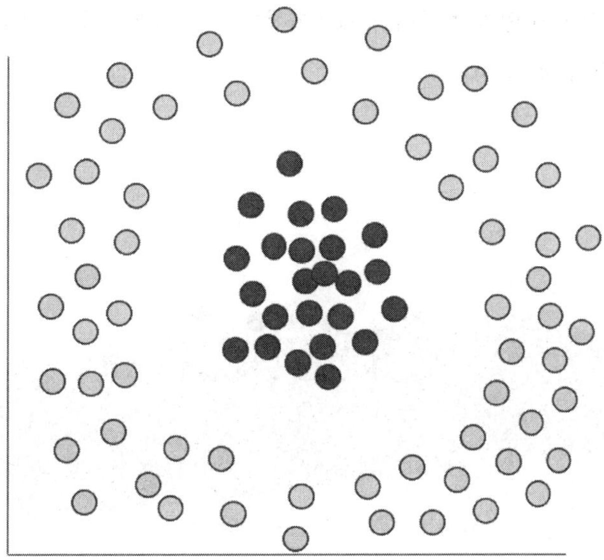

그림 2-36. 다른 유형의 데이터 포인트를 보여주는 그래프

이 경우 선을 그릴 수 없으므로 선형 SVM을 사용하는 대신 다르게 생각해야 합니다. 어떤 함수를 통해 어두운 포인트의 중심에서 3D 평면까지 각 포인트의 거리를 매핑 해 보겠습니다(그림 2-37 참조).

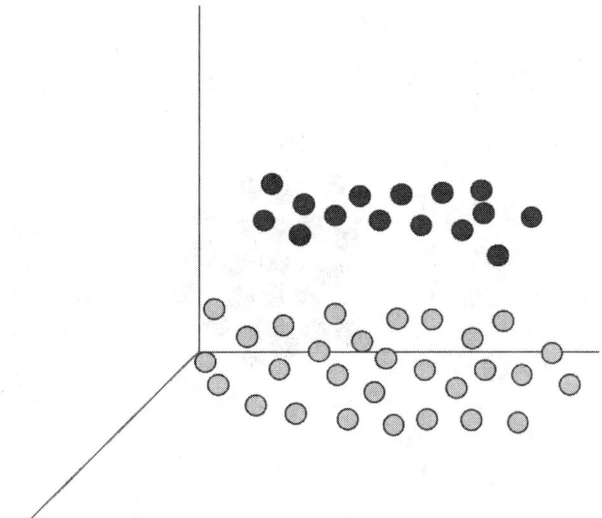

그림 2-37. 포인트를 3D 평면에 표시하여 영역을 구분

이제 두 클래스 사이에 명확한 분리가 이루어졌으며, 그림 2−38과 같이 데이터 포인트를 두 영역으로 분리할 수 있습니다.

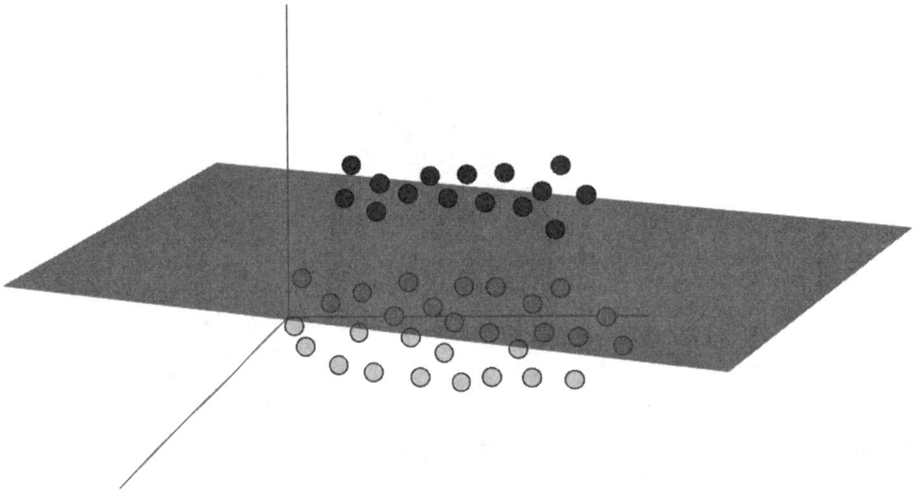

그림 2-38. 추가된 3차원으로 인해 실제 평면이 된 하이퍼플레인

포인트들의 2D 표현으로 다시 돌아가면 그림 2−39와 같은 것을 볼 수 있습니다.

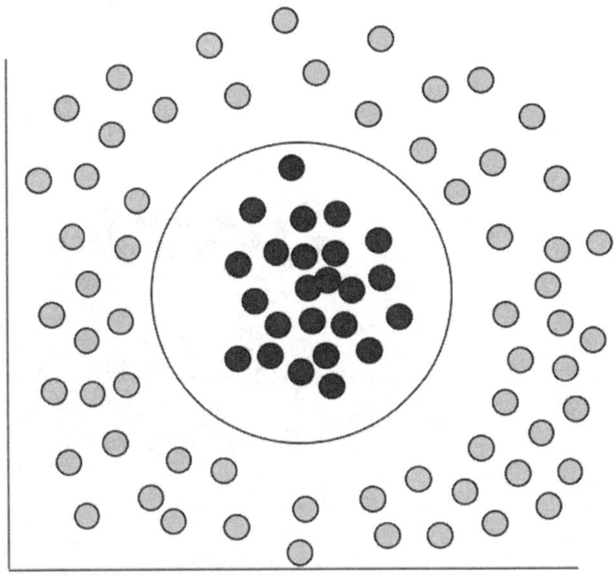

그림 2-39. 2D로 돌아갈 때 하이퍼플레인의 모습

방금 한 작업은 **커널(kernel)**을 사용하여 데이터를 다른 차원으로 변환하는 것인데, 차원 변환을 통해 데이터 클래스의 구분을 명확히 할 수 있습니다. 이러한 데이터 매핑을 **커널 트릭(kernel trick)**이라고 합니다. 이전 예제에서 보았던 **선형 커널(linear kernel)**을 포함하여 다양한 유형의 커널이 있습니다. 다른 유형의 커널에는 다항 함수를 사용하여 데이터를 일부 n차원에 매핑하는 **다항식 커널(polynomial kernel)**과 지수 함수에 따라 데이터를 매핑하는 **지수 커널(exponential kernel)**이 있습니다.

또 다른 용어는 **정규화(regularization)**인데, 여러분이 SVM에서 얼마나 많은 오분류(misclassification)를 피하고 싶은지 알려 주는 파라미터입니다. **낮은 정규화 값**은 앞에서 본 것과 같이 하이퍼플레인 양쪽에 특이값이 몇 개 있는 그래프가 나타납니다. **높은 정규화 값**은 하이퍼플레인이 모든 단일 포인트를 분리하는 그래프를 볼 수 있지만 데이터에 과적합될 가능성이 있습니다.

감마(gamma)는 SVM에 클래스 간의 분리 영역으로부터 멀리 떨어진 포인트를 얼마나 고려해야 하는지를 알려줍니다. **높은 감마 값**은 SVM이 주변 포인트만 고려하고, **낮은 감마 값**은 SVM이 더 멀리 떨어진 포인트도 고려합니다.

마지막으로, **마진**은 각 클래스와 하이퍼플레인을 분리합니다. 앞에서 설명한 바와 같이 **이상적인 마진**은 하이퍼플레인에서 가장 가까운 각 부분의 최대 등거리(equidistant) 분리를 포함됩니다. **나쁜 마진** 또는 **최적이 아닌 마진**은 하이퍼플레인이 하나의 클래스에 너무 가깝거나 각 포인트 또는 서포트 벡터에 대해 하이퍼플레인까지의 거리가 멀지 않습니다.

원-클래스 서포트 벡터 머신의 경우 그림 2-40은 그래프가 어떻게 표현될지 보여줍니다.

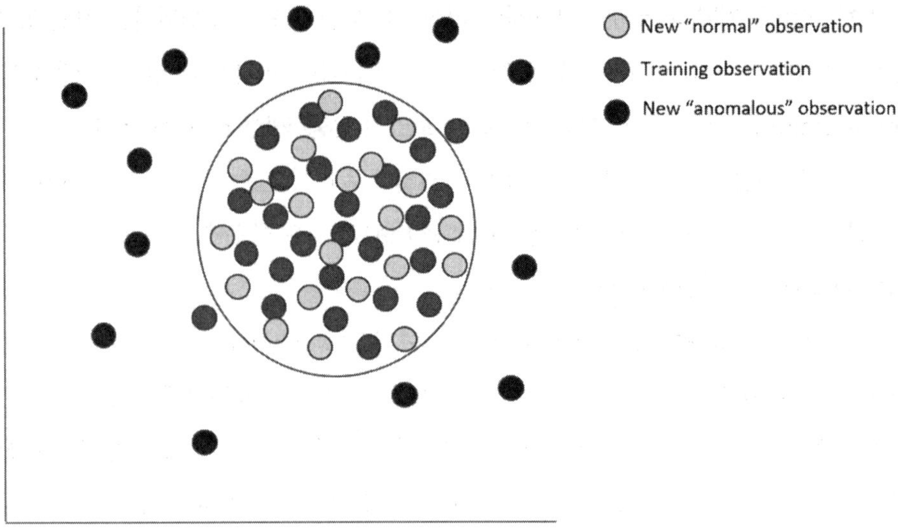

그림 2-40. 원-클래스 서포트 벡터 머신에 대한 의사결정 경계의예

훈련 중에 OC-SVM은 몇 가지 특이값을 고려하여 정상적인 관측에 대한 의사결정 경계를 학습합니다. 모델이 이전에 본 적이 없는 데이터 포인트인 새로운 것들이 의사결정 경계 내에 있으면 모델에 의해 정상으로 간주됩니다. 만약 그들이 경계선을 벗어나면, 그들은 이상 징후인 것으로 간주됩니다. 이 기법은 준지도 이상값 탐지의 예로서, 모델을 정상 데이터로 훈련 시킨 다음 새로운 데이터에서 이상 징후를 찾으려고 시도 합니다. 그렇게 함으로써 OC-SVM은 훈련 관측의 대부분을 포착하는 의사결정 경계 덕분에 데이터의 형태를 아주 잘 포착할 수 있습니다.

OC-SVM을 이용한 이상 징후 탐지

이제 SVM의 작동 방식에 대해 자세히 알아 보았으므로 KDDCUP 1999 데이터 세트에 One-Class SVM을 적용하여 시작해 보겠습니다.

모듈을 가져와 데이터 세트를 로드 합니다(그림 2-41 및 그림 2-42 참조).

```
import numpy as np
import pandas as pd
import matplotlib.pyplot as plt
from sklearn.model_selection import train_test_split
from sklearn.preprocessing import LabelEncoder
from sklearn.svm import OneClassSVM

%matplotlib inline
```

그림 2-41. OC-SVM용 모듈을 가져오는 중

```
columns = ["duration", "protocol type", "service", "flag", "src bytes",
"dst bytes", "land", "wrong fragment", "urgent",
        "hot", "num failed logins", "logged in", "num compromised",
"root shell", "su attempted", "num root",
        "num file creations", "num shells", "num access files",
"num outbound cmds", "is host login",
        "is guest login", "count", "srv count", "serror rate",
"srv serror rate", "rerror rate", "srv rerror rate",
        "same srv rate", "diff srv rate", "srv diff host rate",
"dst host count", "dst host srv count",
        "dst host same srv rate", "dst host diff srv rate",
"dst host same src port rate", "dst host srv diff host rate",
        "dst host serror rate", "dst host srv serror rate",
"dst host rerror rate", "dst host srv rerror rate", "label"]

df = pd.read_csv("datasets/kdd cup_1999/kddcup.data/kddcup.data.corrected",
sep=",", names=columns, index_col=None)
```

그림 2-42. 데이터 세트의 열을 정의하고 데이터 프레임 변수 df로 가져옴

이제 모든 일반 데이터 항목을 필터링하는 단계로 넘어가겠습니다.

정상 데이터 항목으로만 구성된 것과 이상 징후와 정상 데이터 항목이 동일한 비율로 구성된 두 개의 데이터 프레임을 만듭니다.

그림 2-43의 코드를 실행합니다.

```
df = df[df["service"] == "http"]
df = df.drop("service", axis=1)
columns.remove("service")

novelties = df[df["label"] != "normal."]
novelties_normal = df[150000:154045]

novelties = pd.concat([novelties, novelties_normal])
normal = df[df["label"] == "normal."]
```

그림 2-43. 이상 징후 및 정상 데이터 포인트를 필터링하여 두 데이터 세트가 혼합된 새 데이터 세트를 생성

그림 2-44는 두 데이터 프레임의 형태를 보여줍니다.

```
In [308]:  1 print(novelties.shape)
           2 print(normal.shape)

(8090, 41)
(619046, 41)
```

그림 2-44. 새로움과 정상데이터세트의형태를출력

데이터 프레임 "novelties"의 전반부는 이상 징후로 구성되고 후반부는 정상 데이터 항목으로 구성됩니다.

이제 데이터 프레임의 모든 범주형 값을 인코딩 합니다(그림 2-45 참조).

```
for col in normal.columns:
    if normal[col].dtype == "object":
        encoded = LabelEncoder()
        encoded.fit(normal[col])
        normal[col] = encoded.transform(normal[col])

for col in novelties.columns:
    if novelties[col].dtype == "object":
        encoded2 = LabelEncoder()
        encoded2.fit(novelties[col])
        novelties[col] = encoded2.transform(novelties[col])
```

그림 2-45. 데이터 세트에 레이블 인코더를 적용

이제 그림 2-46의 코드를 실행하여 훈련, 시험, 검증 세트를 설정합니다.

```
for f in range(0, 10):
    normal = normal.iloc[np.random.permutation(len(normal))]

df2 = pd.concat([normal[:100000], normal[200000:250000]])
df_validate = normal[100000:150000]
x_train, x_test = train_test_split(df2, test_size=0.2,
random_state=42)
x_val = df_validate
```

그림 2-46. 정상 데이터 세트의 항목을 섞고 훈련, 시험 및 검증 세트를 정의

그림 2-47은 데이터 집합의 형태를 보여줍니다.

```
In [12]:
print("Shapes:\nx_train:{}\n" .format(x_train.shape))
print("x_test:{}\n".format (x_test.shape))
print("x_val:{}\n".format (x_val.shape))

Shapes:
x_train:(120000, 41)

x_test:(30000, 41)

x_val:(50000, 41)
```

그림 2-47. 훈련, 시험 및 검증 세트의 형태를 출력

훈련 데이터가 클수록 OC-SVM이 훈련하는 데 시간이 오래 걸리기 때문에 전체 데이터 세트의 부분 집합만 사용하여 모델을 교육하고 있습니다.

그림 2-48의 코드를 실행하여 모델을 선언하고 초기화합니다.

```
#ocsvm = OneClassSVM(kernel='rbf', gamma=0.00005, random_state=42, nu=0.1)
```

그림 2-48. OC-SVM 모델을 정의

기본적으로 **커널**은 방사형 기반 함수를 의미하는 'rbf'로 설정됩니다. 이전 예제에서 보았던 원형 의사결정 경계와 유사하며, 정상 데이터가 포함된 일련의 영역을 중심으로 원형 경계를 정의하려고 하기 때문에 여기서 사용합니다. 앞의 예에서 볼 수 있듯이 영역을 벗어나

는 모든 포인트는 이상 징후로 간주됩니다. **감마**는 하이퍼플레인으로부터 얼마나 멀리 떨어져 있는 포인트까지 고려할 지를 모델에 알려줍니다. 크기가 아주 작기 때문에 더 멀리 있는 점을 강조하고 싶다는 의미입니다. random_state는 아이솔레이션 포레스트 모델과 유사하게 난수 생성기 초기화를 위한 시드일 뿐입니다. 다음 파라미터인 **nu**는 훈련 세트에 특이값이 얼마나 포함되었는지를 명시합니다. 이 값을 아이솔레이션 포레스트 모델과 비슷하게 0.1로 설정합니다. 모델이 잘못 분류될 것으로 예상되는 데이터 포인트의 개수를 모델에 대략적으로 알려주기 때문에 앞에서 보았던 정규화 파라미터와 비슷하게 작동합니다.

이제 모델을 훈련하고 예측을 평가해 보겠습니다(그림 2-49 참조).

```
ocsvm.fit(x_train)
```

그림 2-49. 훈련 데이터에 대한 OC-SVM 모델을 훈련

한 가지 유의할 점은 x_test와 x_validation이 모두 정상 데이터 값이기 때문에 AUC 값을 얻을 수 없다는 것입니다. 데이터 세트에서 정상으로 잘못 분류하거나 이상 징후로 올바르게 분류하는 이상 징후가 없으므로 참 음성 또는 거짓 양성에 대한 값을 얻을 수 없기 때문입니다.

그러나 시험 및 유효성 검사 세트에서 모델의 정확도를 측정할 수 있습니다. 정확도가 최선의 측정 기준은 아니지만, 모델 성능의 좋은 지표를 제공할 수 있습니다.

또한 한가지 유의할 점은 다음과 같습니다. 이 경우의 정확도는 예측에서 정상 데이터 포인트의 백분율을 측정한 값입니다. 데이터 집합의 데이터 포인트 중 약 10%가 이상 징후이므로 가장 최적의 "정확도"는 90%라고 가정했다는 점을 기억 하십시오.

그림 2-50의 코드를 실행합니다.

```
preds = ocsvm.predict(x_test)
score = 0
for f in range(0, x_test.shape[0]):
    if(preds[f] == 1):
        score = score + 1

accuracy = score / x_test.shape[0]
print("Accuracy: {:.2%}".format(accuracy))
```

그림 2-50. 예측을 하고 "정확도"를 생성

```
In [33]:

preds = ocsvm.predict(x_test)
score = 0
for f in range(0, x_test.shape[0]):
    if(preds[f] == 1):
        score = score + 1

accuracy = score / x_test.shape[0]
print("Accuracy: {:.2%}".format(accuracy))

Accuracy: 89.09%
```

그림 2-51. 시험 데이터 세트에 대한 정확도

그림 2−51은 정확도가 약 89.1%로, 데이터의 10%가 잘못 분류될 것으로 가정했다는 점을 고려할 때 매우 좋은 결과를 보여주고 있습니다.

이번에는 x_validation에 대해 코드를 실행해 보겠습니다(그림 2−52 참조).

```
preds = ocsvm.predict(x_val)
score = 0
for f in range(0, x_val.shape[0]):
    if (preds[f] == 1):
        score = score + 1

accuracy = score / x_val.shape[0]
print("Accuracy: {:.2%}".format(accuracy))
```

그림 2-52. 유효성 검사 세트에 대한 정확도 점수를 산출

```
In [34]:
preds = ocsvm.predict(x_val)
score = 0
for f in range(0, x_val.shape[0]):
    if(preds[f] == 1):
        score = score + 1

accuracy = score / x_val.shape[0]
print("Accuracy: {:.2%}".format(accuracy))

Accuracy: 89.49%
```

그림 2-53. 정상으로 간주된 데이터 포인트의 결과 백분율

이번에는 89.5% 정도로 정확도가 더욱 향상되었습니다(그림 2-53).

이제 이상치 데이터 세트를 테스트해 보겠습니다. 이번에는 이상 징후와 정상 데이터를 50대 50으로 나누었기 때문에 AUC 점수를 얻을 수 있습니다. 다른 두 데이터 집합인 x_test와 x_validation은 정상 데이터만 포함하고 있었지만 이번에는 모델이 거짓 양성과 참 음성을 분류할 수 있습니다.

```
from sklearn.metrics import roc_auc_score

preds = ocsvm.predict(novelties)
matches = novelties["label"] == 4

auc = roc_auc_score(preds, matches)
print("AUC:      {:.2%}".format(auc))
```

그림 2-54. AUC 점수를 생성하는 코드

```
In [47]:
from sklearn.metrics import roc_auc_score

preds = ocsvm.predict(novelties)
matches = novelties["label"] == 4

auc = roc_auc_score(preds, matches)
print("AUC: {:.2%}".format (auc))

AUC: 95.83%
```

그림 2-55. 이상치 집합에 대한 예측에서 생성된 AUC 점수

그림 2-55는 점수를 보여줍니다. AUC 점수 치고는 좋은 결과를 보여줍니다. 그림 2-56의 예측 분포를 살펴보겠습니다.

```
plt.figure(figsize=(10,5))
plt.hist(preds, bins=[-1.5, -0.5] + [0.5, 1.5], align='mid')
plt.xticks([-1, 1])
plt.show()
```

그림 2-56. 예측에 대한 분포를 보여주는 그래프를 표시하는 코드

In [48]:
```
plt.figure(figsize=(10,5))
plt.hist(preds, bins=[-1.5, -0.5] + [0.5, 1.5], align='mid')
plt.xticks([-1, 1])
plt.show()
```

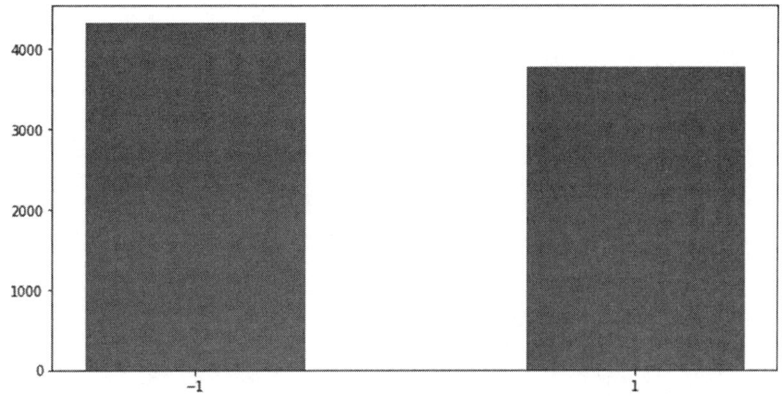

그림 2-57. 결과입니다. 1은 정상 데이터 포인트, -1은 이상 징후 데이터 포인트

그림 2-57에서 볼 수 있듯이 모델은 정상 데이터 지점보다 더 많은 이상 징후를 예측했지만, AUC에서 알 수 있듯이 대부분의 데이터 항목을 올바르게 분류했습니다.

이제 OC-SVM이 무엇인지, 이를 적용하는 방법에 대해 더 잘 이해하셨기를 바랍니다. OC-SVM은 다차원 데이터(이 경우 서비스 열을 삭제한 후 41개의 열이 있음)에서 잘 작동하며, 이 절에서 구현된 방식을 적용하면 **준지도 이상 징후 탐지**에도 OC-SVM을 사용할 수 있습니다.

요약

이번 장에서는 전통적인 이상 징후 탐지방법과 이상 징후 탐지를 **비지도** 및 **준지도** 방식으로 구현하는 방법에 대해 설명했습니다.

다음 장에서는 딥러닝 네트워크의 출현에 대해 알아보겠습니다.

CHAPTER 03

딥러닝소개

이 장에서는 딥러닝 네트워크에 대해 알아봅니다. 또한 케라스 및 파이토치를 사용하여 심층 신경망이 어떻게 작동하는지, 딥러닝을 어떻게 구현할 수 있는지 살펴보겠습니다.

이 장에서는 다음의 주제를 다룰 것입니다.

- 딥러닝이란?
- 케라스 소개: 케라스 기반의 간단한 분류기 모델
- 파이토치 소개: 파이토치 기반의 간단한 분류기 모델

딥러닝이란 무엇일까요?

딥러닝은 서로 다른 유형의 인공신경망을 다루는 머신러닝의 특별한 하위 분야입니다. 뇌의 구조와 기능에서 영감을 얻은 인공신경망의 핵심은 상호 연결된 계층으로, 개별유닛들은 입력 데이터가 주어지면 특정 기능을 수행하는 뉴런(neuron)을 호출합니다.

구체적으로 "깊은" 학습에서, 최고의 모델 중 일부는 수십 개의 층과 수백만 개의 뉴런으로 구성되어 있으며 대용량의 데이터로 훈련 받게 됩니다. 일반적으로는 딥러닝 모델이 특정 작업을 잘 수행하기 위해 항상 이렇게 대용량의 데이터가 필요로 하지는 않으며, 학습된 모델이 수행할 것으로 기대하는 작업은 이미지 내의 다양한 사물의 인식 부터 기사 요약 작성에 이르기까지 다양한 작업이 될 수 있습니다.

최근 GPU(그래픽 처리 장치)의 연산 성능과 가용성이 향상됨에 따라, 적절하게 GPU를 이용할 수 있는 사용자는 자신의 딥러닝 모델을 쉽고 빠르게 훈련시킬 수 있으며, 대형 모델에는 메모리와 마찬가지로 더 많은 GPU 리소스가 필요할 수 있습니다.

오늘날 딥러닝은 다양한 기능과 높은 성능을 선보이는 덕분에 전 세계를 휩쓸고 있습니다. 머신러닝의 보다 전통적인 모델들은 더 많은 훈련 샘플을 추가하면 성능이 정체되는 문제가 있지만, 딥러닝에는 그러한 문제가 없습니다. 대신 딥러닝 모델은 더 많은 샘플이 있어야 점점 더 좋아지는데, 이는 데이터 세트 크기 측면에서 훨씬 더 확장되고 결과적으로 더 나은 성능을 얻을 수 있다는 것을 의미합니다. 딥러닝 모델은 거의 모든 작업에 성공적으로 적용될 수 있으며 사이버 보안, 기상학, 금융 및 주식 시장, 음성 인식, 의료, 검색 엔진 등의 분야에서 사용됩니다. 이렇게 훌륭한 딥러닝은 정확히 무엇일까요? 먼저 인공신경망이 무엇인지 살펴보겠습니다.

인공 신경망

인공신경망은 생물학적 신경망에 의해 영감을 얻은 방식으로 상호연결된 노드 또는 인공뉴런의 층입니다. 그림 3-1은 뉴런의 예를 보여줍니다.

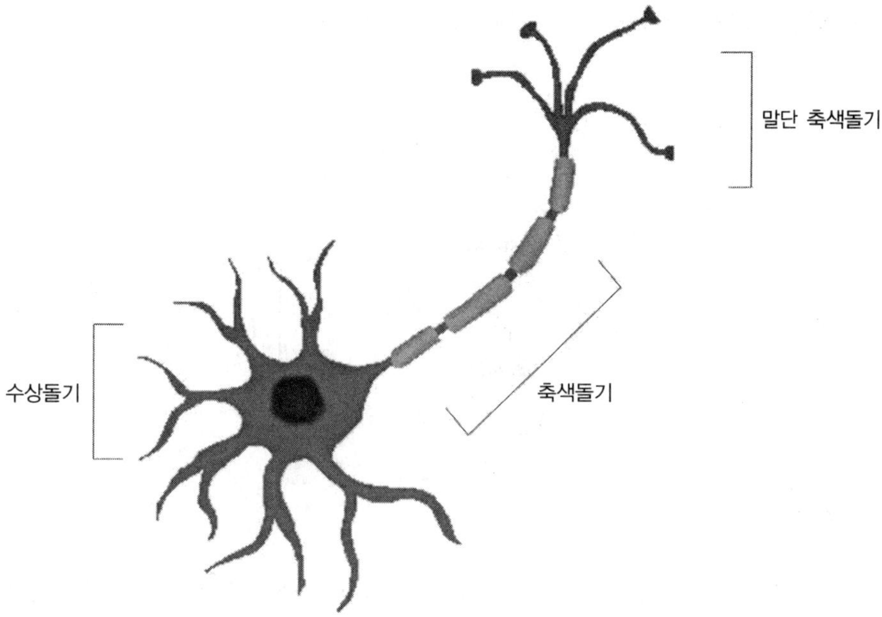

그림 3-1. 뉴런이 어떻게 생겼는지 보여주는 예

입력은 수상돌기(dendrite)를 통해 이루어지며, 그 후에 뉴런(neuron)이 작동 여부를 결정합니다. 작동 하자마자, 뉴런은 신호를 아래 축색돌기(exon)에서 말단 축색돌기까지전달하여 다른 뉴런으로 내보냅니다. 이러한 신호 전달을 시냅스(synapse)라고 하며, 그림 3−2는 이 메커니즘을 보여주고 있습니다.

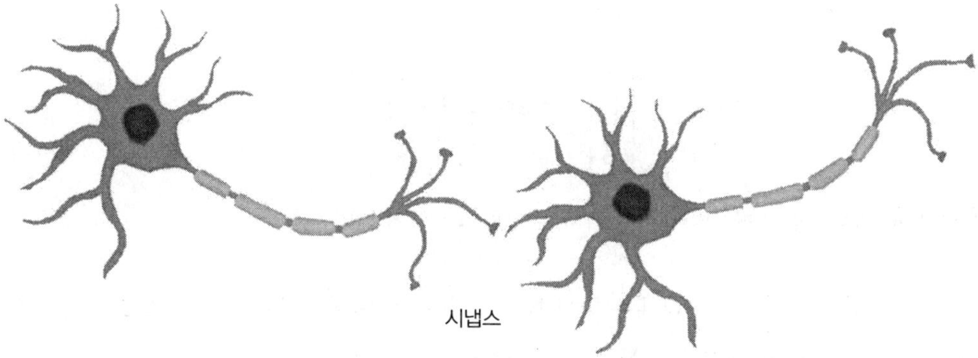

그림 3-2. 어떻게 두 개의 뉴런이 연결되어 사슬을 형성하고 그 연결을 통해 신호를 전달할 수 있을까요? 첫 번째 뉴런의 말단 축색돌기는 두 번째 뉴런의 수상돌기와 연결됩니다.

우리는 인공신경망에서 이와 비슷한 개념을 사용합니다(그림 3−3).

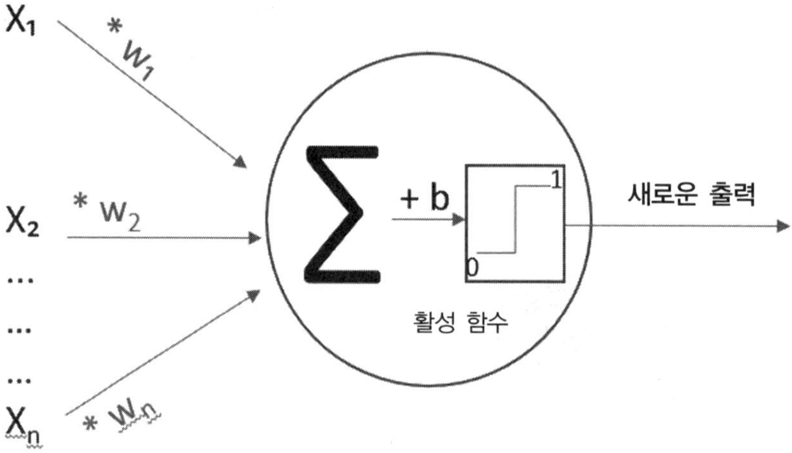

그림 3−3. 인공 신경망의 인공 뉴런이 어떻게 기능할 수 있을까요? 생물학적 뉴런의 모방이 인공 신경망의 기초입니다.

이 인공 뉴런의 경우, 입력 벡터 X와 가중치 벡터 W 사이의 내적(dot product)을 구합니다. X는 입력 데이터를 나타내고 W는 이 노드가 입력 벡터와 곱하기 위해 수행하는 가중치 목록을 나타냅니다. 내적은 그림 3−4에서와 같이 벡터의 각 요소에 두 번째 벡터의 해당 요소를 곱한 경우입니다.

$$\langle a, b, d \rangle \cdot \langle e, f, g \rangle = ae + bf + dg$$

$$\begin{bmatrix} a \\ b \\ c \end{bmatrix} \cdot \begin{bmatrix} e \\ f \\ g \end{bmatrix} = ae + bf + cg$$

그림 3−4. 내적이 동작하는 방식과 두 가지 유형의 벡터 표기 방법

두 가지 방법은 벡터를 나타내는 다른 방법이지만, 두 번째 방법은 데이터와 가중치가 행렬의 모양을 취할 가능성을 고려할 때 이상적입니다.

그 후, 값 b(편향이라고 함)가 내적 결과에 추가되는 선택적 **편향**(bias) 함수가 있습니다. 여기서 전체 노드가 데이터를 전송할지 여부를 결정하는 **활성화 함수**(activation function)를

통과합니다. 이 경우 활성화 함수는 내적과 편향 값의 합이 특정 값에 도달했는지 여부(임계값)에 따라 0과 1 사이에서만 변합니다. 0과 1 사이의 값을 출력하는 시그모이드(sigmoid) 함수와 같은 다른 활성화 함수를 가질 수도 있습니다.

출력 y와 입력 x를 호출하면 각 노드의 기본 함수는 그림 3-5의 방정식으로 나타낼 수 있습니다.

$$y = f\left(\sum_{i=1}^{n} w_i x_i + b\right)$$

그림 3-5. 인공 뉴런의 기본적인 기능을 포착하는 방정식. 이 경우 $f(x)$는 활성화 함수

인공 신경망은 이러한 노드의 상호 연결된 계층으로 구성되어 있으며 그림 3-6처럼 보일 수 있습니다.

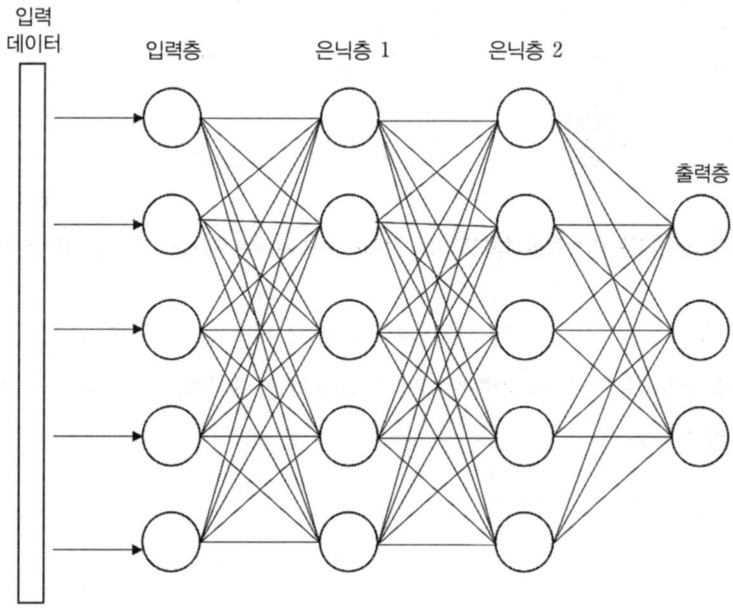

그림 3-6. 인공 신경망이 어떻게 생겼는지 보여주는 예

은닉층(hidden layer)은 입력층(input layer)과 출력층(output layer) 사이에 있는 층입니다. 네트워크에는 여러 개의 은닉층이 있을 수 있습니다. 이제 인공신경망이 어떤 모습일지

살펴보았으니, 데이터가 이 네트워크를 통해 어떻게 흐를 수 있는지 살펴보겠습니다. 먼저, 네트워크의 입력 데이터만 가지고 시작하고, 뉴런은 전체적으로만 활성화 된다고 가정합니다(각 뉴런은 활성화 함수에 따라 부분적으로 활성화할 수 있지만, 이 예에서는 각 뉴런이 1 또는 0을 출력합니다)(그림 3-7).

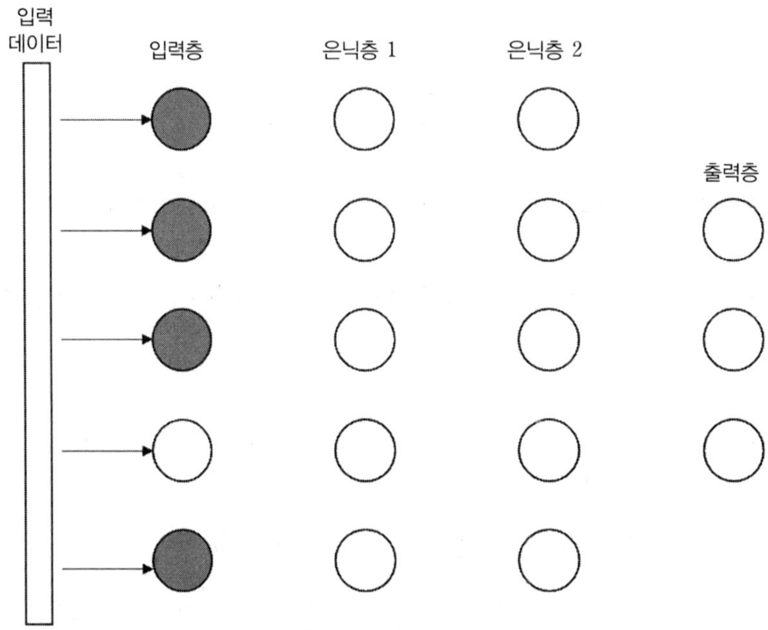

그림 3-7. 입력 데이터는 입력층을 통과하며, 선택적 노드는 수신된 입력에 기반하여 작동

입력층은 해당하는 모든 입력을 가져와서 첫 번째 은닉층에 연결된 출력을 생성합니다. 입력층에서 활성화되는 노드의 출력은 이제 은닉층의 입력이며, 새 데이터는 그에 상응하여 흐릅니다(그림 3-8).

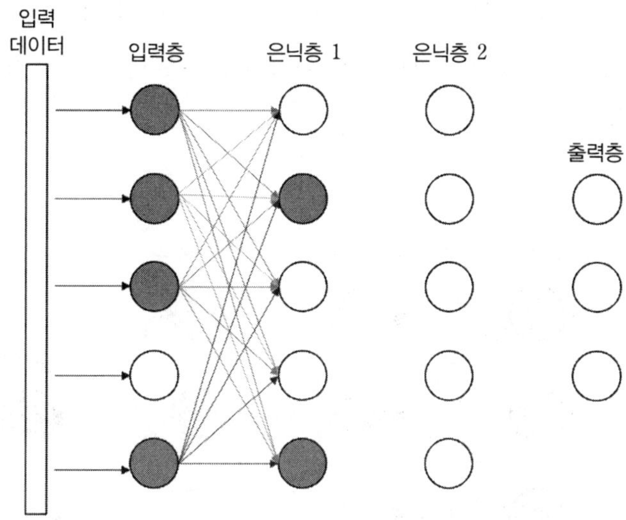

그림 3-8. 입력층에서 활성화된 뉴런의 출력은 첫 번째 은닉층으로 전달됩니다. 이러한 출력은 이제 다음 층의 입력입니다. 그리고 이 입력에 기반해서 선택적 뉴런이 작동

첫 번째 은닉층은 활성화 함수, 가중치, 편향 등을 위한 파라미터가 서로 다를 뿐 입력층과 유사한 방식으로 데이터를 처리합니다. 데이터가 이 층을 통과하고 이 층의 출력이 다음 은닉층의 입력이 됩니다. 여기에서는 이전 층의 입력에 따라 두 개의 노드만 활성화됩니다(그림 3−9).

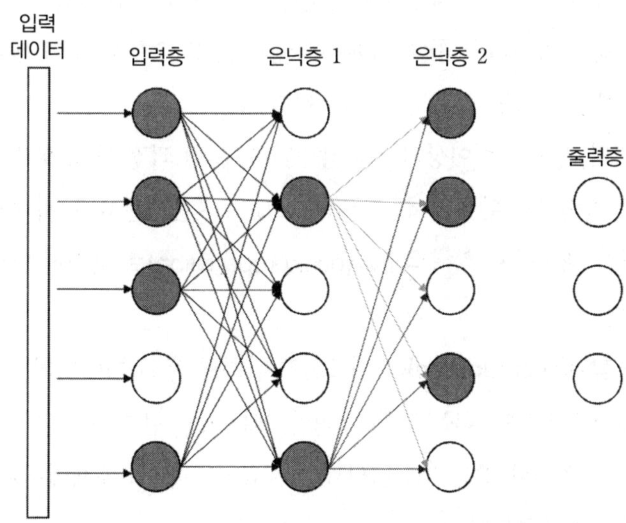

그림 3-9. 이 과정은 두 번째 은닉층에서 반복

두 번째 은닉층은 데이터를 처리하여 출력층이라고 하는 새로운 층으로 데이터를 전송하고, 여기서 층의 노드 중 하나만 활성화됩니다. 여기에서는 출력층의 첫 번째 노드가 활성화됩니다(그림 3−10).

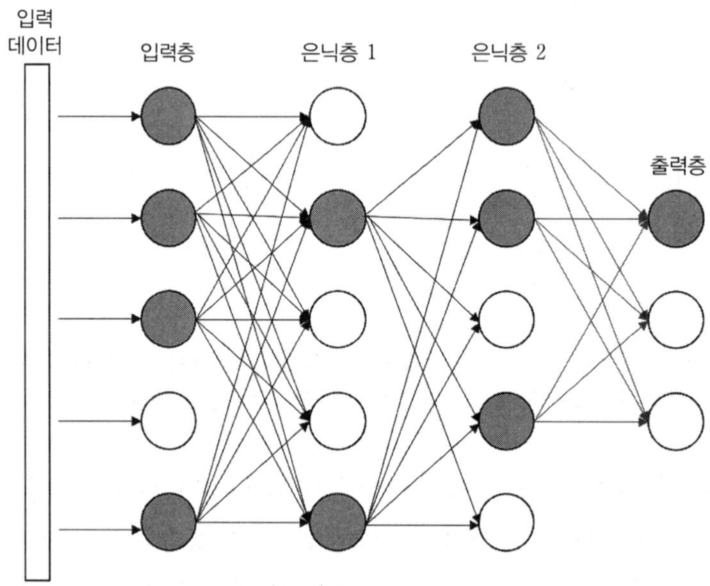

그림 3-10. 마지막으로, 두 번째 은닉층의 데이터는 출력층으로 갑니다. 여기에서는 하나의 뉴런이 작동

출력층의 노드는 입력 데이터에 제공할 다른 레이블을 나타낼 수 있습니다. 예를 들어, 아이리스 데이터 세트에서 아이리스 꽃에 대해 다양한 측정을 수행하고 이 데이터에 대해 인공 신경망을 훈련하여 꽃의 종을 분류할 수 있습니다.

초기화할 때 모델의 가중치는 이상적이지 않습니다. 훈련 과정 내내 모델의 데이터 흐름이 정방향(입력에서 출력까지 왼쪽에서 오른쪽으로)으로 이동 한 다음 각 활성화된 노드의 가중치와 편향을 다시 계산하기 위해 **역전파(backpropagation)**로 알려진 방법을 통해서 역방향으로 이동합니다.

역전파에서 **비용 함수(cost function)**는 네트워크를 통한 훈련 데이터의 1회 통과에 대해 모델의 예측과 실제 예측해야만 하는 값을 고려합니다. 비용 함수는 모델의 가중치가 올바른 결과를 예측하는 데 얼마나 좋은지를 나타내는 지표입니다. 이 예제에서는 그림 3−11이 비용 함수의 공식이라고 가정합니다.

$$J(\theta) = \frac{1}{n}\sum_{i=1}^{n}(h_\theta(x^i) - y^i)^2$$

그림 3-11. 평균 제곱 오차(mean squared error) 비용 함수에 대한 공식

이 비용 함수를 **평균 제곱 오차**라고 하는데, 입력이 θ(가중치)인 함수가 예측 값과 실제 값 차이를 제곱하여 평균을 찾기 때문에 붙여진 이름입니다. 파라미터 h_θ는 가중치 파라미터 θ가 전달된 모델을 나타내기 때문에 $h_\theta(x^i)$는 모델의 가중치 θ로 x^i에 대한 예측 값을 제공합니다. 파라미터 y^i는 인덱스 i의 데이터 포인트에 대한 실제 값을 나타냅니다. 전달하려는 파라미터에 가중치와 편향이 모두 포함되어 있으면 그림 3−12와 더 유사합니다.

$$J(w,b) = \frac{1}{n}\sum_{i=1}^{n}(h_{w,b}(x^i) - y^i)^2$$

그림 3-12. 가중치와 편향을 구분하는 더 구체적인 표기법을사용한 평균 제곱 오차 비용 함수의 공식

$h_{w,b}(x^i)$는 그림 3−13의 공식을 가집니다.

$$h(w,b) = wx^i + b$$

그림 3-13. $h(w,b)$ 함수의 자세한 의미는 그림 3-12 참조

비용 함수는 현재 가중치 파라미터를 가진 모델의 전반적인 성능을 반영하므로 비용 함수에서 출력되는 가장 이상적인 값은 가능한 한 작은 값일 것입니다. 비용 함수는 모델의 예측이 실제 값에서 얼마나 멀리 떨어져 있는 지에 대한 측정 값이므로, 예측이 실제 예측 해야만 하는 값과 거의 일치해야 한다는 것을 의미하기 때문에 비용 함수의 출력을 가능한 작게 만들고자 할 것입니다.

비용 함수를 최소화하려면 모델에게 가중치를 조정하는 방법을 알려주어야 하는데, 어떻게 해야 할까요?

미적분으로 다시 생각하면 최적화 문제는 변화율(derivative)을 찾고 임계점(원래 방정식의 변화율이 0인 지점)을 구하는 것과 관련이 있습니다.

여러분의 경우 변화율과 유사하지만 다차원적 환경으로 생각할 수 있는 **그래디언트**(gradient)를 찾고 0에 근접하도록 그래디언트를 바꾸는 방향으로 가중치를 조정합니다.

모델이 **경사 하강법**(gradient descent)을 포함하여 최적의 가중치를 달성하도록 도와주는 여러 최적화 알고리즘이 있습니다. 경사 하강법은 비용 함수의 그래디언트를 찾아 지역 최소값(local minimum) 방향으로 한 단계씩 이동하면서 가중치와 편향을 조정하는 데 사용할 값을 생성하는 최적화 알고리즘입니다.

여러분이 얼마나 많은 단계를 밟는지는 **학습률**(learning rate)에 의해 조절됩니다. 학습률이 클수록 각 반복에서 수행하는 단계가 더 커지고 지역 최소값에 더 빠르게 접근합니다. 학습 속도가 작을수록 단계가 작기 때문에 훈련 시간이 길어집니다. 그러나 학습률이 너무 클 때 문제는 지역 최소값을 완전히 초과하여 지역 최소값에 도달하지 못할 수 있다는 것입니다. 학습률이 너무 작으면 지역 최소값에 도달하는 데 너무 오래 걸릴 수 있습니다. 모델이 이상적인 성능 수준에 도달하기 시작하면, 가중치는 비용함수가 지역 최소값에 도달하도록 하기 때문에 그래디언트가 0에 근접해야 하며, 모델의 예측과 실제 값 간의 차이가 매우 작다는 것을 의미합니다.

역전파라고 불리는 과정에서는, 모든 층의 가중치가 조정될 때까지 동일한 과정이 이전 층에서 수행되기 전에 층의 각 노드에 대해 그래디언트를 계산하고 가중치를 조정합니다. 모델을 통해 데이터를 전달하고 가중치를 재조정하기 위해 역전파하는 전체 과정은 딥러닝에서 모델의 훈련 과정을 구성하는 것입니다.

전체 훈련 과정이 복잡하고 계산적으로 무거워 보일 수 있지만, GPU는 그래픽 처리에 필요한 행렬 계산을 수행하도록 최적화되어 있기 때문에 모델을 훨씬 더 빠르게 훈련할 수 있습니다.

이제 딥러닝이 무엇이고 인공신경망이 어떻게 작동하는지 좀 더 알게 되었으므로, 이상 징후 탐지를 위해 딥러닝을 사용해야 하는 이유에 대한 의문이 생길 수 있습니다.

우선, GPU 기술의 발전 덕분에 우리는 훨씬 더 깊이 있는 딥러닝 모델(파라미터가 많은 여러 층)과 거대한 데이터 세트를 훈련할 수 있습니다. 이는 그 자체로 네트워크의 놀라운 성능으로 이어지고 모델이 훨씬 더 강력한 애플리케이션을 가질 수 있도록 해 줍니다.

이로 인해 각기 다른 애플리케이션(이미지 분류, 비디오 캡션, 객체 감지, 언어 번역, 기사를 요약할 수 있는 생성 모델 등)에 적합한 다양한 모델들이 등장했을 뿐만 아니라 모델들은 각자의 작업에서 점점 더 좋아지고 있습니다.

또한 딥러닝 모델은 데이터 입력이 증가해도 훈련 정확도가 정점에 이르지 않기 때문에 딥러닝 모델을 대용량 데이터에 적용할 수 있고 기존 모델보다 확장성이 훨씬 뛰어납니다. 이러한 딥러닝 모델의 속성은 오늘날 사회의 빅 데이터 트렌드와 매우 잘 어울립니다.

이 장에서는 파이썬에서 텐서플로(TensorFlow) 백엔드를 사용하는 **케라스(Keras)**와 **파이토치(PyTorch)**라는 두 가지 유명한 딥러닝 프레임워크를 사용하여 손으로 쓴 숫자를 분류하는 데 딥러닝 모델을 적용하는 방법을 살펴 보겠습니다. 이러한 프레임워크를 사용하면 완전히 처음부터 만들지 않아도 단지 수십 줄의 코드만으로 맞춤형 딥러닝 모델을 만들 수 있습니다.

케라스는 강력한 딥러닝 모델을 신속하게 생성, 훈련 및 시험 하면서 동시에 작은 세부 사항까지 모두 추상화 할 수 있는 고급 프레임워크입니다. **파이토치**는 저 수준의 프레임워크에 가깝지만 **텐서플로**(더 널리 사용되는 딥러닝 프레임워크)가 하는 정도로 많은 구문을 가지고 있지는 않습니다. 그러나 케라스에 비해 추상화 레벨이 낮으므로 정의해야 할 사항이 더 많습니다.

텐서플로를 사용하거나 파이토치를 사용하는 것은 개인적인 선호에 가깝지만 파이토치를 사용하기가 더 쉽습니다. 둘 다 매우 유사한 기능을 제공하며, 파이토치에 없는 텐서플로의 기능이 있다면 파이토치 API를 사용하여 해당 기능을 구현할 수 있습니다.

또 다른 참고 사항은 텐서플로가 케라스를 API에 통합 했기 때문에 나중에 텐서플로를 사용하려는 경우에도 `tf.keras`를 사용하여 모델을 구축할 수 있습니다.

케라스(Keras) 소개: 간단한 분류기 모델

시작하기 전에 CUDA와 cuDNN 등 모든 종속성을 고려하여 텐서플로의 GPU 버전을 설치하는 것이 좋습니다. 딥러닝 모델을 훈련시킬 때 꼭 필요한 것은 아니지만, GPU가 있으면 훈련 시간을 크게 단축할 수 있습니다. 텐서플로와 파이토치는 훈련 중에 GPU를 이용하기 위해서 CUDA와 cuDNN을 활용하고, 케라스는 텐서플로 위에서 실행됩니다.

케라스에 대해 궁금한 점이 있다면, 부록 A를 참조하여 케라스의 작동 방식과 제공되는 기능에 대해 알아보시기 바랍니다.

다음은 사용되는 파이썬 3 패키지의 정확한 버전입니다:

- tensorflow-gpu 버전 1.10.0
- keras 버전 2.0.8
- torch 버전 0.4.1 (PyTorch)
- CUDA 버전 9.0.176
- cuDNN 버전 7.3.0.29

MNIST 데이터 세트를 사용하여 케라스에서 CNN(Convolutional Neural Network)이라고 하는 딥러닝 아키텍처를 생성, 훈련 및 평가할 수 있습니다. 이 데이터 세트는 텐서플로에 포함되어 있으므로 다운로드 할 필요가 없습니다.

MNIST 데이터 세트 또는 수정된 국립표준기술원 데이터 세트는 CNN과 같은 컴퓨터 비전 및 이미지 처리 모델을 학습하는 데 사용되는 이미지 모음입니다. 이것은 기본적으로 컴퓨터 비전에서 "Hello World"와 같은 데이터 세트로 처음 시작하기 위한 사용자를 위한 공용 데이터 세트입니다.

데이터 세트에는 훈련 이미지 60,000개와 시험 이미지 10,000개가 포함되어 있으며, 크기가 28×28 픽셀인 손으로 쓴 숫자 0-9의 이미지로 구성되어 있습니다.

먼저 모든 종속성을 가져옵니다(그림 3-14).

```
import tensorflow as tf
import keras
from keras.datasets import mnist
from keras.models import Sequential
from keras.layers import Dense, Dropout,
Flatten, Input
from keras.layers import Conv2D, MaxPooling2D
from keras import backend as K
import numpy as np
```

그림 3-14. 모델을 생성하는데 필요한 모듈을 가져옵니다.

이제 나중에 사용할 몇 가지 변수를 정의합니다(그림 3-15).

```
batch_size = 128
n_classes = 10
n_epochs = 15

im_row, im_col = 28, 28
```

그림 3-15. 나중에 사용할 변수

모델을 통해 데이터 세트 전체를 한번 통과하는 것을 **에포크(epoch)**라고 합니다. **배치** 크기는 한 번의 반복(iteration)에서 모델을 통과하는 데이터 항목의 수를 나타냅니다. 여기에서는 훈련 데이터의 모든 항목이 통과될 때까지 한 번에 128개 항목을 통과시켜 하나의 에포크 끝을 표시합니다. 0−9까지 10진수로 나타내는 클래스 수는 10개 입니다. 이러한 변수를 **하이퍼파라미터**라고 하며, 훈련 과정 전에 설정되는 파라미터 입니다.

훈련 및 시험 데이터 세트를 만들어 보겠습니다. 한 가지 주목할 점은 케라스의 데이터 프레임, 배열, 행렬 등을 사용하여 데이터 세트의 역할을 할 수 있다는 것입니다. 그림 3−16의 코드를 실행합니다.

```
(x_train, y_train), (x_test, y_test) = mnist.load_data()
```

그림 3-16. 훈련 및 시험 데이터 세트를 정의

맷플롯립(matplotlib)를 사용하여 이러한 이미지 중 하나를 볼 수 있습니다. 그림 3−17의 코드를 실행하고 그림 3−18의 결과를 확인합니다.

```
import matplotlib.pyplot as plt
%matplotlib inline


plt.imshow(x_train[1], cmap='gray')
plt.show()
```

그림 3-17. 훈련 이미지가 어떻게 보여지는지 확인하기 위해서 matplotlib.pyplot을 가져옴

```
In [68]:
import matplotlib.pyplot as plt
%matplotlib inline

plt.imshow(x_train[1], cmap='gray')
plt.show()
```

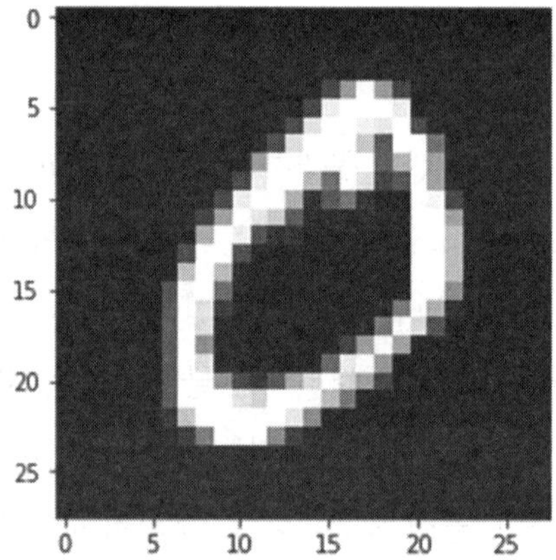

그림 3-18. 그림 3-17의 코드를 실행한 결과

x_train에 있는 샘플을 시각화하기 위해 0에서 59,999까지 어떤 값이든 입력할 수 있습니다. 숫자 1의 10가지 예만 봐도 데이터 세트에 변형이 많다는 것을 알 수 있습니다(그림 3—19 및 그림 3—20 참조).

```
fig = plt.figure(figsize=(15,10))

i = 0
for f in range(0, y_train.shape[0]):
    if (y_train[f] == 1 and i < 10):
         plt.subplot(2, 5, i+1)
         plt.imshow(x_train[f], cmap='gray')
         plt.xticks([])
         plt.yticks([])
         i = i + 1

plt.show()
```

그림 3-19. 특정 클래스에 대한 몇 가지 예제 이미지를 표시하는 코드

In [103]:

```
fig = plt.figure(figsize=(15,10))

i = 0
for f in range(0, y_train.shape[0]):
    if(y_train[f] == 1 and i < 10):
        plt.subplot(2, 5, i+1)
        plt.imshow(x_train[f], cmap='gray')
        plt.xticks([])
        plt.yticks([])
        i = i + 1

plt.show()
```

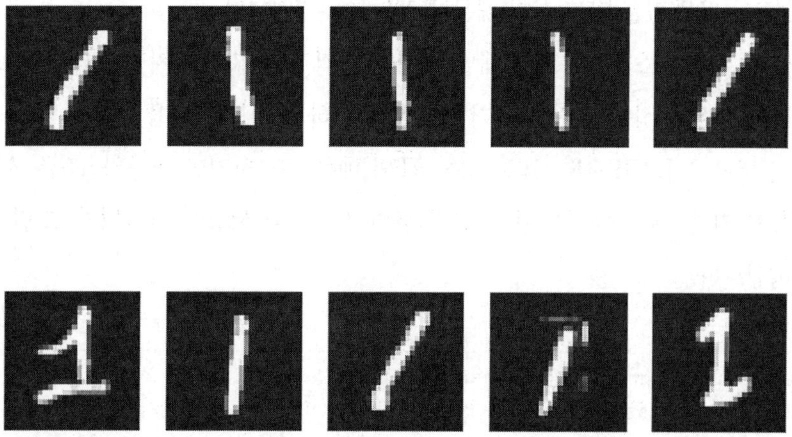

그림 3-20. 그림 3-19의 코드 실행 결과. 변형의정도와 거의 숫자로 여기지 않을 만큼 비정상적인 데이터에 주목

이제, 그 형태를 차원만큼 확장합니다. 현재 훈련 및 시험 세트의 차원은 그림 3－21 및 그림 3－22와 같습니다.

```
print("x train: {}\nx test: {}\n".format(
x train.shape, x test.shape, ))
```

그림 3-21. 훈련 및 시험 데이터 세트의 형태를 출력하는 코드

In [71]:

```
print("x_train: {}\nx_test: {}\n".format(
x_train.shape, x_test.shape, ))
```

```
x_train: (60000, 28, 28)
x_test: (10000, 28, 28)
```

그림 3-22. 그림 3-21의 코드의 실행 결과

모델을 훈련하기 위해 이 형태를 (60000, 28, 28, 1)과 (10000, 28, 28, 1)로 확장하려고 합

니다.

이미지의 속성은 컬러 이미지는 3차원이고 그레이 스케일 이미지는 2차원 입니다. 그레이 스케일 이미지는 컬러 채널이 없으므로 단순히 행 x 열입니다. 반면에 컬러 이미지는 행 x 열 x 채널 또는 채널 x 행 x 열로 나타낼 수 있습니다. 컬러 이미지의 경우 빨간색, 녹색 및 파란색(RGB)의 픽셀 값을 알고 싶기 때문에 채널 수는 3입니다.

여기에서는 그레이 스케일이므로 채널에 대해서 걱정할 필요 없지만, 결국 CIFAR−10 데이터 세트와 같은 색상을 가진 데이터 세트를 사용하게 되므로 다음 코드에서 두 가지 경우를 모두 설명합니다. CIFAR−10은 MNIST와 매우 유사하지만 자동차, 조류, 선박 등과 같은 레이블을 기준으로 32×32 이미지를 분류하고 있으며 색상이 있습니다. 그림 3−23의 코드를 실행합니다.

```
if K.image_data_format() == 'channels first':
    x_train = x_train.reshape(x_train.shape[0], 1, im_row, im_col)
    x_test = x_test.reshape(x_test.shape[0], 1, im_row, im_col)
    input_shape = (1, im_row, im_col)
else:
    x_train = x_train.reshape(x_train.shape[0], im_row, im_col, 1)
    x_test = x_test.reshape(x_test.shape[0], im_row, im_col, 1)
    input_shape = (im_row, im_col, 1)
```

그림 3-23. 채널이 먼저인지 여부에 따라 훈련 및 시험 데이터 세트를 다시 구성한 다음 모델의 입력 형태를 정의하는 코드

이제 값을 float32로 변환하고 255로 나눕니다. 현재 값은 모두 0에서 255 사이의 정수 값이지만 이 값을 부동소수 값으로 변환하여 0에서 1로 만들려고 합니다. 이는 **정규화** 또는 **특성 스케일링**이라고 하는 과정으로, 데이터의 크기를 더 작고 관리하기 쉬운 값으로 재 조정하려는 것입니다. 이 예제에서는 그림 3−24의 공식으로 정의된 **최소-최대 정규화**(min-max normalization) 방법을 사용합니다.

$$x' = \frac{x - x_{min}}{x_{max} - x_{min}}$$

그림 3-24. 최소-최대 정규화에 대한 공식

값은 0에서 255 사이입니다. 각 값에 대해 x에서 0을 "**빼고**" 255 - 0(그냥 255)으로 나눕니다. 픽셀 값을 [0, 255] ~ [0, 1] 범위에서 다시 조정하는 것은 이미지 작업에서 일반적이며 컬러 이미지로도 수행할 수 있습니다.

평균 정규화(mean normalization), **표준화**(z–score **정규화**) 및 **단위 길이 조정**과 같은 다른 방법이 있습니다.

각 방법의 공식은 다음과 같습니다.

평균 정규화(그림 3–25)

$$x' = \frac{x - x_{average}}{x_{max} - x_{min}}$$

그림 3-25. 평균 정규화에 대한 공식

이 공식은 분자에서 x_{min}에 대신 $x_{average}$를 사용한다는 점을 제외하고는 최소–최대 정규화와 유사합니다.

표준화(그림 3–26)

$$x' = \frac{x - \bar{x}}{\sigma}$$

그림 3-26. 표준화를 위한 공식

기본적으로 각 x에 대한 z–score 값을 찾아 원래 x 값 대신 사용합니다.

단위 길이 조정(그림 3–27)

$$x' = \frac{x}{\| x \|}$$

그림 3-27. 단위 길이 조정의 공식

x에 대한 벡터를 찾아 대신 사용합니다. 단위 벡터의 크기는 1입니다.

다음 코드는 그림 3–28에 나와 있습니다.

```
x_train = x_train.astype('float32')
x_test = x_test.astype('float32')
x_train /= 255
x_test /= 255

y_train = keras.utils.to_categorical(y_train, n_classes)
y_test = keras.utils.to_categorical(y_test, n_classes)
```

그림 3-28. x_train 및 x_test를 float32로 변환하고 255로 나누어서 최소-최대 정규화를 적용. y_train 및 y_test의 경우 원-핫 인코딩(One-hot encoding)형식으로 변환

keras.utils.to_categorical() 함수는 클래스 벡터를 가져와서 클래스 수의 이진 클래스 행렬을 만듭니다. 값이 0−5(그림 3−29)인 최대 6개의 클래스를 가진 y_train을 나타내는 벡터가 있다고 가정합니다.

인덱스 0의 데이터	1
인덱스 1의 데이터	5
인덱스 2의 데이터	4
인덱스 3의 데이터	2

그림 3-29. 값이 0-5인 6개의 클래스를 가진 y_train을 나타내는 벡터

n_classes = 5일 때 keras.utils.to_categorical(y_train, n_classes)을 실행한 다음, 그림 3−29는 y_train에 대한 정보를 보여줍니다.

인덱스 0의 데이터	0 1 0 0 0 0
인덱스 1의 데이터	0 0 0 0 0 1
인덱스 2의 데이터	0 0 0 0 1 0
인덱스 3의 데이터	0 0 1 0 0 0

그림 3-30. 그림 3-29의 y_train 벡터를 원-핫 인코딩

클래스는 여전히 동일하지만 이번에는 직접 값이 아닌 인덱스로 클래스를 가져와야 합니다. 원래 벡터의 인덱스 1(하나의 열이 있는 행렬로 생각할 때 1 행)에서 클래스 레이블이 5임을 알 수 있습니다. 변환된 `y_train` 데이터(이제는 행렬)의 행 1(이전 인덱스 1)에서 열 5의 값을 제외한 모든 것이 해당 인덱스의 벡터에 0으로 표시됩니다. `y_train`은 인덱스 1에서 아직 5이지만 형식이 다릅니다.

이제 그림 3-31과 그림 3-32에서 변환된 데이터의 형태를 확인하겠습니다.

```
print("x—train: {}\nx—test: {}\ninput—shape: {}\n# of training
samples: {}\n# of testing samples: {}".format(
x_train.shape, x_test.shape, input_shape, x_train.shape[0],
x_test.shape[0]))
```

그림 3-31. 변환된 데이터의 형태를 출력

```
In [126]:
print("x_train: {}\nx_test: {}\ninput_shape: {}\n \
# of training samples: {}\n# of testing samples: {}".format(
x_train.shape, x_test.shape, input_shape, x_train.shape[0], x_test.shape[0]))

x_train: (60000, 28, 28, 1)
x_test: (10000, 28, 28, 1)
input_shape: (28, 28, 1)
 # of training samples: 60000
# of testing samples: 10000
```

그림 3-32. 결과를 출력

> **참고** \ 문자는 파이썬에게 다음 행으로 계속 진행하라는 것을 알려 줍니다. 이 문자가 없으면 두 번째 "로 표시된 문자열의 끝을 볼 수 없기 때문에 코드가 실행되지 않지만, \가 파이썬에게 다음 줄에서 계속하라는 것을 알려 줍니다.

이제 모델을 정의하고 컴파일하는 단계로 넘어갈 수 있습니다. 그림 3-33의 코드를 실행합니다.

```
model = Sequential()
model.add(Conv2D(32, kernel_size=(3, 3),
                 activation='relu', input_shape=input_shape))
model.add(Conv2D(64, (3, 3), activation='relu'))
model.add(MaxPooling2D(pool_size=(2, 2)))
model.add(Dropout(0.25))
model.add(Flatten())
model.add(Dense(128, activation='relu'))
model.add(Dropout(0.5))
model.add(Dense(n_classes, activation='softmax'))

model.compile(loss=keras.losses.categorical_crossentropy,

optimizer=keras.optimizers.Adam(), metrics=['accuracy'])

model.summary()
```

그림 3-33. 딥러닝 모델을 정의하고 여기에 층을 추가하는 코드

케라스에서 **순차 모델**(sequential model)은 층 스택입니다. Conv2D는 2차원 합성곱 층(convolution layer)입니다.

합성곱 신경망(convolutional neural network)에서 합성곱 층은 데이터를 필터링하고 각 값에 필터의 가중치를 요소별로 곱한 후 합산하여 하나의 값을 생성합니다. 여기에서는 각 픽셀 위로 움직이면서 **활성화 맵**(activation map) 또는 **특성 맵**(feature map)이라는 더 작은 층을 만드는 3×3 필터입니다. 이 특성 맵은 두 번째 합성곱 층에서 또 다른 필터가 적용되어 더 작은 특성 맵을 생성합니다. 역전파하는 동안 최적화된 가중치는 필터에서 찾을 수 있습니다. 이것에 대해 더 잘 알기 위해서, 어떻게 작동하는지에 대한 몇 가지 예를 살펴보겠습니다.

그림 3-34와 같은 5×5 픽셀 그림을 가정합니다.

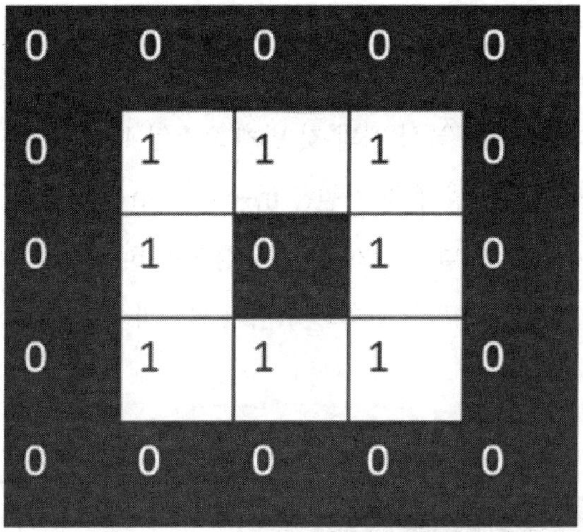

그림 3-34. 0은 검은색 픽셀을 나타내고 1은 흰색 픽셀을 나타내는 5x5 픽셀 그림

커널 크기(필터 크기)가 2×2라고 가정합니다. 그림 3-35는 합성곱이 어떻게 진행되는지 보여줍니다.

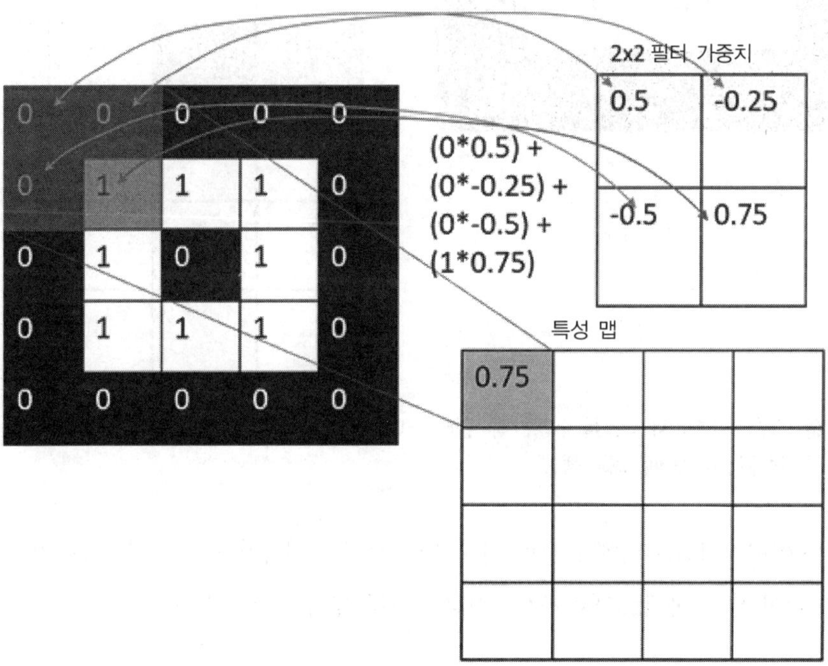

그림 3-35. 입력 이미지의 2x2 섹션에서 2x2 필터를 곱한 예입니다. 필터 가중치는 원소별로 적용되며 특성 맵의 일부인 출력 값(이 합성곱 층의 출력)을 생성

먼저, 2×2 **필터** 또는 **커널**에 대한 임의의 가중치 세트가 있습니다.

필터는 이미지의 처음 2×2 영역을 지나 필터의 값과 이미지의 2×2 영역의 값을 원소별로 곱해서 합산 합니다. 이 값은 특성 맵의 첫 번째 요소인 4×4 층 이미지입니다. nxn 필터와 mxm 이미지가 지정되면 특성 맵의 차원은 m–n+1 x m–n+1 차원 이미지가 됩니다. 여기에서는 이미지가 5×5이고 커널은 2x2이므로 특성 맵은 5 - 2 + 1 = 4×4 픽셀입니다.

이 필터는 그림 3–36과 같이 픽셀 단위로 이미지 픽셀의 각 영역을 통과합니다.

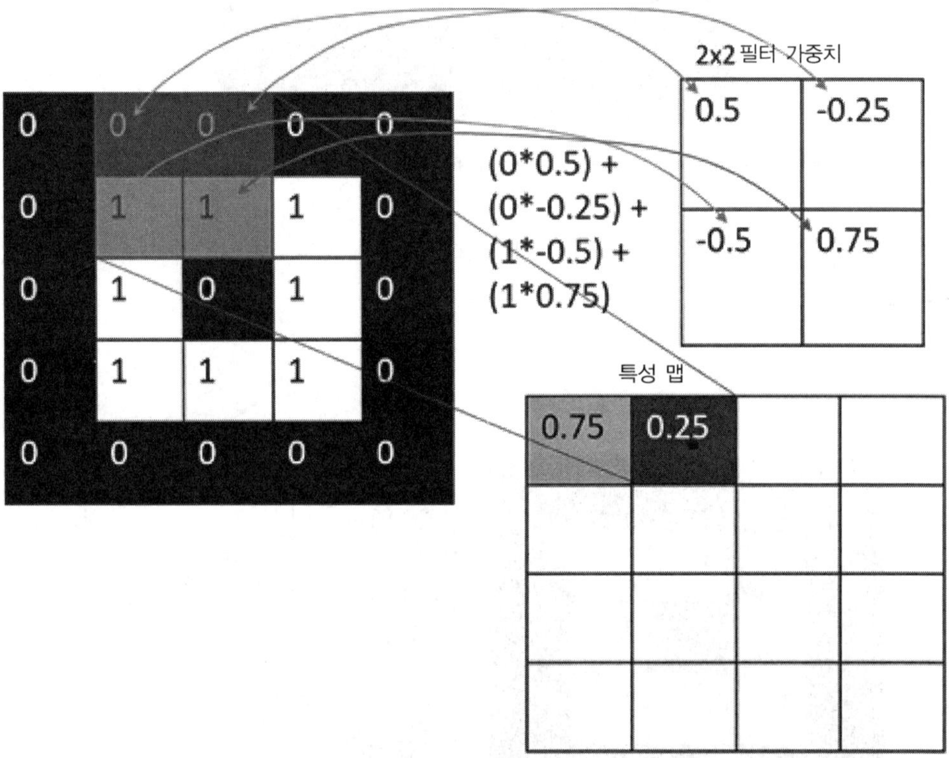

그림 3–36. 그림 3–35에서 작업을 수행한 후 필터는 다음 데이터 집합으로 이동하여 곱하기 때문에 특성 맵에서 두 번째 값을 생성

필터는 이미지의 오른쪽에 도달할 때까지 이 작업을 계속합니다. 그런 다음, 필터는 그림 3–37과 같이 한 번 아래로 내려가서 이미지의 왼쪽에서 다시 시작합니다.

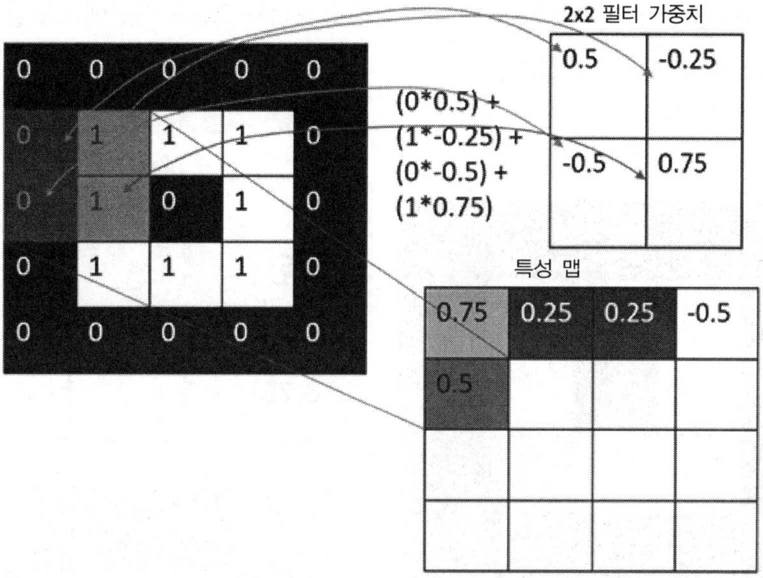

그림 3-37. 필터가 이미지의 맨 오른쪽에 도달한 후 발생하는 상황을 보여줍니다. 하나 아래로 이동(여기에서는 적어도 이 층을 호출할 때 필터가 얼마나 이동할지 파라미터로 지정할 수 있음) 한다음 작업을 계속 수행

여기에서 필터는 픽셀 단위로 계속 오른쪽으로 이동합니다(그림 3－38 참조).

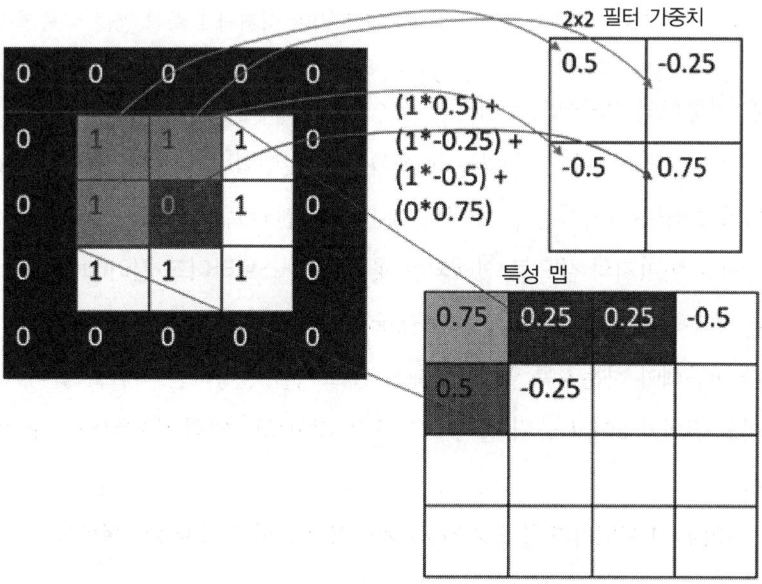

그림 3-38. 필터가 정상적으로 계속 이동하여 특성 맵에 값을 더 추가

끝에 도달하면 첫 번째 열로 돌아가 한 행 아래로 내려가 오른쪽 하단에 도달할 때까지 작업을 계속합니다(그림 3-39 참조).

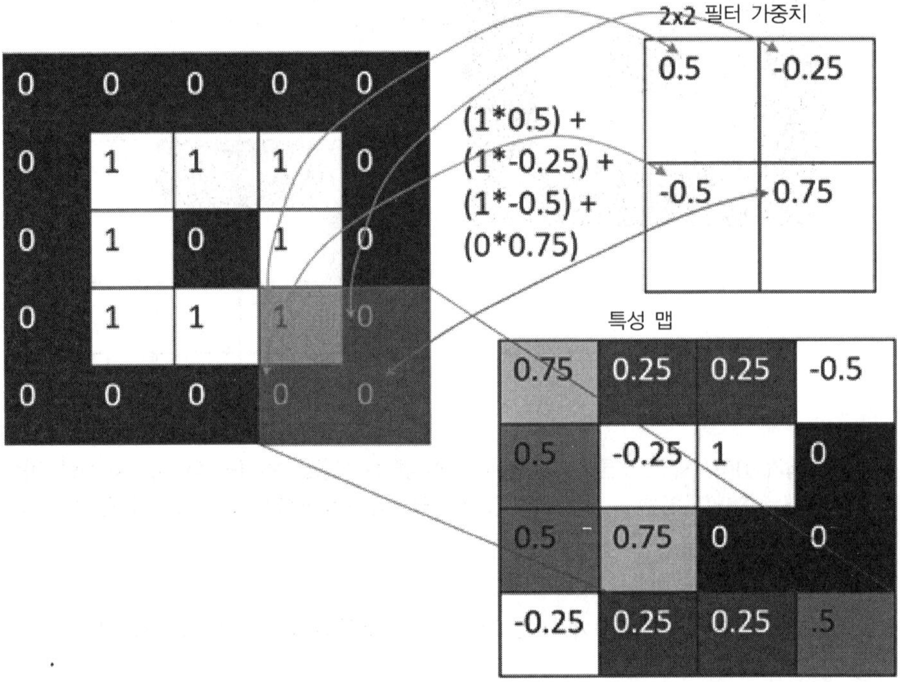

그림 3-39. 필터가 여기서 이 값에 도달하면 합성곱 작업이 중지되고 특성 맵을 다음 층으로 출력

특성 맵은 가중치의 임의성으로 인해서 더 이해하기 어렵습니다.

두 개의 합성곱 층이 끝나면 MaxPooling2D 층이 실행됩니다. **최대 풀링(max pooling)**은 입력 데이터가 필터(여기에서는 2×2 필터)에 의해 스캔되고, 이미지의 2×2 영역의 최대 값은 새로운 n차원 이미지의 값으로 선택되는 곳입니다. **스트라이드 길이**(stride length)가 지정되지 않은 경우 기본적으로 케라스는 풀(pool) 크기를 선택합니다. 스트라이드 길이는 필터가 얼마나 이동해야 하는지를 말하며, 특성 맵 크기를 결정하는 역할을 합니다. 여기에서는 스트라이드 길이가 2이고 풀링 필터 크기도 2×2이므로 입력 데이터의 차원이 절반으로 줄어듭니다.

그림 3-40의 4×4 이미지가 풀 크기가 2×2인 최대 풀링 층에 대한 입력이라고 가정합니다.

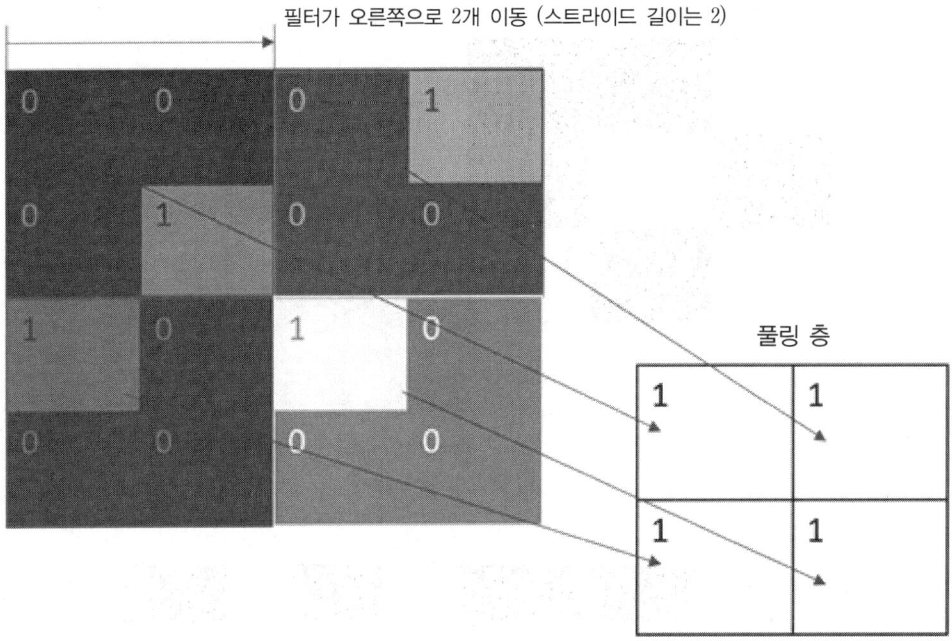

그림 3-40. 4x4 이미지에서 최대 풀링 작업은 어떻게 보입니까?

풀 크기가 2×2이고 스트라이드 길이도 2이므로(스트라이드 길이에 대해 파라미터가 제공되지 않았습니다), 풀링 층은 전체 이미지를 2×2 풀링 필터 영역으로 분할합니다.

스트라이드의 길이가 1인 경우 앞에서 본 합성 곱 예제와 유사한 상황이 발생하며 특성 맵의 차원은 4−2+1 = 3×3이 됩니다. 이러한 풀링 과정을 **다운샘플링**이라고도 합니다.

풀링 층은 데이터 크기를 줄여 더 쉬운 연산을 가능하게 합니다. 또한 각 영역의 최대 값이 선택되어 패턴이 더 두드러지기 때문에 패턴 식별에 도움이 됩니다.

드롭아웃(dropout) 층이 다음 단계입니다. 드롭아웃은 무작위로 선택된 노드의 비율(파라미터로 전달)만큼 훈련 과정에서 "**드롭**"되거나 무시되는 정규화(regularization) 기법입니다.

플래튼(flatten)은 전체 입력이 한 차원으로 압축되는 층입니다. 그림 3−41과 같이 3×3 이미지를 플래튼 하려한다고 가정합니다.

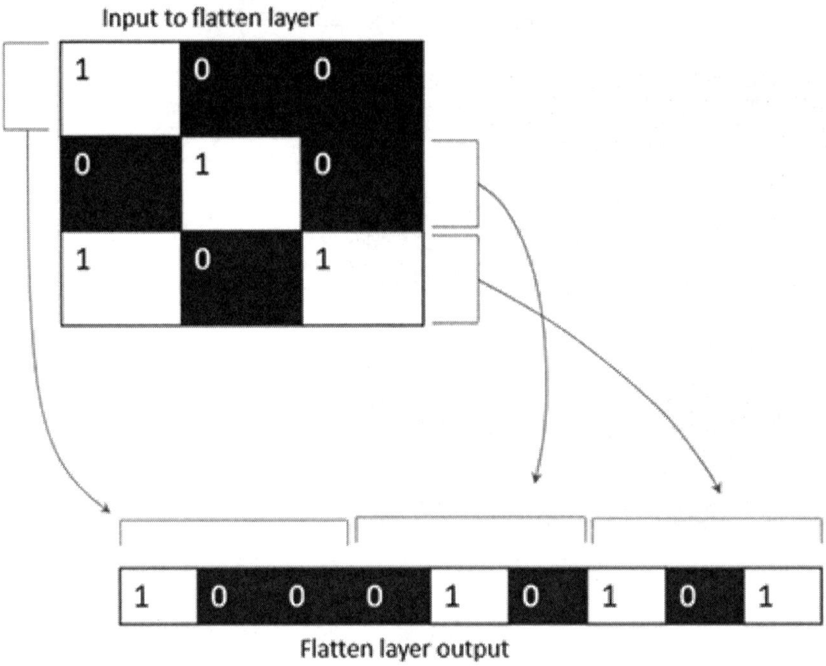

그림 3-41. 플래튼 층이 입력된 3x3 이미지에 수행하는 작업

밀집 층(dense layer)은 단순히 인공 신경망 예제와 유사한 일반 노드의 층입니다. 동일한 방식으로 작동되지만, 여기에서는 노드 수가 첫 번째 밀집 층에서 128개 두 번째 밀집 층에서는 10개로 다양합니다. 활성화 함수도 첫 번째 밀집 층의 '렐루(relu)' 또는 **수정된 선형 유닛**(rectified linear unit, ReLU)에서 두 번째 밀집 층의 **소프트맥스**(softmax)로 바뀝니다.

수학적으로, 렐루(ReLU) 함수는 y = max(0, x)로 정의되므로 노드가 입력과 가중치 사이의 내적을 계산하고 편향을 추가하면 단순히 0 또는 계산 사이에서 큰 값을 출력합니다.

렐루(ReLU)함수의 그래프는 그림 3-42와 같습니다.

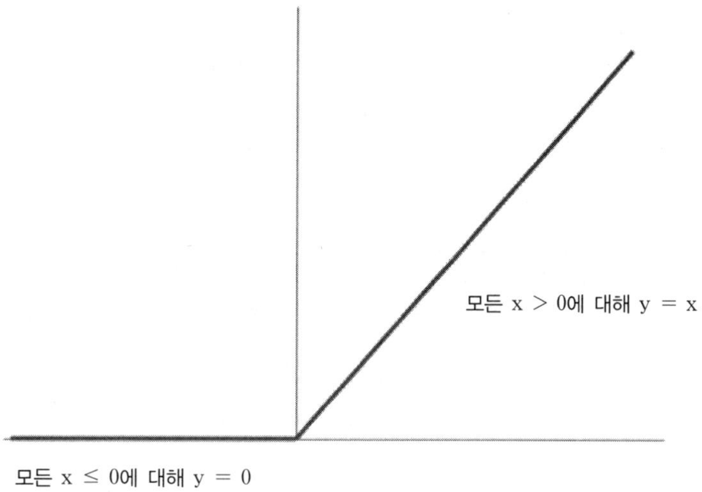

그림 3-42. 렐루(ReLU) 함수를 보여 주는 그래프

소프트맥스의 일반 공식은 그림 3-43에 나와 있습니다.

$$\sigma(x)_i = \frac{e^{x_i}}{\sum_{j=1}^{K} e^{x_j}} \quad \text{For i} = 1, ..., \text{K and } x = (x_1, ..., x_k) \in R^k$$

그림 3-43. 소프트맥스 활성화 함수의 공식

옵티마이저(optimizer)는 그래디언트 기반 최적화(gradient-based optimization)의 일종인 Adam **옵티마이저**로 설정됩니다. 기본적으로 **학습률(learning rate)**로 알려진 파라미터는 0.001로 설정됩니다. 학습률은 최적화 알고리즘에 의해 수행되는 스텝(step) 크기를 결정하여 가중치를 얼마나 조정해야 하는지 확인하는데 도움이 됩니다.

그림 3-44의 코드를 실행하고, 그림 3-44의 출력을 얻을 수 있습니다.

```
In [128]:
model = Sequential()
model.add(Conv2D(32, kernel_size=(3, 3),
                 activation='relu',
                 input_shape=input_shape))
model.add(Conv2D(64, (3, 3), activation='relu'))
model.add(MaxPooling2D(pool_size=(2, 2)))
model.add(Dropout(0.25))
model.add(Flatten())
model.add(Dense(128, activation='relu'))
model.add(Dropout(0.5))
model.add(Dense(n_classes, activation='softmax'))

model.compile(loss=keras.losses.categorical_crossentropy,
              optimizer=keras.optimizers.Adam(),
              metrics=['accuracy'])

model.summary()
```

```
_________________________________________________________________
Layer (type)                 Output Shape              Param #
=================================================================
conv2d_17 (Conv2D)           (None, 26, 26, 32)        320
_________________________________________________________________
conv2d_18 (Conv2D)           (None, 24, 24, 64)        18496
_________________________________________________________________
max_pooling2d_6 (MaxPooling2 (None, 12, 12, 64)        0
_________________________________________________________________
dropout_11 (Dropout)         (None, 12, 12, 64)        0
_________________________________________________________________
flatten_6 (Flatten)          (None, 9216)              0
_________________________________________________________________
dense_10 (Dense)             (None, 128)               1179776
_________________________________________________________________
dropout_12 (Dropout)         (None, 128)               0
_________________________________________________________________
dense_11 (Dense)             (None, 10)                1290
=================================================================
Total params: 1,199,882
Trainable params: 1,199,882
Non-trainable params: 0
_________________________________________________________________
```

그림 3-44. 그림 3-33의 코드 실행 결과입니다. 각 층의 출력 형태와 파라미터 수를 알려주는 방법을 잘 살펴 봐야 합니다. 이 기능은 사용자 정의 모델을 만들고 층이 예상하는 것과 실제로 받는 차원수가 일치하는지를 확인할 때 유용합니다.

이제 데이터 훈련으로 넘어가 보겠습니다. 설정에 따라 몇 초에서 몇 분까지 걸릴 수 있습니다. CUDA가 없다면, 이 작업이 훨씬 더 오래 걸릴 것입니다.

그림 3-45의 코드를 실행합니다.

```
checkpoint = ModelCheckpoint(filepath="logs/keras_MNIST_CNN.h5",
                             verbose=0, save_best_only=True)
model.fit(x_train, y_train,
          batch_size=batch_size,
          epochs=n_epochs,
          verbose=1, validation_data=(x_test, y_test),
          callbacks=[checkpoint])

score = model.evaluate(x_test, y_test, verbose=0)
print('Test loss:', score[0])
print('Test accuracy:', score[1])
```

그림 3-45. 모델을 훈련하고 시험 세트에 대한 정확도(accuracy)와 손실 값(loss value)을 출력하는 코드

checkpoint라는 변수는 모델을 keras_MNIST_CNN.h5라는 이름으로 코드와 같은 폴더에 저장합니다. 모델을 저장하지 않으려면 그림 3-46의 코드를 대신 실행합니다.

```
model.fit(x_train, y_train,
          batch_size=batch_size,
          epochs=n_epochs,
          verbose=1,
          validation_data=(x_test, y_test))

score = model.evaluate(x_test, y_test, verbose=0)
print('Test loss:', score[0])
print('Test accuracy:', score[1])
```

그림 3-46. 모델을 저장하지 않으려면 이 코드를 실행

성공하면 그림 3-47을 볼 수 있습니다.

```
In [265]:
checkpoint = ModelCheckpoint(filepath="keras_MNIST_CNN.h5",
                             verbose=0,
                             save_best_only=True)

model.fit(x_train, y_train,
          batch_size=batch_size,
          epochs=n_epochs,
          verbose=1,
          validation_data=(x_test, y_test),
          callbacks=[checkpoint])

score = model.evaluate(x_test, y_test, verbose=0)
print('Test loss:', score[0])
print('Test accuracy:', score[1])
```

```
Train on 60000 samples, validate on 10000 samples
Epoch 1/15
60000/60000 [==============================] - 9s - loss: 0.2444 - acc: 0.9258 - val_loss: 0.0485 - val_acc: 0.9844
Epoch 2/15
60000/60000 [==============================] - 7s - loss: 0.0878 - acc: 0.9743 - val_loss: 0.0391 - val_acc: 0.9869
Epoch 3/15
60000/60000 [==============================] - 7s - loss: 0.0625 - acc: 0.9815 - val_loss: 0.0330 - val_acc: 0.9893
Epoch 4/15
60000/60000 [==============================] - 7s - loss: 0.0531 - acc: 0.9844 - val_loss: 0.0322 - val_acc: 0.9898
Epoch 5/15
60000/60000 [==============================] - 7s - loss: 0.0449 - acc: 0.9865 - val_loss: 0.0329 - val_acc: 0.9889
Epoch 6/15
60000/60000 [==============================] - 7s - loss: 0.0410 - acc: 0.9875 - val_loss: 0.0281 - val_acc: 0.9914
Epoch 7/15
60000/60000 [==============================] - 7s - loss: 0.0345 - acc: 0.9889 - val_loss: 0.0283 - val_acc: 0.9910
Epoch 8/15
60000/60000 [==============================] - 7s - loss: 0.0314 - acc: 0.9902 - val_loss: 0.0265 - val_acc: 0.9926
Epoch 9/15
60000/60000 [==============================] - 7s - loss: 0.0293 - acc: 0.9907 - val_loss: 0.0280 - val_acc: 0.9920
Epoch 10/15
60000/60000 [==============================] - 7s - loss: 0.0256 - acc: 0.9917 - val_loss: 0.0290 - val_acc: 0.9917
Epoch 11/15
60000/60000 [==============================] - 7s - loss: 0.0234 - acc: 0.9927 - val_loss: 0.0269 - val_acc: 0.99260.9
Epoch 12/15
60000/60000 [==============================] - 7s - loss: 0.0230 - acc: 0.9925 - val_loss: 0.0267 - val_acc: 0.9923
Epoch 13/15
60000/60000 [==============================] - 7s - loss: 0.0197 - acc: 0.9933 - val_loss: 0.0299 - val_acc: 0.9916
Epoch 14/15
60000/60000 [==============================] - 7s - loss: 0.0202 - acc: 0.9931 - val_loss: 0.0288 - val_acc: 0.9932
Epoch 15/15
60000/60000 [==============================] - 7s - loss: 0.0179 - acc: 0.9938 - val_loss: 0.0261 - val_acc: 0.9934
Test loss: 0.026139157172246224
Test accuracy: 0.9934
```

그림 3-47. 시험 세트에 대한 손실 및 정확도 값과 함께 훈련을 실행한 결과

이제 AUC 점수를 확인하기 위해서 그림 3-48의 코드를 실행합니다.

```
from sklearn.metrics import roc auc score


preds = model.predict(x_test)
auc = roc_auc_score(np.round(preds), y_test)
print("AUC: {:.2%}".format(auc))
```

그림 3-48. 시험 세트를 기준으로 이 모델에 대한 AUC 점수를 생성하는 코드

기본적으로 변수 예측은 각 **x_test** 데이터 샘플에 대한 클래스 예측에 대한 확률 값을 포함하는 10 개의 요소가 있는 배열 목록입니다.

np.round()를 수행하기 전에 예측 값을 확인하기 위해서 그림 3-49의 코드를 실행하고

그림 3-50의 결과를 확인합니다.

```
preds = model.predict(x_test)
print("predictions for x_test[0]: {}\n\nActual label for x_test[0]:
{}\n".format(preds[0], y_test[0]))
print("predictions for x_test[0] after rounding:
{}\n".format(np.round(preds)[0]))
```

그림 3-49. 예측을 반올림 하기 전에 실제로 어떻게 보이는 지 확인하는 코드

```
In [267]:
preds = model.predict(x_test)
print("Predictions for x_test[0]: {}\n\nActual label for x_test[0]: {}\n".format(preds[0], y_test[0]))
print("Predictions for x_test[0] after rounding: {}\n".format(np.round(preds)[0]))

Predictions for x_test[0]: [4.1195924e-19 4.8884741e-14 1.1587565e-13 1.5126733e-13 1.3377293e-15
 7.9817291e-17 2.9398691e-23 1.0000000e+00 5.9718682e-15 1.5278325e-13]

Actual label for x_test[0]: [0. 0. 0. 0. 0. 0. 0. 1. 0. 0.]

Predictions for x_test[0] after rounding: [0. 0. 0. 0. 0. 0. 0. 1. 0. 0.]
```

그림 3-50. 그림 3-49의 코드를 실행한 결과

올바르게 예측한 클래스를 제외한 다른 클래스에 대한 예측 값은 너무 작아서 반올림하는 것은 별로 중요하지 않습니다. AUC 점수는 그림 3-51에 나와 있습니다.

```
In [266]:
from sklearn.metrics import roc_auc_score

preds = model.predict(x_test)
auc = roc_auc_score(np.round(preds), y_test)
print("AUC: {:.2%}".format (auc))

AUC: 99.64%
```

그림 3-51. 그림 3-48의 코드를 실행하여 얻은 모델의 AUC 점수

정말 좋은 AUC 점수입니다. 이 점수는 이 모델이 훈련 중에 사용한 MNIST 데이터 세트와 유사한 형식이라면 손으로 쓴 숫자를 식별하는 데 실제로 정말 뛰어나다는 것을 나타냅니다.

합성곱 층을 다시 참조하면서, 원본 이미지와 비교하여 처음 두 개의 합성곱 층을 통과한

이후 특성 맵이 어떻게 보이는 지 몇 가지 코드를 실행해서 확인합니다.

그림 3-52의 코드를 실행하고 그림 3-53의 결과를 확인합니다.

```
from keras import models

layers = [layer.output for layer in model.layers[:4]]
model_layers = models.Model(inputs=model.input, outputs=layers)
activations = model_layers.predict(x_train)

fig = plt.figure(figsize=(15, 10))

plt.subplot(1, 3, 1)
plt.title("Original")
plt.imshow(x_train[7].reshape(28, 28), cmap='gray')
plt.xticks([])
plt.yticks([])

for f in range(1, 3):
    plt.subplot(1, 3, f+1)
    plt.title("Convolutional layer %d" % f)
    layer_activation = activations[f]
    plt.imshow(layer_activation[7, :, :, 0], cmap='gray')
    plt.xticks([])
    plt.yticks([])

plt.show()
```

그림 3-52. 모델의 다양한 단계에서 이미지가 어떻게 보이는지 그래프를 생성하는 코드

```
In [289]:
from keras import models

layers = [layer.output for layer in model.layers[:4]]
model_layers = models.Model(inputs=model.input, outputs=layers)
activations = model_layers.predict(x_train)

fig = plt.figure(figsize=(15,10))

plt.subplot(1, 3, 1)
plt.title("Original")
plt.imshow(x_train[7].reshape(28, 28), cmap='gray')
plt.xticks([])
plt.yticks([])

for f in range(1, 3):
    plt.subplot(1, 3, f+1)
    plt.title("Convolutional layer %d" % f)
    layer_activation = activations[f]
    plt.imshow(layer_activation[7, :, :, 0], cmap='gray')
    plt.xticks([])
    plt.yticks([])

plt.show()
```

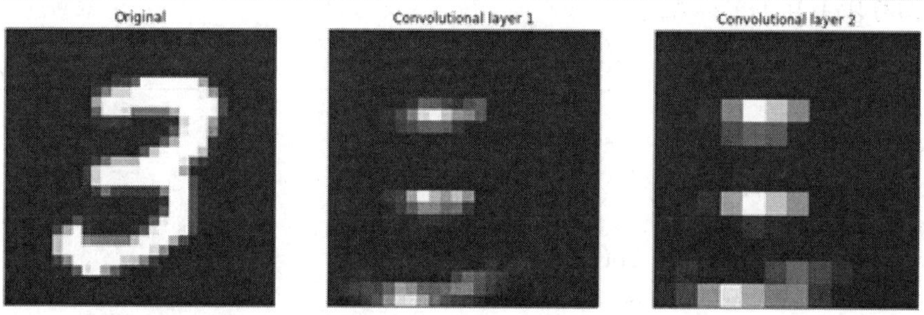

그림 3-53. 그림 3-52의 코드를 실행한 결과

이미지가 합성곱 층을 통과할수록 차원이 감소하고 패턴이 더욱 뚜렷해집니다. 3으로 보이지 않을 수 있지만, 모델은 원본 이미지에서 이러한 패턴을 식별하고 이를 바탕으로 예측합니다.

이제 CNN이 무엇인지, 케라스가 어떻게 여러분 자신의 심층 신경망을 쉽게 만들고 훈련시킬 수 있는지 훨씬 더 잘 이해하게 되었습니다. 프레임워크를 자세히 살펴보고 싶으면, 언제든지 부록 A를 확인하기 바랍니다. 추가 질문이 있거나 부록 A에 나와 있는 내용 이외에 케라스에 대해 알아보려면 케라스 공식 문서를 참조하기 바랍니다.

파이토치(PyTorch) 소개: 간단한 분류기 모델

이제 CNN이 무엇인지, 케라스에서 분류기 모델이 어떻게 생겼는지 더 잘 알게 되었으니, 이제 파이토치에서 CNN을 구현해 보겠습니다.

파이토치는 케라스가 하는 정도로 모든 것을 추상화 하지 않기 때문에 조금 더 많은 구문이 연관되어 있습니다. 이 프레임워크에 대해 자세히 알아보려면 부록 B에서 파이토치의 기초 및 기능에 대해 살펴보고 7장에서 살펴볼 모델에 적용하면 됩니다.

파이토치도 케라스와 마찬가지로 필요한 모듈을 가져와 하이퍼파라미터를 정의하는 것으로 시작합니다(그림 3-54).

```
import torch
import torch.nn as nn
import torchvision
import torchvision.transforms as transforms
import torch.optim as optim
import torch.nn.functional as F
import numpy as np


#If cuda device exists, use that. If not, default to CPU.
device = torch.device('cuda:0' if torch.cuda.is_available() else 'cpu')
```

그림 3-54. 필요한 모듈을 가져오고 파이토치를 실행할 장치(CPU 또는 GPU)를 정의하는 코드

파이토치에서 GPU가 존재할 경우 사용하려면 토치를 지정해야 합니다. 케라스에서는 tensorflow-gpu를 백엔드(케라스를 그 위에서 실행)로 사용하고 있으므로 GPU, CUDA 및 cuDNN이 설치되어 있어야 합니다.

이제 하이퍼파라미터를 설정합니다(그림 3-55).

```
#Hyperparameters
num_epochs = 15
batch_size = 128
learning_rate = 0.001
```

그림 3-55. 사용할 하이퍼파라미터를 정의하는 코드

이 예에서는 파이토치가 허용하는 한 케라스 예제에서 사용되는 모델 아키텍처를 일치시킵니다. 텐서플로와 파이토치 사이에 모든 기능이 동일하지는 않지만, 대부분은 동일합니다.

이제 시험 및 훈련 데이터 세트를 작성합니다(그림 3-56).

```
#Load MNIST data set
train_dataset = torchvision.datasets.MNIST(root='../../data/',
                                           train=True,
                                           transform=transforms.ToTensor(),
                                           download=True)

test_dataset = torchvision.datasets.MNIST(root='../../data/',
                                          train=False,
                                          transform=transforms.ToTensor())

#Data loader
train_loader = torch.utils.data.DataLoader(dataset=train_dataset,
                                           batch_size=batch_size,
                                           shuffle=True)

test_loader = torch.utils.data.DataLoader(dataset=test_dataset,
                                          batch_size=batch_size,
                                          shuffle=False)
```

그림 3-56. 파이토치의 특징인 데이터 로더를 사용하여 훈련 및 시험 데이터를 가져옴

MNIST 데이터를 로드하는 절차는 파이토치에서는 데이터 프레임 대신 데이터 로더를 사용하기 때문에 약간 다를 수 있지만, 데이터 프레임, 배열 등은 텐서(tensor)로 변환한 후에 파이토치에서 계속 사용할 수 있습니다. 절차는 일반적으로 데이터 프레임을 넘파이 배열로 변환한 다음 파이토치 텐서로 변환하는 것입니다.

이제 모델을 생성하는 단계로 넘어가겠습니다(그림 3-57).

```
class CNN(nn.Module):

    def __init__(self):
        super(CNN, self).__init__()
        self.conv1 = nn.Conv2d(1, 32, 3, 1)
        self.conv2 = nn.Conv2d(32, 64, 3, 1)
        self.dense1 = nn.Linear(12*12*64, 128)
        self.dense2 = nn.Linear(128, num_classes)

    def forward(self, x):
        x = F.relu(self.conv1(x))
        x = F.relu(self.conv2(x))
        x = F.max_pool2d(x, 2, 2)
        x = F.dropout(x, 0.25)
        x = x.view(-1, 12*12*64)
        x = F.relu(self.dense1(x))
        x = F.dropout(x, 0.5)
        x = self.dense2(x)
        return F.log_softmax(x, dim=1)
```

그림 3-57. 파이토치에 합성곱 신경망(convolutional neural network)을 생성

절차는 케라스와 조금 다릅니다. 이 예제에서 주요 층이 `init`에 정의되어 있는데, 두 개의 합성곱 층과 두 개의 밀집 층입니다. 나머지 층은 `forward()` 아래에 정의됩니다. `forward()`에서 x를 첫 번째 합성곱 층의 활성화 함수의 출력과 동일하게 설정합니다. 이 새로운 x는 이제 다음 합성곱 층의 입력이며, x를 두 번째 합성곱 층의 활성화 함수의 출력과 동일하게 설정합니다. 이 과정은 다른 층에 대해 반복되지만, 정확한 데이터 흐름은 다소 혼동될 수 있으므로 그림 3-58은 이 코드가 실제로 수행하는 작업의 예를 보여줍니다.

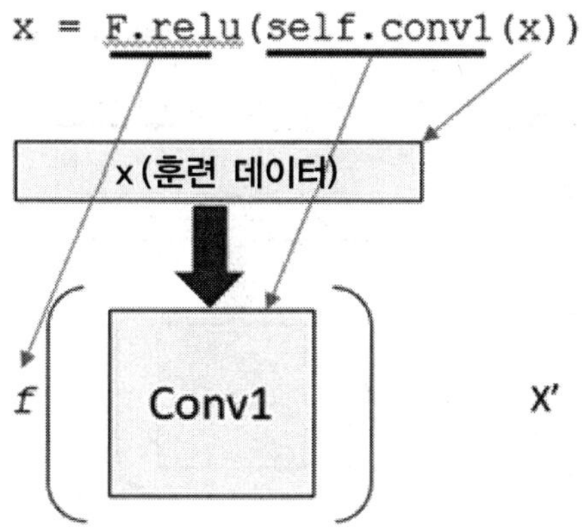

그림 3-58. F.relu는 f(x), x는 훈련 데이터, self.conv1은 첫 번째 합성곱 층

x, self.conv1 및 F.relu의 원래 입력은 그대로 표시될 수 있습니다. x는 합성곱 층으로 전달되고 해당 층의 출력은 렐루(ReLU) 함수를 통과합니다. 그러면 최종 출력 X'가 나옵니다(그림 3−59).

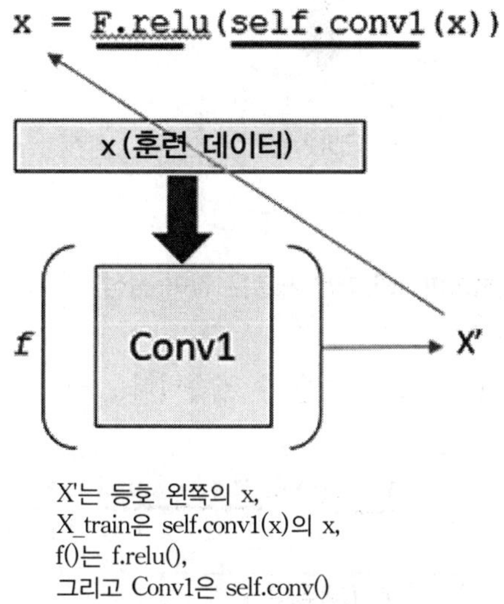

그림 3-59. 이제 f(x)의 출력이 새로운 x가 됩니다. 기본적으로 x = f(x). 이 경우 출력 X′은 새로운 x

이제 X는 X′이며, 이 새로운 X는 다음 층으로 전달됩니다(그림 3−60).

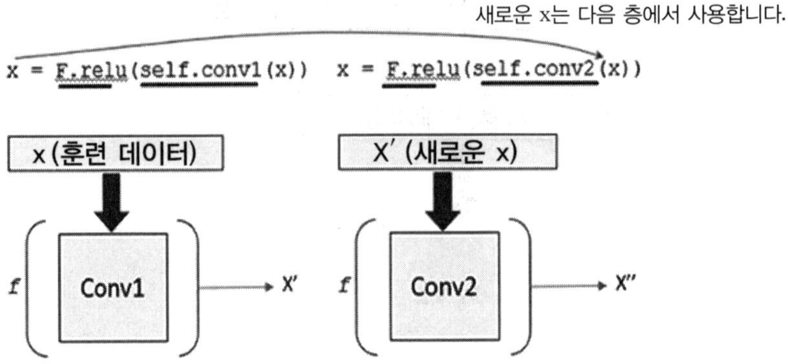

그림 3-60. 새로운 x는 이제 다음 합성곱 층의 새로운 입력

x가 새로운 값이라는 것을 제외하면 동일한 과정이 다시 반복됩니다(그림 3−60).

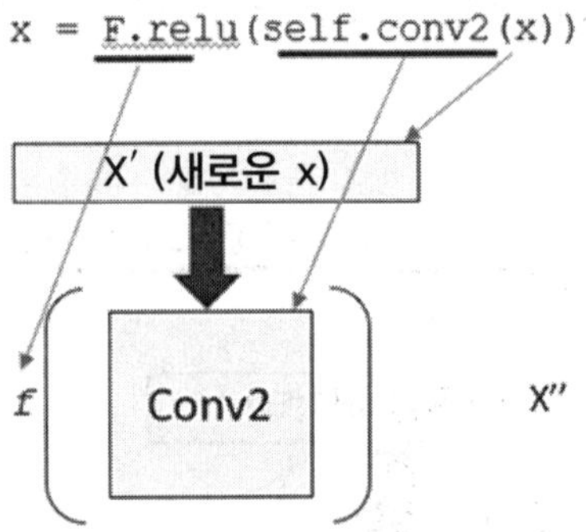

그림 3-61. 동일한 과정이 반복되어 x에 대한 새로운 값이 생성

이제 새로운 출력 X′(그림 3−62)를 얻을 수 있습니다.

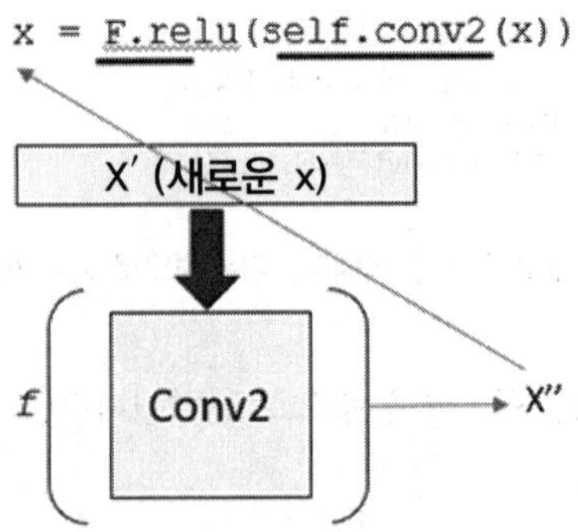

그림 3-62. 다시 한 번 x를 X″으로 재정의합니다. 그런 다음 네트워크에 있는 층 수 만큼 과정이 계속

이 새로운 출력 X″이 x의 새로운 값이 되고 과정이 계속됩니다.

이것은 코드의 나머지 부분과 동일한 로직이며 이전 활성화 층의 출력은 이제 x의 새로운 정의가 됩니다. 이 새로운 x는 다음 층으로 이동하여 함수가 층을 통과한 후 적용되고 해당 데이터가 x의 새로운 정의가 되는 식입니다.

그래서

```
x = x.view(-1, 12*12*64)
```

는 케라스 예제의 플래튼(Flatten) 층과 동일한 기능을 수행합니다.

이제 데이터 훈련으로 넘어갈 수 있습니다(그림 3-63).

```
model = CNN().to(device)
criterion = nn.CrossEntropyLoss()
optimizer = torch.optim.Adam(model.parameters(), lr=learning_rate)

total_step = len(train_loader)
for epoch in range(num_epochs):
    for i, (images, labels) in enumerate(train_loader):
        images = images.to(device)
        labels = labels.to(device)

        # Forward pass
        outputs = model(images)
        loss = criterion(outputs, labels)

        # Backward and optimize
        optimizer.zero_grad()
        loss.backward()
        optimizer.step()
        if (i+1) % 100 == 0:
            print('Epoch [{}/{}], Step [{}/{}], Loss: {:.4f}'
                  .format(epoch+1, num_epochs, i+1, total_step,
                  loss.item()))
```

그림 3-63. 모델, 손실 함수 및 옵티마이저를 초기화한 다음 훈련 과정을 시작

시간이 좀 걸릴 수 있지만 그림 3-64와 같은 것을 볼 수 있습니다.

```
In [85]:
model = CNN().to(device)
criterion = nn.CrossEntropyLoss()
optimizer = torch.optim.Adam(model.parameters(), lr=learning_rate)

total_step = len(train_loader)
for epoch in range(num_epochs):
    for i, (images, labels) in enumerate(train_loader):
        images = images.to(device)
        labels = labels.to(device)

        # Forward pass
        outputs = model(images)
        loss = criterion(outputs, labels)

        # Backward and optimize
        optimizer.zero_grad()
        loss.backward()
        optimizer.step()

        if (i+1) % 100 == 0:
            print ('Epoch [{}/{}], Step [{}/{}], Loss: {:.4f}'
                   .format(epoch+1, num_epochs, i+1, total_step, loss.item()))

```

```
Epoch [1/15], Step [100/469], Loss: 0.1666
Epoch [1/15], Step [200/469], Loss: 0.2753
Epoch [1/15], Step [300/469], Loss: 0.2462
Epoch [1/15], Step [400/469], Loss: 0.1169
Epoch [2/15], Step [100/469], Loss: 0.0327
Epoch [2/15], Step [200/469], Loss: 0.0238
Epoch [2/15], Step [300/469], Loss: 0.0293
Epoch [2/15], Step [400/469], Loss: 0.0598
Epoch [3/15], Step [100/469], Loss: 0.0179
Epoch [3/15], Step [200/469], Loss: 0.0577
Epoch [3/15], Step [300/469], Loss: 0.0275
Epoch [3/15], Step [400/469], Loss: 0.0228
Epoch [4/15], Step [100/469], Loss: 0.0051
Epoch [4/15], Step [200/469], Loss: 0.0139
Epoch [4/15], Step [300/469], Loss: 0.0048
Epoch [4/15], Step [400/469], Loss: 0.0033
Epoch [5/15], Step [100/469], Loss: 0.0081
Epoch [5/15], Step [200/469], Loss: 0.0044
Epoch [5/15], Step [300/469], Loss: 0.0084
Epoch [5/15], Step [400/469], Loss: 0.0011
Epoch [6/15], Step [100/469], Loss: 0.0077
```

그림 3-64. 훈련 과정의 결과

훈련이 완료된 후 모델을 시험하고 AUC 점수를 얻을 수 있습니다(그림 3-65).

```
from sklearn.metrics import roc_auc_score
preds = []
y_true = []
# Test the model
model.eval()    # Set model to evaluation mode.
with torch.no_grad():
    correct = 0
    total = 0
    for images, labels in test_loader:
        images = images.to(device)
        labels = labels.to(device)
        outputs = model(images)
        _, predicted = torch.max(outputs.data, 1)
        total += labels.size(0)
        correct += (predicted == labels).sum().item()
        detached_pred = predicted.detach().cpu().numpy()
        detached_label = labels.detach().cpu().numpy()
        for f in range(0, len(detached_pred)):
            preds.append(detached_pred[f])
            y_true.append(detached_label[f])
    print('Test Accuracy of the model on the 10000 test images:
    {:.2%}'.format(correct / total))

    preds = np.eye(num_classes)[preds]
    y_true = np.eye(num_classes)[y_true]
    auc = roc_auc_score(preds, y_true)
    print("AUC: {:.2%}".format(auc))
# Save the model checkpoint
torch.save(model.state_dict(), 'pytorch_mnist_cnn.ckpt')
```

그림 3-65. 모델을 평가하고 AUC 점수를 생성하는 코드

```
Epoch [15/15], Step [300/469], Loss: 0.0131
Epoch [15/15], Step [400/469], Loss: 0.0002
```

```
In [87]:
from sklearn.metrics import roc_auc_score

preds = []
y_true = []
# Test the model
model.eval()  # Set model to evaluation mode.
with torch.no_grad():
    correct = 0
    total = 0
    for images, labels in test_loader:
        images = images.to(device)
        labels = labels.to(device)
        outputs = model(images)
        _, predicted = torch.max(outputs.data, 1)
        total += labels.size(0)
        correct += (predicted == labels).sum().item()
        detached_pred = predicted.detach().cpu().numpy()
        detached_label = labels.detach().cpu().numpy()
        for f in range(0, len(detached_pred)):
            preds.append(detached_pred[f])
            y_true.append(detached_label[f])

    print('Test Accuracy of the model on the 10000 test images: {:.2%}'.format(correct / total))

    preds = np.eye(num_classes)[preds]
    y_true = np.eye(num_classes)[y_true]
    auc = roc_auc_score(preds, y_true)
    print("AUC: {:.2%}".format (auc))
# Save the model checkpoint
torch.save(model.state_dict(), 'pytorch_mnist_cnn.ckpt')
```

```
Test Accuracy of the model on the 10000 test images: 99.07%
AUC: 99.48%
```

그림 3-66. 시험 세트에서 생성된 정확도 점수 및 모델에 대한 AUC 점수

이제 파이토치에서 여러분 자신의 CNN을 만들고 훈련하는 방법에 대해 조금 더 이해하셨을 것입니다. 파이토치는 케라스 보다 배우기가 조금 더 어렵습니다. 케라스는 복잡한 코드를 모두 추상화하여 모든 것을 읽기 쉽고 간단하게 만드는 것을 목표로 하기 때문입니다. 텐서플로와 파이토치 모두 추상화가 부족하기 때문에 더 많은 코드를 작성해야 하는 저수준의 API이지만, 모든 것을 정확히 원하는 대로 제어하는데 더 많은 유연성을 제공합니다. 파이참(PyCharm)에서 디버깅 도구를 사용하는 경우에는 파이토치가 텐서플로 보다 더 쉽습니다. 텐서플로와 파이토치가 큰 규모의 데이터 세트에서 더 빠르게 수행 되지만, 결국 선택은 선호도의 문제입니다.

파이토치에 대해 자세히 알아보려면 부록 B를 참조하면 됩니다. 여기에는 파이토치가 제공하는 일반적인 기능뿐만 아니라 모델, 훈련 및 시험을 위한 보다 세련된 방법을 다룹니다. 부록 B는 또한 케라스에서 수행된 7장의 모델에도 파이토치를 적용합니다.

부록 B를 참조한 후에 파이토치에 대해 더 자세히 알아보려면 공식 파이토치 문서를 참조하면 됩니다.

요약

최근 몇 년 동안, 딥러닝은 믿을 수 없을 정도로 다양한 분야에 혁신을 가져다 주고 있습니다. 딥러닝 덕분에 우리는 자율주행차, 전문가들 보다 특정 암 발견을 잘하는 모델, 언어 간 실시간 번역 등을 할 수 있습니다. 그렇기 때문에 딥러닝이 이상 징후 탐지 분야에 크게 기여했다는 것도 놀랄 일이 아닙니다.

이번 장에서는 딥러닝이 무엇인지, 인공신경망이 무엇인지 살펴보았습니다. MNIST 데이터 세트를 사용하여 이미지 분류 작업에 적용함으로써 케라스와 파이토치라는 두 가지의 인기 있는 프레임워크를 살펴보았습니다.

다음 장에서는 **오토인코더**(autoencoder), **제한된 볼츠만 머신**(restricted Boltzmann machine), **순환 신경망**(RNN)/**장·단기 메모리**(LSTM) **네트워크**, 그리고 **시간 합성곱 네트워크**(temporal convolutional network)와 같은 딥러닝 모델의 이상 징후 탐지를 위한 응용 프로그램을 살펴보고 **오토인코더**를 이용한 **비지도 이상 징후 탐지**에 대해서도 살펴보겠습니다.

CHAPTER

04

오토인코더(Autoencoder)

이 장에서는 오토인코더 신경망과 다양한 유형의 오토인코더에 대해 알아보겠습니다. 또한 오토인코더를사용하여 이상 징후를 탐지하는 방법과 구현 방법에 대해서 설명합니다.

간단히 말해서, 이 장 전체에 걸쳐서 다음 주제를 다룰 것입니다.

- 오토인코더란 무엇인가?
- 단순 오토인코더 (Simple autoencoder)
- 희소 오토인코더 (Sparse autoencoder)
- 심층 오토인코더 (Deep autoencoder)
- 합성곱 오토인코더 (Convolutional autoencoder)
- 잡음 제거 오토인코더 (Denoising autoencoder)
- 변이형 오토인코더 (Variational autoencoder)

오토인코더란 무엇인가?

앞 장에서는 신경망의 기본적인 기능에 대해 알아보았습니다. 기본 개념은 신경망이 입력에 대해 가중치 계산을 통하여 출력을 생성하는 것입니다. 입력층으로 입력이 들어오고 출력층을 통해서 출력됩니다. 그리고 입력층과 출력층 사이에는 하나 이상의 은닉층이 있습니다. 역전파는 오차가 최소화될 때까지 가중치를 조정하면서 신경망을 훈련시키는데 사용되는 기술입니다. 오토인코더는 신경망의 이러한 속성을 특별한 방식으로 사용하여 신경망이 정상적인 행동을 학습할 때 매우 효율적인 방법으로 훈련시킴으로써, 이상 징후를 탐지하는 데 도움이됩니다.

그림 4−1은 일반적인 신경망을 보여줍니다.

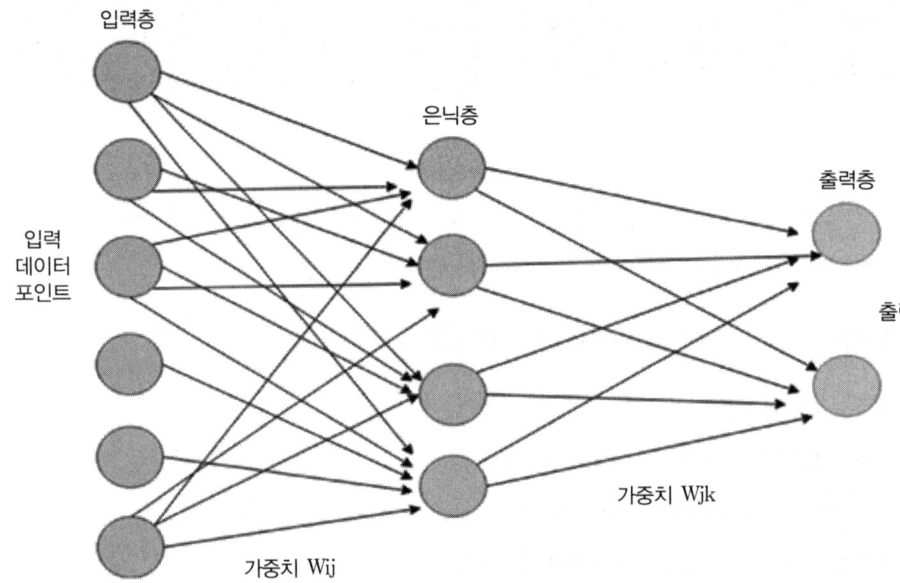

그림 4-1. 일반적인 신경망

오토인코더는 고차원 데이터의 저차원 표현을 발견할 수 있는 능력을 가지고 있으며, 출력으로부터 입력을 재구성할 수 있는 신경망입니다. 오토인코더는 신경망의 두 부분인 인코더와 디코더로 구성되어 있습니다. 인코더는 고차원 데이터 세트의 차원을 저차원으로 감소시키는 반면 디코더는 저차원 데이터를 고차원 데이터로 확장합니다. 이런 과정의 목표는 원래의 입력을 재구성하는 것입니다. 신경망이 좋다면 인코딩된 데이터로부터 원래의 입력을 재구성할 가능성이 큽니다. 이 기본 원리는 이상 징후 탐지 모듈을 구축하는 데 매우 중요합니다.

적은 수의 차원/특성을 가진 훈련 샘플이 입력으로 주어지는 경우에는 오토인코더의 성능이 그다지 좋지 않습니다. 오토인코더는 5개 이상의 차원에서 우수한 성능을 발휘합니다. 만약 차원/특성이 하나만 있다면, 단지 선형 변환을 하는 것이기 때문에 유용하지 않습니다.

많은 사용 사례에서 오토인코더는 믿을 수 없을 정도로 유용합니다. 오토인코더의 몇 가지 인기 있는 애플리케이션은 다음과 같습니다:

1. 딥러닝 네트워크 훈련
2. 압축
3. 분류
4. 이상 징후 탐지
5. 생성 모델

단순 오토인코더(Simple Autoencoder)

물론, 이 장에서는 이상 징후 탐지 부분을 중점적으로 다룰 것입니다. 오토인코더 신경망은 실제로는 연결된 두 개의 하위 네트워크 쌍(인코더와 디코더) 입니다. 인코더 네트워크는 입력을 잠재적 표현으로 알려진 더 작고 밀집된 표현으로 변환하는데, 디코더 네트워크는 이것을 다시 최대한 원래의 입력으로 변환하기 위해 사용할 수 있습니다. 그림 4-2는 인코더 및 디코더 네트워크가 있는 오토인코더의 예를 보여줍니다.

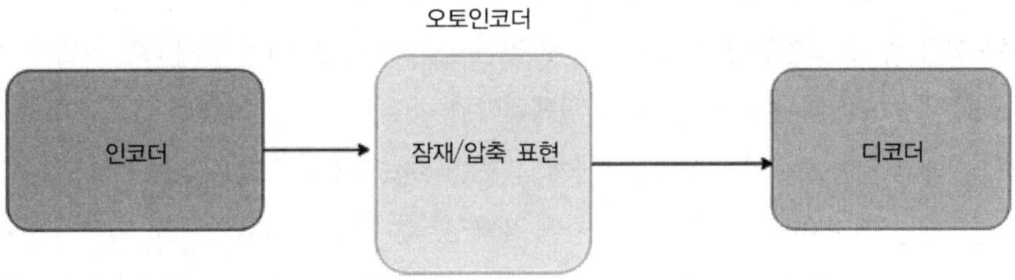

그림 4-2. 오토인코더 설명

오토인코더는 데이터 압축 로직을 사용하는데, 신경망에 의해 구현되는 압축과 압축 해제 기능은 손실이 있고 많은 개입 없이 대부분 자율적입니다. 그림 4-3은 오토인코더의 확장된 모습을 보여줍니다.

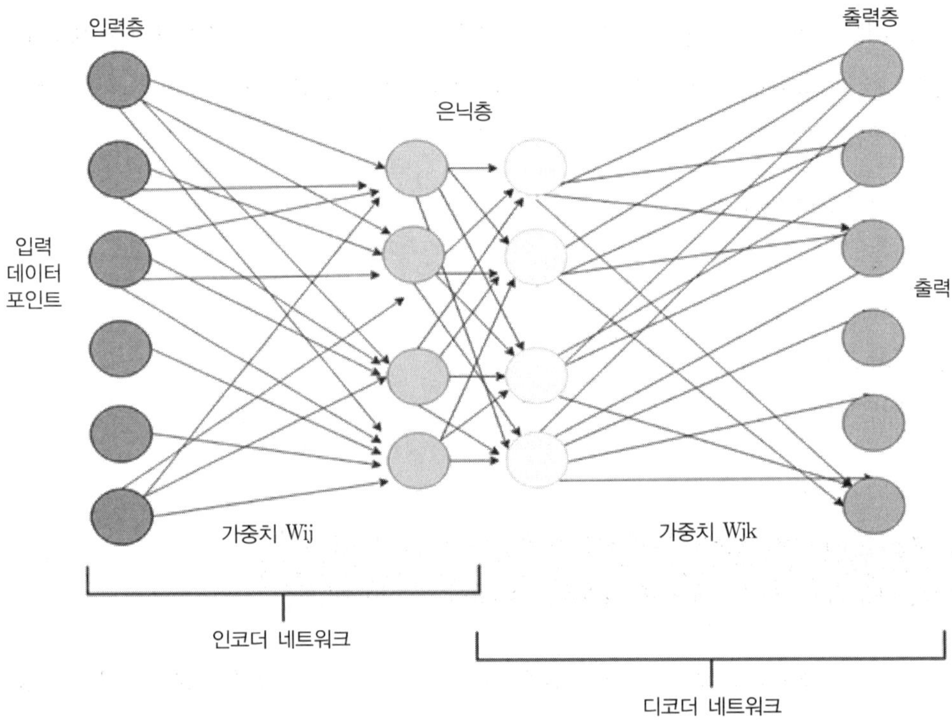

그림 4-3. 확대된 오토인코더

전체 네트워크는 일반적으로 한꺼번에 훈련됩니다. 손실 함수는 일반적으로 입력과 출력 사이의 평균 제곱 오차(mean-squared error) 또는 교차 엔트로피(cross-entropy) 중 하나로 재구성 손실(reconstruction loss)이라고 하며, 입력과 다른 출력을 생성하면 네트워크에 불이익을 줍니다. 인코딩(단순히 중간에 있는 은닉 층의 출력)은 입력보다 단위가 훨씬 적기 때문에 인코더는 정보를 버리도록 선택해야 합니다. 인코더는 제한된 인코딩에서 관련 정보를 가능한 많이 보존하는 방법을 학습하고 관련 없는 부분을 지능적으로 버립니다. 디코더는 인코딩을 가져와서 입력으로 적절하게 재구성하는 방법을 학습합니다. 이미지를 처리하는 경우 출력도 이미지입니다. 입력이 오디오 파일인 경우 출력도 오디오 파일입니다. 입력이 일부 특성을 추출한 데이터 세트인 경우 출력도 데이터 세트가 됩니다. 이 장에서는 오토인코더를 설명하기 위해 신용카드 거래 샘플을 사용할 것입니다.

왜 우리는 가능한 한 출력을 재구성하기 위한 목적으로만 원래 입력의 표현을 학습하는데 신경을 쓸까요? 정답은 우리가 많은 특징을 가진 입력을 가지고 있을 때, 신경망의 은닉 층을 통해 압축된 표현을 생성하면 훈련 샘플의 입력을 압축하는 데 도움이 될 수 있다는 것입니다. 그래서 신경망이 모든 훈련 데이터를 통과하고 모든 은닉층 노드의 가중치를 미세하게 조정하면 가중치가 실제로 우리가 일반적으로 볼 수 있는 입력의 종류를 나타낼 것입니다. 그 결과로 일부 잡음(noise)이 있는 데이터와 같은 다른 유형의 데이터를 입력하려고 하면 오토인코더 네트워크는 출력을 생성할 때 잡음을 감지하고 적어도 잡음의 일부를 제거할 수 있을 것입니다. 이것은 정말 환상적입니다. 왜냐하면 이제 우리가 고양이와 개의 이미지에서 잡음을 제거할 가능성이 있기 때문입니다. 또 다른 예는 보안 감시 카메라가 어둡거나 악천후 때문에 흐릿하게 보이는 화면을 캡처하여 잡음이 많은 이미지를 생성하는 경우입니다.

잡음 제거 오토인코더의 기본 원리는 인코더를 정상적인 좋은 이미지로 훈련시켰다면 입력의 일부로 들어오는 잡음은 중요한 특성이 아니기 때문에 탐지하고 제거할수 있다는 것입니다.

그림 4−4는 주피터 노트북에 필요한 모든 패키지를 가져오는 코드입니다. 다양한 패키지의 버전에 유의해야 합니다.

```
import keras
from keras import optimizers
from keras import losses
from keras.models import Sequential, Model
from keras.layers import Dense, Input, Dropout, Embedding, LSTM
from keras.optimizers import RMSprop, Adam, Nadam
from keras.preprocessing import sequence
from keras.callbacks import TensorBoard

import sklearn
from sklearn.preprocessing import StandardScaler
from sklearn.model_selection import train_test_split
from sklearn.metrics import confusion_matrix, roc_auc_score
from sklearn.preprocessing import MinMaxScaler

import seaborn as sns
import pandas as pd
import numpy as np
import matplotlib

import matplotlib.pyplot as plt
import matplotlib.gridspec as gridspec
%matplotlib inline

import tensorflow
import sys
print("Python: ", sys.version)

print("pandas: ", pd.__version__)
print("numpy: ", np.__version__)
print("seaborn: ", sns.__version__)
print("matplotlib: ", matplotlib.__version__)
print("sklearn: ", sklearn.__version__)
print("Keras: ", keras.__version__)
print("Tensorflow: ", tensorflow.__version__)
```

```
Using TensorFlow backend.
```

```
Python:  3.7.1 (default, Dec 10 2018, 22:54:23) [MSC v.1915 64 bit (AMD64)]
pandas:  0.24.2
numpy:  1.16.3
seaborn:  0.9.0
matplotlib:  3.0.3
sklearn:  0.20.3
Keras:  2.2.4
Tensorflow:  1.13.1
```

그림 4-4. 주피터 노트북에서 패키지 가져오기

그림 4−5는 훈련 과정에서 오차 행렬(confusion matrix), 이상 징후 차트 및 오차(예측과 실제의 차이) 차트를 통해 결과를 시각화하는 시각화 도우미 클래스의 코드입니다.

```
class Visualization:
    labels = ["Normal", "Anomaly"]

    def draw_confusion_matrix(self, y, ypred):
        matrix = confusion_matrix(y, ypred)

        plt.figure(figsize=(10, 8))
        colors=[ "orange","green"]
        sns.heatmap(matrix, xticklabels=self.labels, yticklabels=self.labels, cmap=colors, annot=True, fmt="d")
        plt.title("Confusion Matrix")
        plt.ylabel('Actual')
        plt.xlabel('Predicted')
        plt.show()


    def draw_anomaly(self, y, error, threshold):
        groupsDF = pd.DataFrame({'error': error,
                                 'true': y}).groupby('true')

        figure, axes = plt.subplots(figsize=(12, 8))

        for name, group in groupsDF:
            axes.plot(group.index, group.error, marker='x' if name == 1 else 'o', linestyle='',
                    color='r' if name == 1 else 'g', label="Anomaly" if name == 1 else "Normal")

        axes.hlines(threshold, axes.get_xlim()[0], axes.get_xlim()[1], colors="b", zorder=100, label='Threshold')
        axes.legend()

        plt.title("Anomalies")
        plt.ylabel("Error")
        plt.xlabel("Data")
        plt.show()

    def draw_error(self, error, threshold):
            plt.plot(error, marker='o', ms=3.5, linestyle='',
                     label='Point')

            plt.hlines(threshold, xmin=0, xmax=len(error)-1, colors="b", zorder=100, label='Threshold')
            plt.legend()
            plt.title("Reconstruction error")
            plt.ylabel("Error")
            plt.xlabel("Data")
            plt.show()
```

그림 4-5. 시각화 도우미 클래스

여러분은 신용카드 데이터 세트를 사용하여 거래가 정상이거나예상된 것인지 아니면 비정상이거나 이상 징후인지를 탐지할 수 있습니다. 그림 4-6은 판다스(Pandas) 데이터 프레임에 로드되는 데이터를 보여줍니다.

```
filePath = './creditcardanomalydetection.csv'
df = pd.read_csv(filepath_or_buffer=filePath, header=0, sep=',')
print(df.shape[0])
df.head()
```

284807

	Time	V1	V2	V3	V4	V5	V6	V7	V8	V9	...	V21	V22	V23	V24	V2
0	0.0	-1.359807	-0.072781	2.536347	1.378155	-0.338321	0.462388	0.239599	0.098698	0.363787	...	-0.018307	0.277838	-0.110474	0.066928	0.12853
1	0.0	1.191857	0.266151	0.166480	0.448154	0.060018	-0.082361	-0.078803	0.085102	-0.255425	...	-0.225775	-0.638672	0.101288	-0.339846	0.16717
2	1.0	-1.358354	-1.340163	1.773209	0.379780	-0.503198	1.800499	0.791461	0.247676	-1.514654	...	0.247998	0.771679	0.909412	-0.689281	-0.32764
3	1.0	-0.966272	-0.185226	1.792993	-0.863291	-0.010309	1.247203	0.237609	0.377436	-1.387024	...	-0.108300	0.005274	-0.190321	-1.175575	0.64737
4	2.0	-1.158233	0.877737	1.548718	0.403034	-0.407193	0.095921	0.592941	-0.270533	0.817739	...	-0.009431	0.798278	-0.137458	0.141267	-0.20601

5 rows × 31 columns

그림 4-6. 판다스 데이터 프레임 살펴보기

정상 기록 2만 개와 비정상 기록 400개를 수집합니다. 다른 비율을 선택하여 시도할 수 있지만, 일반적으로 오토인코더에 정상 데이터의 모습을 알려 주고 싶기 때문에 정상 데이터가 더 많은 것이 좋습니다. 훈련중에 비정상적인 데이터가 너무 많으면 이상 징후를 정상이라고 학습하도록 오토인코더를 훈련시키기 때문에 목표에 어긋나게 됩니다. 그림 4-7은 데이터 프레임을 샘플링 하여 대부분을 정상 데이터로 선택하는 것을 보여줍니다.

```
df['Amount'] = StandardScaler().fit_transform(df['Amount'].values.reshape(-1, 1))
df0 = df.query('Class == 0').sample(20000)
df1 = df.query('Class == 1').sample(400)
df = pd.concat([df0, df1])
```

그림 4-7. 데이터 프레임을 샘플링 하여 대부분을 정상 데이터로선택

데이터 프레임을 훈련 및 시험 데이터 세트(80 대 20으로)로 분할합니다. 그림 4-8은 훈련용과 시험용으로 데이터를 분할하기 위한 코드입니다.

```
x_train, x_test, y_train, y_test = train_test_split(df.drop(labels=['Time', 'Class'], axis = 1) ,
                                                    df['Class'], test_size=0.2, random_state=42)
print(x_train.shape, 'train samples')
print(x_test.shape, 'test samples')
```

```
(16320, 29) train samples
(4080, 29) test samples
```

그림 4-8. 훈련 및 시험 데이터 세트로 분할할 때 20%를 시험 데이터로 사용

이제 인코더와 디코더 층 만으로 간단한 신경망 모델을 만들 차례입니다. 입력된 신용 카드 데이터 세트의 29개 열을 인코더를 사용하여 12개의 특성으로 인코딩 합니다. 디코더는 12개의 특성을 다시 29개의 특성으로 확장합니다. 그림 4-9는 신경망을 생성하기 위한 코드입니다.

```
encoding_dim = 12
input_dim = x_train.shape[1]

inputArray = Input(shape=(input_dim,))
encoded = Dense(encoding_dim, activation='relu')(inputArray)

decoded = Dense(input_dim, activation='softmax')(encoded)

autoencoder = Model(inputArray, decoded)
autoencoder.summary()
```

```
WARNING:tensorflow:From C:\ProgramData\Anaconda3\lib\site-packages\tensorflow\python\framework\op_def_library.py:263: colocate_
with (from tensorflow.python.framework.ops) is deprecated and will be removed in a future version.
Instructions for updating:
Colocations handled automatically by placer.
_________________________________________________________________
Layer (type)                 Output Shape              Param #
=================================================================
input_1 (InputLayer)         (None, 29)                0
_________________________________________________________________
dense_1 (Dense)              (None, 12)                360
_________________________________________________________________
dense_2 (Dense)              (None, 29)                377
=================================================================
Total params: 737
Trainable params: 737
Non-trainable params: 0
_________________________________________________________________
```

그림 4-9. 단순 오토인코더 신경망을 생성

그림 4−9의 코드를 보면, 렐루(relu)와 소프트맥스(softmax)라는 두 가지 다른 활성화 함수를 볼 수 있습니다. 이 함수들은 무엇일까요?

렐루(ReLU)는 딥러닝 모델에서 가장 일반적으로 사용되는 활성화 함수입니다. 이 함수는 음수를 입력으로 받으면 0을 반환하지만, 양수 x의 경우에는 해당 값을 반환합니다. 그렇기 때문에 이렇게 표현할 수 있습니다.

$$f(x)=\max(0, x)$$

소프트맥스(Softmax) 함수는 잠재적 결과 목록의 확률분포를 나타내는 벡터를 출력합니다. 확률의 총합은 항상 1입니다.

이 외에도 여러 가지 활성화 함수를 사용할 수 있으며 케라스 설명서(`https://keras.io/activations/`)에서 옵션을 확인할 수 있습니다.

이제 RMSprop을 옵티마이저로 사용하고 손실 계산을 위해서 평균 제곱 오차(mean squared error)를 사용하여 모델을 컴파일 합니다. RMSprop 옵티마이저는 모멘텀(momentum)이 있는 경사 하강법(gradient descent) 알고리즘과 유사합니다. 측정항목(metric) 함수는 모델을 훈련시킬 때 측정항목의 평가 결과가 사용되지 않는다는 점을 제외하면 손실 함수와 유사합니다.

`https://keras.io/losses/`에 나열된 모든 손실 함수를 측정항목 함수로 사용할 수 있습니다. 그림 4−10은 평균 절대 오차(mean absolute error) 및 정확도를 측정항목으로 사용하여 모델을 컴파일 하기 위한 코드입니다.

```
autoencoder.compile(optimizer=RMSprop(),
                    loss='mean_squared_error',
                    metrics=['mae', 'accuracy'])
```

그림 4-10. 모델을 컴파일

이제 훈련 데이터 세트를 사용하여 모델 훈련을 시작하고 모든 단계에서 모델을 검증할 수 있습니다. 배치 크기를 32로 하고 에포크 수는 20으로 설정합니다. 그림 4-11은 가장 많은 시간을 소비하는 모델 훈련 코드입니다.

```
batch_size = 32
epochs = 20

history = autoencoder.fit(x_train, x_train,
                    batch_size=batch_size,
                    epochs=epochs,
                    verbose=1,
                    shuffle=True,
                    validation_data=(x_test, x_test),
                    callbacks=[TensorBoard(log_dir='../logs/autoencoder1')])
```

그림 4-11. 모델 훈련 코드

보시는 것처럼 훈련 과정에서 각 에포크에서의 손실 및 정확도와 검증 손실 및 검증 정확도를 출력합니다.

```
Epoch 3/20
16320/16320 [==============================] - 2s 106us/step - loss: 1.4586 - mean_absolute_error: 0.6595 - acc: 0.6291 - val_l
oss: 1.6319 - val_mean_absolute_error: 0.6643 - val_acc: 0.6525
Epoch 4/20
16320/16320 [==============================] - 2s 106us/step - loss: 1.4536 - mean_absolute_error: 0.6582 - acc: 0.6710 - val_l
oss: 1.6290 - val_mean_absolute_error: 0.6636 - val_acc: 0.6848
Epoch 5/20
16320/16320 [==============================] - 2s 107us/step - loss: 1.4514 - mean_absolute_error: 0.6578 - acc: 0.6953 - val_l
oss: 1.6275 - val_mean_absolute_error: 0.6633 - val_acc: 0.7071
Epoch 6/20
16320/16320 [==============================] - 2s 108us/step - loss: 1.4502 - mean_absolute_error: 0.6575 - acc: 0.7140 - val_l
oss: 1.6266 - val_mean_absolute_error: 0.6631 - val_acc: 0.7206
Epoch 7/20
16320/16320 [==============================] - 2s 106us/step - loss: 1.4493 - mean_absolute_error: 0.6574 - acc: 0.7300 - val_l
oss: 1.6258 - val_mean_absolute_error: 0.6630 - val_acc: 0.7373
Epoch 8/20
16320/16320 [==============================] - 2s 110us/step - loss: 1.4486 - mean_absolute_error: 0.6573 - acc: 0.7474 - val_l
oss: 1.6253 - val_mean_absolute_error: 0.6630 - val_acc: 0.7488
Epoch 9/20
16320/16320 [==============================] - 2s 112us/step - loss: 1.4482 - mean_absolute_error: 0.6572 - acc: 0.7580 - val_l
oss: 1.6249 - val_mean_absolute_error: 0.6629 - val_acc: 0.7593
Epoch 10/20
16320/16320 [==============================] - 2s 115us/step - loss: 1.4478 - mean_absolute_error: 0.6572 - acc: 0.7670 - val_l
oss: 1.6246 - val_mean_absolute_error: 0.6629 - val_acc: 0.7689
Epoch 11/20
16320/16320 [==============================] - 2s 113us/step - loss: 1.4476 - mean_absolute_error: 0.6572 - acc: 0.7722 - val_l
oss: 1.6244 - val_mean_absolute_error: 0.6628 - val_acc: 0.7691
Epoch 12/20
16320/16320 [==============================] - 2s 114us/step - loss: 1.4473 - mean_absolute_error: 0.6571 - acc: 0.7769 - val_l
oss: 1.6242 - val_mean_absolute_error: 0.6628 - val_acc: 0.7723
Epoch 13/20
16320/16320 [==============================] - 2s 109us/step - loss: 1.4472 - mean_absolute_error: 0.6571 - acc: 0.7820 - val_l
oss: 1.6241 - val_mean_absolute_error: 0.6628 - val_acc: 0.7748
Epoch 14/20
16320/16320 [==============================] - 2s 110us/step - loss: 1.4470 - mean_absolute_error: 0.6571 - acc: 0.7847 - val_l
oss: 1.6239 - val_mean_absolute_error: 0.6628 - val_acc: 0.7775
Epoch 15/20
16320/16320 [==============================] - 2s 117us/step - loss: 1.4469 - mean_absolute_error: 0.6571 - acc: 0.7871 - val_l
oss: 1.6238 - val_mean_absolute_error: 0.6628 - val_acc: 0.7789
Epoch 16/20
16320/16320 [==============================] - 2s 103us/step - loss: 1.4468 - mean_absolute_error: 0.6571 - acc: 0.7881 - val_l
oss: 1.6237 - val_mean_absolute_error: 0.6628 - val_acc: 0.7792
Epoch 17/20
16320/16320 [==============================] - 2s 101us/step - loss: 1.4468 - mean_absolute_error: 0.6571 - acc: 0.7897 - val_l
oss: 1.6237 - val_mean_absolute_error: 0.6628 - val_acc: 0.7850
Epoch 18/20
16320/16320 [==============================] - 2s 100us/step - loss: 1.4467 - mean_absolute_error: 0.6570 - acc: 0.7908 - val_l
oss: 1.6236 - val_mean_absolute_error: 0.6627 - val_acc: 0.7828
Epoch 19/20
16320/16320 [==============================] - 2s 103us/step - loss: 1.4467 - mean_absolute_error: 0.6570 - acc: 0.7950 - val_l
oss: 1.6235 - val_mean_absolute_error: 0.6627 - val_acc: 0.7826
Epoch 20/20
16320/16320 [==============================] - 2s 107us/step - loss: 1.4466 - mean_absolute_error: 0.6570 - acc: 0.7955 - val_l
oss: 1.6235 - val_mean_absolute_error: 0.6627 - val_acc: 0.7853
```

그림 4-12. 훈련 과정의 진행상황을 출력

그림 4-13은 텐서 보드(Tensor Board)에 표시된 모델 그래프입니다.

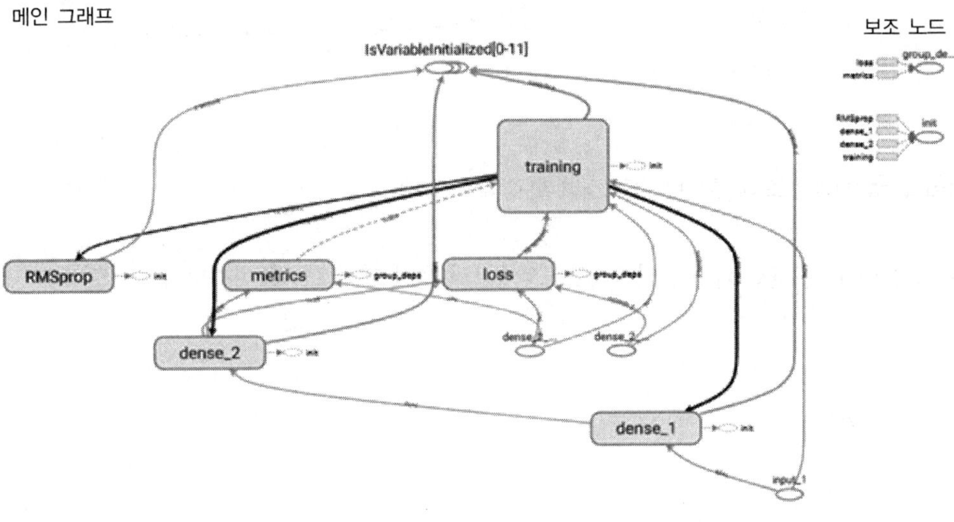

그림 4-13. 텐서 보드에서 보이는 모델 그래프

그림 4－14는 훈련 과정 동안 각 에포크에서의 정확도를 그래프로 보여줍니다.

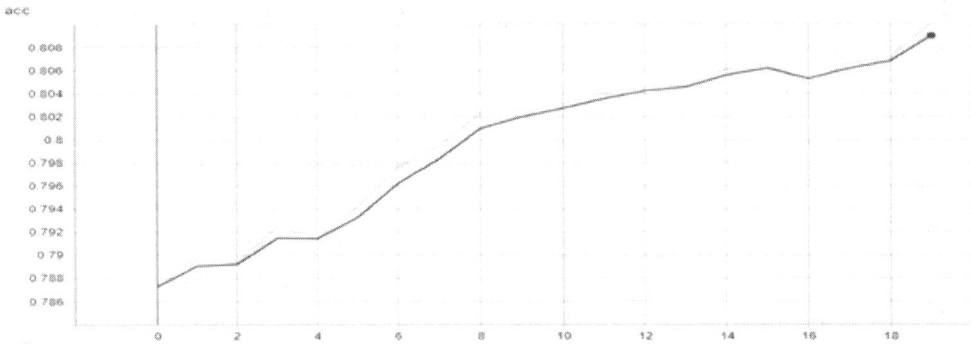

그림 4-14. 텐서 보드에 출력된 정확도 그래프

그림 4－15는 훈련 과정 동안 각 에포크에서의 평균 절대 오차(mae) 그래프를 보여줍니다.

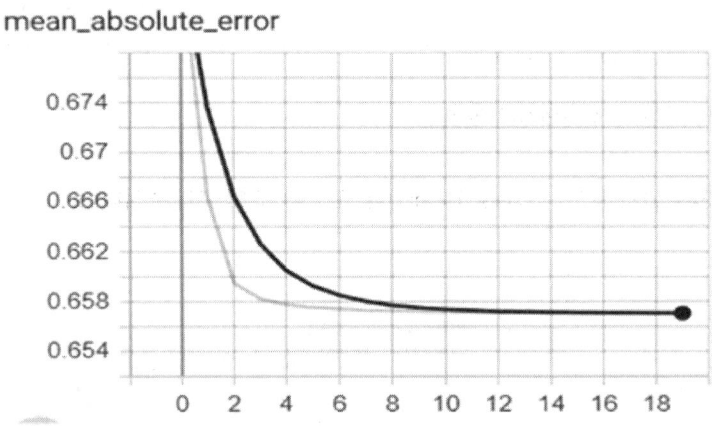

그림 4-15. 텐서 보드에 출력된 평균 절대 오차(mae) 그래프

그림 4－16은 훈련 과정 동안 각 에포크에서의 손실 그래프를 보여줍니다.

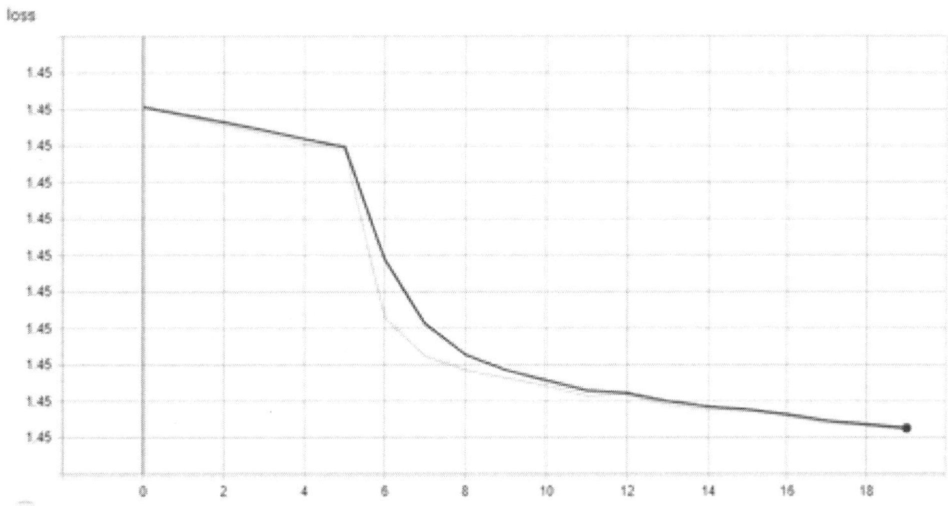

그림 4-16. 텐서 보드에 출력된 손실 그래프입니다.

그림 4−17은 훈련 과정 동안 각 에포크에서의 검증 정확도 그래프를 보여줍니다.

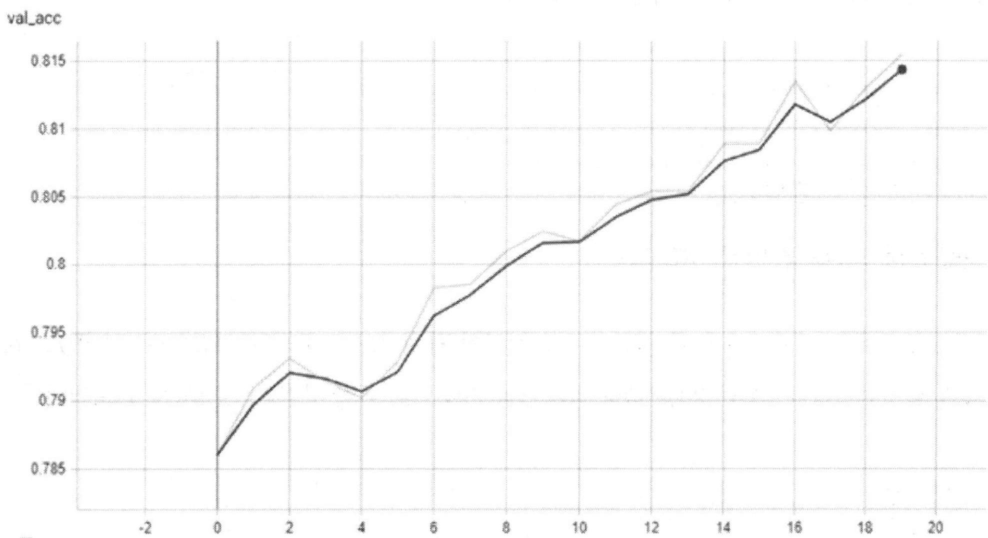

그림 4-17. 텐서 보드에 출력된 검증 정확도 그래프

Figure 4−18 훈련 과정 동안 각 에포크에서의 검증 손실 그래프를 보여줍니다.

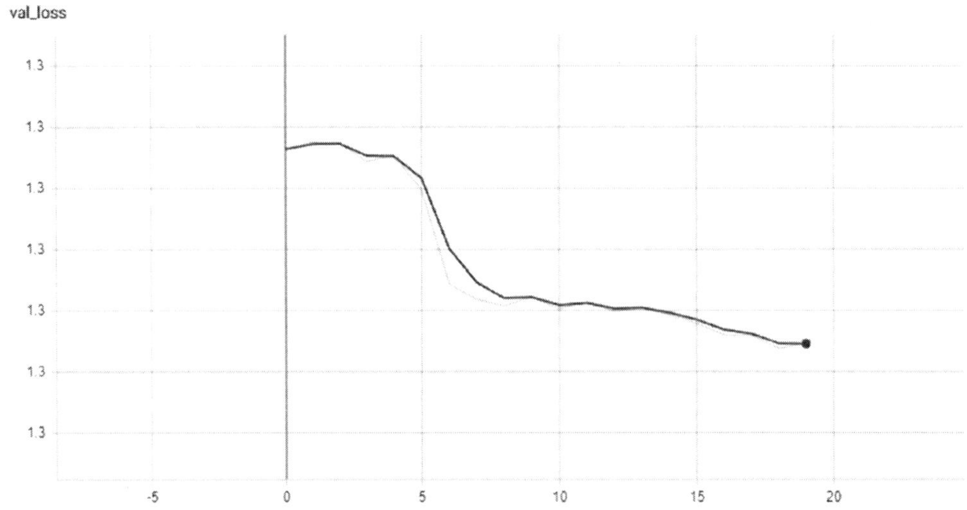

그림 4-18. 텐서 보드에 출력된 검증 손실 그래프

이제 훈련 과정이 완료되었으니, 모델의 손실과 정확도에 대해 평가해 보겠습니다. 그림 4-19를 보면 정확도가 0.81로 상당히 좋습니다.

```
score = autoencoder.evaluate(x_test, x_test, verbose=1)
print('Test loss:', score[0])
print('Test accuracy:', score[1])
```

```
4080/4080 [==============================] - 0s 56us/step
Test loss: 1.3027283556321088
Test accuracy: 0.8154411764705882
```

그림 4-19. 모델을 평가하기 위한 코드

다음 단계에서는 오차를 계산하여 이상 징후를 탐지하고 오차를 표시합니다. 임계값으로 10을 설정합니다. 그림 4-20은 해당 임계값을 기준으로 이상 징후를 측정하는 코드입니다.

```
threshold=10.00
y_pred = autoencoder.predict(x_test)
y_dist = np.linalg.norm(x_test - y_pred, axis=-1)
z = zip(y_dist >= threshold, y_dist)
y_label=[]
error = []
for idx, (is_anomaly, y_dist) in enumerate(z):
    if is_anomaly:
        y_label.append(1)
    else:
        y_label.append(0)
    error.append(y_dist)
```

그림 4-20. 임계값을 기준으로 이상 징후를 측정하는 코드

이 장에서는 데이터 포인트를 정상 또는 이상 징후로 분류할 때 그림 4-20의 코드를 사용하기 때문에 자세히 살펴보겠습니다. 보시다시피, 임계값이라는 특별한 파라미터를 기반으로 합니다. 단순히 오차(실제 및 예측 값의 차이)를 보고 임계치와 비교하는 것입니다. 먼저 임계값이 10인 경우 정밀도(precision)와 재현율(recall)을 계산합니다. 그림 4-21a는 정밀도 및 재현율을 보여주는 코드입니다.

```
print(classification_report(y_test,y_label))
              precision    recall  f1-score   support

           0       1.00      0.97      0.98      3987
           1       0.41      0.86      0.56        93

    accuracy                           0.97      4080
   macro avg       0.71      0.92      0.77      4080
weighted avg       0.98      0.97      0.97      4080
```

그림 4-21a. 정밀도와 재현율을 보여주는 코드

임계값이 1, 5, 15인 경우에 대해서도 계산해 보겠습니다. 그림 4-21b, 4-21c 및 4-21d를 보도록 하겠습니다.

먼저 임계값이 1.0인 경우입니다.

```
print(classification_report(y_test,y_label))
              precision    recall  f1-score   support

           0       0.00      0.00      0.00      3987
           1       0.02      1.00      0.04        93

    accuracy                           0.02      4080
   macro avg       0.01      0.50      0.02      4080
weighted avg       0.00      0.02      0.00      4080
```

그림 4-21b. 임계값이 1.0인 경우 정밀도 및 재현율을 표시하는 코드

임계값이 5.0인 경우입니다.

```
print(classification_report(y_test,y_label))
              precision    recall  f1-score   support

           0       1.00      0.75      0.86      3987
           1       0.08      0.97      0.15        93

    accuracy                           0.76      4080
   macro avg       0.54      0.86      0.51      4080
weighted avg       0.98      0.76      0.84      4080
```

그림 4-21c. 임계값이 5.0인 경우 정밀도 및 재현율을 표시하는 코드

임계값이 15.0인 경우입니다.

```
print(classification_report(y_test,y_label))
              precision    recall  f1-score   support

           0       0.99      0.99      0.99      3987
           1       0.57      0.66      0.61        93

    accuracy                           0.98      4080
   macro avg       0.78      0.82      0.80      4080
weighted avg       0.98      0.98      0.98      4080
```

그림 4-21d. 임계값이 15.0인 경우 정밀도 및 재현율을 표시하는 코드

네 가지 결과를 보면 임계값이 1 또는 5일 때는 정밀도와 재현율이 좋지 않음을 알 수 있습니다(행 0과 행 1의 정밀도 및 재현율이 매우 낮은 값). 임계값이 10 또는 15일 때가 더 좋습니다. 실제로 임계값이 10일 때 1이나 5일 때 보다 재현율이 양호하고 정밀도가 높아서 상당히 좋아 보입니다.

이 모델과 다른 모델에서 임계값을 선택하는 것은 실험의 문제이며, 훈련 데이터에 따라 달라질 수 있습니다.

0.86으로 나타나는 AUC(곡선 아래 면적, 0.0 to 1.0)를 계산합니다. 그림 4-21e는 AUC를 출력하는 코드입니다.

```
roc_auc_score(y_test, y_label)
0.8650574043059298
```

그림 4-21e. AUC를 출력하는 코드

이제 오차 행렬(confusion matrix)을 시각화하여 모델의 성능을 확인할 수 있습니다. 그림 4-22는 오차 행렬을 보여줍니다.

```
viz = Visualization()
viz.draw_confusion_matrix(y_test, y_label)
```

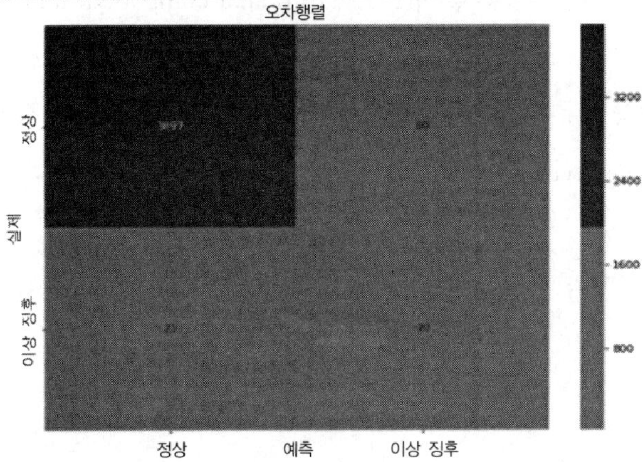

그림 4-22. 오차 행렬

이제 레이블(정상 또는 이상 징후)의 예측을 사용하여 정상 데이터 포인트와 비교하여 이상 징후를 표시할 수 있습니다. 그림 4-23은 임계값을 기준으로 한 이상 징후를 보여줍니다.

```
viz.draw_anomaly(y_test, error, threshold)
```

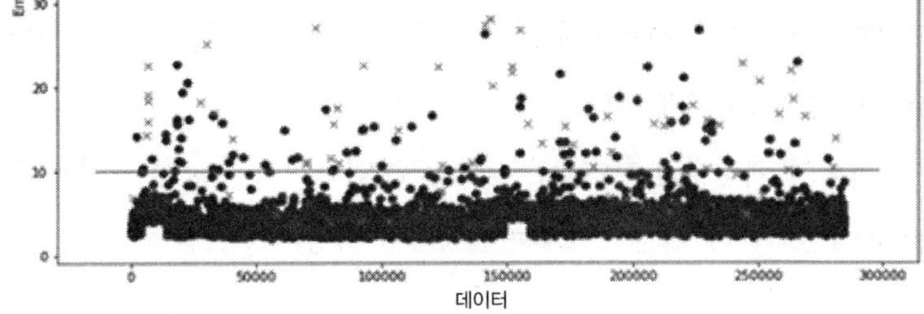

그림 4-23. 임계값을 기준으로 한 이상 징후

희소 오토인코더

위에서 살펴본 단순 오토인코더는 은닉층의 크기(12)에 의해서만 표현이 제한되었습니다. 이런 상황에서는 일반적으로 은닉층이 주성분 분석(PCA: principal component analysis)의 근사치를 학습하게됩니다. 그러나 표현을 압축하도록 제한하는 또 다른 방법은 숨겨진 표현의 활동에 희소(sparsity) 제약을 추가하여 주어진 시간에 더 적은 수의 유닛이 작동하도록 하는 것입니다. 케라스에서는 activity_ regularizer를 밀집층(dense layer)에 추가하여 이 작업을 수행할 수 있습니다.

단순 오토인코더와 희소 오토인코더의 차이점은 훈련 중 손실에 정규항(regularization term)이 추가되었기 때문입니다.

```
from keras import regularizers
```

위에서 살펴본 단순 오토인코더 예제와 동일한 신용카드 데이터 세트를 사용합니다. 신용카드 데이터를 사용하여 거래가 정상이거나 예상된 것인지 아니면 비정상이거나 이상 징후인지를 탐지할 수 있습니다. 아래는 판다스 데이터 프레임에 로드되는 데이터입니다.

정상 기록 2만 개와 비정상 기록 400개를 수집합니다. 다른 비율을 선택하여 시도할 수 있지만, 일반적으로 오토인코더에 정상 데이터의 모습을 알려 주고 싶기 때문에 정상 데이터가 더 많은 것이 좋습니다. 훈련 중에 비정상적인 데이터가 너무 많으면 이상 징후를 정상이라고 학습하도록 오토인코더를 훈련시키기 때문에 목표에 어긋나게 됩니다. 데이터 프레임을 훈련 및 시험 데이터 세트(80 대 20으로)로 분할합니다.

이제 인코더와 디코더 층 만으로 간단한 신경망 모델을 만들 차례입니다. 입력된 신용 카드 데이터 세트의 29개 열을 인코더를 사용하여 12개의 특성으로 인코딩합니다. 디코더는 12의 특성을 다시 29개의 특성으로 확장합니다.

단순 오토인코더와 비교하여 핵심적인 차이점은 희소 오토인코더가 수용하는 활동 레귤러라이저(activity regularizer)입니다. 그림 4-24는 신경망을 생성하기 위한 코드입니다.

```
encoding_dim = 12
input_dim = x_train.shape[1]

inputArray = Input(shape=(input_dim,))
encoded = Dense(encoding_dim, activation='relu',
                activity_regularizer=regularizers.l1(10e-5))(inputArray)

decoded = Dense(input_dim, activation='softmax')(encoded)

autoencoder = Model(inputArray, decoded)
autoencoder.summary()
```

```
WARNING:tensorflow:From C:\ProgramData\Anaconda3\lib\site-packages\tensorflow\python\framework\op_def_library.py:263: colocate_
with (from tensorflow.python.framework.ops) is deprecated and will be removed in a future version.
Instructions for updating:
Colocations handled automatically by placer.
_________________________________________________________________
Layer (type)                 Output Shape              Param #
=================================================================
input_1 (InputLayer)         (None, 29)                0
_________________________________________________________________
dense_1 (Dense)              (None, 12)                360
_________________________________________________________________
dense_2 (Dense)              (None, 29)                377
=================================================================
Total params: 737
Trainable params: 737
Non-trainable params: 0
_________________________________________________________________
```

그림 4-24. 신경망을 생성하기 위한 코드

그림 4−25는 텐서 보드에 의해 시각화 된 모델 그래프를 보여줍니다.

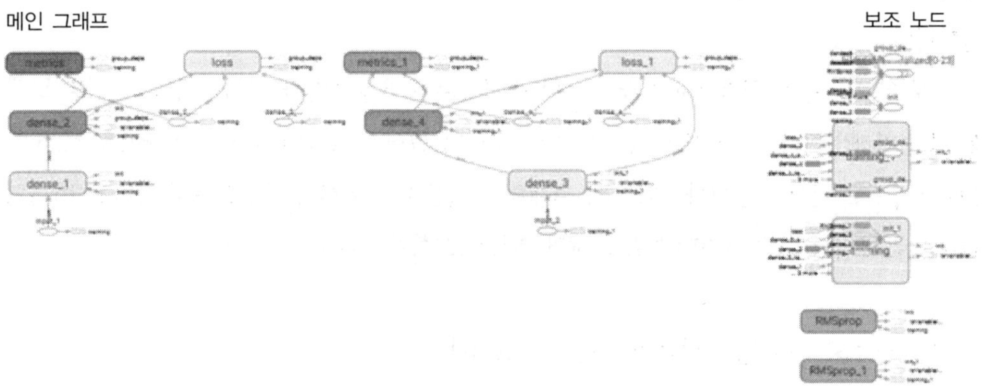

그림 4-25. 텐서 보드에 의해 생성된 모델 그래프

심층 오토인코더

여러분은 인코더나 디코더와 같은 단일 층으로 스스로를 제한할 필요없이 층을 쌓을 수 있습니다. 하지만 은닉 층을 너무 많이 사용하는 것은 좋지 않으며 몇 개의 층을 사용할 지는 사용 사례에 따라 달라지기 때문에 최적의 층수와 압축 방법은 직접 실행해 보면서 찾아야 합니다.

실제로 유일하게 변하는 것은 층수입니다. 신용 카드 데이터 세트를 사용하여 거래가 정상이거나 예상된 것인지 아니면 비정상이거나 이상 징후인지를 탐지할 수 있습니다. 아래는 판다스 데이터 프레임에 로드되는 데이터입니다. 정상 기록 2만 개와 비정상 기록 400개를 수집합니다. 다른 비율을 선택하여 시도할 수 있지만, 일반적으로 오토인코더에 정상 데이터의 모습을 알려 주고 싶기 때문에 정상 데이터가 더 많은 것이 좋습니다. 훈련 중에 비정상적인 데이터가 너무 많으면 이상 징후를 정상이라고 학습하도록 오토인코더를 훈련시키기 때문에 목표에 어긋나게 됩니다. 데이터 프레임을 훈련 및 시험 데이터 세트(80 대 20으로)로 분할합니다.

이제 인코더 층을 위한 3개 층과 디코더 층의 일부로 3개 층을 포함하는 심층 신경망 모델을 만들 차례입니다. 입력 신용 카드 데이터 세트의 29개 열을 인코더를 사용하여 16개, 8개, 4개 특성으로 인코딩 합니다. 디코더는 4개의 특성을 다시 8개의 특성으로 확장하고 16개의 특성으로 확장한 다음 마지막으로 29개의 특성으로 확장합니다.

그림 4-26은 신경망을 만들기 위한 코드입니다.

```
#deep autoencoder
logfilename = "deepautoencoder"

encoding_dim = 16
input_dim = x_train.shape[1]

inputArray = Input(shape=(input_dim,))
encoded = Dense(encoding_dim, activation='relu')(inputArray)
encoded = Dense(8, activation='relu')(encoded)
encoded = Dense(4, activation='relu')(encoded)

decoded = Dense(8, activation='relu')(encoded)
decoded = Dense(encoding_dim, activation='relu')(decoded)
decoded = Dense(input_dim, activation='softmax')(decoded)

autoencoder = Model(inputArray, decoded)
autoencoder.summary()
```

```
Layer (type)                 Output Shape              Param #
=================================================================
input_7 (InputLayer)         (None, 29)                0
_________________________________________________________________
dense_15 (Dense)             (None, 16)                480
_________________________________________________________________
dense_16 (Dense)             (None, 8)                 136
_________________________________________________________________
dense_17 (Dense)             (None, 4)                 36
_________________________________________________________________
dense_18 (Dense)             (None, 8)                 40
_________________________________________________________________
dense_19 (Dense)             (None, 16)                144
_________________________________________________________________
dense_20 (Dense)             (None, 29)                493
=================================================================
Total params: 1,329
Trainable params: 1,329
Non-trainable params: 0
```

그림 4-26. 신경망을 만들기 위한 코드

그림 4-27은 텐서 보드에 의해 시각화된 모델의 그래프를 보여줍니다.

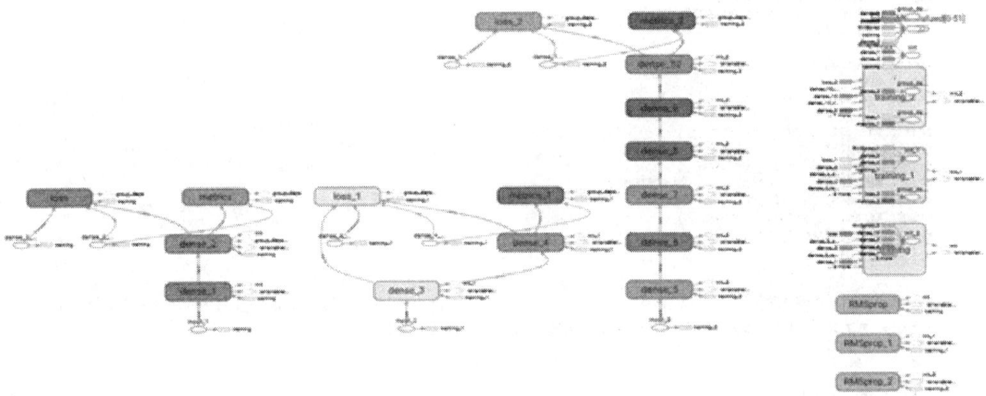

그림 4-27. 텐서 보드에 보여지는 모델 그래프

합성곱 오토인코더

입력 내용이 이미지일 때는 합성곱 신경망(ConvNet 또는 CNN)을 인코더 및 디코더로 사용하는 것이 좋습니다. 실제 환경에서 이미지에 적용되는 오토인코더는 항상 성능이 훨씬 뛰어난 합성곱 오토인코더입니다.

한 가지 예제를 구현해 봅시다. 인코더는 `Conv2D` 및 `MaxPooling2D` 층의 스택으로 구성되며 (최대 풀링은 공간의 다운샘플링에 사용) 디코더는 `Conv2D` 및 `UpSampling2D` 층의 스택으로 구성됩니다.

그림 4-28은 주피터 노트북에 필요한 모든 패키지를 가져오는 기본 코드입니다. 다양한 패키지의 버전에 유의해야 합니다.

```
import keras
from keras import optimizers
from keras import losses
from keras.models import Sequential, Model
from keras.layers import Dense, Input, Dropout, Embedding, LSTM
from keras.optimizers import RMSprop, Adam, Nadam
from keras.preprocessing import sequence
from keras.callbacks import TensorBoard
from keras import regularizers

import sklearn
from sklearn.preprocessing import StandardScaler
from sklearn.model_selection import train_test_split
from sklearn.metrics import confusion_matrix, roc_auc_score
from sklearn.preprocessing import MinMaxScaler

import seaborn as sns
import pandas as pd
import numpy as np
import matplotlib

import matplotlib.pyplot as plt
import matplotlib.gridspec as gridspec
%matplotlib inline

import tensorflow
import sys
print("Python: ", sys.version)

print("pandas: ", pd.__version__)
print("numpy: ", np.__version__)
print("seaborn: ", sns.__version__)
print("matplotlib: ", matplotlib.__version__)
print("sklearn: ", sklearn.__version__)
print("Keras: ", keras.__version__)
print("Tensorflow: ", tensorflow.__version__)
```

```
Using TensorFlow backend.
```

```
Python:  3.7.1 (default, Dec 10 2018, 22:54:23) [MSC v.1915 64 bit (AMD64)]
pandas:  0.24.2
numpy:  1.16.3
seaborn:  0.9.0
matplotlib:  3.0.3
sklearn:  0.20.3
Keras:  2.2.4
Tensorflow:  1.13.1
```

그림 4-28. 주피터 노트북에서 패키지 가져오기

이 예제를 위해서 MNIST 이미지 데이터 세트를 사용합니다. MNIST에는 0에서 9까지의 숫자에 대한 이미지가 포함되어 있으며 다양한 사례에서 사용됩니다. 그림 4-29는 MNIST 데이터를 로드하는 코드를 보여줍니다.

```
from keras.datasets import mnist
import numpy as np
(x_train, _), (x_test, _) = mnist.load_data()
```

그림 4-29. MINST 데이터를 로드하는 코드

데이터 세트를 훈련 및 시험 세트로 분할합니다. 그리고 28×28 이미지로 데이터 형태를 변경해야 합니다. 그림 4-30은 MNIST데이터를 이미지로 변환하는 코드를 보여줍니다.

```
from keras.datasets import mnist
import numpy as np

(x_train, _), (x_test, _) = mnist.load_data()

x_train = x_train.astype('float32') / 255.
x_test = x_test.astype('float32') / 255.
x_train = np.reshape(x_train, (len(x_train), 28, 28, 1))  # adapt this if using `channels_first` image data format
x_test = np.reshape(x_test, (len(x_test), 28, 28, 1))  # adapt this if using `channels_first` image data format
```

그림 4-30. MNIST데이터를 이미지로 변환하는 코드

합성곱 및 최대풀링 층을 사용하여 CNN 모델을 만듭니다. 그림 4-31은 신경망을 만들기 위한 코드입니다.

```
from keras.layers import Input, Dense, Conv2D, MaxPooling2D, UpSampling2D
from keras.models import Model
from keras import backend as K

#cnn autoencoder
logfilename = "cnnautoencoder2"

input_img = Input(shape=(28, 28, 1))  # adapt this if using `channels_first` image data format

x = Conv2D(16, (3, 3), activation='relu', padding='same')(input_img)
x = MaxPooling2D((2, 2), padding='same')(x)
x = Conv2D(8, (3, 3), activation='relu', padding='same')(x)
x = MaxPooling2D((2, 2), padding='same')(x)
x = Conv2D(8, (3, 3), activation='relu', padding='same')(x)
encoded = MaxPooling2D((2, 2), padding='same')(x)

# at this point the representation is (4, 4, 8) i.e. 128-dimensional

x = Conv2D(8, (3, 3), activation='relu', padding='same')(encoded)
x = UpSampling2D((2, 2))(x)
x = Conv2D(8, (3, 3), activation='relu', padding='same')(x)
x = UpSampling2D((2, 2))(x)
x = Conv2D(16, (3, 3), activation='relu')(x)
x = UpSampling2D((2, 2))(x)
decoded = Conv2D(1, (3, 3), activation='sigmoid', padding='same')(x)

autoencoder = Model(input_img, decoded)

autoencoder.summary()
```

```
WARNING:tensorflow:From C:\ProgramData\Anaconda3\lib\site-packages\tensorflow\python\framework\op_def_library.py:263: colocate_
with (from tensorflow.python.framework.ops) is deprecated and will be removed in a future version.
Instructions for updating:
Colocations handled automatically by placer.
_________________________________________________________________
Layer (type)                 Output Shape              Param #
=================================================================
input_1 (InputLayer)         (None, 28, 28, 1)         0
_________________________________________________________________
conv2d_1 (Conv2D)            (None, 28, 28, 16)        160
_________________________________________________________________
max_pooling2d_1 (MaxPooling2 (None, 14, 14, 16)        0
_________________________________________________________________
conv2d_2 (Conv2D)            (None, 14, 14, 8)         1160
_________________________________________________________________
max_pooling2d_2 (MaxPooling2 (None, 7, 7, 8)           0
_________________________________________________________________
conv2d_3 (Conv2D)            (None, 7, 7, 8)           584
_________________________________________________________________
max_pooling2d_3 (MaxPooling2 (None, 4, 4, 8)           0
_________________________________________________________________
conv2d_4 (Conv2D)            (None, 4, 4, 8)           584
_________________________________________________________________
up_sampling2d_1 (UpSampling2 (None, 8, 8, 8)           0
_________________________________________________________________
conv2d_5 (Conv2D)            (None, 8, 8, 8)           584
_________________________________________________________________
up_sampling2d_2 (UpSampling2 (None, 16, 16, 8)         0
_________________________________________________________________
conv2d_6 (Conv2D)            (None, 14, 14, 16)        1168
_________________________________________________________________
up_sampling2d_3 (UpSampling2 (None, 28, 28, 16)        0
_________________________________________________________________
conv2d_7 (Conv2D)            (None, 28, 28, 1)         145
=================================================================
Total params: 4,385
Trainable params: 4,385
Non-trainable params: 0
```

그림 4-31. 신경망을 만들기 위한 코드

RMSprop를 옵티마이저로 사용하고 손실 계산을 위해서 평균 제곱 오차를 사용하여 모델을 컴파일 합니다. RMSprop 옵티마이저는 모멘텀이 있는 경사 하강법 알고리즘과 유사합니다.

그림 4−32는 모델을 컴파일하기 위한 코드입니다.

```
autoencoder.compile(optimizer=RMSprop(),
                    loss='mean_squared_error',
                    metrics=['mae', 'accuracy'])
```

그림 4-32. 모델을 컴파일하기 위한 코드

이제 훈련 데이터 세트를 사용하여 모델 훈련을 시작하고 모든 단계에서 검증 데이터 세트를 사용하여 모델을 검증할 수 있습니다. 배치 크기를 32로 하고 에포크 수는 20으로 설정합니다. 훈련 과정의 각 에포크에서 손실 및 정확도와 검증 손실 및 검증 정확도를 출력합니다. 그림 4−33은 훈련 중인 모델을 보여줍니다.

```
batch_size = 32
epochs = 20

history = autoencoder.fit(x_train, x_train,
                batch_size=batch_size,
                epochs=epochs,
                verbose=1,
                shuffle=True,
                validation_data=(x_test, x_test),
                callbacks=[TensorBoard(log_dir='../logs/{0}'.format(logfilename))])
```

```
20
Epoch 15/20
60000/60000 [==============================] - 12s 194us/step - loss: 0.0116 - acc: 0.8129 - val_loss: 0.0105 - val_acc: 0.81
24
Epoch 16/20
60000/60000 [==============================] - 12s 196us/step - loss: 0.0114 - acc: 0.8130 - val_loss: 0.0117 - val_acc: 0.81
09
Epoch 17/20
60000/60000 [==============================] - 11s 183us/step - loss: 0.0113 - acc: 0.8131 - val_loss: 0.0108 - val_acc: 0.81
30
Epoch 18/20
60000/60000 [==============================] - 11s 188us/step - loss: 0.0112 - acc: 0.8131 - val_loss: 0.0103 - val_acc: 0.81
27
Epoch 19/20
60000/60000 [==============================] - 11s 190us/step - loss: 0.0110 - acc: 0.8132 - val_loss: 0.0107 - val_acc: 0.81
28
Epoch 20/20
60000/60000 [==============================] - 12s 192us/step - loss: 0.0109 - acc: 0.8132 - val_loss: 0.0103 - val_acc: 0.81
26
```

그림 4-33. 훈련 중인 모델

이제 훈련 과정이 완료되었으니, 모델의 손실과 정확도에 대해 평가해 보겠습니다. 그림 4−34를 보면 정확도가 0.81로 상당히 좋습니다. 또한 모델을 평가하기 위한 코드도 표시됩니다.

```
score = autoencoder.evaluate(x_test, x_test, verbose=1)
print('Test loss:', score[0])
print('Test accuracy:', score[1])
```

```
10000/10000 [==============================] - 1s 68us/step
Test loss: 0.010284392775595189
Test accuracy: 0.8126302285194397
```

그림 4-34. 모델을 평가하기 위한 코드

다음 단계는 모델을 사용하여 시험 세트에 대한 출력 이미지를 생성하는 것입니다. 이것은 재구성 단계가 얼마나 잘 진행되고 있는지를 보여줄 것입니다. 그림 4−35는 모델을 기반으로 예측하는 코드를 보여줍니다.

```
decoded_imgs = autoencoder.predict(x_test)

n = 10
plt.figure(figsize=(20, 4))
for i in range(1, n):
    # display original
    ax = plt.subplot(2, n, i)
    plt.imshow(x_test[i].reshape(28, 28))
    plt.gray()
    ax.get_xaxis().set_visible(False)
    ax.get_yaxis().set_visible(False)

    # display reconstruction
    ax = plt.subplot(2, n, i + n)
    plt.imshow(decoded_imgs[i].reshape(28, 28))
    plt.gray()
    ax.get_xaxis().set_visible(False)
    ax.get_yaxis().set_visible(False)
plt.show()
```

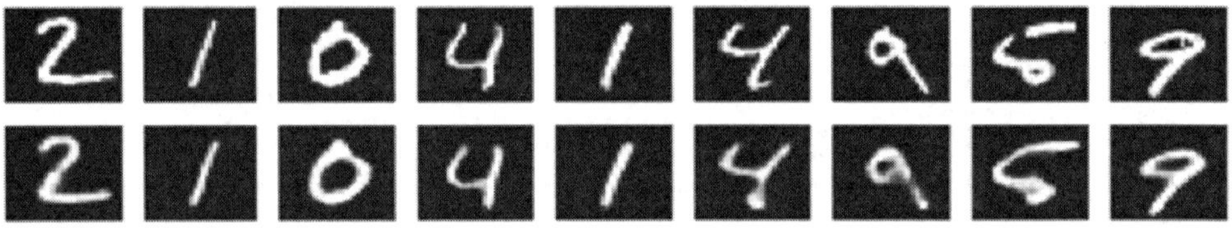

그림 4-35. 모델을 기반으로 예측하는 코드

이 단계에서 시험 세트 이미지를 표시하여 인코더 단계가 어떻게 작동하는지 볼 수도 있습니다. 그림 4-36은 인코딩 된 이미지를 표시하는 코드를 보여줍니다.

```
encoder = Model(input_img, encoded)
encoded_imgs = encoder.predict(x_test)
n = 10
plt.figure(figsize=(20, 8))
for i in range(1, n):
    ax = plt.subplot(1, n, i)
    plt.imshow(encoded_imgs[i].reshape(4, 4 * 8).T)
    plt.gray()
    ax.get_xaxis().set_visible(False)
    ax.get_yaxis().set_visible(False)
plt.show()
```

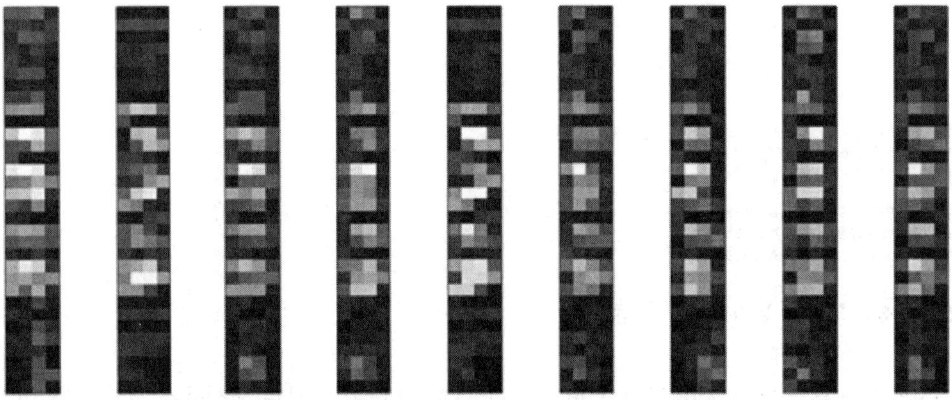

그림 4-36. 인코딩 된 이미지를 출력하는 코드

그림 4-37은 텐서 보드에 의해 시각화 된 모델의 그래프를 보여줍니다.

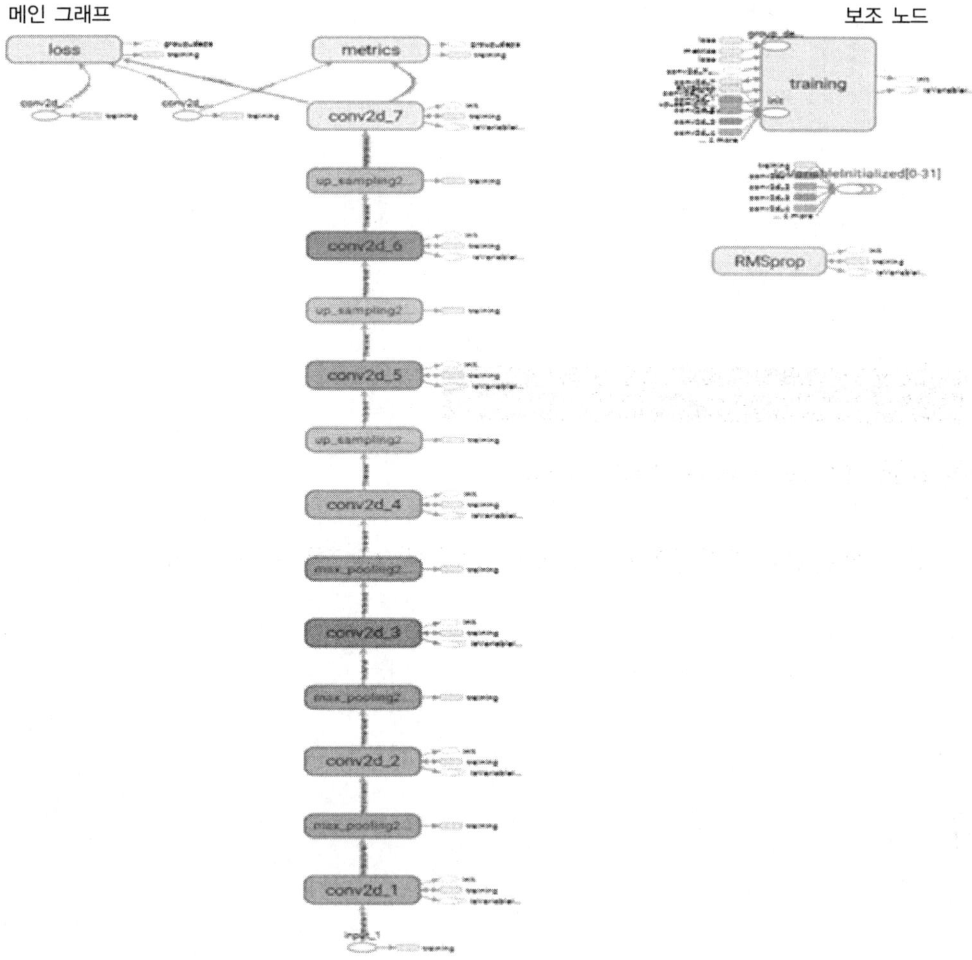

그림 4-37. 텐서 보드에서 보여지는 모델 그래프

그림 4-38은 훈련 과정 동안 각 에포크에서의 정확도 그래프를 보여줍니다.

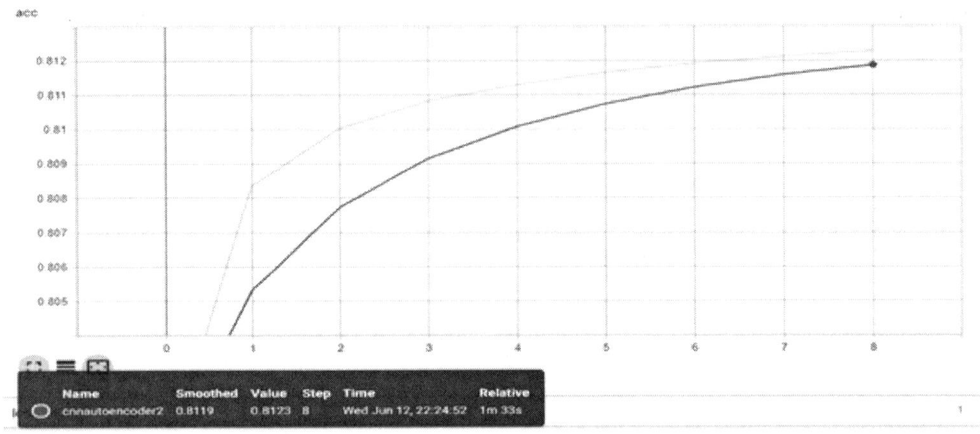

그림 4-38. 텐서 보드에 출력된 정확도 그래프

그림 4-39는 훈련 과정 동안 각 에포크에서의 손실 그래프를 보여줍니다.

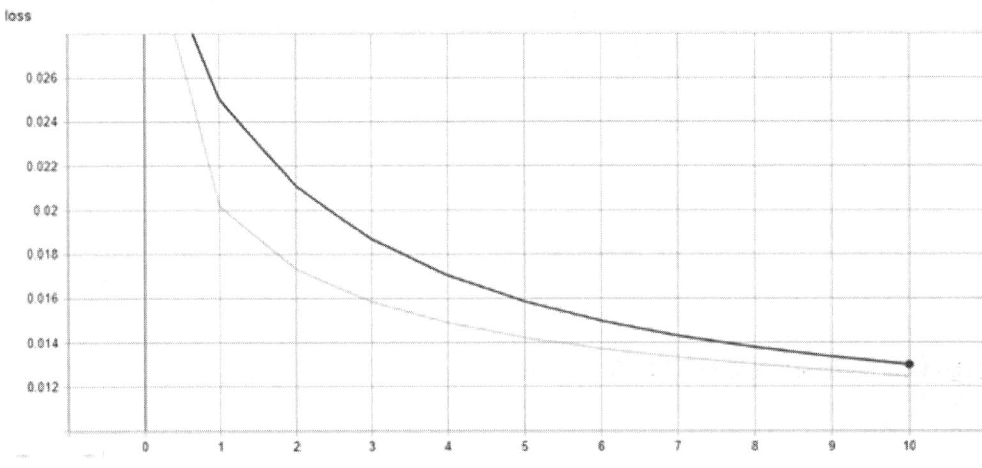

그림 4-39. 텐서 보드에 출력된 손실 그래프

그림 4−40은 훈련 과정 동안 각 에포크에서의 검증 정확도 그래프를 보여줍니다.

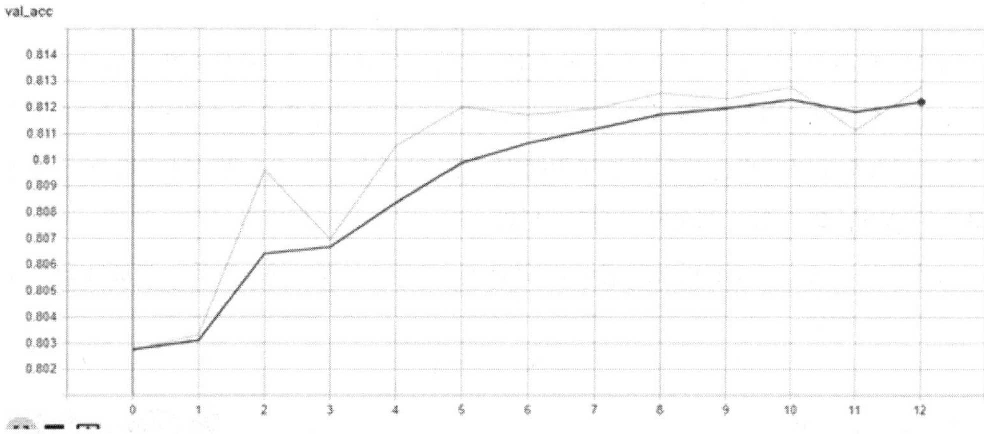

그림 4−40. 텐서 보드에 출력된 검증 정확도 그래프

그림 4−41은 훈련 과정 동안 각 에포크에서의 검증 손실 그래프를 보여줍니다.

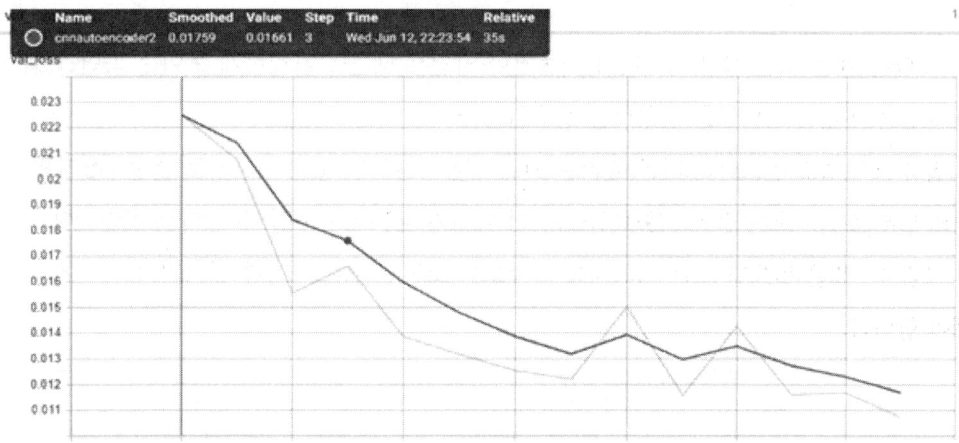

그림 4−41. 텐서 보드에 출력된 검증 손실 그래프

잡음 제거 오토인코더

입력에 임의의 잡음을 추가하고 원래의 잡음 없는 데이터를 복원함으로써 오토인코더가 유용한 특성을 학습하도록 할 수 있습니다. 이렇게 하면 입력에 임의의 잡음이 포함되어 있으므로 오토인코더가 단순히 입력을 출력에 복사할 수 없습니다. 오토인코더는 잡음을 제거하고 근본적인 의미 있는 데이터를 생성합니다.

이를 잡음 제거 오토인코더라고 합니다. 그림 4-42는 잡음제거 오토인코더의 보여줍니다.

잡음 제거 오토인코더

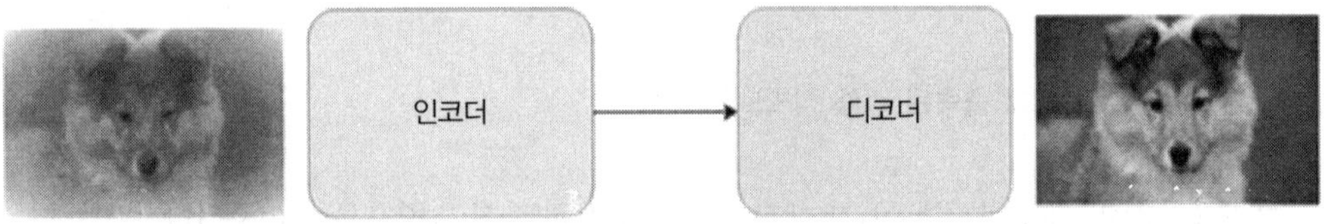

그림 4-42. 잡음제거 오토인코더

또 다른 예는 보안 감시 카메라가 어둡거나 악천후 때문에 흐릿하게 보이는 화면을 캡처하여 잡음이 많은 이미지를 생성하는 경우입니다.

잡음 제거 오토인코더의 기본 원리는 인코더를 정상적인 좋은 이미지로 훈련시켰다면 입력의 일부로 들어오는 잡음은 중요한 특성이 아니기 때문에 제거할 수 있다는 것입니다.

그림 4-43은 필요한 모든 패키지를 가져오는 코드입니다. 다양한 패키지의 버전에 유의해야 합니다.

```
import keras
from keras import optimizers
from keras import losses
from keras.models import Sequential, Model
from keras.layers import Dense, Input, Dropout, Embedding, LSTM
from keras.optimizers import RMSprop, Adam, Nadam
from keras.preprocessing import sequence
from keras.callbacks import TensorBoard
from keras import regularizers

import sklearn
from sklearn.preprocessing import StandardScaler
from sklearn.model_selection import train_test_split
from sklearn.metrics import confusion_matrix, roc_auc_score
from sklearn.preprocessing import MinMaxScaler

import seaborn as sns
import pandas as pd
import numpy as np
import matplotlib

import matplotlib.pyplot as plt
import matplotlib.gridspec as gridspec
%matplotlib inline

import tensorflow
import sys
print("Python: ", sys.version)

print("pandas: ", pd.__version__)
print("numpy: ", np.__version__)
print("seaborn: ", sns.__version__)
print("matplotlib: ", matplotlib.__version__)
print("sklearn: ", sklearn.__version__)
print("Keras: ", keras.__version__)
print("Tensorflow: ", tensorflow.__version__)

Using TensorFlow backend.

Python:  3.7.1 (default, Dec 10 2018, 22:54:23) [MSC v.1915 64 bit (AMD64)]
pandas:  0.24.2
numpy:  1.16.3
seaborn:  0.9.0
matplotlib:  3.0.3
sklearn:  0.20.3
Keras:  2.2.4
Tensorflow:  1.13.1
```

그림 4-43. 패키지를 가져오는 코드

이 예제를 위해서 MNIST 이미지 데이터 세트를 사용합니다. MNIST에는 0에서 9까지의 숫자에 대한 이미지가 포함되어 있으며 다양한 사례에서 사용됩니다. 그림 4-44는 MNIST 데이터를 로드하기 위한 코드입니다.

```
from keras.datasets import mnist
import numpy as np
(x_train, _), (x_test, _) = mnist.load_data()
```

그림 4-44. MNIST 이미지를 로드하기 위한 코드

데이터 세트를 훈련 및 시험 세트로 분할합니다. 그리고 28×28 이미지로 데이터 형태를 변경해야 합니다. 그림 4-45는 MNIST 이미지를 로드하는 코드입니다.

```
from keras.datasets import mnist
import numpy as np

(x_train, _), (x_test, y_test) = mnist.load_data()

x_train = x_train.astype('float32') / 255.
x_test = x_test.astype('float32') / 255.
x_train = np.reshape(x_train, (len(x_train), 28, 28, 1))  # adapt this if using `channels_first` image data format
x_test = np.reshape(x_test, (len(x_test), 28, 28, 1))  # adapt this if using `channels_first` image data format

noise_factor = 0.3
x_train_noisy = x_train + noise_factor * np.random.normal(loc=0.0, scale=1.0, size=x_train.shape)
x_test_noisy = x_test + noise_factor * np.random.normal(loc=0.0, scale=1.0, size=x_test.shape)

x_train_noisy = np.clip(x_train_noisy, 0., 1.)
x_test_noisy = np.clip(x_test_noisy, 0., 1.)

print(x_train_noisy.shape)
print(x_test_noisy.shape)
print(y_test.shape)
```

```
(60000, 28, 28, 1)
(10000, 28, 28, 1)
(10000,)
```

그림 4-45. 이미지를 로드하고 형태를 변경하는 코드

그림 4-46은 이미지를 표시하는 코드입니다.

```
n = 11
plt.figure(figsize=(20, 2))
for i in range(1, n):
    ax = plt.subplot(1, n, i)
    plt.imshow(x_test_noisy[i].reshape(28, 28))
    plt.gray()
    ax.get_xaxis().set_visible(False)
    ax.get_yaxis().set_visible(False)
plt.show()
```

그림 4-46. 이미지를 표시하는 코드

합성곱 및 최대 풀링 층을 사용하여 CNN 모델을 만듭니다. 그림 4-47은 신경망을 만들기 위한 코드입니다.

```
from keras.layers import Input, Dense, Conv2D, MaxPooling2D, UpSampling2D
from keras.models import Model
from keras import backend as K

#cnn autoencoder
logfilename = "DenoisingAutoencoder2"

input_img = Input(shape=(28, 28, 1))  # adapt this if using `channels_first` image data format

x = Conv2D(16, (3, 3), activation='relu', padding='same')(input_img)
x = MaxPooling2D((2, 2), padding='same')(x)
x = Conv2D(8, (3, 3), activation='relu', padding='same')(x)
x = MaxPooling2D((2, 2), padding='same')(x)
x = Conv2D(8, (3, 3), activation='relu', padding='same')(x)
encoded = MaxPooling2D((2, 2), padding='same')(x)

# at this point the representation is (4, 4, 8) i.e. 128-dimensional

x = Conv2D(8, (3, 3), activation='relu', padding='same')(encoded)
x = UpSampling2D((2, 2))(x)
x = Conv2D(8, (3, 3), activation='relu', padding='same')(x)
x = UpSampling2D((2, 2))(x)
x = Conv2D(16, (3, 3), activation='relu')(x)
x = UpSampling2D((2, 2))(x)
decoded = Conv2D(1, (3, 3), activation='sigmoid', padding='same')(x)

autoencoder = Model(input_img, decoded)

autoencoder.summary()
```

```
Layer (type)                 Output Shape              Param #
=================================================================
input_2 (InputLayer)         (None, 28, 28, 1)         0
_________________________________________________________________
conv2d_8 (Conv2D)            (None, 28, 28, 16)        160
_________________________________________________________________
max_pooling2d_4 (MaxPooling2 (None, 14, 14, 16)        0
_________________________________________________________________
conv2d_9 (Conv2D)            (None, 14, 14, 8)         1160
_________________________________________________________________
max_pooling2d_5 (MaxPooling2 (None, 7, 7, 8)           0
_________________________________________________________________
conv2d_10 (Conv2D)           (None, 7, 7, 8)           584
_________________________________________________________________
max_pooling2d_6 (MaxPooling2 (None, 4, 4, 8)           0
_________________________________________________________________
conv2d_11 (Conv2D)           (None, 4, 4, 8)           584
_________________________________________________________________
up_sampling2d_4 (UpSampling2 (None, 8, 8, 8)           0
_________________________________________________________________
conv2d_12 (Conv2D)           (None, 8, 8, 8)           584
_________________________________________________________________
up_sampling2d_5 (UpSampling2 (None, 16, 16, 8)         0
_________________________________________________________________
conv2d_13 (Conv2D)           (None, 14, 14, 16)        1168
_________________________________________________________________
up_sampling2d_6 (UpSampling2 (None, 28, 28, 16)        0
_________________________________________________________________
conv2d_14 (Conv2D)           (None, 28, 28, 1)         145
=================================================================
Total params: 4,385
Trainable params: 4,385
Non-trainable params: 0
```

그림 4-47. 신경망을 만들기 위한 코드

RMSprop를 옵티마이저로 사용하고 손실 계산을 위해서 평균 제곱 오차를 사용하여 모델을 컴파일 합니다. RMSprop 옵티마이저는 모멘텀이 있는 경사 하강법 알고리즘과 유사합니다. 그림 4−48는 모델을 컴파일하기 위한 코드입니다.

```
autoencoder.compile(optimizer=RMSprop(),
                    loss='mean_squared_error',
                    metrics=['mae', 'accuracy'])
```

그림 4-48. 모델을 컴파일하기 위한 코드

이제 모든 단계에서 모델을 검증하기 위해 훈련 데이터 세트를 사용하여 모델을 훈련 시킬 수 있습니다. 배치 크기를 32로 하고 에포크 수는 20으로 설정합니다. 훈련 과정의 각 에포크에서 손실 및 정확도와 검증 손실 및 검증 정확도를 출력합니다. 그림 4−49은 훈련 중인 모델을 보여줍니다.

```
batch_size = 32
epochs = 20

history = autoencoder.fit(x_train_noisy, x_train,
                    batch_size=batch_size,
                    epochs=epochs,
                    verbose=1,
                    shuffle=True,
                    validation_data=(x_test_noisy, x_test),
                    callbacks=[TensorBoard(log_dir='../logs/{0}'.format(logfilename))])
```

```
Train on 60000 samples, validate on 10000 samples
Epoch 1/20
60000/60000 [==============================] - 13s 212us/step - loss: 0.0370 - acc: 0.8005 - val_loss: 0.0257 - val_acc: 0.8007
Epoch 2/20
60000/60000 [==============================] - 12s 200us/step - loss: 0.0229 - acc: 0.8072 - val_loss: 0.0197 - val_acc: 0.8089
Epoch 3/20
60000/60000 [==============================] - 12s 198us/step - loss: 0.0200 - acc: 0.8091 - val_loss: 0.0190 - val_acc: 0.8107
Epoch 4/20
60000/60000 [==============================] - 12s 193us/step - loss: 0.0185 - acc: 0.8100 - val_loss: 0.0170 - val_acc: 0.8092
Epoch 5/20
60000/60000 [==============================] - 12s 193us/step - loss: 0.0176 - acc: 0.8105 - val_loss: 0.0168 - val_acc: 0.8111
Epoch 6/20
60000/60000 [==============================] - 12s 192us/step - loss: 0.0170 - acc: 0.8108 - val_loss: 0.0163 - val_acc: 0.8114
Epoch 7/20
60000/60000 [==============================] - 11s 191us/step - loss: 0.0164 - acc: 0.8111 - val_loss: 0.0159 - val_acc: 0.8110
Epoch 8/20
60000/60000 [==============================] - 12s 193us/step - loss: 0.0160 - acc: 0.8113 - val_loss: 0.0156 - val_acc: 0.8094
Epoch 9/20
60000/60000 [==============================] - 11s 189us/step - loss: 0.0157 - acc: 0.8115 - val_loss: 0.0155 - val_acc: 0.8109
Epoch 10/20
60000/60000 [==============================] - 11s 190us/step - loss: 0.0153 - acc: 0.8117 - val_loss: 0.0147 - val_acc: 0.8099
Epoch 11/20
60000/60000 [==============================] - 12s 203us/step - loss: 0.0151 - acc: 0.8118 - val_loss: 0.0142 - val_acc: 0.8108
Epoch 12/20
60000/60000 [==============================] - 12s 192us/step - loss: 0.0149 - acc: 0.8119 - val_loss: 0.0144 - val_acc: 0.8099
Epoch 13/20
60000/60000 [==============================] - 12s 192us/step - loss: 0.0147 - acc: 0.8120 - val_loss: 0.0166 - val_acc: 0.8124
Epoch 14/20
60000/60000 [==============================] - 12s 192us/step - loss: 0.0145 - acc: 0.8121 - val_loss: 0.0149 - val_acc: 0.8123
Epoch 15/20
60000/60000 [==============================] - 11s 190us/step - loss: 0.0144 - acc: 0.8121 - val_loss: 0.0134 - val_acc: 0.8109
Epoch 16/20
60000/60000 [==============================] - 11s 191us/step - loss: 0.0143 - acc: 0.8122 - val_loss: 0.0133 - val_acc: 0.8110
Epoch 17/20
60000/60000 [==============================] - 11s 190us/step - loss: 0.0141 - acc: 0.8122 - val_loss: 0.0140 - val_acc: 0.8101
Epoch 18/20
60000/60000 [==============================] - 11s 191us/step - loss: 0.0140 - acc: 0.8123 - val_loss: 0.0153 - val_acc: 0.8088
Epoch 19/20
60000/60000 [==============================] - 12s 192us/step - loss: 0.0139 - acc: 0.8123 - val_loss: 0.0135 - val_acc: 0.8107
Epoch 20/20
60000/60000 [==============================] - 11s 190us/step - loss: 0.0138 - acc: 0.8124 - val_loss: 0.0127 - val_acc: 0.8117
```

그림 4−49. 모델 훈련을 시작하기 위한 코드

이제 훈련 과정이 완료되었으니, 모델의 손실과 정확도에 대해 평가해 보겠습니다. 그림 4-50을 보면 정확도가 0.81로 상당히 좋습니다.

```
score = autoencoder.evaluate(x_test, x_test, verbose=1)
print('Test loss:', score[0])
print('Test accuracy:', score[1])
```

```
10000/10000 [==============================] - 1s 68us/step
Test loss: 0.010875144922733306
Test accuracy: 0.8120423462867736
```

그림 4-50. 모델을 평가하기 위한 코드

다음 단계는 모델을 사용하여 시험 세트에 대한 출력 이미지를 생성하는 것입니다. 이것은 재구성 단계가 얼마나 잘 진행되고 있는지를 보여줄 것입니다. 그림 4-51은 잡음이 제거된 이미지를 표시하는 코드입니다.

```
decoded_imgs = autoencoder.predict(x_test_noisy)

n = 10
plt.figure(figsize=(20, 4))
for i in range(1, n):
    # display original
    ax = plt.subplot(2, n, i)
    plt.imshow(x_test_noisy[i].reshape(28, 28))
    plt.gray()
    ax.get_xaxis().set_visible(False)
    ax.get_yaxis().set_visible(False)

    # display reconstruction
    ax = plt.subplot(2, n, i + n)
    plt.imshow(decoded_imgs[i].reshape(28, 28))
    plt.gray()
    ax.get_xaxis().set_visible(False)
    ax.get_yaxis().set_visible(False)
plt.show()
```

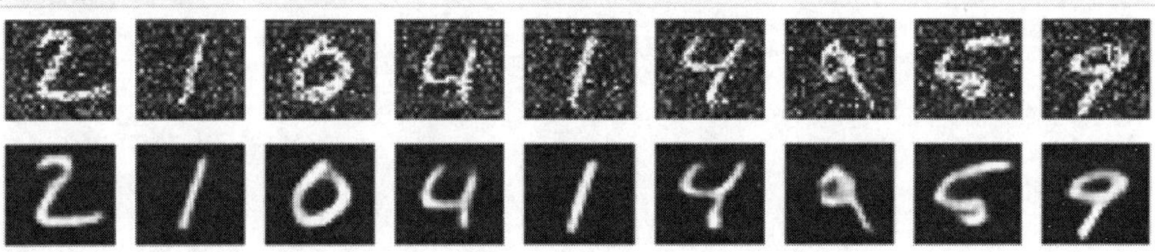

그림 4-51. 잡음이 제거된 이미지를 표시하는 코드

이 단계에서 시험 세트 이미지를 표시하여 인코딩 단계가 어떻게 작동하는지 볼 수도 있습니다. 그림 4−52는 인코딩 된 이미지를 표시하는 코드입니다.

```
encoder = Model(input_img, encoded)
encoded_imgs = encoder.predict(x_test_noisy)
n = 10
plt.figure(figsize=(20, 8))
for i in range(1, n):
    ax = plt.subplot(1, n, i)
    plt.imshow(encoded_imgs[i].reshape(4, 4 * 8).T)
    plt.gray()
    ax.get_xaxis().set_visible(False)
    ax.get_yaxis().set_visible(False)
plt.show()
```

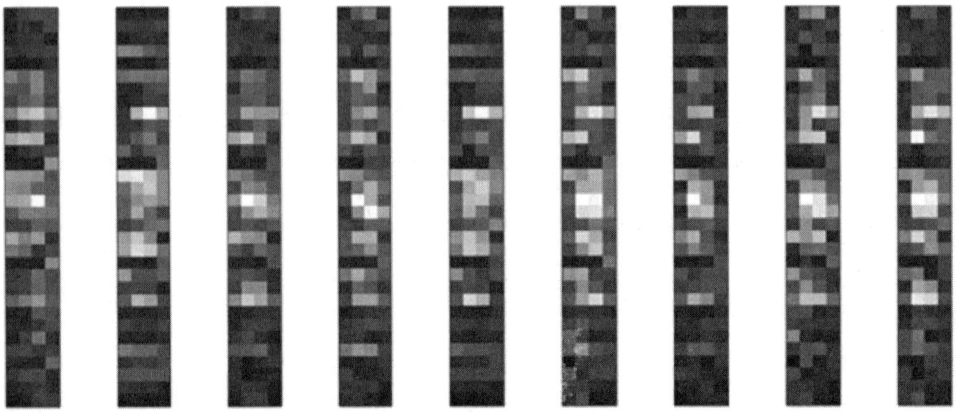

그림 4−52. 인코딩 된 이미지를 표시하는 코드

그림 4-53은 텐서 보드에 의해 시각화 된 모델의 그래프를 보여줍니다.

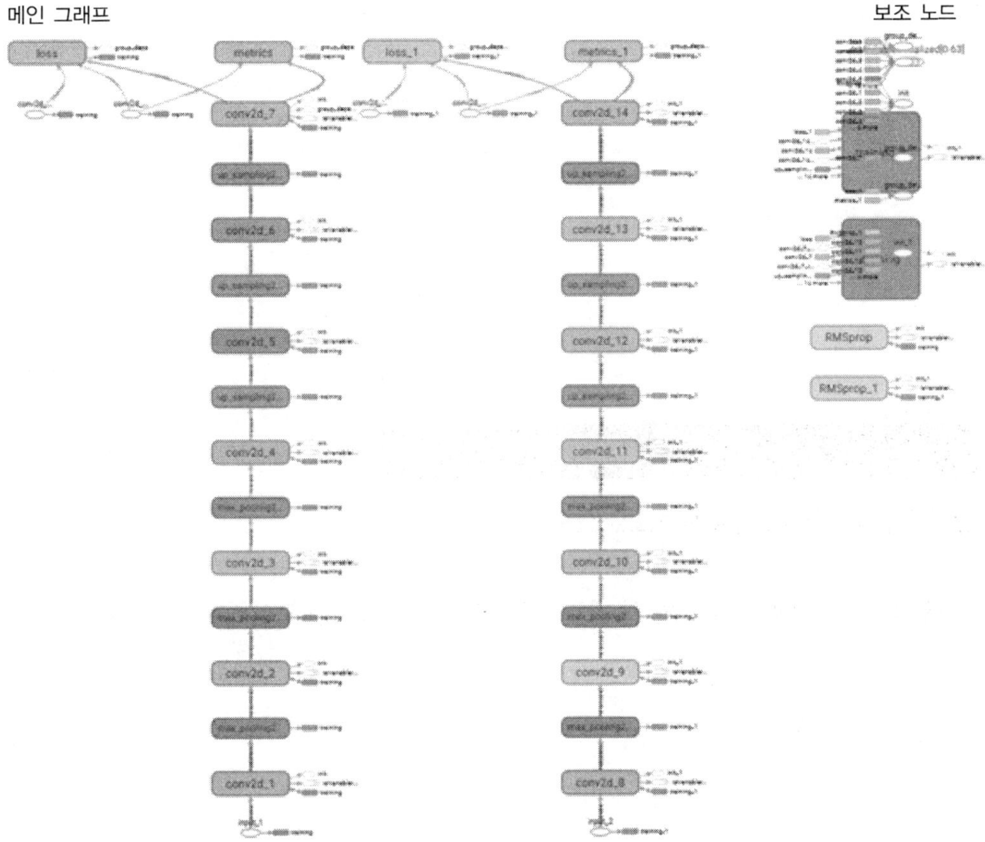

그림 4-53. 텐서 보드에서 보여지는 모델 그래프

그림 4-54는 훈련 과정 동안 각 에포크에서의 정확도 그래프를 보여줍니다.

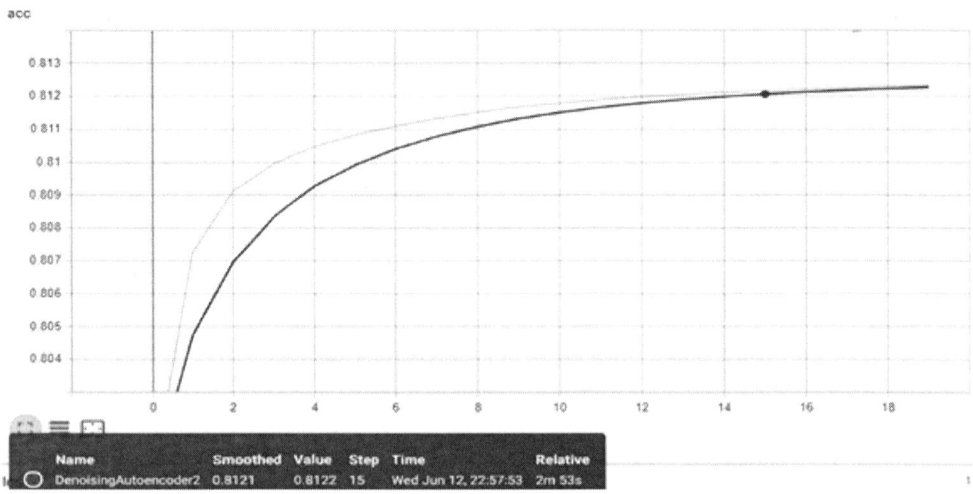

그림 4-54. 텐서 보드에 출력된 정확도 그래프

그림 4-55는 훈련 과정 동안 각 에포크에서의 손실 그래프를 보여줍니다.

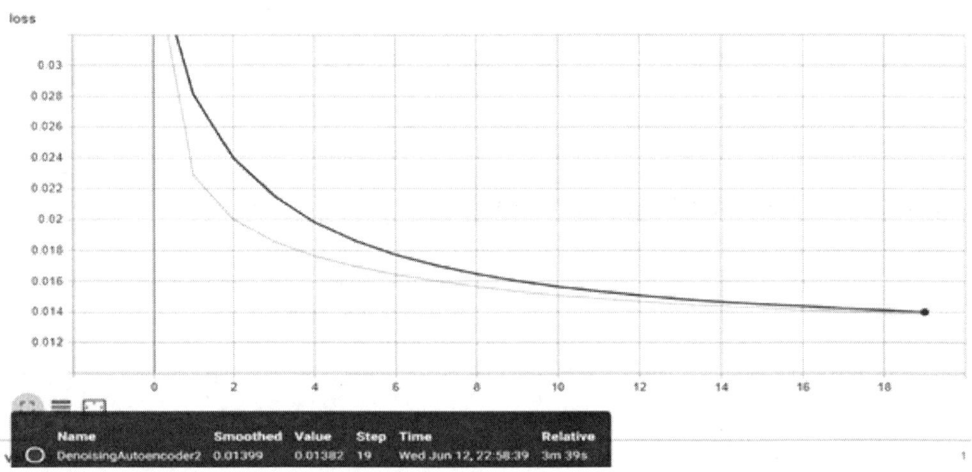

그림 4-55. 텐서 보드에 출력된 손실 그래프

그림 4-56은 훈련 과정 동안 각 에포크에서의 검증 정확도 그래프를 보여줍니다.

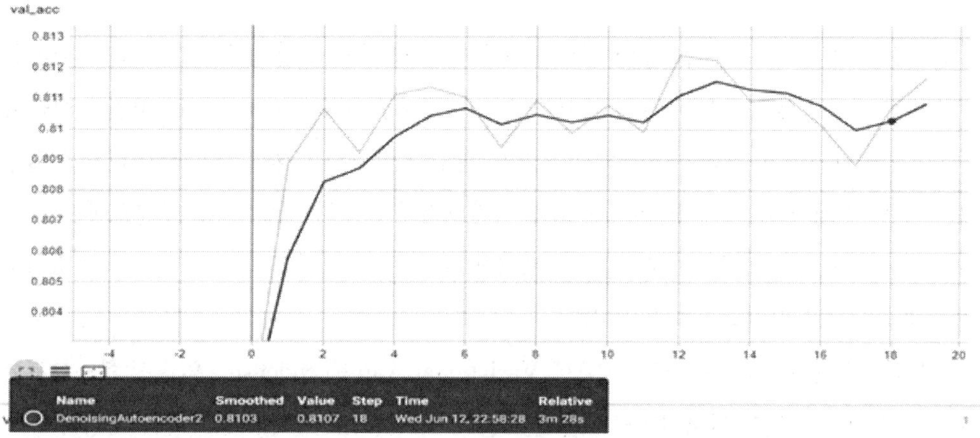

그림 4-56. 텐서 보드에 출력된 검증 정확도 그래프

그림 4-57은 훈련 과정 동안 각 에포크에서의 검증 손실 그래프를 보여줍니다.

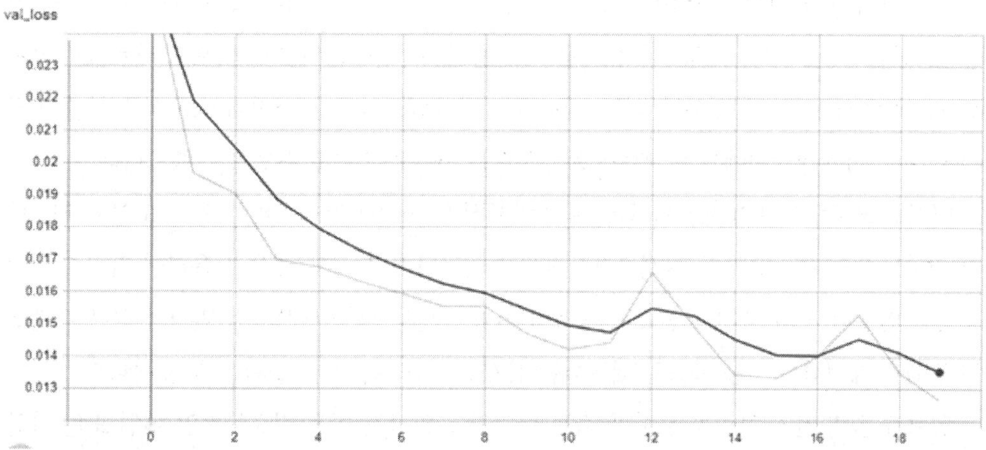

그림 4-57. 텐서 보드에 출력된 검증 손실 그래프

변이형 오토인코더

변이형 오토인코더는 학습 중인 인코딩 표현에 추가 제약 조건이 있는 오토인코더의 한 유형입니다. 보다 정확하게는 입력 데이터에 대한 잠재변수(latent variable) 모델을 학습하는 오토인코더입니다. 따라서 신경망이 임의의 함수를 학습하게 하는 대신 데이터를 모델링하는 확률분포(probability distribution)의 파라미터를 학습하게 됩니다. 이 분포에서 포인트를 샘플링하면 새 입력 데이터 샘플을 생성할 수 있습니다. 이것이 바로 변이형 오토인코더가 생성 모델로 간주되는 이유입니다.

기본적으로 변이형 오토인코더(VAE: Variational AutoEncoders)는 알려진 확률분포에서 나온 인코딩이 **실제 이미지에서 나온 인코딩이 아니더라도** 합리적인 출력을 생성하기 위해 디코딩 될 수 있는지 확인하려고 합니다.

많은 실제 사용 사례에서, 우리는 수많은 데이터(이미지일 수도 있고, 오디오일 수도 있고, 텍스트일 수도 있고, 무엇이든 될 수도 있습니다)를 가지고 있지만 처리해야 할 기저 데이터는 실제 데이터보다 차원이 낮을 수도 있기 때문에 많은 머신러닝 모델들은 일종의 차원 축소를 수반합니다. 가장 널리 사용되는 방법 중 하나는 특이값 분해(singular value decomposition) 또는 주성분 분석(component analysis)입니다. 마찬가지로 심층 학습 공간(deep learning space)에서 변이형 오토인코더는 차원을 줄이는 작업을 수행합니다.

변이형 오토인코더의 메커니즘에 대해 자세히 알아보기 전에 일반적인 오토인코더를 다시 살펴보겠습니다. 오토인코더는 기본적으로 인코더 및 디코더 층을 사용하여 입력 데이터 특성을 인코더 층의 잠재 표현으로 축소합니다. 모델을 잘 훈련시켜서 입력과 같은 수준으로 출력을 재현하는 것을 목표로 디코더는 잠재 표현을 확장하여 출력을 생성 합니다.

입력과 출력 간의 불일치는 이상 징후 탐지라고 알려진 어떤 비정상적인 행위 또는 정상적인 것과의 편차(deviation)로 나타낼 수 있습니다. 출력은 더 작은 표현으로 압축되지만 입력보다 차원이 적은데 이를 병목(bottleneck)이라고 합니다. 그리고 우리는 병목으로부터 입력을 재구성하려고 합니다.

이제 일반적인 오토인코더의 기본 개념을 알았기 때문에 변이형 오토인코더를 살펴 보겠습니다. 변이형 오토인코더에서는 입력을 고정 벡터에 매핑하는 대신 분포에 매핑하여 분포를 살펴본 다음 샘플링 된 잠재 벡터를 실제 병목으로 취함으로써 평균 벡터와 표준편차 벡터로 대체한다는 큰 차이가 있습니다. 분명히 이것은 입력으로부터 잠재 벡터를 생성하는 일반적인 오토인코더와는 매우 다릅니다.

먼저, 인코더 네트워크는 입력 샘플 x를 잠재 공간에 있는 두 개의 파라미터인 z_mean과 z_log_sigma로 변환합니다. 그런 다음 z = z_mean + exp(z_log_sigma) * epsilon (엡실론은 랜덤 정규 텐서입니다)을 통해서 데이터를 생성하는 것으로 가정한 잠재 정규 분포(latent normal distribution)에서 유사한 점 z를 무작위로 샘플링 합니다. 여기에서 엡실론은 랜덤 정규 텐서입니다.

마지막으로, 디코더 네트워크는 이러한 잠재 공간 포인트를 원래 입력 데이터에 다시 매핑 합니다. 그림 4−58은 변이형 인코더 신경망을 보여줍니다.

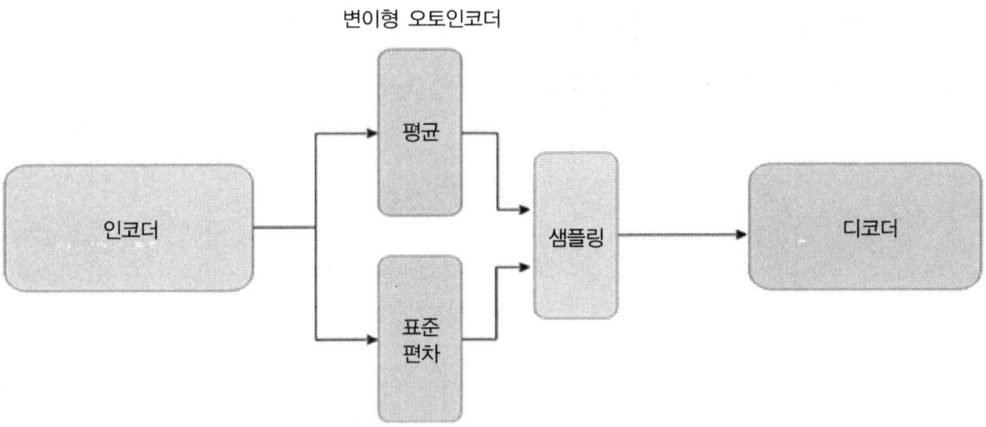

그림 4−58. 변이형 오토인코더 신경망

모델의 파라미터는 두 가지 손실 함수를 통해 훈련됩니다. 이전의 오토인코더와 마찬가지로 디코딩 된 샘플이 초기 입력과 일치하도록 강제하는 재구성 손실(reconstruction loss)과 정규항(regularization term)으로 작용하는 학습된 잠재 분포와 이전 분포 사이의 KL 발산(KL divergence)이 있습니다. 정규항은 제거할 수 있지만, 잘 구성된 잠재 공간을 학습하고 훈련 데이터에 대한 과적합을 줄이는 데 도움이 됩니다.

학습하는 분포는 정규 분포에서 크게 벗어나지 않으므로 잠재 분포가 0의 평균과 1의 표준편차에 비교적 가깝게 만들려고 할 것입니다. 따라서 변이형 오토인코더를 훈련하기 전에 샘플링 문제가 발생할 수 있음을 고려해야 합니다. 평균 벡터와 표준편차에서 분포의 샘플만 추출하기 때문에 역전파를 실현하기가 어렵습니다. 샘플링 중인데, 역전파 단계에서 어떻게 돌아갈까요?

변이형 오토인코더는 첫 번째 논문에서 그래프 모델을 만든 다음 신경망으로 전환하려고 시도했기 때문에 신경망과 그래프 모델이 혼합된 형태입니다. 변이형 오토인코더는 변형 추론(variational inference)에 기반합니다. p와 q라는 서로 다른 두 분포가 있고 p와 q라는 두 분포 간의 차이를 나타내기 위해 KL 발산을 사용할 수 있다고 가정합니다. 그러므로 KL 발산은 p와 q라는 두 분포 사이의 유사성을 측정하는 척도로 사용됩니다.

변이형 오토인코더가 필요한 이유는 일반적인 오토인코더의 경우 병목이 입력에 너무 의존적이고 데이터의 특성에 대한 이해가 없다는 것입니다. 변이형 오토인코더는 분포의 샘플링을 대신 사용하기 때문에 새로운 데이터 유형에 대해 모델이 더 잘 수용할 수 있습니다.

그림 4-59는 주피터 노트북에서 필요한 모든 패키지를 가져오기 위한 기본 코드입니다. 다양한 패키지의 버전에 유의해야 합니다.

```
import keras
from keras import optimizers
from keras import losses
from keras import backend as K
from keras.models import Sequential, Model
from keras.layers import Lambda, Dense, Input, Dropout, Embedding, LSTM
from keras.optimizers import RMSprop, Adam, Nadam
from keras.preprocessing import sequence
from keras.callbacks import TensorBoard
from keras.losses import mse, binary_crossentropy

import sklearn
from sklearn.preprocessing import StandardScaler
from sklearn.model_selection import train_test_split
from sklearn.metrics import confusion_matrix, roc_auc_score
from sklearn.preprocessing import MinMaxScaler

import seaborn as sns
import pandas as pd
import numpy as np
import matplotlib

import matplotlib.pyplot as plt
import matplotlib.gridspec as gridspec
%matplotlib inline

import tensorflow
import sys
print("Python: ", sys.version)

print("pandas: ", pd.__version__)
print("numpy: ", np.__version__)
print("seaborn: ", sns.__version__)
print("matplotlib: ", matplotlib.__version__)
print("sklearn: ", sklearn.__version__)
print("Keras: ", keras.__version__)
print("Tensorflow: ", tensorflow.__version__)
```

```
Python:  3.7.1 (default, Dec 10 2018, 22:54:23) [MSC v.1915 64 bit (AMD64)]
pandas:  0.24.2
numpy:  1.16.3
seaborn:  0.9.0
matplotlib:  3.0.3
sklearn:  0.20.3
Keras:  2.2.4
Tensorflow:  1.13.1
```

그림 4-59. 주피터 노트북에서 패키지 가져오기

그림 4−60은 오차 행렬, 이상 징후 차트 및 훈련 중 오차(예측과 실제의 차이) 차트를 통해 결과를 시각화하는 코드입니다.

```
class Visualization:
    labels = ["Normal", "Anomaly"]

    def draw_confusion_matrix(self, y, ypred):
        matrix = confusion_matrix(y, ypred)

        plt.figure(figsize=(10, 8))
        colors=[ "orange","green"]
        sns.heatmap(matrix, xticklabels=self.labels, yticklabels=self.labels, cmap=colors, annot=True, fmt="d")
        plt.title("Confusion Matrix")
        plt.ylabel('Actual')
        plt.xlabel('Predicted')
        plt.show()


    def draw_anomaly(self, y, error, threshold):
        groupsDF = pd.DataFrame({'error': error,
                                 'true': y}).groupby('true')

        figure, axes = plt.subplots(figsize=(12, 8))

        for name, group in groupsDF:
            axes.plot(group.index, group.error, marker='x' if name == 1 else 'o', linestyle='',
                    color='r' if name == 1 else 'g', label="Anomaly" if name == 1 else "Normal")

        axes.hlines(threshold, axes.get_xlim()[0], axes.get_xlim()[1], colors="b", zorder=100, label='Threshold')
        axes.legend()

        plt.title("Anomalies")
        plt.ylabel("Error")
        plt.xlabel("Data")
        plt.show()

    def draw_error(self, error, threshold):
            plt.plot(error, marker='o', ms=3.5, linestyle='',
                     label='Point')

            plt.hlines(threshold, xmin=0, xmax=len(error)-1, colors="b", zorder=100, label='Threshold')
            plt.legend()
            plt.title("Reconstruction error")
            plt.ylabel("Error")
            plt.xlabel("Data")
            plt.show()
```

그림 4-60. 결과를 시각화하는 코드

여러분은 신용카드 데이터 세트의 예를 사용하여 거래가 정상이거나 예상된 것인지 아니면 비정상이거나 이상 징후인지를 탐지할 수 있습니다. 그림 4-6은 판다스 데이터 프레임에 로드되는 데이터를 보여줍니다.

```
filePath = './creditcardanomalydetection.csv'
df = pd.read_csv(filepath_or_buffer=filePath, header=0, sep=',')
print(df.shape[0])
df.head()
```

284807

	Time	V1	V2	V3	V4	V5	V6	V7	V8	V9	...	V21	V22	V23	V24	V2
0	0.0	-1.359807	-0.072781	2.536347	1.378155	-0.338321	0.462388	0.239599	0.098698	0.363787	...	-0.018307	0.277838	-0.110474	0.066928	0.12853
1	0.0	1.191857	0.266151	0.166480	0.448154	0.060018	-0.082361	-0.078803	0.085102	-0.255425	...	-0.225775	-0.638672	0.101288	-0.339846	0.16717
2	1.0	-1.358354	-1.340163	1.773209	0.379780	-0.503198	1.800499	0.791461	0.247676	-1.514654	...	0.247998	0.771679	0.909412	-0.689281	-0.32764
3	1.0	-0.966272	-0.185226	1.792993	-0.863291	-0.010309	1.247203	0.237609	0.377436	-1.387024	...	-0.108300	0.005274	-0.190321	-1.175575	0.64737
4	2.0	-1.158233	0.877737	1.548718	0.403034	-0.407193	0.095921	0.592941	-0.270533	0.817739	...	-0.009431	0.798278	-0.137458	0.141267	-0.20601

5 rows × 31 columns

그림 4-61. 판다스를 사용하여 데이터 세트를 불러오는 코드

정상 기록 2만 개와 비정상 기록 400개를 수집합니다. 다른 비율을 선택하여 시도할 수 있지만, 일반적으로 오토인코더에 정상 데이터의 모습을 알려 주고 싶기 때문에 정상 데이터가 더 많은 것이 좋습니다. 훈련 중에 비정상적인 데이터가 너무 많으면 이상 징후를 정상이라고 학습하도록 오토인코더를 훈련시키기 때문에 목표에 어긋나게 됩니다. 그림 4-7은 데이터 프레임을 샘플링하여 대부분을 정상 데이터로 선택하는 것을 보여줍니다.

```
df['Amount'] = StandardScaler().fit_transform(df['Amount'].values.reshape(-1, 1))
df0 = df.query('Class == 0').sample(20000)
df1 = df.query('Class == 1').sample(400)
df = pd.concat([df0, df1])
```

그림 4-62. 일부 비정상 데이터를 포함하지만 대부분을정상 데이터로 선택하는 코드

데이터 프레임을 훈련 및 시험 데이터 세트(80 대 20으로)로 분할합니다. 그림 4-63은 훈련용과 시험용으로 데이터를 분할하기 위한 코드입니다.

```
x_train, x_test, y_train, y_test = train_test_split(df.drop(labels=['Time', 'Class'], axis = 1) ,
                                                    df['Class'], test_size=0.2, random_state=42)
print(x_train.shape, 'train samples')
print(x_test.shape, 'test samples')
```

```
(16320, 29) train samples
(4080, 29) test samples
```

그림 4-63. 데이터를 훈련 및 시험 세트로 분할하는 코드

지금까지 본 기본적인 오토인코더와 변이형 오토인코더의 가장 큰 차이점은 입력을 그대로 가져가는 것이 아니라 입력 데이터의 분포를 취해서 분포를 샘플링한다는 것입니다. 그림 4-64는 이러한 샘플링 전략을 구현하는 코드입니다.

```
# reparameterization trick
# instead of sampling from Q(z|X), sample epsilon = N(0,I)
# z = z_mean + sqrt(var) * epsilon
def sampling(args):
    """Reparameterization trick by sampling from an isotropic unit Gaussian.
    # Arguments
        args (tensor): mean and log of variance of Q(z|X)
    # Returns
        z (tensor): sampled latent vector
    """

    z_mean, z_log_var = args
    batch = K.shape(z_mean)[0]
    dim = K.int_shape(z_mean)[1]
    # by default, random_normal has mean = 0 and std = 1.0
    epsilon = K.random_normal(shape=(batch, dim))
    return z_mean + K.exp(0.5 * z_log_var) * epsilon
```

그림 4-64. 분포를 샘플링하는 코드

이제 인코더와 디코더 단계를 가진 간단한 신경망 모델을 만들 차례입니다. 입력된 신용카드 데이터 세트의 29개 열을 인코더를 사용하여 12개의 특성으로 인코딩합니다. 인코더는 특수 분포 샘플링 로직을 사용하여 두 개의 병렬 층을 생성한 다음 샘플링 출력을 층 개체로 래핑합니다.

디코더 단계는 이 잠재 벡터를 사용하여 입력을 재구성합니다. 이렇게 하는 동안 재구성 오차를 최소화하기 위해 재구성 오차도 측정합니다. 그림 4-65는 신경망을 생성하기 위한 코드입니다.

```
original_dim  = x_train.shape[1]

print(original_dim)

input_shape = (original_dim,)
intermediate_dim = 12
batch_size = 32
latent_dim = 2
epochs = 20

# VAE model = encoder + decoder
# build encoder model
inputs = Input(shape=input_shape, name='encoder_input')
x = Dense(intermediate_dim, activation='relu')(inputs)
z_mean = Dense(latent_dim, name='z_mean')(x)
z_log_var = Dense(latent_dim, name='z_log_var')(x)

# use reparameterization trick to push the sampling out as input
# note that "output_shape" isn't necessary with the TensorFlow backend
z = Lambda(sampling, output_shape=(latent_dim,), name='z')([z_mean, z_log_var])

# instantiate encoder model
encoder = Model(inputs, [z_mean, z_log_var, z], name='encoder')
encoder.summary()

# build decoder model
latent_inputs = Input(shape=(latent_dim,), name='z_sampling')
x = Dense(intermediate_dim, activation='relu')(latent_inputs)
outputs = Dense(original_dim, activation='sigmoid')(x)

# instantiate decoder model
decoder = Model(latent_inputs, outputs, name='decoder')
decoder.summary()

# instantiate VAE model
outputs = decoder(encoder(inputs)[2])
vae = Model(inputs, outputs, name='vae_mlp')


# VAE loss = mse_loss or xent_loss + kl_loss
reconstruction_loss = mse(inputs, outputs)

reconstruction_loss *= original_dim
kl_loss = 1 + z_log_var - K.square(z_mean) - K.exp(z_log_var)
kl_loss = K.sum(kl_loss, axis=-1)
kl_loss *= -0.5
vae_loss = K.mean(reconstruction_loss + kl_loss)
vae.add_loss(vae_loss)
```

그림 4-65. 신경망을 생성하기 위한 코드

그림 4−66은 신경망의 구조를 요약해서 보여줍니다.

```
29
________________________________________________________________________________________________
Layer (type)                    Output Shape         Param #     Connected to
================================================================================================
encoder_input (InputLayer)      (None, 29)           0
________________________________________________________________________________________________
dense_15 (Dense)                (None, 12)           360         encoder_input[0][0]
________________________________________________________________________________________________
z_mean (Dense)                  (None, 2)            26          dense_15[0][0]
________________________________________________________________________________________________
z_log_var (Dense)               (None, 2)            26          dense_15[0][0]
________________________________________________________________________________________________
z (Lambda)                      (None, 2)            0           z_mean[0][0]
                                                                 z_log_var[0][0]
================================================================================================
Total params: 412
Trainable params: 412
Non-trainable params: 0
________________________________________________________________________________________________
_________________________________________________________________
Layer (type)                 Output Shape              Param #
=================================================================
z_sampling (InputLayer)      (None, 2)                 0
_________________________________________________________________
dense_16 (Dense)             (None, 12)                36
_________________________________________________________________
dense_17 (Dense)             (None, 29)                377
=================================================================
Total params: 413
Trainable params: 413
Non-trainable params: 0
_________________________________________________________________
```

그림 4−66. 요약해서 출력된 신경망의 구조

옵티마이저로 아담(Adam)과 손실 함수로 평균 제곱 오차(mean squared error)를 사용하여 모델을 컴파일 합니다. 아담은 훈련 데이터를 기반으로 네트워크 가중치를 반복적으로 업데이트하기 위해 고전적인 확률적 경사 하강법(stochastic gradient descent) 대신 사용할 수 있는 최적화 알고리즘입니다. 그림 4−67은 모델을 컴파일하기 위한 코드입니다.

```
vae.compile(optimizer='adam',
            loss='mean_squared_error',
            metrics=['accuracy'])
vae.summary()
```

```
_________________________________________________________________
Layer (type)                 Output Shape              Param #
=================================================================
encoder_input (InputLayer)   (None, 29)                0
_________________________________________________________________
encoder (Model)              [(None, 2), (None, 2), (N 412
_________________________________________________________________
decoder (Model)              (None, 29)                413
=================================================================
Total params: 825
Trainable params: 825
Non-trainable params: 0
_________________________________________________________________
```

그림 4−67. 모델을 컴파일하기 위한 코드

이제 훈련 데이터 세트를 사용하여 모델 훈련을 시작하고 모든 단계에서 모델을 검증할 수 있습니다. 배치 크기를 32로 하고 에포크 수는 20으로 설정합니다. 훈련 과정의 각 에포크에서 손실 및 정확도와 검증 손실 및 검증 정확도를 출력합니다. 그림 4-68은 모델을 훈련시키기 위한 코드입니다.

```
history = vae.fit(x_train, x_train,
                  batch_size=batch_size,
                  epochs=epochs,
                  verbose=1,
                  shuffle=True,
                  validation_data=(x_test, x_test),
                  callbacks=[TensorBoard(log_dir='../logs/variationalautoencoder1')])
```

```
WARNING:tensorflow:From C:\ProgramData\Anaconda3\lib\site-packages\tensorflow\python\ops\math_ops.py:3066: to_int32 (from tenso
rflow.python.ops.math_ops) is deprecated and will be removed in a future version.
Instructions for updating:
Use tf.cast instead.
Train on 16320 samples, validate on 4080 samples
Epoch 1/20
16320/16320 [==============================] - 3s 199us/step - loss: 50.2655 - acc: 0.1897 - val_loss: 49.6724 - val_acc: 0.229
7
Epoch 2/20
16320/16320 [==============================] - 3s 164us/step - loss: 46.3044 - acc: 0.2365 - val_loss: 48.8029 - val_acc: 0.247
3
Epoch 3/20
16320/16320 [==============================] - 3s 164us/step - loss: 45.8263 - acc: 0.2431 - val_loss: 48.5003 - val_acc: 0.242
6
Epoch 4/20
16320/16320 [==============================] - 3s 163us/step - loss: 45.6072 - acc: 0.2461 - val_loss: 48.3459 - val_acc: 0.243
9
Epoch 5/20
16320/16320 [==============================] - 3s 160us/step - loss: 45.4739 - acc: 0.2563 - val_loss: 48.2021 - val_acc: 0.255
1
Epoch 6/20
16320/16320 [==============================] - 3s 159us/step - loss: 45.3394 - acc: 0.2622 - val_loss: 48.0794 - val_acc: 0.254
9
Epoch 7/20
16320/16320 [==============================] - 3s 161us/step - loss: 45.2370 - acc: 0.2640 - val_loss: 47.9675 - val_acc: 0.263
2
Epoch 8/20
16320/16320 [==============================] - 3s 157us/step - loss: 45.1393 - acc: 0.2729 - val_loss: 47.9229 - val_acc: 0.271
1
Epoch 9/20
16320/16320 [==============================] - 3s 169us/step - loss: 45.0666 - acc: 0.2786 - val_loss: 47.8419 - val_acc: 0.280
1
Epoch 10/20
16320/16320 [==============================] - 3s 200us/step - loss: 44.9606 - acc: 0.2880 - val_loss: 47.6565 - val_acc: 0.287
0
Epoch 11/20
16320/16320 [==============================] - 3s 172us/step - loss: 44.8787 - acc: 0.2947 - val_loss: 47.5955 - val_acc: 0.294
4
Epoch 12/20
16320/16320 [==============================] - 3s 175us/step - loss: 44.8350 - acc: 0.3053 - val_loss: 47.5993 - val_acc: 0.289
7
Epoch 13/20
16320/16320 [==============================] - 3s 203us/step - loss: 44.7879 - acc: 0.3100 - val_loss: 47.5176 - val_acc: 0.301
5
Epoch 14/20
16320/16320 [==============================] - 3s 174us/step - loss: 44.7441 - acc: 0.3119 - val_loss: 47.4447 - val_acc: 0.326
0
Epoch 15/20
16320/16320 [==============================] - 3s 175us/step - loss: 44.7091 - acc: 0.3257 - val_loss: 47.4417 - val_acc: 0.323
0
Epoch 16/20
16320/16320 [==============================] - 3s 177us/step - loss: 44.6967 - acc: 0.3345 - val_loss: 47.3702 - val_acc: 0.329
4
```

그림 4-68. 모델을 훈련 시키기 위한 코드

이제 훈련 과정이 완료되었으니, 모델의 손실과 정확도에 대해 평가해 보겠습니다. 그림 4−69는 정확도가 0.23임을 보여줍니다.

```
score = vae.evaluate(x_test, x_test, verbose=1)
print('Test loss:', score[0])
print('Test accuracy:', score[1])
```

```
4080/4080 [==============================] - 0s 60us/step
Test loss: 48.38297452739641
Test accuracy: 0.23529411764705882
```

그림 4-69. 모델을 평가하기 위한 코드

다음 단계에서는 오차를 계산하여 이상 징후플 탐지하고 오차를 표시합니다. 임계값은 10으로 설정합니다. 그림 4−70은 임계값을 기반으로 이상 징후를 예측하는 코드입니다.

```
threshold=10.00
y_pred = vae.predict(x_test)
y_dist = np.linalg.norm(x_test - y_pred, axis=-1)
z = zip(y_dist >= threshold, y_dist)
y_label=[]
error = []
for idx, (is_anomaly, y_dist) in enumerate(z):
    if is_anomaly:
        y_label.append(1)
    else:
        y_label.append(0)
    error.append(y_dist)
```

그림 4-70. 임계값을 기준으로 이상 징후를 예측하는 코드

AUC(0.0~1.0의 곡선 아래 면적)를 계산합니다. 매우 높은 0.93으로 표시됩니다. 그림 4−71은 AUC를 계산하는 코드입니다.

```
roc_auc_score(y_test, y_label)
```

```
0.9345736547003569
```

그림 4-71. AUC를 계산하는 코드

이제 오차 행렬을 시각화하여 모델이 얼마나 잘 처리했는지 확인할 수 있습니다. 그림 4−72는 오차 행렬을 표시하는 코드입니다.

```
viz = Visualization()

viz.draw_confusion_matrix(y_test, y_label)
```

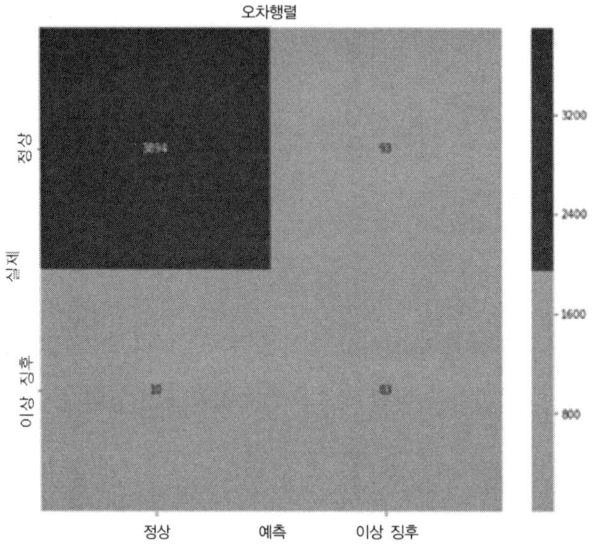

그림 4-72. 오차 행렬을 보여주는 코드

레이블(정상 또는 이상 징후)의 예측을 사용하여 정상 데이터 포인트와 비교하여 이상 징후를 표시할 수 있습니다. 그림 4-73은 임계값과 관련된 이상 징후를 보여줍니다.

```
viz.draw_anomaly(y_test, error, threshold)
```

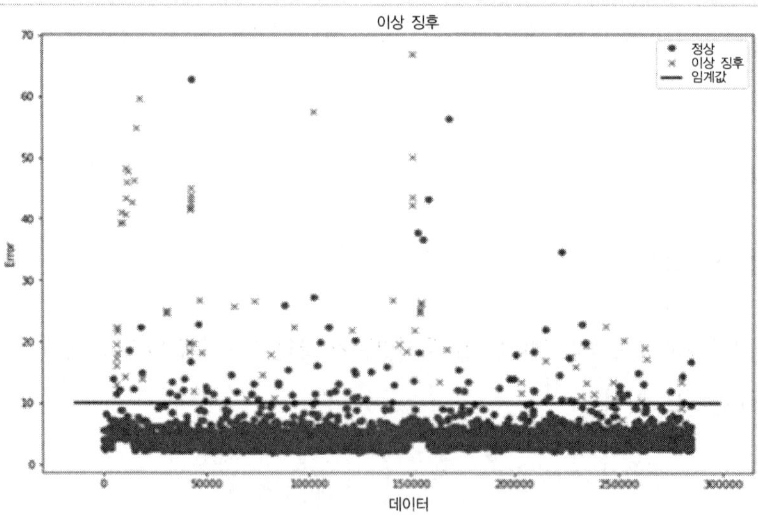

그림 4-73. 임계값과 관련된 이상 징후

그림 4-74는 텐서 보드에 의해 시각화 된 모델의 그래프를 보여줍니다.

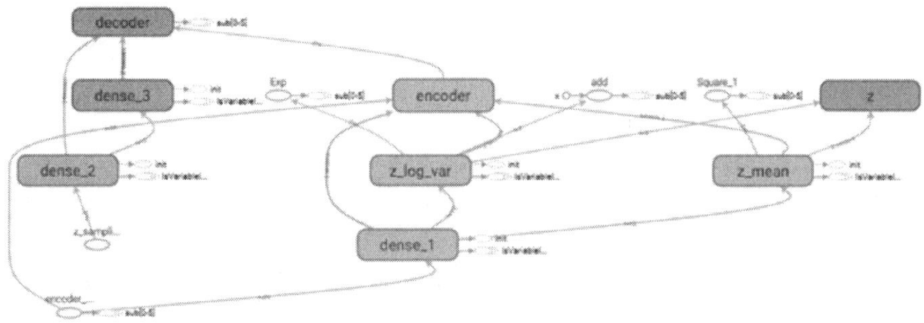

그림 4-74. 텐서 보드에 보여지는 모델 그래프

그림 4-75는 텐서 보드에 의해 시각화 된 모델의 그래프를 보여줍니다.

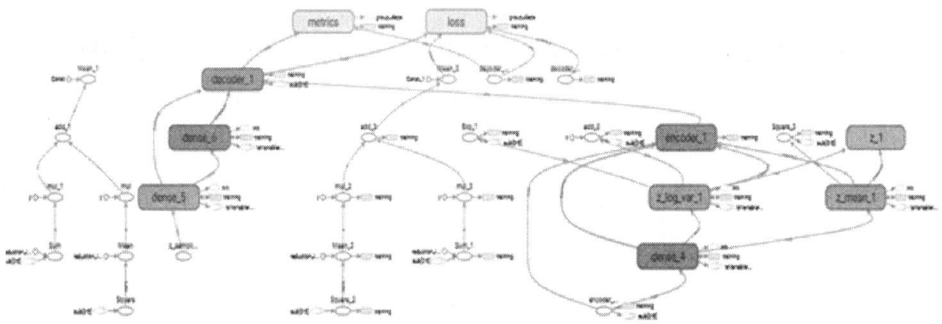

그림 4-75. 텐서 보드에 보여지는 모델 그래프

그림 4-76은 훈련 과정 동안 각 에포크에서의 정확도 그래프를 보여줍니다.

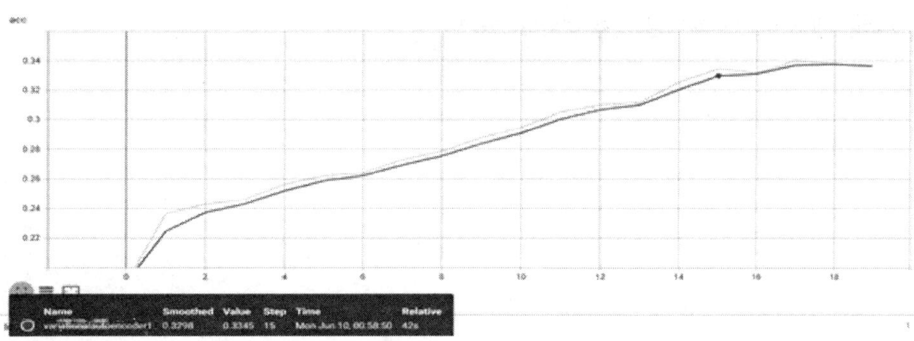

그림 4-76. 텐서 보드에 출력된 정확도 그래프

그림 4-77은 훈련 과정 동안 각 에포크에서의 손실 그래프를 보여줍니다.

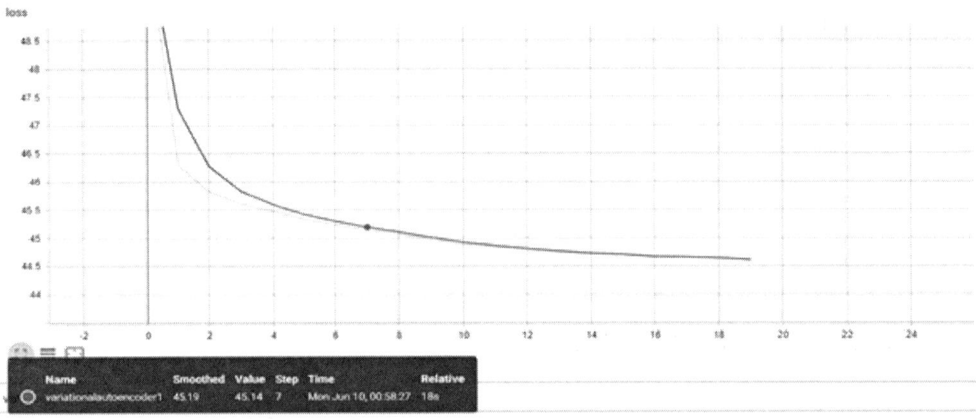

그림 4-77. 텐서 보드에 출력된 손실 그래프

그림 4-78은 훈련 과정 동안 각 에포크에서의 검증 정확도 그래프를 보여줍니다.

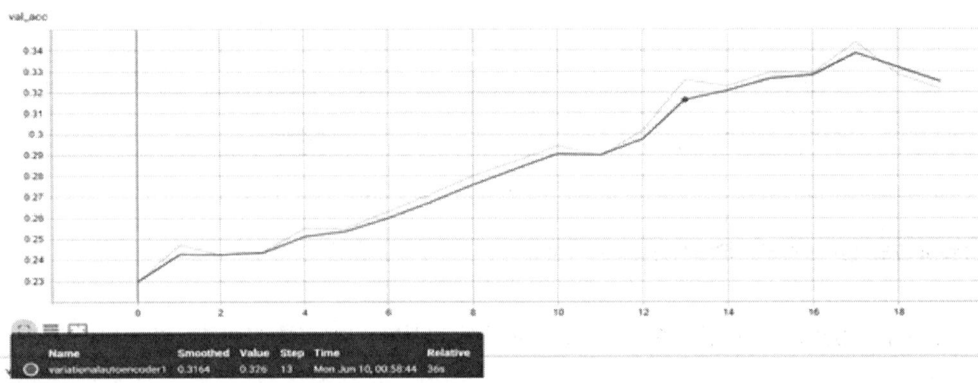

그림 4-78. 텐서 보드에 출력된 검증 정확도 그래프

그림 4-79는 훈련 과정 동안 각 에포크에서의 검증 손실 그래프를 보여줍니다.

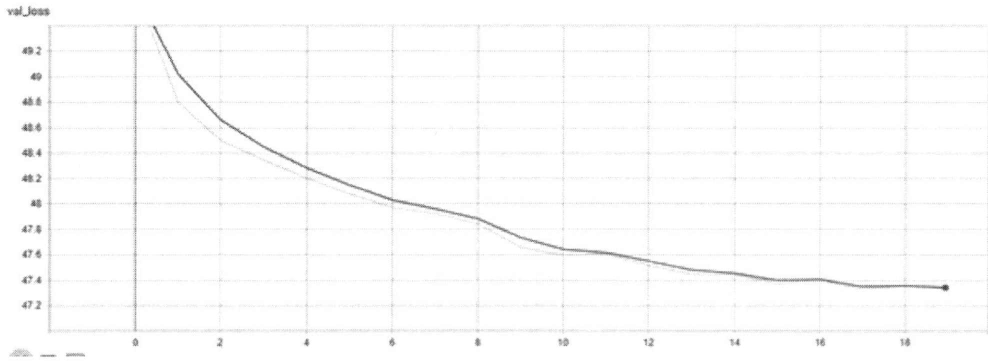

그림 4-79. 텐서 보드에 출력된 검증 손실 그래프

요약

이 장에서는 오토인코더와 오토인코더의 종류, 그리고 어떻게 오토인코더가 이상 징후탐지 엔진을 만드는 데 사용될 수 있는지 설명했습니다. 또한 단순 오토인코더와 희소 오토인코더, 심층 오토인코더, 합성곱 오토인코더를 구현하는 방법과 이상 징후를 감지하기 위한 수단으로 변이형 오토인코더를 살펴보았습니다.

다음 장에서는 이상 징후를 탐지하는 또 다른 방법인 **볼츠만 머신**(Boltzmann machine)에 대해서 살펴보겠습니다.

CHAPTER

05

볼츠만 머신(Boltzmann Machine)

이 장에서는 볼츠만 머신과 제한된 볼츠만 머신(Restricted Boltzmann Machine)을 사용하여 이상 징후 탐지하는 방법에 대해서 알아보겠습니다.

간단히 말해서, 이 장 전체에서 다음 주제를 다룹니다.

- 볼츠만 머신이란 무엇입니까?
- 제한된 볼츠만 머신(RBM)
- 제한된 볼츠만 머신(RBM)애플리케이션

볼츠만 머신이란 무엇인가?

볼츠만 머신은 은닉 노드와 입력 노드만으로 구성된 특수한 형태의 양방향 신경망으로 데이터 세트의 확률분포를 학습하도록 설계 되었습니다. 볼츠만 머신을 특별하게 만드는 것은 모든 노드가 서로 연결되어 있다는 것인데, 이는 은닉층의 뉴런들도 서로 연결되어 있다는 것을 의미합니다. 또한 볼츠만 머신은 고정된 가중치가 있으며, 노드는 작동 여부에 대해 **확률적인** 결정을 내립니다.

모델을 더 잘 이해하기 위해 그림 5-1의 예를 살펴보겠습니다.

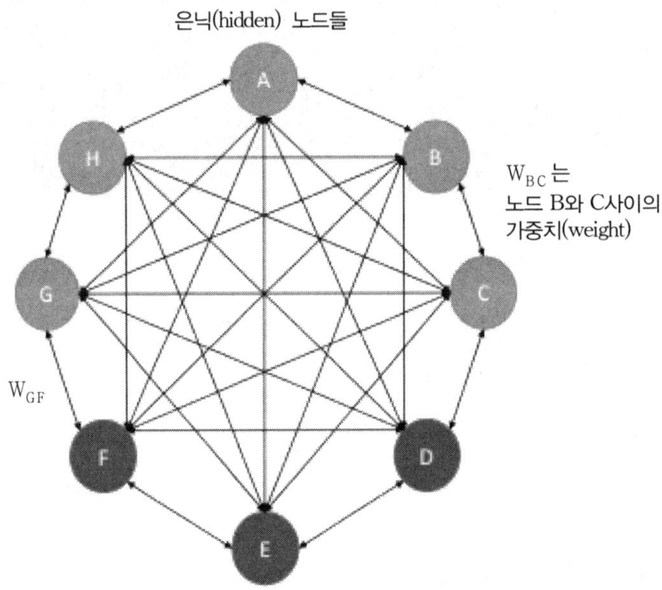

그림 5-1. 볼츠만 머신을 구성하는 방법을 보여 주는 그래프. 모든 노드가 동일한 층에 있더라도 서로 연결되어 있음

가시 노드와 은닉 노드는 구별되지만, 볼츠만 머신에서는 중요하지 않습니다. 이 모델에서는 모든 노드가 다른 모든 노드와 통신하며, 모델 전체가 **생성 네트워크**를 만드는 시스템으로 동작합니다. 즉, 데이터 세트를 통해서 학습한 내용을 기반으로 자체 데이터를 생성할 수 있다는 것을 의미합니다. 볼츠만 머신에서 가시 노드는 우리가 상호작용 할 수 있지만 은닉 노드와는 상호작용할 수 없습니다. 한 가지 더 특별한 점은 훈련 과정이 없다는 것입니다.

노드는 데이터 세트를 자체적으로 최대한 모델링 하는 법을 배우기 때문에 볼츠만 머신을 **비지도** 딥러닝 모델로 만듭니다.

하지만, 볼츠만 머신은 그렇게 실용적이지는 않습니다. 네트워크 크기가 커지면 문제가 발생합니다. **제한된 볼츠만 머신(RBM), 심층 볼츠만 머신(DBM), 심층 신뢰망(DBN)**와 같은 볼츠만 머신의 특정 파생 모델은 케라스, 텐서플로, 파이토치 같은 주요 프레임워크의 지원은 없지만 훨씬 더 적합하고 실용적입니다. 그들은 새로운 딥러닝 모델에 가려져 있음에도 불구하고 오늘날에도 여전히 새로운 용도로 사용되고 있습니다. 우리는 RBM을 이상 징후 탐지에 적용하는 방법을 살펴 볼 것입니다. 볼츠만 머신의 파생 모델 3개 중에서 가장 쉽게 구현할 수 있고 여전히 고급 수준인 수학을 고려할 때 작업하기가 더 간단하기 때문입니다.

제한된 볼츠만 머신(RBM)

RBM은 비지도 방식의 확률적이고 생성적인 딥러닝 모델이라는 점에서 볼츠만 머신과 유사합니다. 하지만 중요한 차이점이 있는데, RBM은 입력 층과 은닉 층이라는 두 개의 층으로만 구성됩니다. 구조는 여러분이 3장에서 살펴본 인공 신경망 모델과 유사하며 RBM 층은 인공신경망의 처음 두 층처럼 보입니다. 우리는 그 층에 어떤 노드도 상호 연결되지 않는다는 제한을 두기 때문에 그 모델은 **제한된** 볼츠만 머신이라고 불립니다. 구체적으로는 각 노드가 이진 값을 출력하기 때문에 **불리언(Boolean)/베르누이(Bernouli)** RBM을 다루고 있습니다. 그림 5-2는 RBM을 보여줍니다.

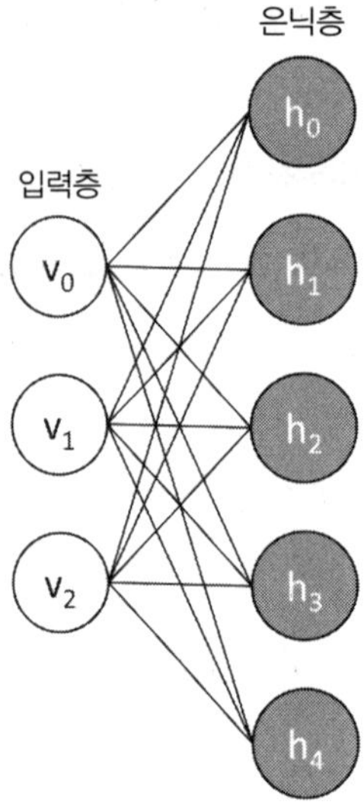

그림 5-2. 시각적으로 나타낸 기본적인 제한된 볼츠만 머신

편향(bias)을 포함하도록 이 모델을 확장할 수 있습니다(그림 5-3 참조).

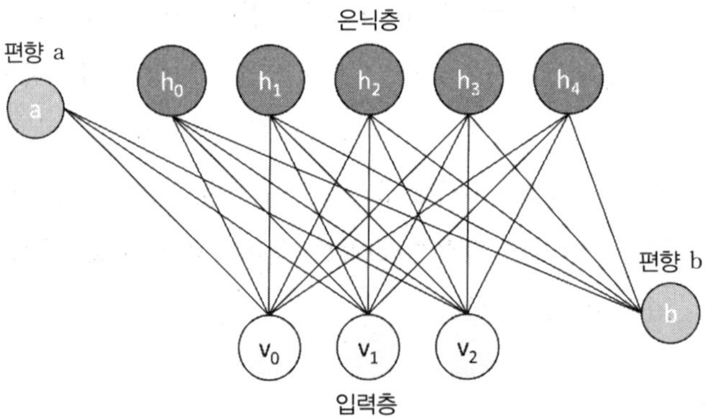

그림 5-3. 두 층 각각에 서로 다른 편향을 갖는 제한된 볼츠만 머신의 시각적 표현

편향 a는 입력 층의 모든 출력에 추가되고 편향 b는 은닉 층의 출력에 추가됩니다. 여기서 우리는 RBM이 최소화하려고 하는 **에너지 함수(energy function)**를 정의할 수 있습니다. **에너지 함수**는 그림 5-4에 나와 있습니다.

$$E(v,h) = -\sum_i a_i v_i - \sum_j b_j h_j - \sum_{i,j} v_i h_j w_{ij}$$

그림 5-4. 제한된 볼츠만 머신의 에너지 함수를 정의하는 공식

첫 번째 합산 항은 편향 a와 가시 층 v사이의 요소 별 곱셈이며, 여기서 각각의 항 a_i는 각각의 항 v_i와 곱해집니다. 두 번째 합산 항은 편향 b와 은닉층 h 사이의 요소 별 곱셈이라는 점을 제외하고는 동일한 로직입니다. 마지막 합산 항은 각각의 가시 노드(v_i)와 은닉 노드(h_j) 및 그 연결에 대한 가중치(w_{ij})를 곱합니다.

합산은 기본적으로 두 벡터 사이의 요소 별 곱셈이며, 하나는 **전치**(transposed)되므로 1xn(1열 n 행)이고 다른 하나는 nx1(n열 1행)입니다. 벡터 또는 행렬이 **전치**되면 벡터/행렬의 차원이 바뀌고 값이 다시 정렬됩니다. 벡터에서는 행/열의 동일한 값이 이제 열/행에 있지만, 행렬의 경우는 좀 더 복잡합니다. 벡터 또는 행렬을 변환하는 개념을 잘 이해하기 위해서 그림 5-5, 그림 5-6 및 그림 5-7을 보도록 하겠습니다.

벡터(Vector) vs 전치 벡터(Transposed Vector) (그림 5-5)

$$A = \begin{bmatrix} 1 \\ 5 \\ 4 \\ 2 \end{bmatrix} \qquad A^T = \begin{bmatrix} 1 & 5 & 4 & 2 \end{bmatrix}$$

그림 5-5. 원래 벡터 vs 전치된 버전

정방 행렬(Square Matrix) vs 전치 정방 행렬(Transposed Square Matrix) (그림 5-6)

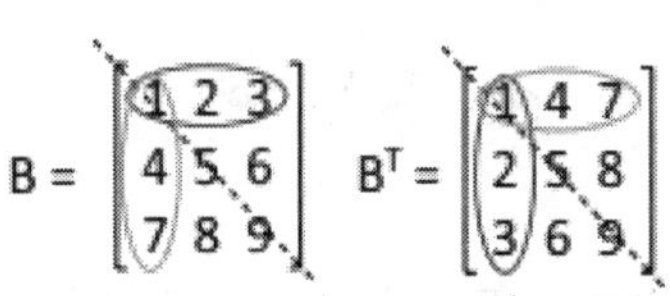

그림 5-6. 원래의 행렬 대 전치된 자기 자신. 항목이 대각선을 따라 뒤집힌 것처럼 보임

행렬(Matrix)(nxm) vs **전치 행렬**(Transposed Matrix)(mxn) (그림 5-7).

$$C = \begin{bmatrix} 1 & 2 \\ 3 & 4 \\ 5 & 6 \end{bmatrix} \quad C^T = \begin{bmatrix} 1 & 3 & 5 \\ 2 & 4 & 6 \end{bmatrix}$$

그림 5-7. 원래 nxm 행렬과 전치된 mxn 자신. 원래 행렬 C의 열은 전치 행렬 C^T의 행

각 벡터의 곱셈을 반영하기 위해 합산을 다시 작성하면 에너지 함수는 그림 5-8의 방정식과 같습니다.

$$E(v,h) = -a^T v - b^T h - v^T Wh$$

그림 5-8. 합산 없이 작성된 에너지 함수의 등가 공식

에너지 함수를 사용하여 네트워크가 특정(v,h)를 출력할 **확률 함수**를 정의할 수 있습니다. v와 h에 대해 자세히 설명하자면, v는 입력 층에 있는 각 노드의 상태를 나타내는 벡터이며, h는 은닉 층에 있는 각 노드의 상태를 나타내는 벡터입니다.

확률 함수(probability function)는 특정(v, h)가 주어진 그림 5-9에 나와 있습니다.

$$p(v,h) = \frac{1}{Z} e^{-E(v,h)}$$

그림 5-9. 가시 층 v와 은닉층 h와 연관된 확률 함수

Z는 그림 5-10과 같이 정의됩니다.

$$Z = \sum_{v,h} e^{-E(v,h)}$$

그림 5-10. Z는 데이터 세트에서 가능한 모든 v와 h에 대해 연산을 수행하므로 확률 함수가 어떻게 형성되는지 확인할 수 있습니다(카드덱에서 모든 하트가 들어갈 확률을 원한다고 할 때 이것은 13/52이며, 13은 전체 하트의 수이고 52는 카드 총수입니다).

Z는 모든 단일 쌍의 입력 및 은닉 층의 상태 벡터(층의 상태를 나타내는 벡터)에 대한 $e^{-E(v,h)}$ 함수의 합입니다. p(v, h)에 전달된 파라미터는 뉴런이 활성화 되는 측면에서 두 층의 특정 구성을 나타내는 벡터로 간주됩니다.

우리는 가능한 모든 쌍의 v, h에 대한 $e^{-E(v,h)}$의 합을 통해서 어떤 v, h에 대한 $e^{-E(v,h)}$를 찾으려고 하기 때문에, 어떻게 확률 함수를 구성하는지 알 수 있습니다.

한 단계 더 나아가서 h 또는 v가 주어지면 확률에 대한 공식을 정의할 수 있습니다(그림 5−11과 그림 5−12를 보도록 하겠습니다).

$$p(h|v) = \frac{p(h,v)}{p(v)} = \prod_{j}^{m} p(h_j, v)$$

그림 5−11. 가시 층이 상태 v에 있을 경우 은닉 층이 상태 h에 있을 확률

$$p(v|h) = \frac{p(h,v)}{p(v)} = \prod_{j}^{n} p(v_i, h)$$

그림 5−12. 가시 층이 상태 h에 있는 경우 은닉 층이 상태 v에 있을 확률

Π은 덧셈 대신 곱셈을 하는 것을 제외하고 Σ와 유사하게 작동합니다. 본질적으로, $p(h|v)$는 존재하는 모든 $p(h_i, v)$의 곱입니다. 여기에서 m은 은닉 노드 수이고 n은 가시 노드 수입니다.

이것은 다소 복잡할 수 있으므로 그림 5−11 및 5−12의 공식은 기본적으로 각 h 또는 v 층 상대에게 주어진 그들의 상태에 있는 v 또는 h의 확률을 찾는 것입니다.

여기서 벡터 v 또는 h가 각각 주어진 특정 노드 v_i 또는 h_j가 활성화될 확률과 관련하여 두 가지 공식을 더 정의할 수 있습니다. (그림 5−13 및 그림 5−14를 보도록 하겠습니다).

$$p(v_i = 1|h) = \sigma(ai + \sum_{j=1}^{m} w_{i,j} h_j)$$

그림 5−13. v_i와 편향이 추가된 모든 은닉 노드 사이의 가중치를 곱한 경우 특정 노드 v_i가 활성화될 확률

$$p(h_j = 1|v) = \sigma(b_j + \sum_{i=1}^{n} w_{i,j} v_i)$$

그림 5-14. h_j와 편향이 추가된 모든 가시 노드 사이의 가중치를 곱한 경우 특정 노드 h_j가 활성화될 확률

σ은 그림 5－15의 공식에 의해 정의되는 시그모이드(sigmoid) 함수를 나타냅니다.

$$\sigma(x) = \frac{1}{1+e^{-x}} = \frac{e^x}{e^x+1}$$

그림 5-15. 시그모이드 함수의 공식

마지막으로 훈련을 위한 입력이 주어진 경우, 그림 5－16의 공식에 의해 주어진 입력의 결합 확률을 최대화하려고 합니다.

$$\arg\max_W \prod_{v \epsilon V} p(v)$$

그림 5-16. 가중치와 관련하여 가능한 모든 가시 노드(입력)의 결합 확률을 최대화

기본적으로, 우리는 가능한 모든 훈련 입력 세트인 V가 주어지면 가능한 모든 v에 대해서 p(v)의 거대한 곱셈 체인을 가지게 될 것입니다. 우리는 그것을 취하고 가중치 W에 대해 그 곱을 최대화하려고 합니다. 따라서 가중치가 합산 확률(가능한 모든 v층의 곱)을 증가 시키기를 원합니다.

또한 로그 확률의 기대 값을 최대화한다는 관점에서 그림 5－17과 같이 다시 쓸 수 있습니다.

$$\arg\max_W E\left[\sum_{v \epsilon V} \log p(v)\right]$$

그림 5-17. 전체 훈련 세트 V의 일부인 v에 대해서 $p(v)$의 로그를 취함. 그런 다음 이러한 항들을 합산하여(로그 규칙을 다시 생각해 보시기 바랍니다) 모든 평균을 찾습니다. 그것이 우리가 가중치 W와 관련하여 최대화하고 싶은 것입니다.

표기법 E [ ]은 **기대 값**을 나타냅니다. 확률적으로 E(X)는 임의의 변수 X의 기대 값이며 **평균**으로 간주할 수 있습니다. 이 경우 로그 확률의 평균을 최대화하려고 합니다. 다시 한 번 V는 모든 훈련 입력의 세트입니다.

공식이 무엇을 의미하는지 설명하기 위해, 로그 규칙을 사용하여 결합 확률 대신 합산으로 작성한 다음 가중치 W에 대한 해당 합의 평균을 최대화 하려고 합니다. 전체 훈련 세트의 모든 입력에 대해 이 기대 값을 계속 최대화하도록 가중치를 조정하려고 합니다.

RBM과 관련된 공식은 더 복잡하고 상세해질 수 있지만, 지금까지 나열된 공식들은 RBM이 무엇인지 그리고 RBM의 작동 방식을 잘 이해하는데 도움이 될 것입니다. RBM의 핵심은 일련의 수식에 따라 작동하는 확률론적 모델입니다. 또한 공식의 목표는 RBM이 V를 나타내는 확률분포를 학습할 수 있도록 돕는 것이며 RBM이 **비지도 학습** 알고리즘인 이유를 설명합니다.

훈련 알고리즘의 경우, **대조 발산**(CD: contrastive divergence)과 **지속적 대조 발산**(PCD: persistent contrastive divergence)의 두 가지 선택이 있습니다. 이러한 알고리즘은 모두 마르코프(Markov) 체인을 사용하여 훈련 알고리즘이 그래디언트 계산을 수행할 방향을 결정하는 데 도움을 주지만, 장단점이 다릅니다. PCD는 더 나은 데이터 샘플을 얻고 입력 공간의 도메인도 더 잘 탐색할 수 있지만, CD는 특성 추출에 더 좋습니다.

일부 RBM은 기본적으로 학습 속도의 증가를 허용하며 목표 함수의 최적화 측면에서 볼이 언덕 아래로 굴러 내려가는 것을 시뮬레이션하는 것으로 생각할 수 있는 **모멘텀**(momentum)이라는 특성을 포함할 수도 있습니다(경사 하강법으로 돌아가서 목표가 지역 최소값에 도달하는 방법을 다시 생각해 봅시다. "볼"이 최소값으로 굴러 감에 따라서 "모멘텀"이 높아지고 점점 더 빠르게 내려갑니다. 목표 지점을 지나치게(overshoot) 되면 반대 방향으로 새로운 모멘텀을 얻을 것이고 최소값까지 더 빨리 도달하도록 유도합니다).

RBM에는 더 복잡한 것이 있지만, 결국 RBM을 사용하여 입력 데이터의 확률분포를 만들 수 있다는 것만 알면 됩니다. 우리는 RBM의 이 속성을 사용하여 특정 샘플의 발생 확률을 확인함으로써 이상 징후를 찾아낼 것입니다.

RBM을 이용한 이상 징후 탐지 - 신용 카드 데이터 세트

이제 RBM의 복잡한 메커니즘에 대해 자세히 알아 보았으므로 RBM을 데이터 세트에 적용하고 성능을 살펴 보겠습니다. 여러분의 애플리케이션은 www.kaggle.com/mlg-ulb/creditcardfraud/version/3에서 확인할 수 있는 신용카드 데이터 세트를 사용합니다.

먼저 모든 패키지를 가져옵니다. 이 애플리케이션의 경우 소스 코드가 상당히 크기 때문에 RBM을 코드에 적용하는 방법만 살펴 보겠습니다.

그러나 https://github.com/aaxwaz/Fraud-detection-using-deep-learning의 GitHub 링크를 통해 소스 코드에 접근할 수 있습니다. rbm이라는 폴더를 다운로드하여 작업 폴더(노트북 파일 또는 파이썬 파일이 있는 곳)에 배치하면 됩니다. 여기에서는 boltzmann_machines라는 폴더에 넣었습니다.

이제 모듈을 가져옵니다(그림 5-18 참조).

```
import pandas as pd
import tensorflow as tf
from sklearn.metrics import roc_auc_score as auc
import matplotlib.pyplot as plt
from sklearn.model_selection import train_test_split
from sklearn.preprocessing import StandardScaler
from boltzmann_machines.rbm import *

%matplotlib inline
```

그림 5-18. 필요한 모듈을 모두 가져옵니다. %matplotlib 인라인은 주피터 노트북 자체에 그래프를 저장합니다.

그런 다음 데이터 세트를 가져오기 위해서 다음코드를 실행합니다. 그림 5-19에서 출력을 확인할 수 있습니다.

```
df = pd.read_csv("datasets/creditcardfraud/creditcard.csv", sep=",",
index_col=None, encoding="utf-8-sig")
```

```
In [62]: 1 df = pd.read_csv("datasets/creditcardfraud/creditcard.csv", sep=",", index_col=None, encoding="utf-8-sig")
         2 df.head(5)
Out[62]:
```

V5	V6	V7	V8	V9	...	V21	V22	V23	V24	V25	V26	V27	V28	Amount	Class
-0.338321	0.462388	0.239599	0.098698	0.363787	...	-0.018307	0.277838	-0.110474	0.066928	0.128539	-0.189115	0.133558	-0.021053	149.62	0
0.060018	-0.082361	-0.078803	0.085102	-0.255425	...	-0.225775	-0.638672	0.101288	-0.339846	0.167170	0.125895	-0.008983	0.014724	2.69	0
-0.503198	1.800499	0.791461	0.247676	-1.514654	...	0.247998	0.771679	0.909412	-0.689281	-0.327642	-0.139097	-0.055353	-0.059752	378.66	0
-0.010309	1.247203	0.237609	0.377436	-1.387024	...	-0.108300	0.005274	-0.190321	-1.175575	0.647376	-0.221929	0.062723	0.061458	123.50	0
-0.407193	0.095921	0.592941	-0.270533	0.817739	...	-0.009431	0.798278	-0.137458	0.141267	-0.206010	0.502292	0.219422	0.215153	69.99	0

그림 5-19. 방금 불러온 데이터 세트를 시각화. 이 이미지는 클래스를 표시하기 위해 오른쪽으로 스크롤 됨

데이터를 보면 Amount 열과 특히 Time 열의 값이 정규화되어야 하는 것으로 보입니다. 시간 값이 얼마나 큰지 살펴봅니다(그림 5-20 참조).

```
In [3]: 1 df.tail()
Out[3]:
```

	Time	V1	V2	V3	V4
284802	172786.0	-11.881118	10.071785	-9.834783	-2.066656
284803	172787.0	-0.732789	-0.055080	2.035030	-0.738589
284804	172788.0	1.919565	-0.301254	-3.249640	-0.557828
284805	172788.0	-0.240440	0.530483	0.702510	0.689799
284806	172792.0	-0.533413	-0.189733	0.703337	-0.506271

5 rows × 31 columns

그림 5-20. 데이터 프레임의 마지막(하위 5개 항목)을 보면 시간 값이 분명히 커집니다. RBM을 훈련시키고 훈련 과정이 순조롭게 제대로 작동 되도록 하려면 이 문제를 해결해야 합니다. 이와 같은 큰 값은 전체 과정을 망칠 수 있으며 심지어 수렴(convergence) 되지 않을 수도 있습니다.

이와 같은 숫자로 인해 훈련 과정이 중단될 수 있으므로 두 열의 값을 표준화(standardize) 해야 합니다. 다른 것은 이미 표준화 된 것으로 보이므로 이 열에 대해서만 표준화하면 됩니다. 그림 5-21의 코드를 실행합니다.

```
df['Amount'] =
StandardScaler().fit_transform(df['Amount'].Values.reshape(-1, 1))

df['Time'] =
StandardScaler().fit_transform(df['Time'].values.reshape(-1, 1))
```

그림 5-21. Amount 및 Time열의 값을 표준화

이제 값이 어떻게 변환되었는지 살펴보도록 하겠습니다(그림 5-22 및 그림 5-23).

```
In [5]:  1  df.head()
```

Out[5]:

V5	V6	V7	V8	V9	...	V21	V22	V23	V24	V25	V26	V27	V28	Amount	Class
338321	0.462388	0.239599	0.098698	0.363787	...	-0.018307	0.277838	-0.110474	0.066928	0.128539	-0.189115	0.133558	-0.021053	0.244964	0
060018	-0.082361	-0.078803	0.085102	-0.255425	...	-0.225775	-0.638672	0.101288	-0.339846	0.167170	0.125895	-0.008983	0.014724	-0.342475	0
503198	1.800499	0.791461	0.247676	-1.514654	...	0.247998	0.771679	0.909412	-0.689281	-0.327642	-0.139097	-0.055353	-0.059752	1.160686	0
010309	1.247203	0.237609	0.377436	-1.387024	...	-0.108300	0.005274	-0.190321	-1.175575	0.647376	-0.221929	0.062723	0.061458	0.140534	0
407193	0.095921	0.592941	-0.270533	0.817739	...	-0.009431	0.798278	-0.137458	0.141267	-0.206010	0.502292	0.219422	0.215153	-0.073403	0

그림 5-22. 표준화되었는지 확인하기 위해서 Amount 열의 값을 확인

```
In [6]:  1  df.tail()
```

Out[6]:

	Time	V1	V2	V3	V4	V5
284802	1.641931	-11.881118	10.071785	-9.834783	-2.066656	-5.364473
284803	1.641952	-0.732789	-0.055080	2.035030	-0.738589	0.868229
284804	1.641974	1.919565	-0.301254	-3.249640	-0.557828	2.630515
284805	1.641974	-0.240440	0.530483	0.702510	0.689799	-0.377961
284806	1.642058	-0.533413	-0.189733	0.703337	-0.506271	-0.012546

5 rows × 31 columns

그림 5-23. 표준화되었는지 확인하기 위해서 Time 열의 값을 확인

멋집니다. 훨씬 좋아 보입니다. 이제 훈련 및 시험 데이터 세트를 정의할 수 있습니다(그림 5-24).

```
x_train = df.iloc[:200000, 1:-2].values
x_train = df.iloc[:200000, -1].values

x_test = df.iloc[:200000, 1:-2].values
x_test = df.iloc[:200000, -1].values

print("Shapes:\nx_train:%s\ny_train:%s\n" %
 (x_train.shape, y_train.shape))
print("x_test:%s\ny_test:%s\n" %
 (x_test.shape, y_test.shape))
```

그림 5-24. RBM 모델에서 입력을 예상하는 방식 때문에 일반적인 과정과 다릅니다.

여러분은 그림 5-25와 같은 결과를 볼 수 있습니다.

```
In [71]:

x_train = df.iloc[:200000, 1:-2].values
y_train = df.iloc[:200000, -1].values

x_test = df.iloc[200000:, 1:-2].values
y_test = df.iloc[200000:,-1].values

print("Shapes:\nx_train:%s\ny_train:%s\n" % (x_train.shape, y_train.shape))
print("x_test:%s\ny_test:%s\n" % (x_test.shape, y_test.shape))

Shapes:
x_train:(200000, 28)
y_train:(200000,)

x_test:(84807, 28)
y_test:(84807,)
```

그림 5-25. 훈련 및 시험 세트의 형태 출력

```
model = RBM(x_train.shape[1], 10, visible_unit_type='gauss',
main_dir='./', model_name='rbm_model.ckpt',
gidds_sampling_steps=4, learning_rate=0.001, momentum = 0.95,
batch_size=512, num_epochs=20, verbose=1)
```

그림 5-26. 파라미터 세트로 모델을 초기화

파라미터는 다음과 같습니다.

- num_visible: 가시 층의 노드 수
- num_hidden: 은닉 층의 노드 수
- visible_unit_type: 가시 단위가 이진 또는 가우스 유형인 경우
- main_dir: 모델과 데이터 및 요약을 위한 폴더를 저장할 기본 폴더
- model_name: 저장할 때 사용할 모델 이름
- gibbs_sampling_steps: (선택사항) 기본값은 1
- learning_rate: (선택사항) 기본값은 0.01이고 학습 속도를 지정
- momentum: 경사 하강법에 사용할 모멘텀 값으로 기본값은 0.9
- l2: l2-가중치 감소. 기본값은 0.001
- batch_size: (선택사항) 기본값은 10
- num_epochs: (선택사항) 기본값은 10

- **stddev:** (선택사항) 기본값은 0.1. visible_unit_type이 gauss가 아닌 경우 무시
- **verbose:** (선택사항) 기본값은 0. 값이 1이면 출력이 표시되고 0이면 표시 안됨
- **plot_training_loss:** 훈련 손실을 표시할지 여부. 기본값은 True

이제 데이터로 모델을 훈련시킬 수 있습니다. 아래 코드를 실행하면 그림 5-27에서와 같은 출력을 볼 수 있습니다.

```
model.fit(x_train, validation_set=x_test)
```

```
In [9]:  model.fit(x_train, validation_set=x_test)

Validation cost at step 0: 0.9633683
Validation cost at step 1: 0.88812894
Validation cost at step 2: 0.8710143
Validation cost at step 3: 0.8581612
Validation cost at step 4: 0.8551915
Validation cost at step 5: 0.84902173
Validation cost at step 6: 0.85834426
Validation cost at step 7: 0.85502
Validation cost at step 8: 0.8582019
Validation cost at step 9: 0.85367733
Validation cost at step 10: 0.8532354
Validation cost at step 11: 0.8550585
Validation cost at step 12: 0.85659426
Validation cost at step 13: 0.8475488
Validation cost at step 14: 0.8495585
Validation cost at step 15: 0.8487246
Validation cost at step 16: 0.85202855
Validation cost at step 17: 0.8558134
Validation cost at step 18: 0.8530945
Validation cost at step 19: 0.8489576
```

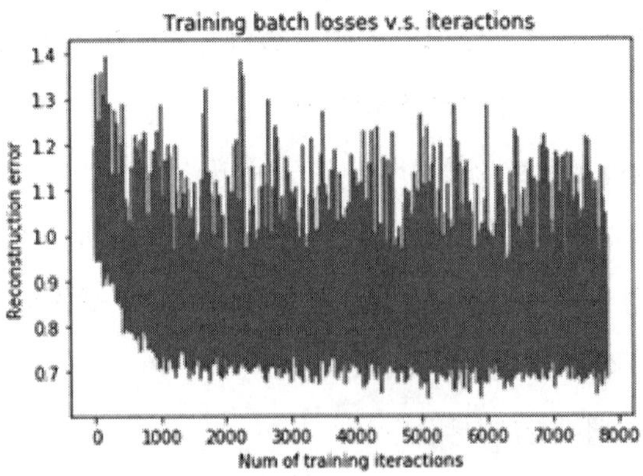

그림 5-27. 모델 훈련의 결과

이제 훈련을 마쳤으므로 모델을 평가할 수 있습니다. 시험 세트의 각 항목에 대한 확률 값을 얻으려면 각 데이터 포인트에 대한 자유 에너지를 계산해야 합니다(이 RBM 버전의 고유한 함수). 여기서 자유 에너지가 주어지면 각 데이터 포인트의 발생 확률을 얻을 수 있습니다. 그림 5-28의 코드를 실행합니다.

```
costs = model.getFreeEnergy(x_test).reshape(-1)
score = auc(y_test, costs)
print("AUC Score: {:.2%}".format(score))
```

그림 5-28. 훈련 세트에서 비용(cost)과 AUC 점수를 얻기 위한 코드

출력은 그림 5-29와 어느 정도 비슷해야 합니다.

```
In [10]:  costs = model.getFreeEnergy(x_test).reshape(-1)
          score = auc(y_test, costs)
          print("AUC Score: {:.2%}".format(score))

INFO:tensorflow:Restoring parameters from ./rbm_model.ckpt
AUC Score: 95.84%
```

그림 5-29. AUC 점수는 95.84%로 마무리

신경망 모델에 비해서 노드가 몇 개 없는 RBM의 단순해 보이는 아키텍처를 고려하면 상당히 좋은 AUC 점수입니다!

또한 자유 에너지를 각 데이터 포인트의 확률과 비교하여 그래프로 표시하면 정상 데이터 포인트와 비교하여 이상 징후가 어떻게 보이는 지 확인할 수 있습니다. 이 작업을 수행하기 전에 각 데이터 세트의 5가지 요약 수치를 확인하여 데이터가 어떻게 분포 되어 있는지 확인해 보겠습니다.

그림 5-30은 정상 데이터의 5가지 요약 수치를 보여주는 코드입니다.

```
normal = pd.DataFrame(costs[y_test==0])
normal.describe()
```

그림 5-30. 정상 데이터의 5가지 요약 수치를 보여주는 코드

출력은 그림 5-31과 어느 정도 비슷해야 합니다.

In [25]:

```
normal = pd.DataFrame(costs[y_test==0])
normal.describe()
```

Out[25]:

	0
count	84700.000000
mean	0.760787
std	87.097176
min	-7.088358
25%	-5.302821
50%	-4.028915
75%	-1.369422
max	21804.019531

그림 5-31. 5가지 요약 수치는 각 사분위 수의 값이 음수인 반면 꼬리의 특이값이 평균을 양수로 올리기 때문에 정상 데이터가 오른쪽으로 치우쳐 있음을 보여줍니다.

이제 이상 징후의 5가지 요약 수치를 확인하겠습니다(그림 5-32).

```
anomaly = pd.DataFrame(costs[y_test==1])
anomaly.describe()
```

그림 5-32. 이상 징후에 대한 5가지 요약 수치를 확인하는 코드

출력은 그림 5-33과 어느 정도 비슷해야 합니다.

In [26]:

```
anomaly = pd.DataFrame(costs[y_test==1])
anomaly.describe()
```

Out[26]:

	0
count	107.000000
mean	88.472694
std	64.513130
min	-5.289360
25%	36.866241
50%	98.163078
75%	128.187202
max	231.617798

그림 5-33. 데이터를 살펴보면 모든 이상 징후가 250 미만인 것으로 보입니다. 이를 알면 이제 임계치값을 선택하여 관련 데이터만 그래프에 표시할 수 있습니다.

데이터의 일반 분포를 알고 있으면 관련 데이터만 그래프에 표시되도록 임계값을 선택할 수 있습니다. 정상 데이터의 대다수가 0 주위에 위치해 있기 때문에 특이값들은 어차피 그래프에 나타나지 않습니다(0 주위에 있는 수만 개의 값과 비교할 때 20,000의 일부 값은 표시되지 않습니다).

이상 징후에 대한 최대 자유 에너지는 약 232이므로 컷 오프 지점으로 250을 선택 하겠습니다. 그림 5-34는 자유 에너지와 시험 세트의 확률에 대한 그래프를 표시하는 코드입니다.

```
plt.title('Free Energy vs Probabilities for Test Set')
plt.figure(figsize=(15, 10))
plt.xlabel('Free Energy')
plt.ylabel('Probabilty')
plt.hist(costs[y_test == 0) & (costs < 250)], bins = 100,
color='green', normed=1.0, label='Normal')
plt.hist(costs[y_test == 1) & (costs < 250)], bins = 100,
color=red', normed=1.0, label='Anomaly')

plt.legend(loc="upper right")
plt.show()
```

그림 5-34. x_test와 관련된 자유 에너지 및 해당 확률을 표시하는 코드

그림 5-35는 코드를 보여줍니다.

```
In [29]:
plt.title('Free Energy vs Probabilities for Test Set')
plt.figure(figsize=(15, 10))
plt.xlabel('Free Energy')
plt.ylabel('Probabilty')
plt.hist(costs[(y_test == 0) & (costs < 250)], bins = 100, color='green', normed=1.0, label='Normal')
plt.hist(costs[(y_test == 1) & (costs < 250)], bins = 100, color='red', normed=1.0, label ='Anomaly')

plt.legend(loc="upper right")
plt.show()
```

그림 5-35. 데이터 포인트의 자유 에너지 및 확률을 그래프로 표시하는 코드

결과 그래프는 그림 5−36과 같습니다.

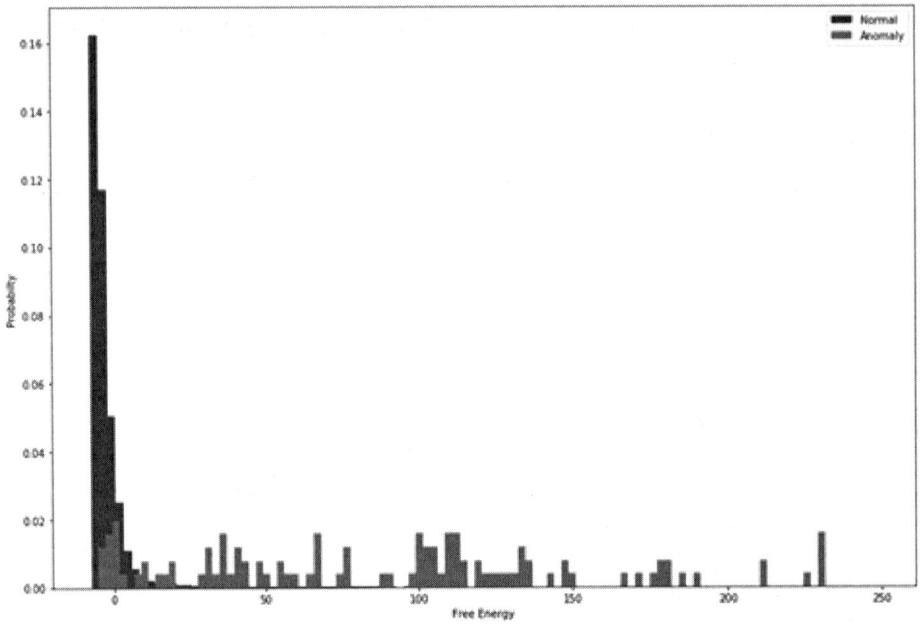

그림 5−36. 비용이 500 미만인 시험 세트에서 자유 에너지의 그래프와 정상 및 이상 징후 데이터 포인트의 확률 그래프

그래프는 자유 에너지를 기반으로 데이터 포인트의 확률을 자동으로 그래프로 표시하지만, 여러분이 정확히 볼 수 있는 것은 아닙니다. 확률 계산하는 방법은 다음 코드와 같습니다.

`probs = costs / np.sum(sum)`입니다.

이것은 본질적으로 개별적인 자유 에너지를 가져와서 전체 세트와 연관된 총 자유 에너지로 나눕니다.

RBM은 약간의 겹치는 부분이 있기는 하지만 정상 값과 이상 징후를 상당히 명확하게 구분할 수 있을 정도로 분포를 잘 학습한 것으로 보입니다. 어쨌든, RBM은 95.84%의 AUC로 신용카드 데이터 세트에서 상당히 우수한 성능을 보였습니다.

RBM을 이용한 이상 징후 탐지 - KDDCUP 데이터 세트

2장에서 살펴본 KDDCUP 데이터 세트를 기억하시나요? RBM에도 적용해보겠습니다. 이 애플리케이션은 이전 예제의 절차와 유사하지만 데이터 세트에서 지나치게 큰 값을 처리하는 대신 많은 수의 0이 포함된 데이터를 처리하는 방법을 배우게 됩니다.

다시 필요한 모듈을 모두 가져오는 것으로 시작합니다(그림 5−37).

```
import pandas as pd
import tensorflow as tf
from sklearn.metrics import roc_auc_score as auc
import matplotlib.pyplot as plt
from sklearn.model_selection import train_test_split
from sklearn.preprocessing import StandardScaler
from boltzmann_machines.rbm import *
from sklearn.preprocessing import LabelEncoder

%matplotlib inline
```

그림 5-37. 필요한 모듈을 가져옵니다.

다음으로 데이터 세트를 가져와야 합니다. 이전처럼 `df.head()`를 하거나 형태를 출력할 필요는 없지만, 그렇게 하는 것이 데이터 세트의 형태를 이해하는 데 도움이 됩니다(그림 5−38 참조).

```
columus = ["duration", "protocol_type", "service", "flog", "src_bytes",
"dst_bytes", "land", "wrong_fragment", "urgent",
         "hot", "num_failed_logins", "logged_in", "num_compromised",
"root_shell", "su_attempted", "num_root",
         "num_failed_creations", "num_shells", "num_access_files",
"num_outbound_cmds", "is_host_login",
         "is_guest_login", "count", "srv_count", "serror_rate",
"srv_serror_rate", "rerror_rate", "srv_rerror_rate",
         "same_srv_rate", "diff_srv_rate", "srv_diff_host_rate",
"dst_host_count", "dst_host_srv_count",
         "dst_host_same_src_port_rate", "dst_host_diff_srv_rate",
"dst_host_same_src_port_rate", "dst_host_srv_diff_host_rate",
         "dst_host_serror_rate", "dst_host_srv_serror_rate",
"dst_host_rerror_rate", "dst_host_srv_rerror_rate", "label"]

df =
pd.read_csv("datasets/kdd_cup_1999/kddcup.data/kddcup.data.corrected",
sep=",", names=columns, index_col=None)
print(df.shape)
df.head()
```

그림 5-38. 열을 정의하고 데이터 세트를 로드

출력은 그림 5-39에 나와 있습니다.

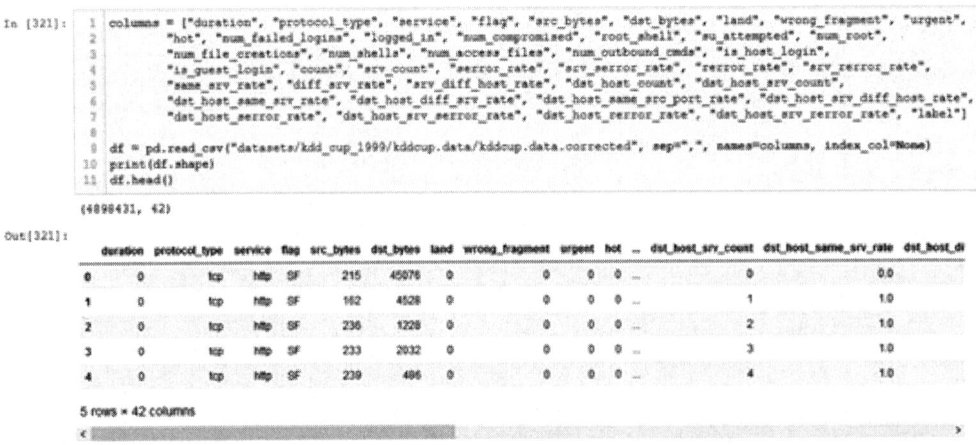

```
In [321]:
columns = ["duration", "protocol_type", "service", "flag", "src_bytes", "dst_bytes", "land", "wrong_fragment", "urgent",
           "hot", "num_failed_logins", "logged_in", "num_compromised", "root_shell", "su_attempted", "num_root",
           "num_file_creations", "num_shells", "num_access_files", "num_outbound_cmds", "is_host_login",
           "is_guest_login", "count", "srv_count", "serror_rate", "srv_serror_rate", "rerror_rate", "srv_rerror_rate",
           "same_srv_rate", "diff_srv_rate", "srv_diff_host_rate", "dst_host_count", "dst_host_srv_count",
           "dst_host_same_srv_rate", "dst_host_diff_srv_rate", "dst_host_same_src_port_rate", "dst_host_srv_diff_host_rate",
           "dst_host_serror_rate", "dst_host_srv_serror_rate", "dst_host_rerror_rate", "dst_host_srv_rerror_rate", "label"]

df = pd.read_csv("datasets/kdd_cup_1999/kddcup.data/kddcup.data.corrected", sep=",", names=columns, index_col=None)
print(df.shape)
df.head()
```

(4898431, 42)

Out[321]:

	duration	protocol_type	service	flag	src_bytes	dst_bytes	land	wrong_fragment	urgent	hot	...	dst_host_srv_count	dst_host_same_srv_rate	dst_host_di
0	0	tcp	http	SF	215	45076	0	0	0	0	...	0	0.0	
1	0	tcp	http	SF	162	4528	0	0	0	0	...	1	1.0	
2	0	tcp	http	SF	236	1228	0	0	0	0	...	2	1.0	
3	0	tcp	http	SF	233	2032	0	0	0	0	...	3	1.0	
4	0	tcp	http	SF	239	486	0	0	0	0	...	4	1.0	

5 rows × 42 columns

그림 5-39. 처리할 범주형 레이블이 있으며 데이터 항목당 많은 열이 있음

2장에서와 같이 HTTP 공격에만 집중하려고 하기 때문에 데이터 프레임을 필터링하여 HTTP 공격만 포함하도록 합니다(그림 5−40 참조).

```
df = df[df["service"] == "http"]
df = df.drop("service", axis=1)
colums.remove("service")

print(df.shape)
df.tail()
```

그림 5-40. HTTP 공격만 포함하도록 모든 항목을 필터링하고 데이터 프레임에서 서비스 열을 삭제

새로운 출력은 그림 5−41에 나와 있습니다.

```
In [358]:
df = df[df["service"] == "http"]
df = df.drop("service", axis=1)
columns.remove("service")

print(df.shape)
df.tail()

(623091, 41)
Out[358]:
```

	duration	protocol_type	flag	src_bytes	dst_bytes	land	wrong_fragment	urgent	hot	num_failed_logins	...	dst_host_srv_count	dst_host_same_srv_
4898426	0	tcp	SF	212	2288	0	0	0	0	0	...	255	
4898427	0	tcp	SF	219	236	0	0	0	0	0	...	255	
4898428	0	tcp	SF	218	3610	0	0	0	0	0	...	255	
4898429	0	tcp	SF	219	1234	0	0	0	0	0	...	255	
4898430	0	tcp	SF	219	1098	0	0	0	0	0	...	255	

5 rows × 41 columns

그림 5-41. 열은 HTTP 공격만으로 구성. 데이터 프레임의 끝 부분을 확인

`df.tail()`은 `df.head()`와 동일한 기능을 수행 하지만 위에서 아래로가 아니라 반대로 아래에서 위로 항목을 표시합니다. 또한 괄호 안에 파라미터를 전달하여 보려는 행 수를 지정할 수 있습니다.

데이터에 문자열 값이 필요하지 않기 때문에 2장에서와 같이 레이블 인코더를 사용해야 합니다(그림 5−42 참조).

```
for col in df.columns:
    if df[col].dtype == "object":
        encoded = LabelEncoder()
        encoded.fit(df[col])
        df[col] = encoded.transform(df[col])

df.head()
```

그림 5-42. 데이터 프레임의 범주형 값에 레이블 인코더를 사용

새로운 출력은 그림 5-43에 나와 있습니다.

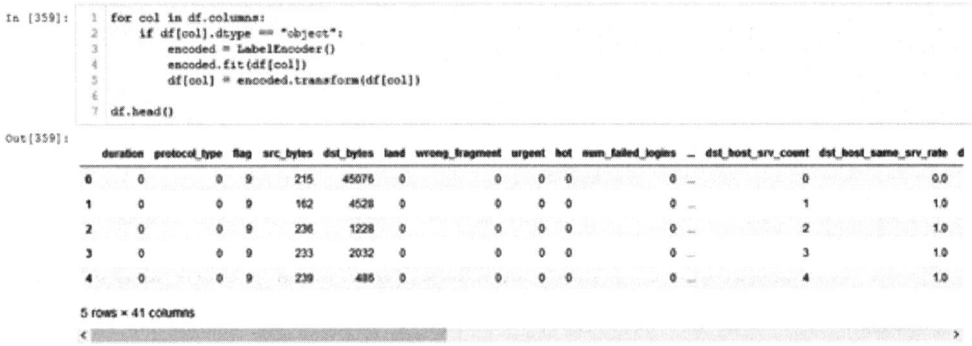

In [359]:

```
for col in df.columns:
    if df[col].dtype == "object":
        encoded = LabelEncoder()
        encoded.fit(df[col])
        df[col] = encoded.transform(df[col])

df.head()
```

Out[359]:

	duration	protocol_type	flag	src_bytes	dst_bytes	land	wrong_fragment	urgent	hot	num_failed_logins	...	dst_host_srv_count	dst_host_same_srv_rate	d
0	0	0	9	215	45076	0	0	0	0	0	...	0	0.0	
1	0	0	9	162	4528	0	0	0	0	0	...	1	1.0	
2	0	0	9	236	1228	0	0	0	0	0	...	2	1.0	
3	0	0	9	233	2032	0	0	0	0	0	...	3	1.0	
4	0	0	9	239	486	0	0	0	0	0	...	4	1.0	

5 rows × 41 columns

그림 5-43. 범주형 값이 정수 레이블로 변환 된 새로운 데이터 프레임을 표시

이 데이터 세트에서 정상 데이터는 압도적으로 많은 양의 데이터 항목으로 구성되어 있기 때문에 이상 징후 데이터를 거의 의미없게 만들어 버립니다. 그 문제 뿐만아니라 RBM에 모든 데이터 값을 전달할 필요는 없기 때문에 정상 데이터 항목의 일부와 모든 이상 징후 데이터 항목이 포함된 새로운 데이터 프레임을 생성합니다. 그림 5-44의 코드를 실행합니다.

```
anmalies = df[df"label"] != 4]
normal = df[df"label"] == 4]


for f in range(0, 10):
    normal = normal.iloc[np.random.permutation(len(normal))]


novelties = pd.concat([normal[:50000], anomalies])
novelties.shape
```

그림 5-44. 이상 징후 데이터 세트 및 정상 데이터 세트를 정의하는 코드입니다. 그런 다음, 무작위 선택을 보장하기 위해 정상 데이터 세트를 섞고 novelties이라는 데이터 세트를 만듭니다.

2장에서와 같이 정상 레이블은 4로 인코딩되어 있으므로 정상 항목을 이상 징후와 구분하기 위한 기준으로 사용할 수 있습니다.

데이터 세트가 너무 크기 때문에 항목들은 무작위로 10번씩 섞은 후에 50,000개의 샘플을 선택합니다. 이는 항목을 상위 50,000개에 두지 않고 전체 데이터 집합에서 무작위로 값을 선택하기 위한 것입니다. 출력은 그림 5−45에 나와 있습니다.

```
In [360]:
anomalies = df[df["label"] != 4]
normal = df[df["label"] == 4]


for f in range(0, 10):
    normal = normal.iloc[np.random.permutation(len(normal))]


novelties = pd.concat([normal[:50000], anomalies])
novelties.shape

Out[360]: (54045, 41)
```

그림 5-45. 그림 5-44 코드의 출력

KDDCUP 데이터 세트의 한 가지 특징은 데이터 값이 작거나 0인 항목이 매우 많다는 것입니다. 신용카드 데이터 세트로 엄청난 값들을 다루었고, 이러한 값들이 훈련 과정을 완전히 망칠 수 있다는 것을 알고 있습니다. 마찬가지로, 많은 양의 0 또는 매우 작은 값도 훈련 과정을 방해할 수 있습니다.

novelties.head()에는 일부 열만 표시되므로 모든 열을 확인하려면 그림 5-46의 코드와 같이 다른 방법을 사용해야 합니다.

```
with pd.option_context('display.max_row', 5,
'display.max_columns', 41):
    print(novelties)
```

그림 5-46. 데이터 프레임의 모든 열과 다섯 행을 출력하는 코드

파라미터는 명확합니다. 이 예에서는 처음 5행에 대해 41개의 열이 모두 표시됩니다(그림 5-47 및 그림 5-48).

```
In [367]:  with pd.option_context('display.max_rows', 5, 'display.max_columns', 41):
               print(novelties)

         duration  protocol_type  flag  src_bytes  dst_bytes  land  \
1040102         0              0     9        198      27266     0
793833          0              0     9        227        345     0
...           ...            ...   ...        ...        ...   ...
4764841         0              0     9      54540       8314     0
4764842         0              0     9      54540       8314     0

         wrong_fragment  urgent  hot  num_failed_logins  logged_in  \
1040102               0       0    0                  0          1
793833                0       0    0                  0          1
...                 ...     ...  ...                ...        ...
4764841               0       0    2                  0          1
4764842               0       0    2                  0          1

         num_compromised  root_shell  su_attempted  num_root  \
1040102                0           0             0         0
793833                 0           0             0         0
...                  ...         ...           ...       ...
4764841                1           0             0         0
4764842                1           0             0         0

         num_file_creations  num_shells  num_access_files  num_outbound_cmds  \
1040102                   0           0                 0                  0
793833                    0           0                 0                  0
...                     ...         ...               ...                ...
4764841                   0           0                 0                  0
4764842                   0           0                 0                  0

         is_host_login  is_guest_login  count  srv_count  serror_rate  \
1040102              0               0      3          5          0.0
793833               0               0     12         24          0.0
...                ...             ...    ...        ...          ...
4764841              0               0      3          3          0.0
4764842              0               0      3          3          0.0

         srv_serror_rate  rerror_rate  srv_rerror_rate  same_srv_rate  \
1040102              0.0          0.0              0.0            1.0
793833               0.0          0.0              0.0            1.0
...                  ...          ...              ...            ...
4764841              0.0          0.0              0.0            1.0
4764842              0.0          0.0              0.0            1.0
```

그림 5-47. 그림 5-46 코드의 출력. 데이터 항목의 열에 있는 많은 양의 0이 있음

```
          diff_srv_rate  srv_diff_host_rate  dst_host_count  \
1040102             0.0                0.60              84
793833              0.0                0.12             255
...                 ...                 ...             ...
4764841             0.0                0.00              99
4764842             0.0                0.00             100

          dst_host_srv_count  dst_host_same_srv_rate  dst_host_diff_srv_rate  \
1040102                  255                     1.0                     0.0
793833                   255                     1.0                     0.0
...                      ...                     ...                     ...
4764841                   99                     1.0                     0.0
4764842                  100                     1.0                     0.0

          dst_host_same_src_port_rate  dst_host_srv_diff_host_rate  \
1040102                          0.01                         0.03
793833                           0.00                         0.00
...                               ...                          ...
4764841                          0.01                         0.00
4764842                          0.01                         0.00

          dst_host_serror_rate  dst_host_srv_serror_rate  dst_host_rerror_rate  \
1040102                   0.01                      0.00                  0.01
793833                    0.00                      0.00                  0.00
...                        ...                       ...                   ...
4764841                   0.01                      0.01                  0.01
4764842                   0.01                      0.01                  0.01

          dst_host_srv_rerror_rate  label
1040102                       0.01      4
793833                        0.00      4
...                            ...    ...
4764841                       0.01      0
4764842                       0.01      0

[54045 rows x 41 columns]
```

그림 5-48. 그림 5-46의 나머지 출력. 각 항목에는 여전히 0이거나 정말로 작은 값이 많음

많은 양의 0으로된 항목이 아이솔레이션 포레스트에는 영향을 미치지는 않았지만 RBM의 경우 훈련 과정을 망쳐서 AUC 점수가 형편없게 됩니다. 따라서 모든 값을 표준화하는 것이 RBM이 적절한 AUC 점수를 획득하는 데 도움이 됩니다.

protocol_type, flag 또는 label 열에 대한 데이터 값은 표준화하지 않을 것이므로 제외시킵니다(그림 5−49).

```
for c in columns:
    if(c != "protocol_type" and c != "flag" and c != "label"):
        novelties[c] =
StandardScaler().fit_transform(novelties[c].values.reshape(-1, 1))

novelties.head()
```

그림 5-49. 레이블 인코더가 변환한 열을 제외한 모든 값을 표준화

표준화된 데이터를 보여주는 출력은 그림 5-50, 그림 5-51 및 그림 5-52에 나와 있습니다.

```
In [346]: for c in columns:
              if(c != "protocol_type" and c != "flag" and c != "label"):
                  novelties[c] = StandardScaler().fit_transform(novelties[c].values.reshape(-1, 1))

          novelties.head()
```

그림 5-50. 주피터 셀에서의 코드

Out[346]:

	duration	protocol_type	flag	src_bytes	dst_bytes	land	wrong_fragment	urgent	hot	num_failed_logins	...	dst_host_srv_count	dst_host_sa
197882	-0.007301	0	9	-0.199908	-0.179237	0.0	0.0	0.0	-0.209332	0.0	...	0.329176	
369876	-0.007301	0	9	-0.205336	-0.184283	0.0	0.0	0.0	-0.209332	0.0	...	0.329176	
336092	-0.007301	0	9	-0.205336	-0.146532	0.0	0.0	0.0	-0.209332	0.0	...	0.329176	
4789776	-0.007301	0	9	-0.205336	-0.159467	0.0	0.0	0.0	-0.209332	0.0	...	0.329176	
758885	-0.007301	0	9	-0.204213	-0.179456	0.0	0.0	0.0	-0.209332	0.0	...	0.329176	

5 rows × 41 columns

그림 5-51. 대부분의 값이 변환 되었음을 보여주는 출력의 첫 번째 부분

Out[346]:

dst_host_diff_srv_rate	dst_host_same_src_port_rate	dst_host_srv_diff_host_rate	dst_host_serror_rate	dst_host_srv_serror_rate	dst_host_rerror_rate	dst_host_
-0.124983	0.986873	0.003223	-0.181091	-0.179287	-0.322855	
-0.124983	-0.391602	-0.589299	-0.181091	-0.179287	-0.322855	
-0.124983	-0.391602	-0.391791	-0.181091	-0.179287	-0.322855	
-0.124983	-0.336463	0.200731	-0.181091	-0.179287	-0.286223	
-0.124983	-0.115907	-0.194284	-0.181091	-0.179287	-0.322855	

그림 5-52. 동일한 출력이지만 오른쪽으로 스크롤하여 더 많은 값이 변환되었음을 확인

보시다시피 대부분의 0인 항목은 각 열의 모든 값에 따라 표준화 되었습니다. 이러한 열의 0이 아닌 몇 개의 항목은 스케일러가 해당 열의 나머지 값을 표준화하는 데 도움이 됩니다.

훈련 세트에서 엄청난 값을 피하고 싶은 것처럼 데이터에서 많은 양의 0인 입력도 피하려고 합니다. 두 경우 모두 그래디언트 계산이 중단되어 "그래디언트 폭발(exploding gra-dient)"(모델이 로컬 최소값에 절대로 수렴할 수 없을 정도로 큰 그래디언트) 또는 "그래디언트 소멸(vanishing gradient)"(실제로 존재하지 않을 정도로 작아서 로컬 최소값에 절대로 수렴할 수 없는 그래디언트)과 같은 경우가 발생합니다. 너무 크거나 너무 작은 값이 많으면 훈련 과정에 부정적인 영향을 미칠 수 있으므로, 모델을 훈련하기 전에 데이터 세트를 미리

처리하는 것이 좋습니다.

이제 훈련 및 시험 세트를 정의할 수 있습니다(그림 5-53).

```
x_train = novelties.iloc[:43000, 1:-2].values
y_train = novelties.iloc[:43000, -1].values

x_test = novelties.iloc[:43000, 1:-2].values
y_test = novelties.iloc[:43000, -1].values

print("Shapes:\nx_train:%s\ny_train:%s\n" % (x_train.shape,
y_train.shape))
print("x_test:%s\ny_test:%s\n" % (x_test.shape, y_test.shape))

y_test
```

그림 5-53. 훈련 및 시험 세트를 정의하고 각 형태를 출력

해당 출력은 그림 5-54에 나와 있습니다.

```
In [14]:
x_train = novelties.iloc[:43000, 1:-2].values
y_train = novelties.iloc[:43000, -1].values

x_test = novelties.iloc[43000:, 1:-2].values
y_test = novelties.iloc[43000:,-1].values


print("Shapes:\nx_train:%s\ny_train:%s\n" % (x_train.shape, y_train.shape))
print("x_test:%s\ny_test:%s\n" % (x_test.shape, y_test.shape))

y_test

Shapes:
x_train:(43000, 38)
y_train:(43000,)

x_test:(11045, 38)
y_test:(11045,)

Out[14]: array([4, 4, 4, ..., 0, 0, 0], dtype=int64)
```

그림 5-54. y_test의 출력 형태와 일부 항목이 표시

43,000개의 항목은 훈련 데이터 세트와 시험 데이터 세트 간에 약 80-20의 분할을 나타냅니다.

다시 말하지만, 이것은 비지도 학습이므로 마지막 열을 삭제합니다(이상 징후와 정상 항목 모두에 레이블이 지정되어 있음에도 불구하고 모델은 훈련 및 예측 과정 중에 레이블이 없는 데이터만 표시 합니다).

데이터 세트를 생성하면 모델을 정의하고 훈련할 수 있습니다(그림 5-55, 그림 5-56 및 그림 5-57).

```
model = RBM(x_train.shape[1], 20, visible_unit_type='gauss',
            main_dir='./', model_name='rbm_model2.ckpt',
            gibbs_sampling_steps=4, learning_rate=0.001, momentum = 0.95,
            batch_size=512, num_epochs=20, verboss=1)
```

그림 5-55. 모델을 초기화하는 중

그림 5-56은 모델을 훈련하기 위한 코드입니다.

```
model.fit(x_train, validation_set=x_test)
```

그림 5-56. x_train에서 검증 데이터로 x_test를 사용하여 모델을 훈련

확인해야 하는 출력은 그림 5-57에 나와 있습니다.

```
In [17]:  model.fit(x_train, validation_set=x_test)

Validation cost at step 0: 1.4761298
Validation cost at step 1: 1.4645535
Validation cost at step 2: 1.4219579
Validation cost at step 3: 1.4172356
Validation cost at step 4: 1.42167
Validation cost at step 5: 1.4136512
Validation cost at step 6: 1.418542
Validation cost at step 7: 1.3989593
Validation cost at step 8: 1.4185325
Validation cost at step 9: 1.4090425
Validation cost at step 10: 1.4065987
Validation cost at step 11: 1.4020221
Validation cost at step 12: 1.4002018
Validation cost at step 13: 1.4049628
Validation cost at step 14: 1.4142944
Validation cost at step 15: 1.4096367
Validation cost at step 16: 1.3955325
Validation cost at step 17: 1.4014837
Validation cost at step 18: 1.3970937
Validation cost at step 19: 1.3985484
```

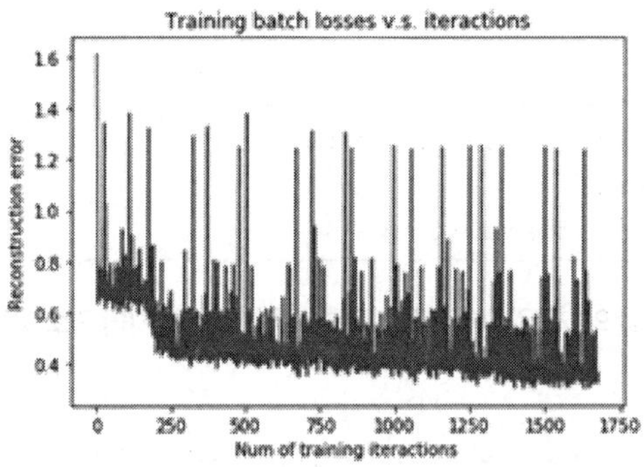

그림 5-57. 그림 5-56 코드에 대한 모델 별 훈련 결과

레이블이 이진 값이 아니므로 레이블을 정상(0) 또는 이상 징후(1)로 다시 정의하려면 그림 5-58의 코드를 실행합니다.

```
for f in range(0, len(y_test)):
    if y_test[f] == 4
        y_test[f] = 0
    else:
        y_test[f] = 1

y_test
```

그림 5-58. 정상 항목을 나타내는 모든 레이블을 4에서 0으로, 이상 징후를 나타내는 4가 아닌 모든 레이블을 1로 변경하는 코드

확인해야 할 출력은 그림 5–59에 나와 있습니다.

```
In [353]: for f in range(0, len(y_test)):
              if y_test[f] == 4:
                  y_test[f] = 0
              else:
                  y_test[f] = 1

          y_test
Out[353]: array([0, 0, 0, ..., 1, 1, 1], dtype=int64)
```

그림 5-59. 이제 레이블을 변환해야 합니다. y_test의 일부 항목이 올바르게 변환되었는지 확인

이제 레이블이 수정되었으므로 자유 에너지를 얻고 AUC 점수를 얻을 수 있습니다(그림 5–60 참조).

```
costs = model.getFreeEnergy(x_test).reshape(-1)
score = auc(y_test, costs)
print("AUC Score: {:.2%}".format(score))
```

그림 5-60. x_test에서 각 모델의 자유 에너지를 구한 다음 이를 기반으로 AUC 점수를 얻는 코드

```
In [19]: costs = model.getFreeEnergy(x_test).reshape(-1)
         score = auc(y_test, costs)
         print("AUC Score: {:.2%}".format(score))

         INFO:tensorflow:Restoring parameters from ./rbm_model2.ckpt
         AUC Score: 99.46%
```

그림 5-61. 생성된 AUC 점수

이것은 신용카드 데이터 세트보다 훨씬 더 좋은 AUC 점수입니다! 자유 에너지를 각 데이터 포인트의 확률과 비교하여 표시 할 때 어떤 일이 일어나는지 살펴보겠습니다. 이전 예에서와 마찬가지로 분포가 어떻게 보이는지를 확인하기 위해 정상 데이터에 대한 5가지 요약 수치를 살펴보겠습니다(그림 5–62 및 그림 5–63).

```
normal_data = pd.DataFrame(costs[y_test == 0])
normal_data.describe()
```

그림 5-62. 정상 데이터의 5가지 요약 수치를 확인하는 코드

출력은 그림 5-63과 어느 정도 비슷해야 합니다.

```
In [22]: normal_data = pd.DataFrame(costs[y_test == 0])
         normal_data.describe()
Out[22]:
```

	0
count	7000.000000
mean	-43.244312
std	22.784908
min	-46.898159
25%	-46.566977
50%	-46.379679
75%	-45.858756
max	1145.513062

그림 5-63. 그래프가 오른쪽으로 치우쳐 있고 모든 값이 1150 미만

이제 5가지 요약 수치를 통해 이상 징후 데이터의 일반적인 분포가 어떻게 표시되는지 알아보겠습니다(그림 5-64 및 그림 5-65).

```
anomalies = pd.DataFrame(costs[y_test == 1])
anomalies.describe()
```

그림 5-64. 이상 징후 데이터의 5가지 요약 수치를 확인하는 코드

출력은 그림 5-65와 어느 정도 비슷해야 합니다.

```
In [21]: anomalies = pd.DataFrame(costs[y_test == 1])
         anomalies.describe()
Out[21]:
```

	0
count	4045.000000
mean	44.125881
std	100.816040
min	-34.099133
25%	-11.051010
50%	-4.358704
75%	89.738434
max	1470.521851

그림 5-65. 최대값을 기준으로 무엇이 이상 징후이고 무엇이 정상인지를 제외하고는 비용에 대한 어떤 값도 필터링할 필요가 없음

이제 자유 에너지와 시험 세트의 각 값에 대한 확률을 레이블로 구분하여 그래프로 표시할 수 있습니다. 그림 5-66의 코드를 실행합니다.

```
plt.title('Free Energy vs Probabilities for Test Set')
plt.figure(figsize=(15,10))
plt.xlabel('Free Energy')
plt.ylabel('Probabilty')
plt.hist(costs[y_test == 0], bins = 100, color='green'
normed=1.0, label='Normal')
plt.hist(costs[y_test == 1], bins = 100, color='red', normed=1.0,
label ='Anomaly')

plt.legend(loc="upper right")
plt.show()
```

그림 5-66. 자유 에너지와 시험 세트의 각 항목에 대한 확률을 표시하는 코드입니다. 모든 이상 징후는 1500 미만의 자유 에너지를 가지므로 1500 미만의 비용으로 모든 값을 필터링하여 그래프를 보다 더 쉽게 시각화할 수 있음

출력은 그림 5-67과 어느 정도 비슷해야 합니다.

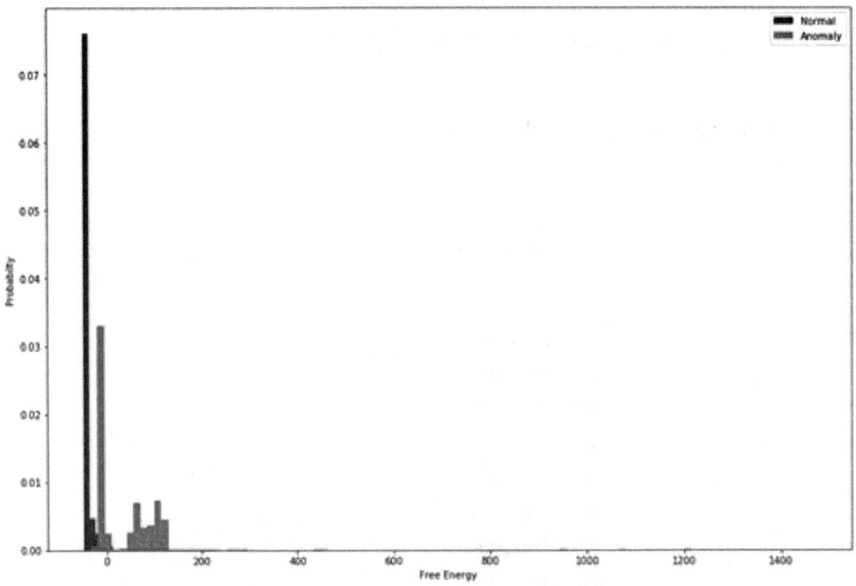

그림 5-67. 이상 징후와 정상 데이터 포인트 사이에는 명확한 분리가 있는데, 일반적으로 이러한 이상 징후는 훨씬 높은 자유 에너지 비용과 평소 보다 낮은 확률로 발생

다시 한번 RBM은 이상 징후와 정상 데이터 항목 간에 명확하고 정의된 구분이 있을 정도로 분포를 잘 학습했습니다.

요약

이 장에서는 제한된 볼츠만 머신을 살펴 보고, 제한된 볼츠만 머신을이상 징후 탐지에어떻게 사용할 수 있는지 설명했습니다. 또한 적절한 훈련을 위해 데이터의 표준화가 필요한 두 가지 경우를 보여주기 위해서 두 가지 데이터 세트에 RBM을 적용하는 방법을 살펴보았습니다. 이제 RBM이 무엇인지, RBM의 작동 방식 및 다양한 데이터 세트에 적용하는 방법에 대해 더 많이 알게 되었습니다.

다음 장에서는 순환 신경망(recurrent neural network)을 이용한 이상 징후 탐지에 대해 살펴보겠습니다.

CHAPTER

06

장 · 단기 메모리 모델 (Long Short-Term Memory Model, LSTM)

이 장에서는 순환 신경망(recurrent neural network)과 장 · 단기 메모리에 대해 알아보겠습니다. 또한 장 · 단기 메모리의 작동 방식을 살펴보고 이상 징후를 탐지하는 방법과 구현 방법에 대해서 설명합니다.CPU 사용률, 택시 수요 등과 같은 다양한 유형의 시계열 데이터세트를 통해 이상 징후를 탐지하는 방법을 설명합니다. 이 장에서는 책 자료의 일부로 제공된 주피터 노트북을 사용하여 더 많은 것을 살펴 볼 수 있도록 장 · 단기 메모리를 사용하는 많은 개념을 소개합니다.

간단히 말해서, 이 장에서는 다음 주제를 다룹니다.

- 시퀀스와 시계열 분석
- 순환 신경망이란 무엇인가?
- 장 · 단기 메모리란 무엇인가?
- 장 · 단기 메모리를 사용한 이상 징후 탐지

시퀀스와 시계열 분석

시계열은 시간 순서대로 색인된 일련의 데이터 포인트입니다. 가장 일반적인 시계열은 동일한 간격으로 연속된 시점에서 수집한 시퀀스입니다. 따라서 시계열은 이산시간(discrete—time) 데이터의 시퀀스입니다. 시계열의 예로는 심전도 데이터, 기상 센서, 주가 등이 있습니다.

그림 6—1은 시계열의 몇 가지 예를 보여줍니다.

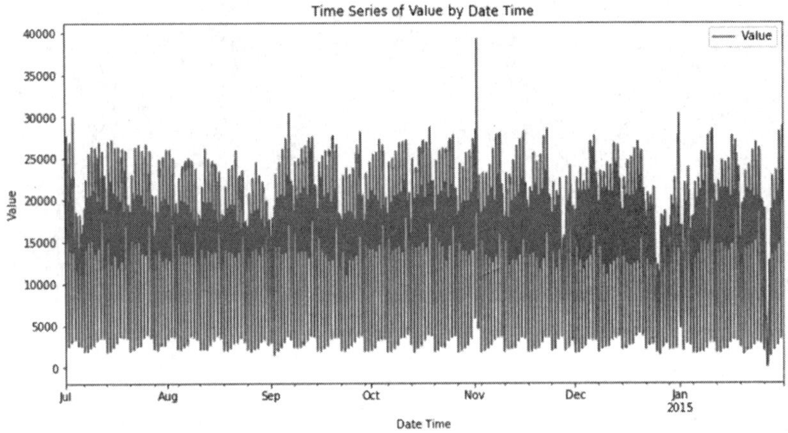

그림 6-1. 시계열

그림 6—2는 지난 150년 동안의 월별 AMO 지수를 보여줍니다.

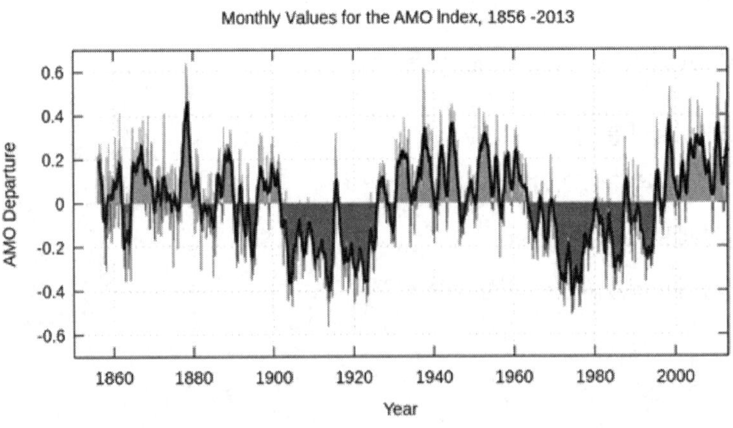

그림 6-2. 월별 AMO 지수

그림 6-3은 20년 동안의 BP 주가 차트를 보여줍니다.

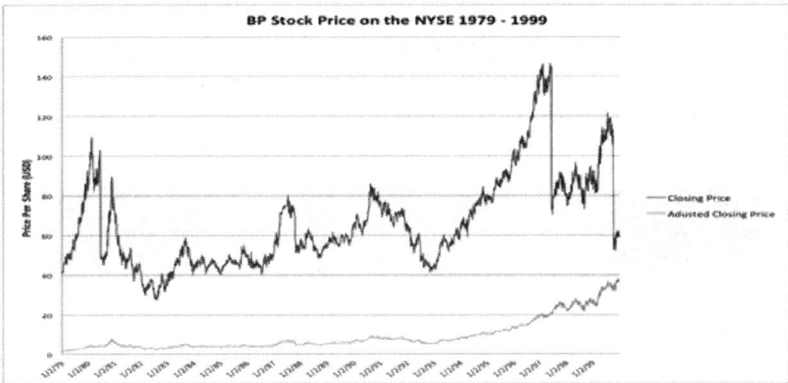

그림 6-3. BP 주가

시계열 분석은 일정 기간 동안 데이터의 추세 변화를 분석하는 것을 말합니다. 시계열 분석은 의미 있는 통계 및 기타 특성을 추출하기 위해 시계열 데이터를 분석하는 방법으로 구성되며 다양한 애플리케이션을 가지고 있습니다. 이러한 애플리케이션 중 하나는 과거 값에 기초해서 미래 값을 예측하는 것입니다. 미래의 주가 예측은 아마도 그러한 적용의 가장 좋은 예일 것입니다. 또 다른 매우 중요한 사용 사례는 이상 징후를 탐지하는 능력입니다. 과거 데이터에서 볼 수 있는 추세와 변화를 파악할 수 있다는 관점에서 시계열을 분석하고 학습함으로써 시계열에서 비정상적이거나 이상 징후인 데이터 포인트를 탐지할 수 있습니다.

그림 6-4는 이상 징후가 있는 시계열 그래프입니다. 정상 데이터는 녹색으로 표시되고 이상징후로 보이는 데이터는 빨간색으로 표시됩니다.

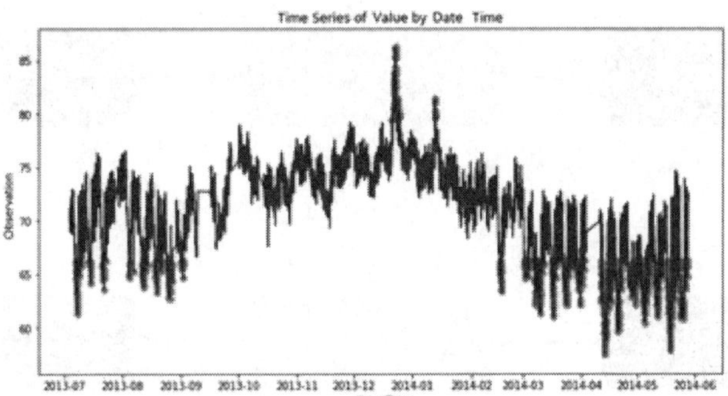

그림 6-4. 이상 징후가 있는 시계열 그래프

순환 신경망(RNN)이란 무엇인가?

여러분은 책 전반에 걸쳐 여러 종류의 신경망을 보아 왔기 때문에 고수준의 신경망 표현이 그림 6-5와 닮았다는 것을 알 수 있습니다.

그림 6-5. 고수준의 신경망 표현

신경망은 입력을 처리하고 출력을 생성하며, 다양한 특성을 가진 여러 유형의 입력 데이터에서 작동합니다. 그러나 주목해야 할 중요한 점은 이 신경망이 이벤트(입력) 발생 시간에 대한 개념 없이 오직 입력만 들어온다는 것입니다.

그렇다면 오랜 시간 동안 스트림으로 들어오는 이벤트(입력)는 어떻게 될까요? 신경망이 이벤트의 추세나 계절성 등을 어떻게 처리할 수 있을까요? 어떻게 하면 과거로부터 배워서 현재와 미래에 적용할 수 있을까요?

순환 신경망은 신경망을 점진적으로 구축하여 이전 타임스탬프의 신호를 현재 네트워크로 가져와서 이를 해결하려고 합니다.

그림 6-6은 순환 신경망을 보여줍니다.

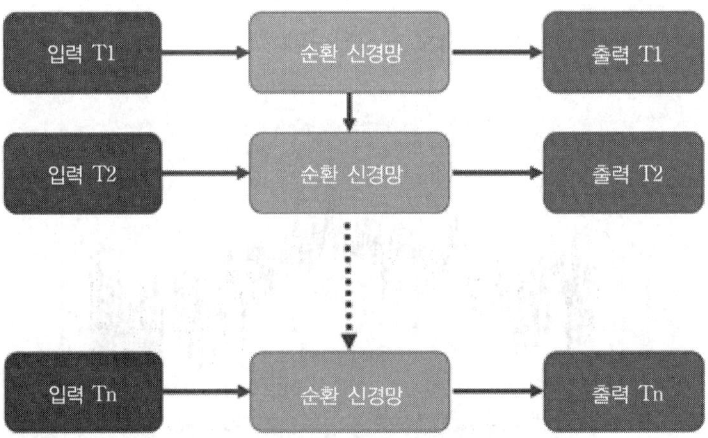

그림 6-6. 순환 신경망

순환 신경망은 여러 층이나 스텝(step) 또는 단계(stage)를 가진 신경망이라는 것을 알 수 있습니다. 각 단계는 시간 T를 나타냅니다. T+1의 순환 신경망은 시간 T의 순환 신경망을 신호 중 하나로 간주합니다. 각 단계는 출력을 다음 단계로 전달합니다. 한 단계에서 다음 단계로 전달되는 은닉 상태는 순환 신경망이 잘 작동하기 위한 핵심 요소이며, 이 은닉 상태는 일종의 메모리 보존과 유사합니다. 순환 신경망 층(또는 단계)은 입력 시퀀스를 처리하고 자신의 내부 상태를 반환할 때 인코더 역할을 합니다. 이 상태는 다음 단계에서 디코더의 입력 역할을 하며, 대상 시퀀스의 이전 포인트가 주어진 경우 대상 시퀀스의 다음 포인트를 예측하도록 훈련됩니다. 특히, 대상 시퀀스를 동일한 시퀀스로 전환하지만 향후 하나의 타임스텝 간격으로 오프셋 되도록 훈련됩니다.

역전파는 다른 신경망처럼 순환 신경망을 훈련할 때 사용되지만, 순환 신경망에는 시간 차원도 있습니다. 역전파에서는 각 파라미터와 관련하여 손실의 변화율(그래디언트)을 취합니다. 이 정보(손실)를 이용하여 손실을 최소화하기 위해 파라미터를 반대 방향으로 이동할 수 있습니다. 시간이 경과함에 따라 각 타임스텝에서 손실이 발생하며, 시간에 따른 손실을 합산하면 각 타임스텝에서 손실을 얻을 수 있습니다. 이는 시간에 따른 그래디언트 합계와 같습니다.

정규 신경망 노드로 구성된 위의 순환 신경망의 문제는 다수의 다른 값으로 구분되는 시퀀스 값들 사이의 종속성을 모델링 하려고 할 때 타임스텝 T의 그래디언트가 타임스텝 T−1의 그래디언트, T−2의 그래디언트 등에 의해 결정된다는 것입니다. 타임스텝을 따라 이동할수록 그래디언트 체인이 점점 더 길어지기 때문에 초기 그래디언트의 기여도가 점점 작아지게 되는데, 이것이 그래디언트 소실(vanishing gradient) 문제입니다. 이전 층의 그래디언트가 점점 작아지기 때문에 네트워크는 장기적인 의존성을 배우지 못합니다. 결과적으로 순환 신경망은 단기 데이터 포인트만 다루면서 편향되게 됩니다.

장 · 단기 메모리(LSTM)는 순환 신경망에서 발생하는 이런 문제를 해결하기 위한 방법입니다.

장 · 단기 메모리(LSTM)란 무엇인가?

장 · 단기 메모리 네트워크는 순환 신경망의 한 종류입니다. 위에서 살펴본 바와 같이, 순환 신경망은 언어, 주가, 기상 센서 등과 같은 시간이나 시퀀스에 종속적인 행동을 모델링 하려는 신경망입니다. 이것은 시간 T에서 신경망 층의 출력을 시간 T + 1의 동일한 네트워크 층의 입력으로 피드백하여 수행됩니다. 장 · 단기 메모리는 순환 신경망 위에 구축되어 시간 T에서 배운 정보를 미래의 T + 1, T + 2 등으로 전파하는 데 도움이 되는 메모리 구성 요소를 추가합니다. 주요 아이디어는 장 · 단기 메모리가 이전 상태의 관련 없는 부분을 잊고 상태를 선택적으로 업데이트한 다음 미래와 관련된 상태의 특정 부분을 출력할 수 있다는 것입니다.

이것이 순환 신경망의 그래디언트 소실 문제를 어떻게 해결할까요? 우리는 이제 순환 신경망에서 더 이상 긴 역전파 체인이 보이지 않도록 어떤 상태는 버리고 어떤 상태는 업데이트하며, 어떤 상태는 전파할 것입니다. 따라서, 장 · 단기 메모리는 일반적인 순환 신경망 보다 훨씬 효율적입니다.

그림 6−7은 하이퍼볼릭탄젠트(tanh: hyperbolic tangent) 활성화를 사용하는 순환 신경망입니다.

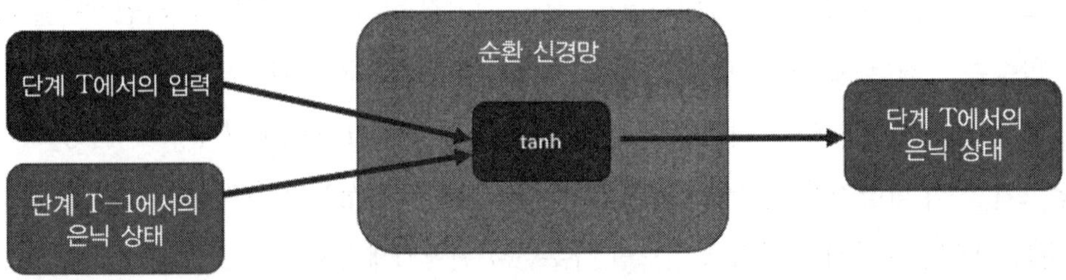

그림 6-7. 하이퍼볼릭탄젠트 활성화를 사용하는 순환 신경망

하이퍼볼릭탄젠트 함수는 활성화 함수라고 불립니다. 신경망의 모든 노드에서 입력에 비선형 변환을 적용할 때 도움이 되는 여러 가지 유형의 활성화 함수가 있습니다. 그림 6−8은 일반적인 활성화 함수를 보여줍니다.

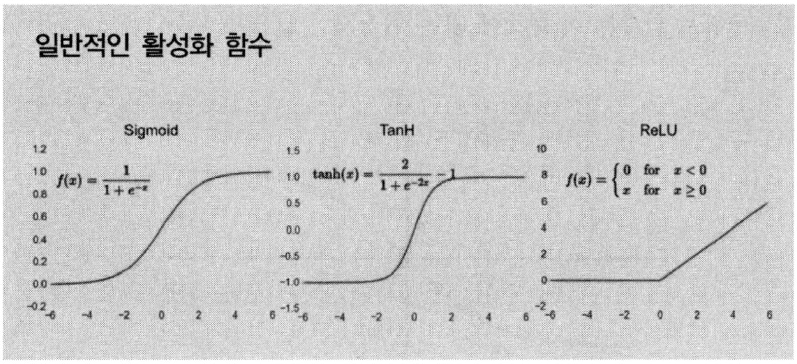

그림 6-8. 일반적인 활성화 함수

활성화 함수의 핵심 아이디어는 데이터에 비선형성(non-linearity)을 추가하여 실제 문제와 실제 데이터에 더 잘 맞도록 하는 것 입니다. 그림 6-9에서 왼쪽 그래프는 선형성(linearity)을 나타내고 오른쪽 그래프는 비선형성을 나타냅니다.

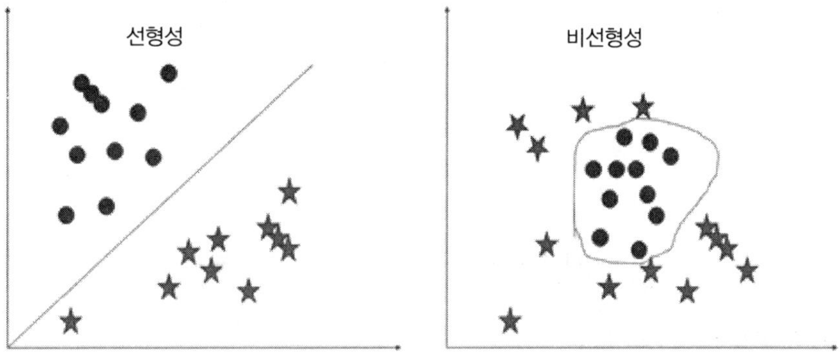

그림 6-9. 선형 및 비선형 데이터 그래프

비선형성을 처리할 선형 방정식이 없기 때문에 이 속성을 처리할 활성화 함수가 필요합니다. 다양한 활성화 함수는 `https://keras.io/activations/`에 나와 있습니다.

시계열 데이터의 경우 데이터는 4장 오토인코더의 사례와 같이 어떤 순간의 데이터 세트가 아니라 일정 기간 동안 분산되어있습니다. 따라서 어떤 시점 T에서의 순간 데이터를 보는 것이 중요할 뿐만 아니라, 이 시점의 왼쪽에 있는 과거 데이터가 단계적으로 전파되는 것도 중요합니다. 오랜 기간 생존하기 위해서는 과거 데이터 포인트의 신호가 필요하기 때문에 0이 되기 전에 더 긴 범위동안 정보를 유지할 수 있는 활성화 함수가 필요합니다.

하이퍼볼릭탄젠트 함수는 이 목적에 맞는 이상적인 활성화 함수임을 그림 6−10의 그래프로 보여줍니다.

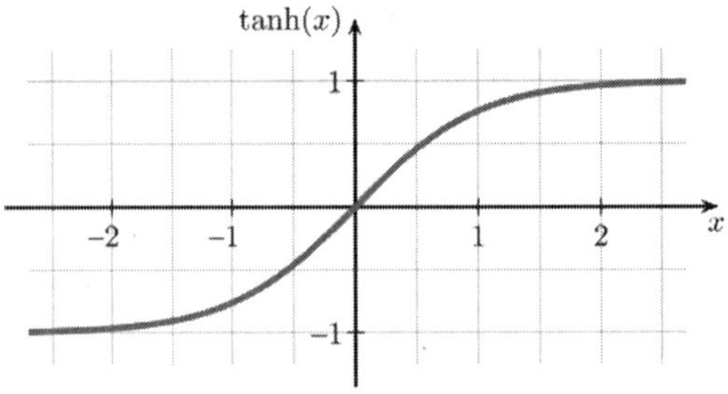

그림 6−10. tanh 활성화 함수

또한 정보를 기억하거나 잊기 위한 방법으로 다른 활성화 함수인 시그모이드(sigmoid)가 필요합니다. 그림 6−11은 시그모이드 활성화 함수입니다.

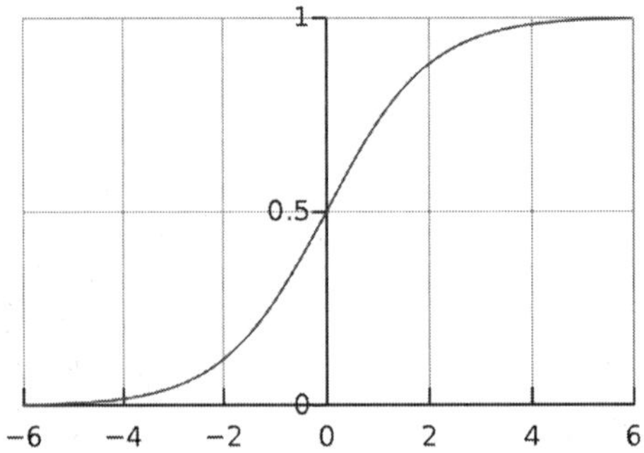

그림 6−11. 시그모이드 활성화 함수

기존 순환 신경망은 불필요한 입력을 포함하여 모든 것을 기억하는 경향이 있어, 긴 시퀀스의 학습에는 맞지 않습니다. 반면, 장・단기 메모리는 중요한 입력을 선택적으로 기억하기 때문에 단기 및 장기 종속성을 모두 처리할 수 있습니다.

그러면 장・단기 메모리는 어떻게 그것이 가능할까요? 이 기능은 망각 게이트, 입력 게이트, 출력 게이트라는 세 개의 중요한 게이트를 이용하여 은닉 상태와 셀 상태 간의 정보를 공개함으로써 수행됩니다. 일반적인 장・단기 메모리 유닛은 셀, 입력 게이트, 출력 게이트 및 망각 게이트로 구성됩니다. 셀은 임의의 시간 간격에 대한 값을 기억하며 세 개의 게이트는 셀로 들어오고 나가는 정보의 흐름을 조절합니다.

그림 6－12은 보다 자세한 장 · 단기 메모리 아키텍처를 보여줍니다. 사용되는 주요 활성화 함수로는 하이퍼볼릭탄젠트와 시그모이드가 있습니다. F_t는 망각 게이트, I_t는 입력 게이트, 그리고 O_t는 출력 게이트입니다.

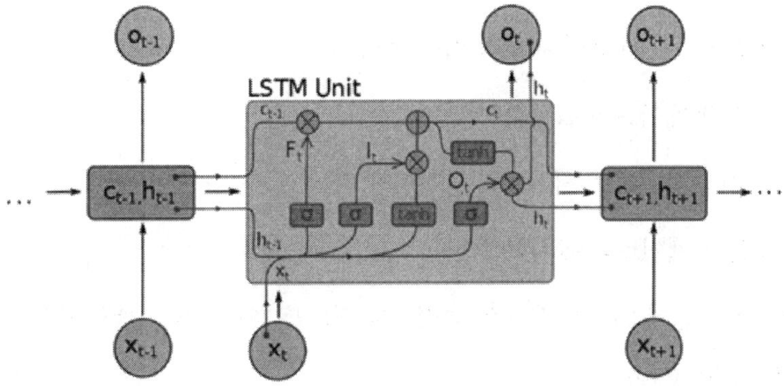

그림 6-12. 자세한 장 · 단기 메모리 네트워크
출처: commons.wikimedia.org

망각 게이트는 장 · 단기 메모리 단계의 첫 번째 부분이며 이전 단계의 정보를 얼마나 기억하거나 잊어야 하는지를 거의 결정합니다. 이는 이전의 은닉 상태인 h_{t-1}와 현재 입력 x_t를 시그모이드 함수를 통해 전달함으로써 이루어집니다.

입력 게이트는 시그모이드 함수와 하이퍼볼릭탄젠트 함수를 사용하여 현재 단계로 전달할 정보의 양을 결정하는 데 도움을 줍니다.

출력 게이트는 이 단계의 은닉 상태에 얼마나 많은 정보를 유지하고 다음 단계로 전달 할 것인지를 제어합니다. 다시 현재 상태는 하이퍼볼릭탄젠트 함수를 통과합니다.

참고로, 망각 게이트가 있는 장 · 단기 메모리 유닛의 순방향 진행에 대한 방정식의 간결한 식은 다음과 같습니다(출처: 위키피디아).

$$f_t = \sigma_g(W_f x_t + U_f h_{t-1} + b_f)$$
$$i_i = \sigma_g(W_i x_t + U_i h_{t-1} + b_i)$$
$$o_t = \sigma_g(W_o x_t + U_o h_{t-1} + b_o)$$
$$c_t = f_t \circ c_{t-1} + i_t \circ \sigma_{c(W_c} x_t + U_c h_{t-1} + b_c)$$
$$h_t = o_t \circ \sigma_h(c_t)$$

초기 값은 $c_0 = 0$ 및 $h_0 = 0$이며 연산자 0는 요소별 곱(element-wise product)을 나타냅니다. 아래 첨자는 타임스텝의 인덱스입니다.

파라미터

- $x_t \in \mathbb{R}^d$: 장 · 단기 메모리 유닛의 입력 벡터
- $f_t \in \mathbb{R}^h$: 망각 게이트의 활성화 벡터
- $i_t \in \mathbb{R}^h$: 입력/업데이트 게이트의 활성화 벡터
- $o_t \in \mathbb{R}^h$: 출력 게이트의 활성화 벡터
- $h_t \in \mathbb{R}^h$: 장 · 단기 메모리 유닛의 출력 벡터라고도 하는 은닉 상태 벡터
- $c_t \in \mathbb{R}^h$: 셀 상태 벡터
- $W \in \mathbb{R}^{h \times d}$, $U \in \mathbb{R}^{h \times h}$ and $b \in \mathbb{R}^h$: 훈련 중에 학습해야 하는 가중치 행렬과 편향(bias) 벡터 파라미터들

위 첨자는 각각 입력 특성의 수와 은닉 유닛의 수를 나타냅니다.

σ_g: 시그모이드(sigmoid) 함수

σ_c: 하이퍼볼릭탄젠트(tanh) 함수

σ_h: 하이퍼볼릭탄젠트(tanh) 함수

장 · 단기 메모리(LSTM)를 사용한 이상 징후 탐지

이 절에서는 시계열 데이터를 예로 사용하여 몇 가지 사용 사례에 대한 장 · 단기 메모리 구현에 대해서 살펴 보겠습니다. 여러분은 장 · 단기 메모리를 사용하여 이상 징후를 탐지하는 데 사용할 수 있는 몇 가지 시계열 데이터 세트를 가지고 있으며, 데이터 세트들은 모두 파이썬에서 쉽게 표시할 수 있는 타임스탬프와 값이 있습니다.

그림 6-13은 필요한 모든 패키지를 가져오는 기본 코드입니다. 다양한 패키지의 버전에 유의해야 합니다.

```
import keras
from keras import optimizers
from keras import losses
from keras.models import Sequential, Model
from keras.layers import Dense, Input, Dropout, Embedding, LSTM
from keras.optimizers import RMSprop, Adam, Nadam
from keras.preprocessing import sequence
from keras.callbacks import TensorBoard

import sklearn
from sklearn.preprocessing import StandardScaler
from sklearn.model_selection import train_test_split
from sklearn.metrics import confusion_matrix, roc_auc_score
from sklearn.preprocessing import MinMaxScaler

import seaborn as sns
import pandas as pd
import numpy as np
import matplotlib

import matplotlib.pyplot as plt
import matplotlib.gridspec as gridspec
%matplotlib inline

import tensorflow
import sys
print("Python: ", sys.version)

print("pandas: ", pd.__version__)
print("numpy: ", np.__version__)
print("seaborn: ", sns.__version__)
print("matplotlib: ", matplotlib.__version__)
print("sklearn: ", sklearn.__version__)
print("Keras: ", keras.__version__)
print("Tensorflow: ", tensorflow.__version__)
```

```
Using TensorFlow backend.

Python:  3.7.1 (default, Dec 10 2018, 22:54:23) [MSC v.1915 64 bit (AMD64)]
pandas:  0.24.2
numpy:  1.16.3
seaborn:  0.9.0
matplotlib:  3.0.3
sklearn:  0.20.3
Keras:  2.2.4
Tensorflow:  1.13.1
```

그림 6-13. 패키지를 가져오는 코드

그림 6−14는 훈련 과정에서 이상 징후그래프와 오차(예측과 실제의 차이) 그래프를 통해 결과를 시각화하는 코드입니다.

```
class Visualization:
    labels = ["Normal", "Anomaly"]

    def draw_anomaly(self, y, error, threshold):
        groupsDF = pd.DataFrame({'error': error,
                                 'true': y}).groupby('true')

        figure, axes = plt.subplots(figsize=(12, 8))

        for name, group in groupsDF:
            axes.plot(group.index, group.error, marker='x' if name == 1 else 'o', linestyle='',
                    color='r' if name == 1 else 'g', label="Anomaly" if name == 1 else "Normal")

        axes.hlines(threshold, axes.get_xlim()[0], axes.get_xlim()[1], colors="b", zorder=100, label='
        axes.legend()

        plt.title("Anomalies")
        plt.ylabel("Error")
        plt.xlabel("Data")
        plt.show()

    def draw_error(self, error, threshold):
        plt.figure(figsize=(10, 8))
        plt.plot(error, marker='o', ms=3.5, linestyle='',
                 label='Point')

        plt.hlines(threshold, xmin=0, xmax=len(error)-1, colors="r", zorder=100, label='Threshold')
        plt.legend()
        plt.title("Reconstruction error")
        plt.ylabel("Error")
        plt.xlabel("Data")
        plt.show()
```

그림 6-14. 오차 및 이상 징후를 시각화하는 코드

데이터 포인트가 정상이거나 예상된 것인지 아니면 비정상이거나 이상 징후인지를 탐지하기 위해서 시계열 데이터의 다른 예를 사용합니다. 그림 6-15는 판다스 데이터 프레임으로 로드하는 데이터 세트에 대한 경로 목록입니다.

```
dataFilePaths = ['data/art_daily_no_noise.csv',
                 'data/art_daily_nojump.csv',
                 'data/art_daily_jumpsdown.csv',
                 'data/art_daily_perfect_square_wave.csv',
                 'data/art_increase_spike_density.csv',
                 'data/art_load_balancer_spikes.csv',
                 'data/ambient_temperature_system_failure.csv',
                 'data/nyc_taxi.csv',
                 'data/ec2_cpu_utilization.csv',
                 'data/rds_cpu_utilization.csv']
```

그림 6-15. 데이터 세트 경로 목록

이제 데이터 세트 중 하나를 사용하여 보다 자세한 작업을 할 수 있습니다. 데이터 세트는 nyc_taxi이며 기본적으로 타임스탬프와 택시 수요로 구성됩니다. 이 데이터 세트는 2014년 7월 1일부터 2015년 1월 31일까지의 NYC 택시 수요를 30분마다 관찰한 결과입니다. 이 데이터 세트에는 추수 감사절, 크리스마스, 설날, 눈보라 등 탐지 가능한 이상 징후가 약간 있습니다.

그림 6−16은 데이터 세트를 선택하는 코드입니다.

```
i = 7

tensorlog = tensorlogs[i]
dataFilePath = dataFilePaths[i]
print("tensorlog: ", tensorlog)
print("dataFilePath: ", dataFilePath)
```

```
tensorlog:  nyc_taxi
dataFilePath:  data/nyc_taxi.csv
```

그림 6-16. 데이터 세트를 선택하는 코드

판다스를 사용하여 dataFilePath 경로에 있는 csv 파일로부터 데이터를 로드할 수 있습니다.그림 6−17은 판다스로 csv 파일에서 데이터를 로드하는 코드입니다.

```
df = pd.read_csv(filepath_or_buffer=dataFilePath, header=0, sep=',')
print('Shape:' , df.shape[0])
print('Head:')
print(df.head(5))
```

```
Shape: 10320
Head:
             timestamp  value
0  2014-07-01 00:00:00  10844
1  2014-07-01 00:30:00   8127
2  2014-07-01 01:00:00   6210
3  2014-07-01 01:30:00   4656
4  2014-07-01 02:00:00   3820
```

그림 6-17. 판다스로 csv 파일에서 데이터를 로드하는 코드

그림 6−18은 x축에 월과 y축에 값을 보여주는 시계열 그래프와 시계열 그래프를 표시하는 코드입니다.

```
df['Datetime'] = pd.to_datetime(df['timestamp'])
print(df.head(3))
df.shape
df.plot(x='Datetime', y='value', figsize=(12,6))
plt.xlabel('Date time')
plt.ylabel('Value')
plt.title('Time Series of value by date time')
```

```
            timestamp  value            Datetime
0  2014-07-01 00:00:00  10844 2014-07-01 00:00:00
1  2014-07-01 00:30:00   8127 2014-07-01 00:30:00
2  2014-07-01 01:00:00   6210 2014-07-01 01:00:00

Text(0.5, 1.0, 'Time Series of value by date time')
```

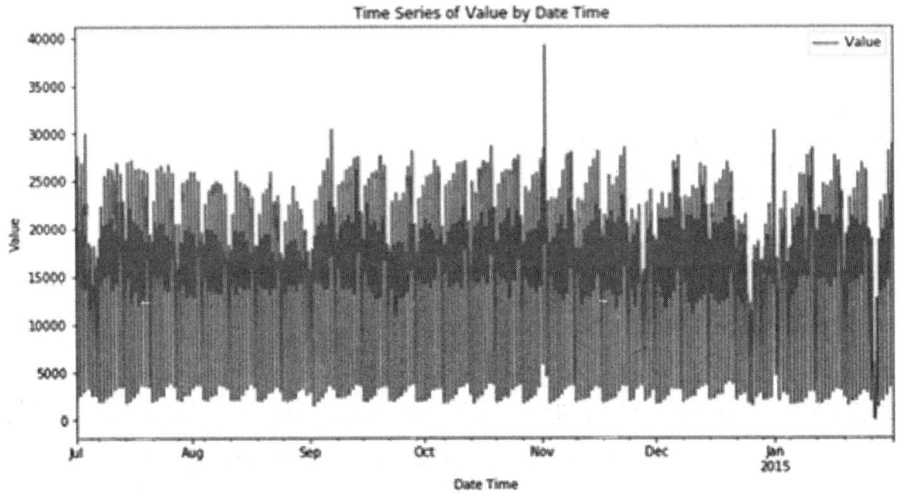

그림 6-18. 시계열의 그래프

자료를 좀 더 살펴보겠습니다. description() 명령을 실행하여 value 열을 볼 수 있습니다. 그림 6－19에는 value 열의 설명을 출력하는 코드입니다.

```
df.value.describe()
```

```
count    10320.000000
mean     15137.569380
std       6939.495808
min          8.000000
25%      10262.000000
50%      16778.000000
75%      19838.750000
max      39197.000000
Name: value, dtype: float64
```

그림 6-19. value 열에 대한 설명

그림 6−20과 같이 시본(seaborn) 라이브러리의 커널 밀도 추정(kde: kernel density estimation) 플롯을 사용하여 데이터를 표시할 수도 있습니다.

```
fig, (ax1) = plt.subplots(ncols=1, figsize=(8, 5))
ax1.set_title('Before Scaling')
sns.kdeplot(df['value'], ax=ax1)
```

```
<matplotlib.axes._subplots.AxesSubplot at 0x2ba2b0b3ba8>
```

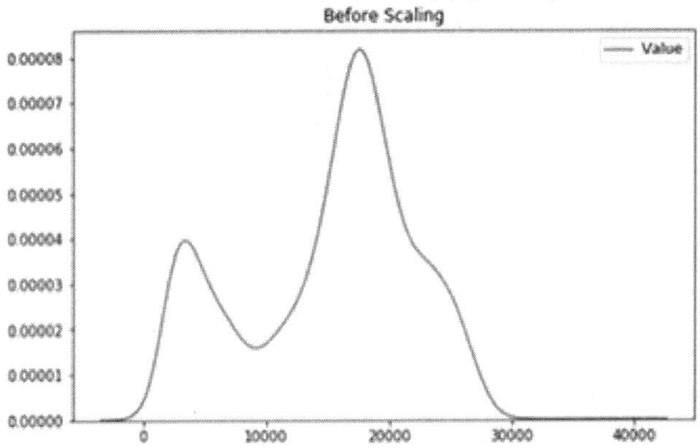

그림 6−20. 커널 밀도 추정(kde)을 사용하여 value 열을 표시합니다.

데이터 포인트의 범위는 최소 8에서 최대 39197로 넓습니다.

스케일링을 사용하여 데이터를 정규화할 수 있습니다.

스케일링 공식은 (x−Min) / (Max−Min)입니다. 그림 6−21은 데이터를 스케일링하는 코드입니다.

```
from sklearn.preprocessing import MinMaxScaler
scaler = MinMaxScaler(feature_range = (0, 1))
df['scaled_value'] = pd.DataFrame(scaler.fit_transform(pd.DataFrame(df['value'])),columns=['value'])
print('Shape:' , df.shape[0])
df.head(5)
```

```
Shape: 10320
```

	timestamp	value	Datetime	scaled_value
0	2014-07-01 00:00:00	10844	2014-07-01 00:00:00	0.276506
1	2014-07-01 00:30:00	8127	2014-07-01 00:30:00	0.207175
2	2014-07-01 01:00:00	6210	2014-07-01 01:00:00	0.158259
3	2014-07-01 01:30:00	4656	2014-07-01 01:30:00	0.118605
4	2014-07-01 02:00:00	3820	2014-07-01 02:00:00	0.097272

그림 6−21. 데이터를 스케일링 하는 코드

이제 데이터를 스케일링 했으므로 데이터를 다시 표시할 수 있습니다. 그림 6-22와 같이 시본 라이브러리의 커널 밀도 추정 플롯을 사용하여 데이터를 표시할 수 있습니다.

```
fig, (ax1) = plt.subplots(ncols=1, figsize=(8, 5))
ax1.set_title('After Scaling')
sns.kdeplot(df['scaled_value'], ax=ax1)
```

```
<matplotlib.axes._subplots.AxesSubplot at 0x2ba2c0a7550>
```

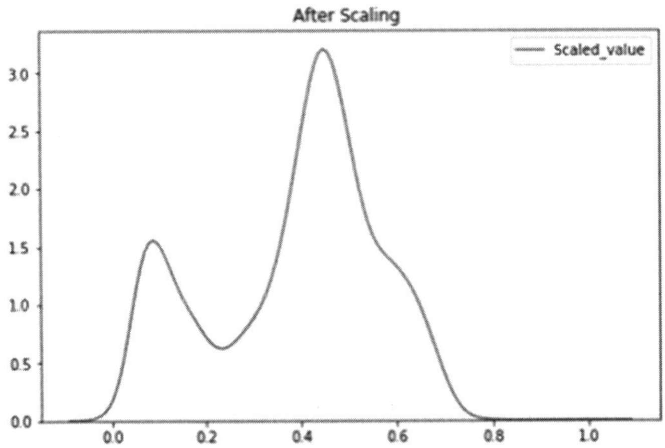

그림 6-22. 커널 밀도 추정을 사용하여 scaled_value 열을 표시

이제 value 열의 크기를 조정했으므로 데이터 프레임을 살펴볼 수 있습니다. 그림 6-23은 타임스탬프(timestamp)와 value 및 scaled_value와 datetime을 나타내는 데이터 프레임을 보여줍니다.

```
df.head(5)
```

	timestamp	value	Datetime	scaled_value
0	2014-07-01 00:00:00	10844	2014-07-01 00:00:00	0.276506
1	2014-07-01 00:30:00	8127	2014-07-01 00:30:00	0.207175
2	2014-07-01 01:00:00	6210	2014-07-01 01:00:00	0.158259
3	2014-07-01 01:30:00	4656	2014-07-01 01:30:00	0.118605
4	2014-07-01 02:00:00	3820	2014-07-01 02:00:00	0.097272

그림 6-23. 수정된 데이터 프레임

시퀀스에는 10,320개의 데이터 포인트가 있으며 이상 징후를 찾는 것이 목표입니다. 즉, 데이터 포인트가 비정상인 시기를 알아보려고 합니다. T−1까지의 과거 데이터를 기반으로 T시점의 데이터 포인트를 예측할 수 있다면, 실제 값과 비교하여 기대 값을 보고 시간 T의 기대 값 범위 내에 있는지 확인할 수 있는 방법이 있습니다. 2015년 1월 1일에 ypred 만큼 택시의 수요가 있을 것으로 예측했다면, 이 ypred를 실제 택시 수요인 yactual과 비교할 수 있습니다. ypred와 yactual의 차이는 오차를 제공하며, 시퀀스의 모든 포인트에서 오차를 얻으면 결국 단순한 오차의 분포(distribution)가 됩니다.

이를 위해 케라스의 순차 모델(sequential model)을 사용할 것입니다. 모델은 장 · 단기 메모리 층과 밀집층으로 구성됩니다. 장 · 단기 메모리 층은 시계열 데이터를 입력으로 사용하여 시간과 관련된 값을 학습하는 방법을 배웁니다. 다음 층은 밀집 층(완전 연결 층, fully connected layer)입니다. 밀집 층은 장 · 단기 메모리 층의 출력을 입력으로 사용하여 완전히 연결된 방식으로 변환합니다. 그런 다음 최종 출력이 0과 1 사이에 오도록 밀집층에 시그모이드(sigmoid) 활성화 함수를 적용합니다.

또한 **아담**(adam)을 옵티마이저로 **평균 제곱 오차**(mean squared error)를 손실 함수로 사용합니다.

그림 6−24는 장 · 단기 메모리 모델을 구축하기 위한 코드입니다.

```
time_steps = 48
metric = 'mean_absolute_error'

model = Sequential()
model.add(LSTM(units=32, activation='tanh', input_shape=(time_steps, 1), return_sequences=True))

model.add(Dense(1, activation='sigmoid'))

model.compile(optimizer='adam', loss='mean_absolute_error', metrics=[metric])
print(model.summary())
```

```
_________________________________________________________________
Layer (type)                 Output Shape              Param #
=================================================================
lstm_5 (LSTM)                (None, 48, 32)            4352
_________________________________________________________________
dense_5 (Dense)              (None, 48, 1)             33
=================================================================
Total params: 4,385
Trainable params: 4,385
Non-trainable params: 0
_________________________________________________________________
None
```

그림 6−24. 장 · 단기 메모리 모델 구축 코드

위와 같이 장·단기 메모리 층을 사용했습니다. 가능한 모든 파라미터와 함께 장·단기 메모리 층 함수의 세부 정보를 살펴보겠습니다(출처: https://keras.io/layers/recurrent/):

keras.layers.LSTM(units, activation='tanh', recurrent_ activation='hard_sigmoid', use_bias =True, kernel_ initializer='glorot_uniform', recurrent_initializer='orthogonal', bias_initializer='zeros', unit_forget_bias=True, kernel_regularizer=None, recurrent_regularizer=None, bias_regularizer=None, activity_regularizer=None, kernel_constraint=None, recurrent_constraint=None, bias_constraint=None, dropout=0.0, recurrent_dropout=0.0, implementation=1, return_sequences=False, return_state=False, go_backwards=False, stateful=False, unroll=False)

전달인자

- units: 양의 정수, 출력 공간의 차원
- activation: 사용할 활성화 함수 (https://keras.io/activations 참조)
  기본값: 하이퍼볼릭탄젠트(tanh) 함수. None이 전달되면 활성화가 적용되지 않음 (즉, "선형" 활성화: a(x) = x)
- recurrent_activation: 순환 스텝(step)에서 사용할 활성화 함수 (https://keras.io/activations 참조)
  기본값: 하드 시그모이드(hard_sigmoid) 함수. None이 전달되면 활성화가 적용되지 않음 (즉, "선형" 활성화: a(x) = x)
- use_bias: 불리언(boolean), 층이 편향 벡터를 사용할 지 여부
- kernel_initializer: 입력의 선형 변환에 사용되는 커널 가중치 행렬의 이니셜라이저 (https://keras.io/initializers 참조)
- recurrent_initializer: 순환 상태의 선형 변환에 사용되는 순환_커널(recurrent_kernel) 가중치 행렬의 이니셜라이저 (https://keras.io/initializers 참조)
- bias_initializer: 편향 벡터의 이니셜라이저 (https://keras.io/initializers 참조)
- unit_forget_bias: 불리언. True면 초기화 시 망각 게이트의 편향에 1을 더합니다. True로 설정하면 bias_initializer="zeros"가 강제 적용됩니다. 조제포위츠(Jozefowiczet

al. (2015))의 논문에서 권장됩니다.

- **kernel_regularizer:** 커널 가중치 행렬에 적용되는 레귤러라이저(regularizer) 함수 (`https://keras.io/regularizer` 참조)
- **recurrent_regularizer:** 순환_커널(recurrent_kernel) 가중치 행렬에 적용되는 레귤러라이저(regularizer) 함수 (`https://keras.io/regularizer` 참조)
- **bias_regularizer:** 편향 벡터에 적용되는 레귤러라이저(regularizer) 함수 (`https://keras.io/ regularizer` 참조)
- **activity_regularizer:** 층의 출력에 적용되는 레귤러라이저(regularizer) 함수("활성화") (`https://keras.io/regularizer` 참조)
- **kernel_constraint:** 커널 가중치 행렬에 적용되는 제약 조건 함수(constraintfunction) (`https://keras.io/ constraints` 참조)
- **recurrent_constraint:** 순환 커널 가중치 행렬에 적용되는 제약 조건 함수(constraint function) (`https:// keras.io/constraints` 참조)
- **bias_constraint:** 편향 벡터에 적용되는 제약 조건 함수(constraint function) (`https:// keras.io/constraints` 참조)
- **dropout:** 0과 1사이의 실수. 입력의 선형 변환을 위해 드롭 시킬 유닛의 비율
- **recurrent_dropout:** 0과 1사이의 실수. 순환 상태의 선형 변환을 위해 드롭 시킬 유닛의 비율
- **implementation:** 구현 모드(1 또는 2)입니다. 모드 1은 더 많은 수의 더 작은 내적(dot product)과 덧셈으로 작업을 구성하는 반면, 모드 2는 더 적은 수의 더 큰 작업으로 묶습니다. 이러한 모드는 하드웨어와 애플리케이션에 따라 서로다른 성능 프로파일을 가집니다.
- **return_sequences:** 불리언. 출력 시퀀스에서 마지막 출력을 변환할지, 전체 시퀀스를 반환할지 여부
- **return_state:** 불리언. 출력 외에 마지막 상태를 반환할지 여부. 상태 목록의 반환된 요소는 각각의 은닉 상태와 셀 상태입니다.
- **go_backwards:** 불리언(기본값 False). True일 경우 입력 시퀀스를 역방향으로 처리하고 뒤집힌 시퀀스를 반환합니다.

- **stateful:** 불리언(기본값 False). True일 경우 배치(batch)의 인덱스 i에서 각 샘플에 대한 마지막 상태가 다음 배치의 인덱스 i의 샘플 대한 초기 상태로 사용됩니다.
- **unroll:** 불리언(기본값 False). True일 경우 네트워크가 언롤링되고, 그렇지 않으면 심볼릭 루프가 사용됩니다. 펼쳐서 사용하는 것은 순환 신경망의속도를 높일 수있지만 메모리를 많이 사용하는 경향이 있기 때문에 짧은 시퀀스에만 적합합니다.

위의 코드에서 장・단기 메모리 호출을 주의 깊게 살펴보았다면, 파라미터 time_steps의 값으로 48이 사용된 것을 확인할 수 있는데, 이 값은 장・단기 메모리 훈련에 사용되는 시퀀스의 단계 수입니다. 48은 데이터 포인트의 간격이 30분이므로 24시간을 의미합니다. 이 값을 64 또는 128로 변경할 수 있고 어떻게 출력되는지 볼 수 있습니다.

그림 6-25는 시퀀스를 길이가 48인 하위 시퀀스의 텀블링 윈도우(tumbling window)로 분할하는 코드입니다. sequence_trimmed의 형태에 유의하십시오. 이 값은 각각의 포인트마다 1개 차원이 있는 48개의 포인트로 구성된 하위 시퀀스(분명히 각 타임스탬프에는 열로 scaled_value만 포함)입니다.

```
sequence = np.array(df['scaled_value'])
print(sequence)
time_steps = 48
samples = len(sequence)
trim = samples % time_steps
subsequences = int(samples/time_steps)
sequence_trimmed = sequence[:samples - trim]

print(samples, subsequences)
sequence_trimmed.shape = (subsequences, time_steps, 1)
print(sequence_trimmed.shape)
```

```
[0.27650616 0.20717548 0.1582587  ... 0.69664957 0.6783281  0.67059634]
10320 215
(215, 48, 1)
```

그림 6-25. 하위 시퀀스 생성 코드

이제 훈련 세트를 검증 데이터로 사용하여 20번의 에포크 동안 모델을 훈련시킬 것입니다. 그림 6-26은 모델을 훈련시키기 위한 코드입니다.

```
training_dataset = sequence_trimmed
print("training_dataset: ", training_dataset.shape)

batch_size=32
epochs=20

model.fit(x=training_dataset, y=training_dataset,
                    batch_size=batch_size, epochs=epochs,
                    verbose=1, validation_data=(training_dataset, training_dataset),
                    callbacks=[TensorBoard(log_dir='../logs/{0}'.format(tensorlog))])
```

```
training_dataset:  (215, 48, 1)
Train on 215 samples, validate on 215 samples
Epoch 1/20
215/215 [==============================] - 1s 6ms/step - loss: 0.0382 - mean_absolute_error: 0.0382 -
 val_loss: 0.0377 - val_mean_absolute_error: 0.0377
Epoch 2/20
215/215 [==============================] - 1s 5ms/step - loss: 0.0376 - mean_absolute_error: 0.0376 -
 val_loss: 0.0370 - val_mean_absolute_error: 0.0370
Epoch 3/20
215/215 [==============================] - 1s 5ms/step - loss: 0.0367 - mean_absolute_error: 0.0367 -
 val_loss: 0.0361 - val_mean_absolute_error: 0.0361
Epoch 4/20
215/215 [==============================] - 1s 5ms/step - loss: 0.0358 - mean_absolute_error: 0.0358 -
 val_loss: 0.0354 - val_mean_absolute_error: 0.0354
Epoch 5/20
215/215 [==============================] - 1s 5ms/step - loss: 0.0351 - mean_absolute_error: 0.0351 -
 val_loss: 0.0346 - val_mean_absolute_error: 0.0346
Epoch 6/20
215/215 [==============================] - 1s 5ms/step - loss: 0.0344 - mean_absolute_error: 0.0344 -
 val_loss: 0.0339 - val_mean_absolute_error: 0.0339
Epoch 7/20
215/215 [==============================] - 1s 5ms/step - loss: 0.0343 - mean_absolute_error: 0.0343 -
 val_loss: 0.0332 - val_mean_absolute_error: 0.0332
Epoch 8/20
215/215 [==============================] - 1s 5ms/step - loss: 0.0331 - mean_absolute_error: 0.0331 -
 val_loss: 0.0326 - val_mean_absolute_error: 0.0326
Epoch 9/20
215/215 [==============================] - 1s 5ms/step - loss: 0.0324 - mean_absolute_error: 0.0324 -
 val_loss: 0.0319 - val_mean_absolute_error: 0.0319
Epoch 10/20
215/215 [==============================] - 1s 5ms/step - loss: 0.0318 - mean_absolute_error: 0.0318 -
 val_loss: 0.0315 - val_mean_absolute_error: 0.0315
Epoch 11/20
215/215 [==============================] - 1s 5ms/step - loss: 0.0311 - mean_absolute_error: 0.0311 -
 val_loss: 0.0309 - val_mean_absolute_error: 0.0309
Epoch 12/20
215/215 [==============================] - 1s 5ms/step - loss: 0.0305 - mean_absolute_error: 0.0305 -
 val_loss: 0.0299 - val_mean_absolute_error: 0.0299
Epoch 13/20
215/215 [==============================] - 1s 5ms/step - loss: 0.0300 - mean_absolute_error: 0.0300 -
 val_loss: 0.0302 - val_mean_absolute_error: 0.0302
Epoch 14/20
215/215 [==============================] - 1s 5ms/step - loss: 0.0293 - mean_absolute_error: 0.0293 -
 val_loss: 0.0289 - val_mean_absolute_error: 0.0289
Epoch 15/20
215/215 [==============================] - 1s 5ms/step - loss: 0.0286 - mean_absolute_error: 0.0286 -
 val_loss: 0.0280 - val_mean_absolute_error: 0.0280
Epoch 16/20
215/215 [==============================] - 1s 5ms/step - loss: 0.0278 - mean_absolute_error: 0.0278 -
 val_loss: 0.0272 - val_mean_absolute_error: 0.0272
Epoch 17/20
215/215 [==============================] - 1s 5ms/step - loss: 0.0270 - mean_absolute_error: 0.0270 -
 val_loss: 0.0265 - val_mean_absolute_error: 0.0265
Epoch 18/20
215/215 [==============================] - 1s 5ms/step - loss: 0.0265 - mean_absolute_error: 0.0265 -
 val_loss: 0.0261 - val_mean_absolute_error: 0.0261
Epoch 19/20
215/215 [==============================] - 1s 5ms/step - loss: 0.0260 - mean_absolute_error: 0.0260 -
 val_loss: 0.0254 - val_mean_absolute_error: 0.0254
Epoch 20/20
215/215 [==============================] - 1s 6ms/step - loss: 0.0251 - mean_absolute_error: 0.0251 -
 val_loss: 0.0248 - val_mean_absolute_error: 0.0248
```

그림 6-26. 모델 훈련 코드

그림 6-27은 훈련 과정 동안 각 에포크에서의 손실 그래프를 보여줍니다.

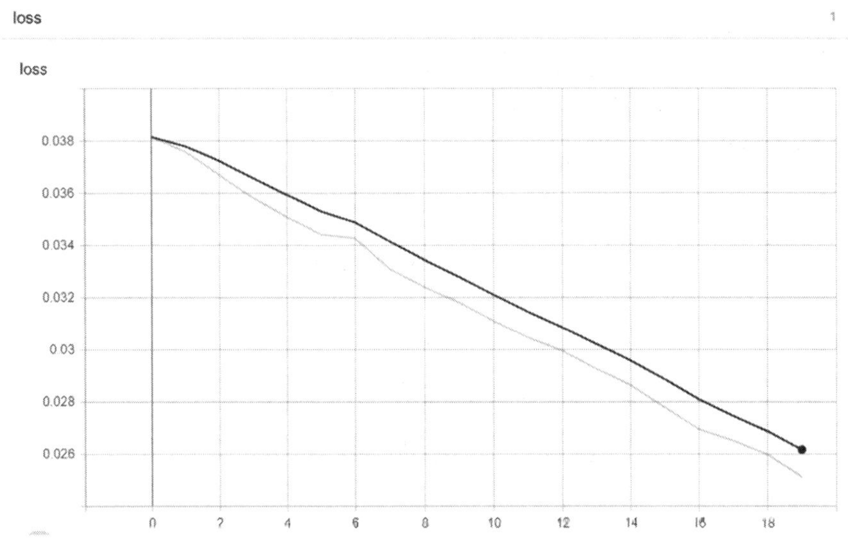

그림 6-27. 텐서 보드에 출력된 손실 그래프

그림 6-28은 훈련 과정 동안 각 에포크에서의 평균 절대 오차(mean absolute error)의 그래프를 보여줍니다.

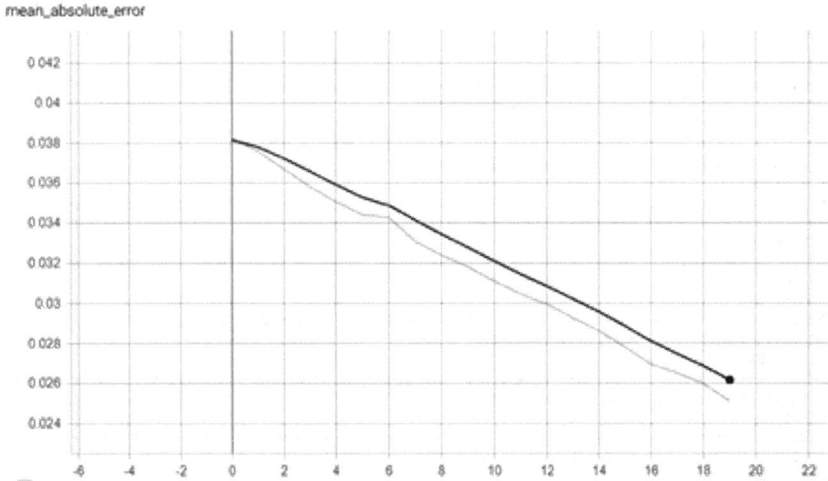

그림 6-28. 텐서 보드에 출력된 평균 절대 오차 그래프

그림 6-29는 훈련 과정 동안 각 에포크에서의 검증 손실 그래프를 보여줍니다.

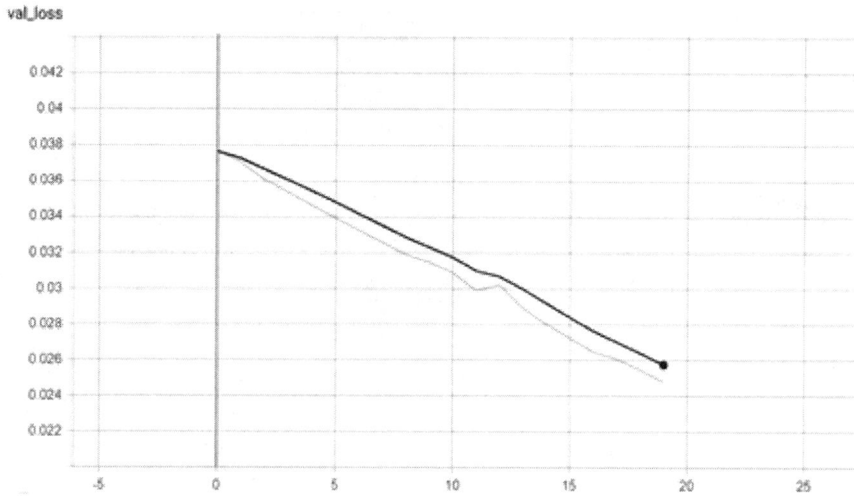

그림 6-29. 텐서 보드에 출력된 검증 손실 그래프

그림 6-30은 훈련 과정 동안 각 에포크에서의 검증 평균 절대 오차 그래프를 보여줍니다.

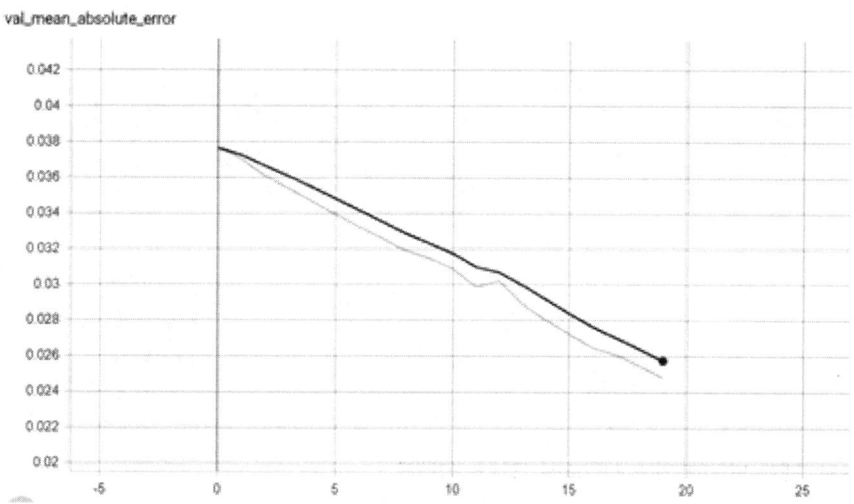

그림 6-30. 텐서 보드에 출력된 검증 평균 절대 오차 그래프

그림 6-31은 텐서 보드에 의해 시각화된 모델의 그래프를 보여줍니다.

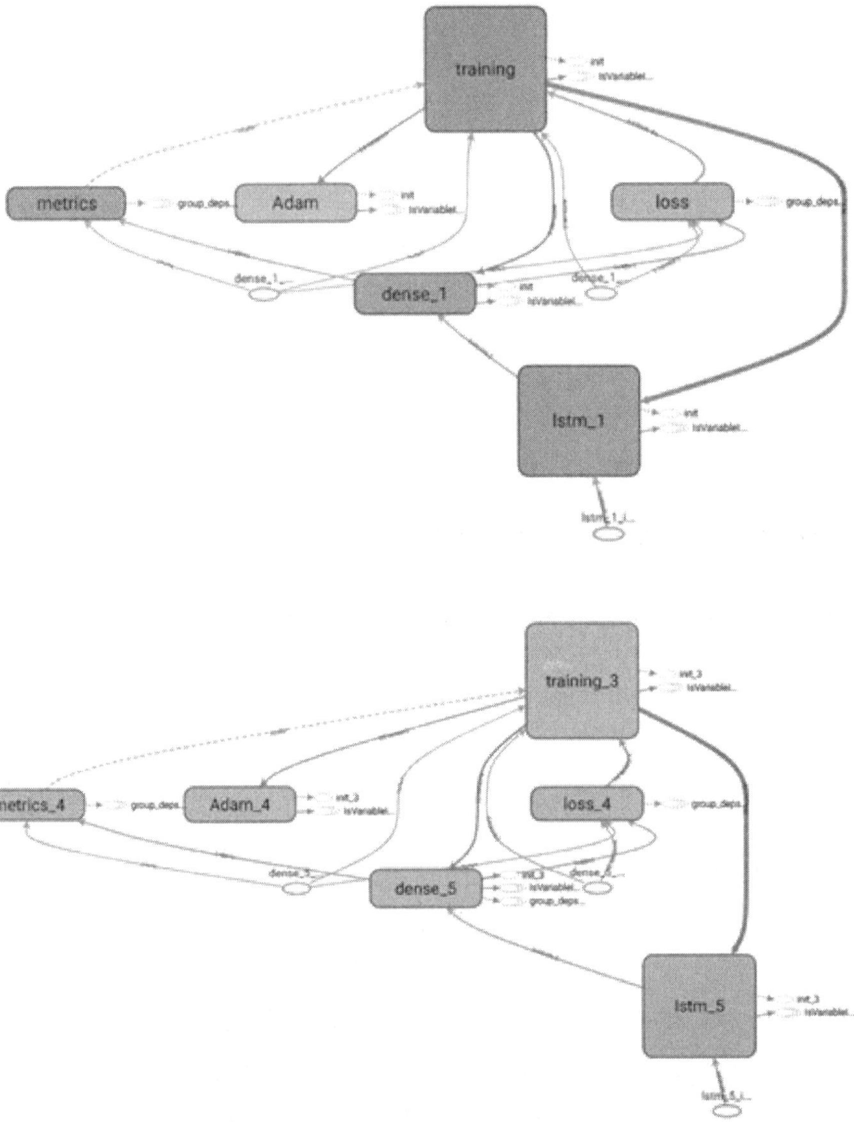

그림 6-31. 텐서 보드에 의해 시각화된 모델의 그래프

모델이 훈련되면 훈련 데이터 세트와 동일한 길이(time_steps)의 서브 시퀀스로 분할되는 시험 데이터 세트에서 예측할 수 있습니다. 이 작업이 완료되면 평균 제곱근 오차(RMSE: root mean square error)를 계산할 수 있습니다.

그림 6-32는 시험 데이터 세트에서 예측하는 코드입니다.

```
import math
from sklearn.metrics import mean_squared_error

sequence = np.array(df['scaled_value'])
print(sequence)
time_steps = 48
samples = len(sequence)
trim = samples % time_steps
subsequences = int(samples/time_steps)
sequence_trimmed = sequence[:samples - trim]

print(samples, subsequences)
sequence_trimmed.shape = (subsequences, time_steps, 1)
print(sequence_trimmed.shape)

testing_dataset = sequence_trimmed
print("testing_dataset: ", testing_dataset.shape)

testing_pred = model.predict(x=testing_dataset)
print("testing_pred: ", testing_pred.shape)

testing_dataset = testing_dataset.reshape((testing_dataset.shape[0]*testing_dataset.shape[1]), testing
print("testing_dataset: ", testing_dataset.shape)

testing_pred = testing_pred.reshape((testing_pred.shape[0]*testing_pred.shape[1]), testing_pred.shape[
print("testing_pred: ", testing_pred.shape)
errorsDF = testing_dataset - testing_pred
print(errorsDF.shape)
rmse = math.sqrt(mean_squared_error(testing_dataset, testing_pred))
print('Test RMSE: %.3f' % rmse)
```

```
[0.27650616 0.20717548 0.1582587  ... 0.69664957 0.6783281  0.67059634]
10320 215
(215, 48, 1)
testing_dataset:  (215, 48, 1)
testing_pred:  (215, 48, 1)
testing_dataset:  (10320, 1)
testing_pred:  (10320, 1)
(10320, 1)
Test RMSE: 0.040
```

그림 6-32. 시험 데이터 세트에서 예측하는 코드

평균 제곱근 오차(RMSE)는 0.040으로 상당히 낮으며, 20번의 에포크 이후의 훈련 단계에서 손실이 적다는 것도 눈에 띕니다: **손실(loss): 0.0251 – 평균 절대 오차(mean_absolute_error): 0.0251 – 검증 손실(val_loss): 0.0248 – 검증 평균 절대 오차(val_mean_absolute_error): 0.0248**

이제 예측된 데이터 세트와 시험 데이터 세트를 사용하여 차이점을 diff로 계산한 다음 벡터노름(vector norm)을 통해 전달할 수 있습니다. 머신 러닝에서는 정규화(regularization) 방법으로 벡터의 길이나 크기를 직접 계산해야하는 경우가 많습니다.

그런 다음 점수/차이를 정렬하고 컷 오프 값을 사용하여 임계값을 설정할 수 있는데, 선택한 파라미터, 특히 컷 오프 값(그림 6-33의 0.99)에 따라 변경 될 수 있습니다.

```
#based on cutoff after sorting errors
dist = np.linalg.norm(testing_dataset - testing_pred, axis=-1)

scores =dist.copy()
print(scores.shape)
scores.sort()
cutoff = int(0.999 * len(scores))
print(cutoff)
#print(scores[cutoff:])
threshold= scores[cutoff]
print(threshold)
```

```
(10320,)
10309
0.3330642728290365
```

그림 6-33. 임계값 계산 코드

0.333을 임계값으로 설정했습니다. 이 이상은 모두 이상 징후로 간주됩니다.

그림 6-34에는 시험 데이터 세트(초록)와 해당 예측 데이터 세트(빨강)를 표시하는 코드가 나와 있습니다.

```
plt.figure(figsize=(24,16))
plt.plot(testing_dataset, color='green')
plt.plot(testing_pred, color='red')
```

```
[<matplotlib.lines.Line2D at 0x2bc082169e8>]
```

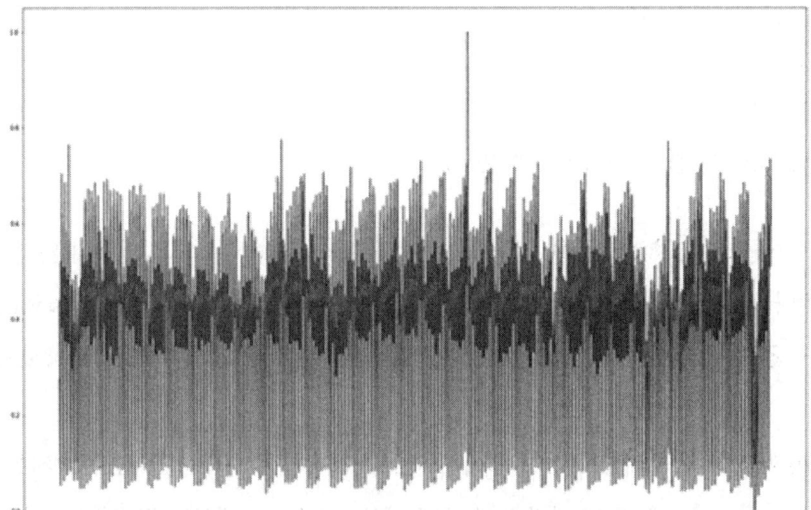

그림 6-34. 시험 데이터 세트와 예측 데이터 세트 표시

그림 6-35는 데이터 포인트를 이상 징후 또는 정상으로 분류하는 코드입니다.

```
#label the records anomalies or not based on threshold
z = zip(dist >= threshold, dist)

y_label=[]
error = []
for idx, (is_anomaly, dist) in enumerate(z):
    if is_anomaly:
        y_label.append(1)
    else:
        y_label.append(0)
    error.append(dist)
```

그림 6-35. 데이터 포인트를 이상 징후 또는 정상으로 분류하는 코드

그림 6-36은 임계값 기준으로 데이터 포인트를 표시하는 코드입니다.

```
viz = Visualization()
viz.draw_anomaly(y_label, error, threshold)
```

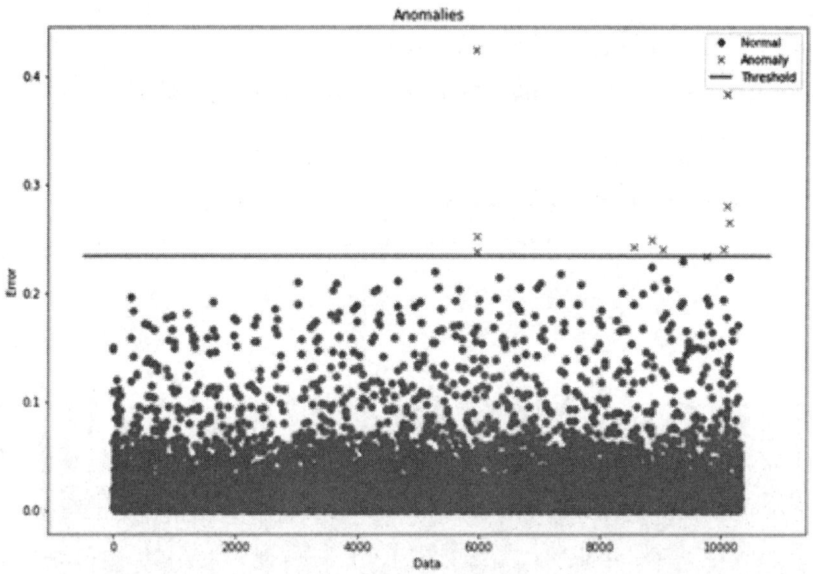

그림 6-36. 임계값을 기준으로 데이터 포인트를 표시하는 코드

그림 6−37은 이상 징후 플래그를 데이터 프레임에 추가하는 코드입니다.

```
adf = pd.DataFrame({'Datetime': df['Datetime'], 'observation': df['value'],
                    'error': error, 'anomaly': y_label})
adf.head(5)
```

	Datetime	observation	error	anomaly
0	2014-07-01 00:00:00	10844	0.150302	0
1	2014-07-01 00:30:00	8127	0.147902	0
2	2014-07-01 01:00:00	6210	0.109466	0
3	2014-07-01 01:30:00	4656	0.063570	0
4	2014-07-01 02:00:00	3820	0.019833	0

그림 6−37. 이상 징후 플래그를 데이터 프레임에 추가하는 코드

그림 6−38은 이상 징후 그래프를 표시하는 코드입니다.

```
figure, axes = plt.subplots(figsize=(12, 6))
axes.plot(adf['Datetime'], adf['observation'], color='g')
anomaliesDF = adf.query('anomaly == 1')
axes.scatter(anomaliesDF['Datetime'].values, anomaliesDF['observation'], color='r')
plt.xlabel('Date time')
plt.ylabel('observation')
plt.title('Time Series of value by date time')
```

```
Text(0.5, 1.0, 'Time Series of value by date time')
```

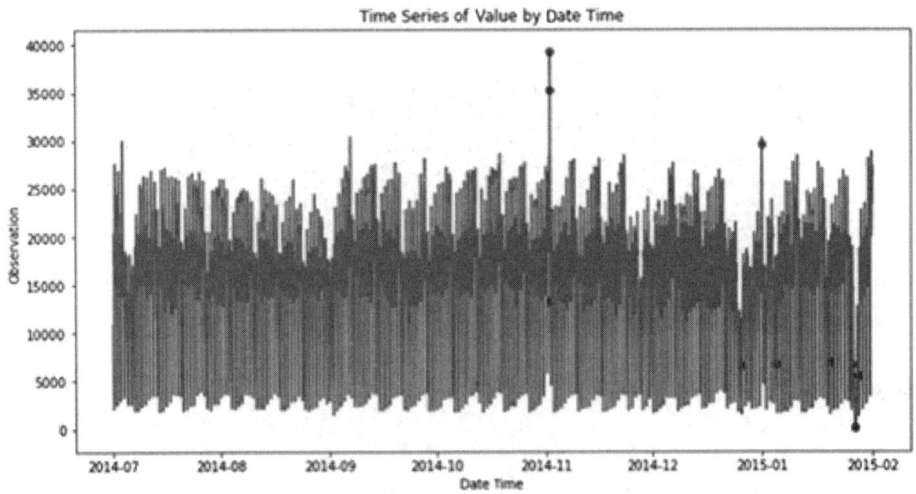

그림 6−38. 이상 징후를 보여주는 그래프

위의 그래프에서 여러분은 추수 감사절 전후, 새해 전야 전후, 그리고 1월에 눈보라가 몰아칠 가능성이 있는 날에 이상 징후를 발견할 수 있습니다.

타임스텝(time_step) 수, 컷 오프 임계값, 신경망의 에포크 수, 배치 크기 및 은닉층 등 사용했던 파라미터 일부를 조정하면 다른 결과가 나타날 것입니다.

탐지를 개선하는 좋은 방법은 식별된 이상 징후를 사용하여 정상 데이터중에서 좋은 데이터를 선별하고 식별된 이상 징후가 제대로 일치할 때까지 파라미터를 조정하는 방법을 조합하는 것입니다.

시계열 예제

art_daily_no_noise

이 데이터 세트는 잡음 또는 이상 징후가 없는 일반적인 시계열 데이터 세트입니다. 아래에서 볼 수 있듯이 시계열값들은 서로 다른 타임스탬프에 있습니다.

데이터 세트: art_daily_no_noise.csv

그림 6-39는 시계열을 보여주는 그래프입니다.

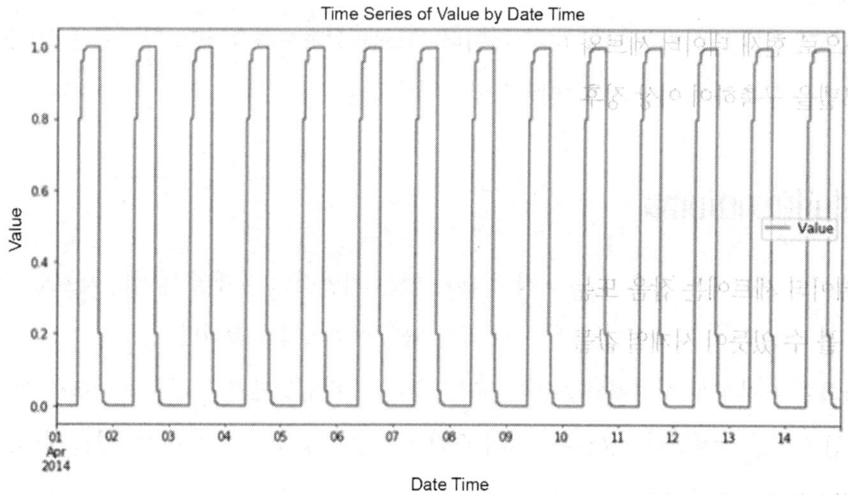

그림 6-39. 시계열을 보여주는 그래프

시각화를 사용하여 새로운 시계열을 표시할 수 있습니다. 아래 그림과 같이 시계열은 datetime 대 value 열이 표시 됩니다. 이상 징후가 없기 때문에 모든 것이 녹색입니다. 그림 6-40에 이상 징후를 보여주는 그래프를 생성하는 코드가 나와 있습니다.

```
figure, axes = plt.subplots(figsize=(12, 6))
axes.plot(adf['Datetime'], adf['observation'], color='g')
anomaliesDF = adf.query('anomaly == 1')
axes.scatter(anomaliesDF['Datetime'].values, anomaliesDF['observation'], color='r')
plt.xlabel('Date time')
plt.ylabel('observation')
plt.title('Time Series of value by date time')
```

```
Text(0.5, 1.0, 'Time Series of value by date time')
```

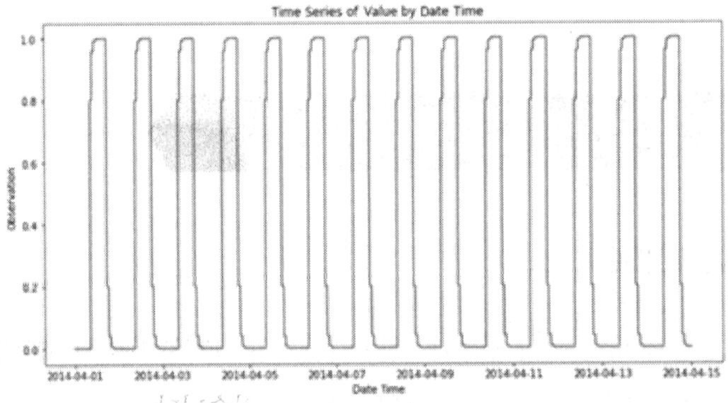

그림 6-40. 이상 징후를 보여주는 그래프

이 데이터 세트에는 잡음이 없고 정상데이터만 있는 시계열 데이터 세트이므로 이상 징후(빨간색 데이터 포인트)가 표시되지 않고 모든 것이 녹색입니다.

다음으로 현재 데이터 세트와 다른 데이터 세트를 살펴보겠습니다. 여러분은 장•단기 메모리 모델을 구축하여 이상 징후 여부를 확인해보시길 바랍니다.

art_daily_nojump

이 데이터 세트에는 잡음 또는 이상 징후가 없는 일반적인 시계열 데이터 세트입니다. 아래에서 볼 수 있듯이 시계열 값들은 서로 다른 타임스탬프에 있습니다.

시각화를 사용하여 시계열을 표시할 수 있습니다. 타임스탬프를 datetime으로 변환하고 타임스탬프 열을 삭제합니다. 아래 그림과 같이 시계열은 datetime 대 value 열을 보여줍니다.

데이터 세트: art_daily_nojump.csv

그림 6-41은 시계열을 보여주는 그래프입니다.

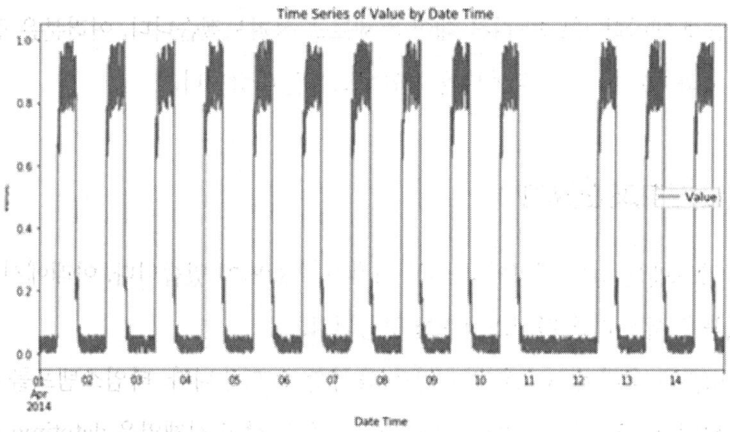

그림 6-41. 시계열을 보여주는 그래프

이상 징후 열을 원래 데이터 프레임에 추가하고 새로운 데이터 프레임을 준비합니다. 이제 시각화를 사용하여 새로운 시계열을 표시할 수 있습니다. 아래 그림과 같이 시계열은 datetime 대 value 열을 보여줍니다. 이상 징후가 없기 때문에 모든 것이 녹색입니다. 그림 6-42에 이상 징후를 보여주는 그래프를 생성하는 코드가 나와 있습니다.

```
figure, axes = plt.subplots(figsize=(12, 6))
axes.plot(adf['Datetime'], adf['observation'], color='g')
anomaliesDF = adf.query('anomaly == 1')
axes.scatter(anomaliesDF['Datetime'], anomaliesDF['observation'], color='r')
plt.xlabel('Date time')
plt.ylabel('observation')
plt.title('Time Series of value by date time')
```

```
Text(0.5, 1.0, 'Time Series of value by date time')
```

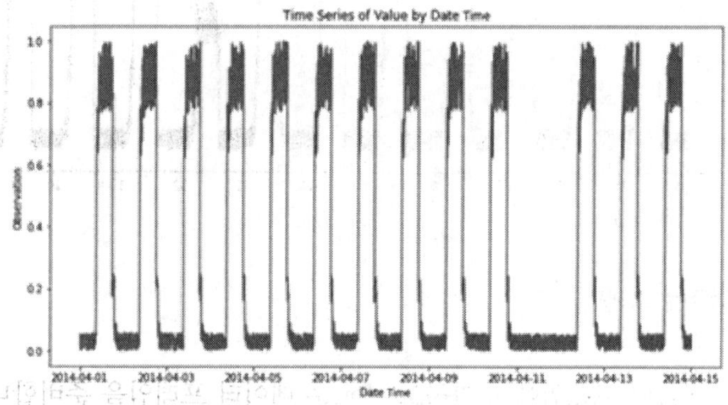

그림 6-42. 이상 징후를 보여주는 그래프

이 데이터 세트에는 잡음이 없고 정상적인 데이터만 있는 시계열 데이터 세트이므로 이상 징후(빨간색 데이터 포인트)가 표시되지 않고 모든 것이 녹색입니다.

다음으로 현재 데이터 세트와 다른 데이터 세트를 살펴보겠습니다. 여러분은 장・단기 메모리 모델을 구축하여 이상 징후 여부를 확인해보시길 바랍니다.

art_daily_jumpsdown

이 데이터 세트에는 정상 데이터와 이상 징후가 혼합되어 있습니다. 아래에서 볼 수 있듯이 시계열 값들은 서로 다른 타임스탬프에 있습니다.

이제 시각화를 사용하여 새로운 시계열을 표시할 수 있습니다. 타임스탬프를 datetime으로 변환하고 타임스탬프 열을 삭제합니다. 아래 그림과 같이 시계열은 datetime 대 value 열을 표시합니다.

데이터 세트: art_daily_jumpsdown.csv

그림 6-43은 시계열을 보여주는 그래프입니다.

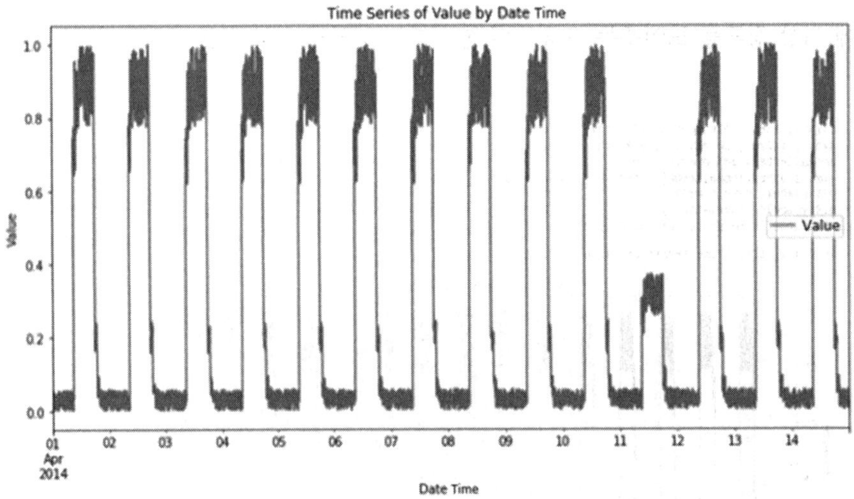

그림 6-43. 시계열을 보여주는 그래프

이상 징후 열을 원래 데이터 프레임에 추가하고 새로운 데이터 프레임을 준비합니다. 이제 시각화를 사용하여 새로운 시계열을 표시할 수 있습니다. 아래 그림과 같이 시계열은

datetime 대 value 열을 보여줍니다. 정상 데이터 포인트는 녹색으로 표시되고 이상 징후는 빨간색으로 표시됩니다. 그림 6-44에 이상 징후를 보여주는 그래프를 생성하는 코드가 나와있습니다.

```
figure, axes = plt.subplots(figsize=(12, 6))
axes.plot(adf['Datetime'], adf['observation'], color='g')
anomaliesDF = adf.query('anomaly == 1')
axes.scatter(anomaliesDF['Datetime'], anomaliesDF['observation'], color='r')
plt.xlabel('Date time')
plt.ylabel('observation')
plt.title('Time Series of value by date time')
```

```
Text(0.5, 1.0, 'Time Series of value by date time')
```

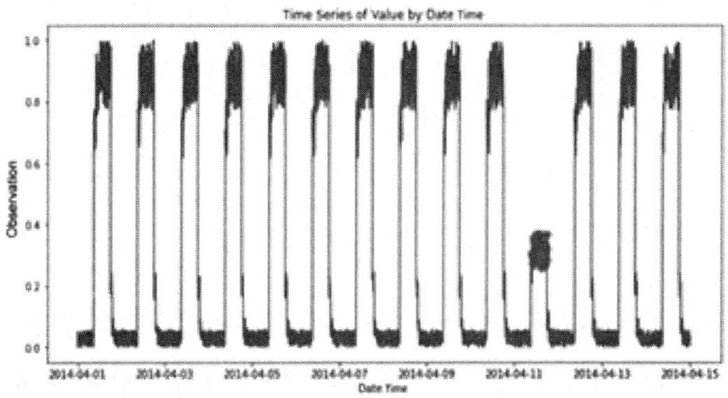

그림 6-44. 이상 징후를 보여주는 그래프

이 데이터 세트에는 잡음 또는 이상 징후가 있으므로 이상 징후(빨간색으로 표시된 데이터 포인트)가 표시되고 다른 모든 항목은 정상(녹색)입니다.

다음으로, 현재 데이터 세트와 또 다른 데이터 세트를 살펴보겠습니다. 여러분은 장 · 단기 메모리 모델을 구축하여 이상 징후 여부를 확인해보시길 바랍니다.

art_daily_perfect_square_wave

이 데이터 세트에는 잡음 또는 이상 징후가 없는 일반적인 시계열 데이터 세트입니다. 아래에서 볼 수 있듯이 시계열 값들은 서로 다른 타임스탬프에 있습니다.

시각화를 사용하여 시계열을 표시할 수 있습니다. 타임스탬프를 datetime으로 변환하고 타임스탬프 열을 삭제합니다. 아래 그림과 같이 시계열은 datetime 대 value 열을 보여줍니다.

데이터 세트: art_daily_perfect_square_wave.csv

그림 6−45는 시계열을 보여주는 그래프입니다.

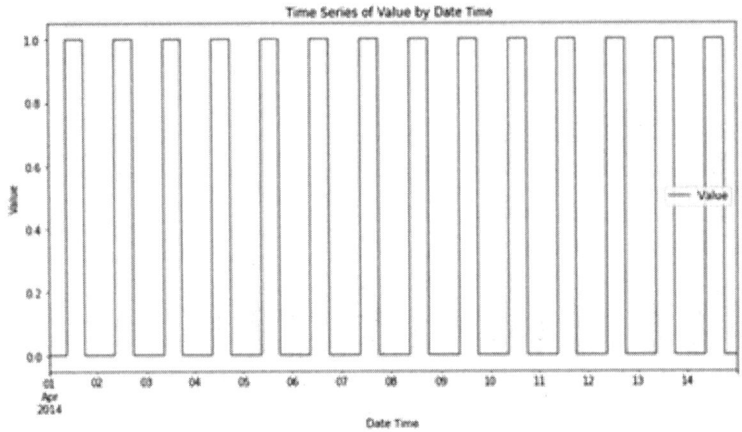

그림 6-45. 시계열을 보여주는 그래프

이상 징후 열을 원래 데이터 프레임에 추가하고 새로운 데이터 프레임을 준비합니다. 이제 시각화를 사용하여 새로운 시계열을 표시할 수 있습니다. 아래 그림과 같이 시계열은 datetime 대 value 열을 보여줍니다. 이상 징후가 없기 때문에 모든 것이 녹색입니다. 그림 6−46에는 이상 징후를 보여주는 그래프를 생성하는 코드가 나와 있습니다.

```
figure, axes = plt.subplots(figsize=(12, 6))
axes.plot(adf['Datetime'], adf['observation'], color='g')
anomaliesDF = adf.query('anomaly == 1')
axes.scatter(anomaliesDF['Datetime'], anomaliesDF['observation'], color='r')
plt.xlabel('Date time')
plt.ylabel('observation')
plt.title('Time Series of value by date time')
```

```
Text(0.5, 1.0, 'Time Series of value by date time')
```

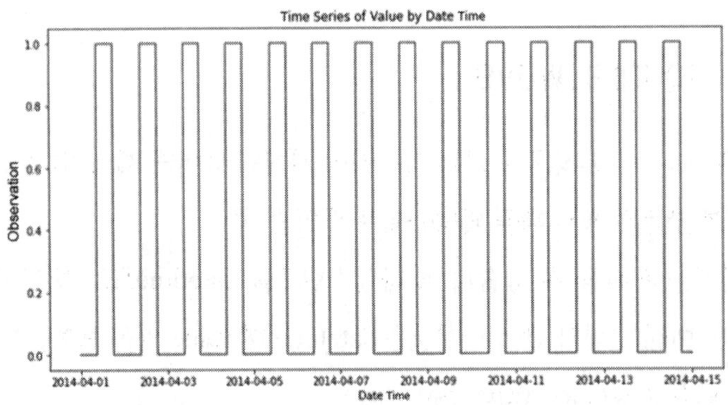

그림 6-46. 이상 징후를 보여주는 그래프

이 데이터 세트에는 잡음이 없고 정상적인 데이터만 있는 시계열 데이터 세트이므로 이상 징후(빨간색 데이터 포인트)가 표시되지 않고 모든 것이 녹색입니다.

다음으로 현재 데이터 세트와 다른 데이터 세트를 살펴보겠습니다. 여러분은 장・단기 메모리 모델을 구축하여 이상 징후 여부를 확인해보시길 바랍니다.

art_load_balancer_spikes

이 데이터 세트에는 정상 데이터와 이상 징후가 혼합되어 있습니다. 아래에서 볼 수 있듯이 시계열 값들은 서로 다른 타임스탬프에 있습니다.

시각화를 사용하여 시계열을 표시할 수 있습니다. 타임스탬프를 datetime으로 변환하고 타임스탬프 열을 삭제합니다. 아래 그림과 같이 시계열은 datetime 대 value 열을 보여줍니다.

데이터 세트: art_load_balancer_spikes.csv

그림 6-47은 시계열을 보여주는 그래프입니다.

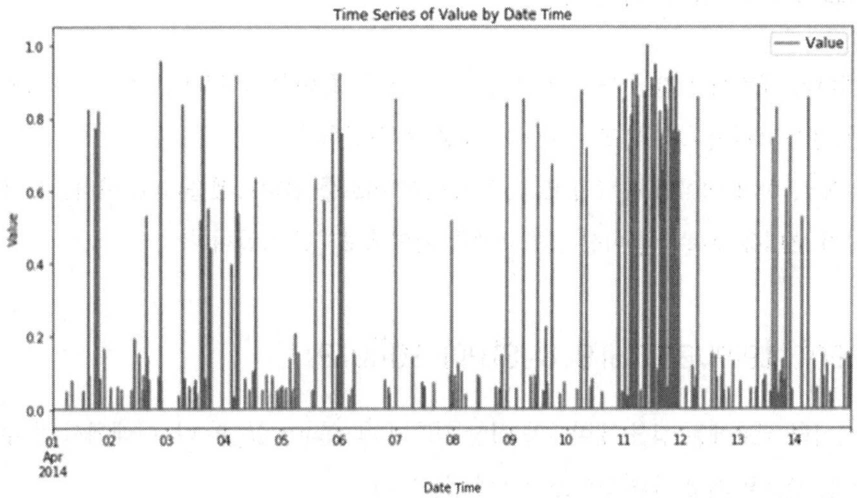

그림 6-47. 시계열을 보여주는 그래프

이상 징후 열을 원래 데이터 프레임에 추가하고 새로운 데이터 프레임을 준비합니다. 이제 시각화를 사용하여 새로운 시계열을 표시할 수 있습니다. 아래 그림과 같이 시계열은 datetime 대 value 열을 보여줍니다. 정상 데이터 포인트는 녹색으로 표시되고 이상 징후는 빨간색으로 표시됩니다. 그림 6-48에 이상 징후를 나타내는 그래프를 생성하는 코드가 나와있습니다.

```
figure, axes = plt.subplots(figsize=(12, 6))
axes.plot(adf['Datetime'], adf['observation'], color='g')
anomaliesDF = adf.query('anomaly == 1')
axes.scatter(anomaliesDF['Datetime'], anomaliesDF['observation'], color='r')
plt.xlabel('Date time')
plt.ylabel('observation')
plt.title('Time Series of value by date time')
```

```
Text(0.5, 1.0, 'Time Series of value by date time')
```

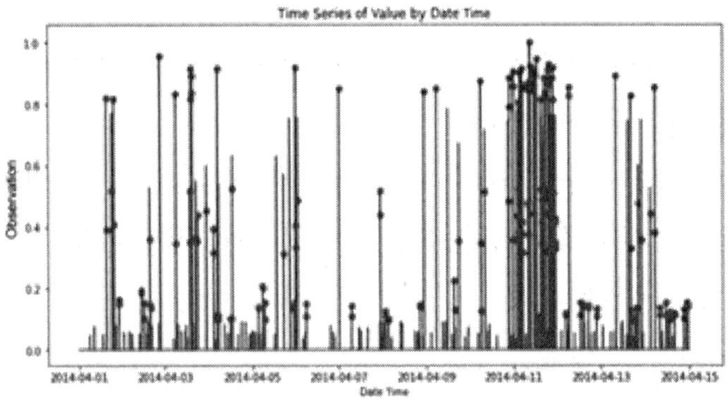

그림 6-48. 이상 징후를 보여주는 그래프

이 데이터 세트에는 잡음 또는 이상 징후가 있으므로 이상 징후(빨간색으로 표시된 데이터 포인트)가 표시되고 다른 모든 항목은 정상(녹색)입니다.

다음으로, 현재 데이터 세트와 또 다른 데이터 세트를 살펴보겠습니다. 여러분은 장·단기 메모리 모델을 구축하여 이상 징후 여부를 확인해보시길 바랍니다.

ambient_temperature_system_failure

이 데이터 세트에는 정상 데이터와 이상 징후가 혼합되어 있습니다. 아래에서 볼 수 있듯이 시계열 값들은 서로 다른 타임스탬프에 있습니다.

시각화를 사용하여 시계열을 표시할 수 있습니다. 타임스탬프를 datetime으로 변환하고 타임스탬프 열을 삭제합니다. 아래 그림과 같이 시계열은 datetime 대 value 열을 보여줍니다.

데이터 세트: ambient_temperature_system_failure.csv

그림 6-49는 시계열을 보여주는 그래프입니다.

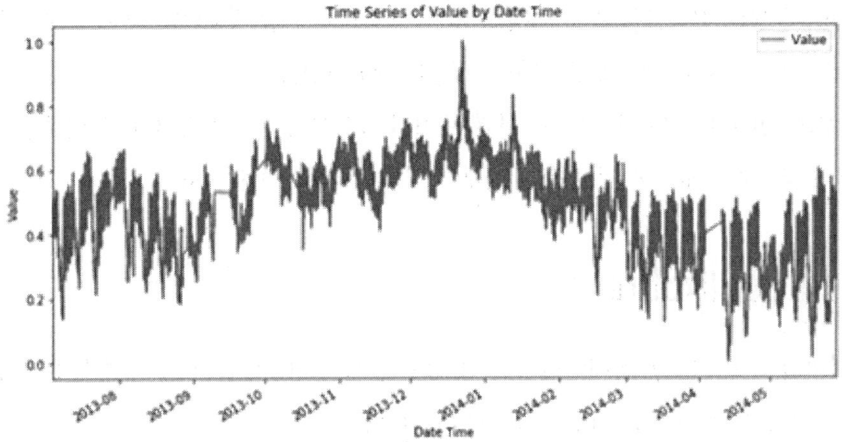

그림 6-49. 시계열을 보여주는 그래프

이상 징후 열을 원래 데이터 프레임에 추가하고 새로운 데이터 프레임을 준비합니다. 이제 시각화를 사용하여 새로운 시계열을 표시할 수 있습니다. 아래 그림과 같이 시계열은 datetime 대 value 열을 보여줍니다. 정상 데이터 포인트는 녹색으로 표시되고 이상 징후는 빨간색으로 표시됩니다. 그림 6-50에 이상 징후를 나타내는 그래프를 생성하는 코드가 나와있습니다.

```
figure, axes = plt.subplots(figsize=(12, 6))
axes.plot(adf['Datetime'], adf['observation'], color='g')
anomaliesDF = adf.query('anomaly == 1')
axes.scatter(anomaliesDF['Datetime'], anomaliesDF['observation'], color='r')
plt.xlabel('Date time')
plt.ylabel('observation')
plt.title('Time Series of value by date time')
```

```
Text(0.5, 1.0, 'Time Series of value by date time')
```

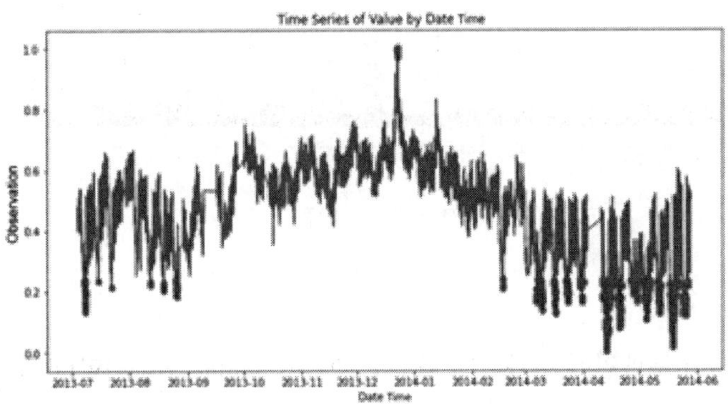

그림 6-50. 이상 징후를 보여주는 그래프

이 데이터 세트에는 잡음 또는 이상 징후가 있으므로 이상 징후(빨간색으로 표시된 데이터 포인트)가 표시되고 다른 모든 항목은 정상(녹색)입니다.

다음으로, 현재 데이터 세트와 또 다른 데이터 세트를 살펴보겠습니다. 여러분은 장·단기 메모리 모델을 구축하여 이상 징후 여부를 확인해보시길 바랍니다.

ec2_cpu_utilization

이 데이터 세트에는 정상 데이터와 이상 징후가 혼합되어 있습니다. 아래에서 볼 수 있듯이 시계열 값들은 서로 다른 타임스탬프에 있습니다.

시각화를 사용하여 시계열을 표시할 수 있습니다. 타임스탬프를 datetime으로 변환하고 타임스탬프 열을 삭제합니다. 아래 그림과 같이 시계열은 datetime 대 value 열을 보여줍니다.

데이터 세트: ec2_cpu_utilization.csv

그림 6-51은 시계열을 보여주는 그래프입니다.

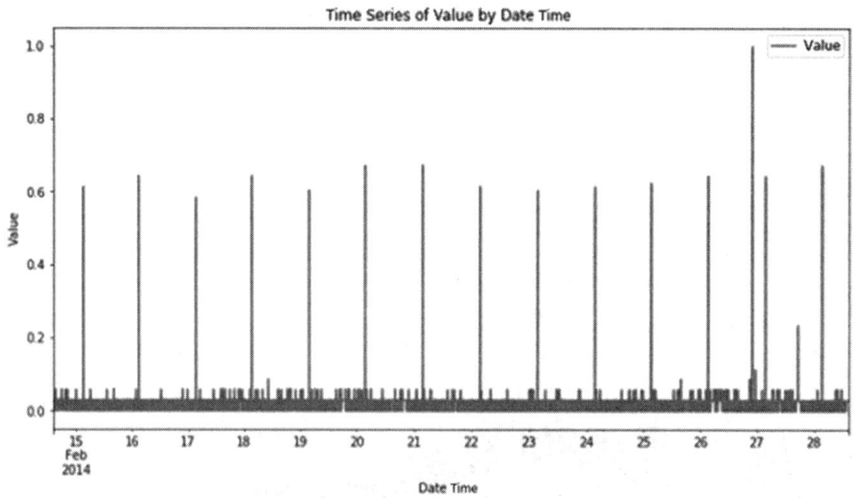

그림 6-51. 시계열을 보여주는 그래프

이상 징후 열을 원래 데이터 프레임에 추가하고 새로운 데이터 프레임을 준비합니다. 이제 시각화를 사용하여 새로운 시계열을 표시할 수 있습니다. 아래 그림과 같이 시계열은 datetime 대 value 열을 보여줍니다. 정상 데이터 포인트는 녹색으로 표시되고 이상 징후는 빨간색으로 표시됩니다. 그림 6-52에 이상 징후를 나타내는 그래프를 생성하는 코드가 나와있습니다.

```
figure, axes = plt.subplots(figsize=(12, 6))
axes.plot(adf['Datetime'], adf['observation'], color='g')
anomaliesDF = adf.query('anomaly == 1')
axes.scatter(anomaliesDF['Datetime'], anomaliesDF['observation'], color='r')
plt.xlabel('Date time')
plt.ylabel('observation')
plt.title('Time Series of value by date time')
```

```
Text(0.5, 1.0, 'Time Series of value by date time')
```

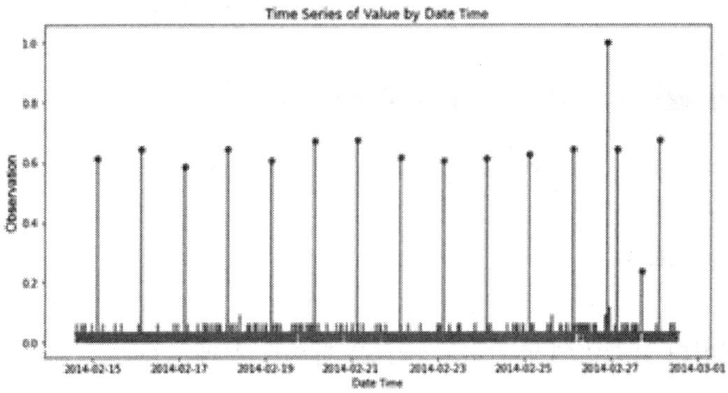

그림 6-52. 이상 징후를 보여주는 그래프

이 데이터 세트에는 잡음 또는 이상 징후가 있으므로 이상 징후(빨간색으로 표시된 데이터 포인트)가 표시되고 다른 모든 항목은 정상(녹색)입니다.

다음으로, 현재 데이터 세트와 또 다른 데이터 세트를 살펴보겠습니다. 여러분은 장 · 단기 메모리 모델을 구축하여 이상 징후 여부를 확인해보시길 바랍니다.

rds_cpu_utilization

이 데이터 세트에는 정상 데이터와 이상 징후가 혼합되어 있습니다. 아래에서 볼 수 있듯이 시계열 값들은 서로 다른 타임스탬프에 있습니다.

시각화를 사용하여 시계열을 표시할 수 있습니다. 타임스탬프를 datetime으로 변환하고 타임스탬프 열을 삭제합니다. 아래 그림과 같이 시계열은 datetime 대 value 열을 보여줍니다.

데이터 세트: rds_cpu_utilization.csv

그림 6-53은 시계열을 보여주는 그래프입니다.

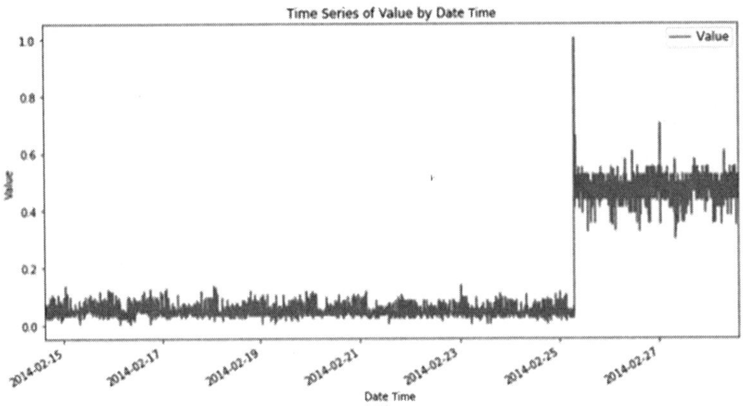

그림 6-53. 시계열을 보여주는 그래프

이상 징후 열을 원래 데이터 프레임에 추가하고 새로운 데이터 프레임을 준비합니다. 이제 시각화를 사용하여 새로운 시계열을 표시할 수 있습니다. 아래 그림과 같이 시계열은 datetime 대 value 열을 보여줍니다. 정상 데이터 포인트는 녹색으로 표시되고 이상 징후는 빨간색으로 표시됩니다. 그림 6-54에 이상 징후를 나타내는 그래프를 생성하는 코드가 나와있습니다.

```
figure, axes = plt.subplots(figsize=(12, 6))
axes.plot(adf['Datetime'], adf['observation'], color='g')
anomaliesDF = adf.query('anomaly == 1')
axes.scatter(anomaliesDF['Datetime'], anomaliesDF['observation'], color='r')
plt.xlabel('Date time')
plt.ylabel('observation')
plt.title('Time Series of value by date time')
```

```
Text(0.5, 1.0, 'Time Series of value by date time')
```

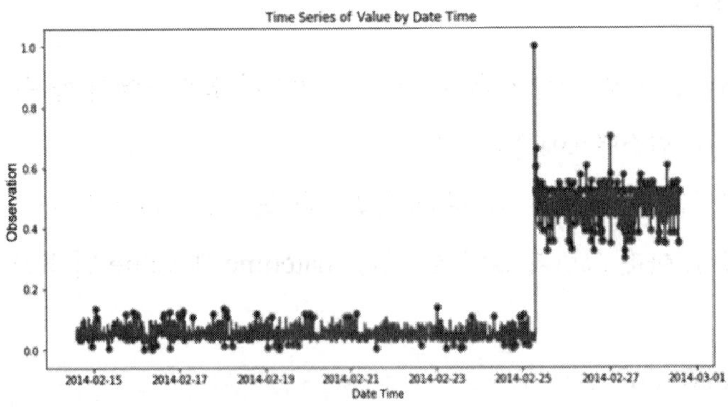

그림 6-54. 이상 징후를 보여주는 그래프

이 데이터 세트에는 잡음 또는 이상 징후가 있으므로 이상 징후(빨간색으로 표시된 데이터 포인트)가 표시되고 다른 모든 항목은 정상(녹색)입니다.

요약

이번 장에서는 순환 신경망과 장・단기 메모리에 대해 설명했습니다. 또한 이상 징후를 탐지하기 위한 수단으로 장・단기 메모리를 살펴보았습니다. 서로 다른 이상 징후가 있는 시계열 데이터의 여러 가지 예를 살펴보고 이상 징후를 탐지하는 방법에 대해 살펴보았습니다.

다음 장에서는 또 다른 이상 징후 탐지의 방법인 **시간 합성곱 네트워크**(temporal convolutional network)에 대해 알아보겠습니다.

CHAPTER

07

시간 합성곱 네트워크 (Temporal Convolutional Network, TCN)

이 장에서는 시간 합성곱 네트워크에 대해 알아보겠습니다. 또한 시간 합성곱 네트워크가 어떻게 작동하는지, 이상 징후를 탐지하는데 어떻게 사용할 수 있는지, 그리고 시간 합성곱 네트워크를 사용하여 이상 징후 탐지를 구현하는 방법도 알아봅니다.

간단히 말해서, 이 장 전체에서 다음 주제를 다룹니다.

- 시간 합성곱 네트워크란 무엇인가?
- 확장된 시간 합성곱 네트워크
- 인코더-디코더 시간 합성곱 네트워크
- 시간 합성곱 네트워크 애플리케이션

시간 합성곱 네트워크(TCN)란 무엇인가?

시간 합성곱 네트워크는 1차원 합성곱 층을 포함하는 아키텍처의 종류를 말합니다. 좀더 구체적으로 말하면, 이러한 합성곱은 **인과적(causal)**으로, 미래로부터의 어떠한 정보도 과거로 전달되지 않는다는 것을 의미합니다. 즉, 모델은 시간 내에 진행되는 정보만 처리합니다. 언어 번역의 맥락에서 순환 신경망(recurrent neural network)의 문제점 중 하나는 문장을 정해진 시간 내에 왼쪽에서 오른쪽으로 읽음으로써, 문장을 강조하기 위해 문장의 순서를 바꾸는 경우에 잘못된 번역으로 이어질 수 있다는 것입니다. 이를 해결하기 위해 양방향 인코더를 사용했지만, 이는 현재에 미래의 정보가 고려된다는 것을 의미했습니다. 시간 합성곱 네트워크는 인과성(causality)으로 인해 순환 신경망과는 달리 이전 시간 단계의 정보에 의존하지 않기 때문에 이러한 문제를 가지고 있지 않습니다. 또한 시간 합성곱 네트워크는 순환 신경망이 할 수 있는 것처럼 임의 길이의 입력 시퀀스를 같은 길이의 출력 시퀀스에 매핑할 수 있습니다.

기본적으로, 시간 합성곱 네트워크는 순환 신경망의 훌륭한 대안으로 보입니다. 특히 일반적인 순환 신경망에 비해서 시간 합성곱 네트워크의 장점은 다음과 같습니다:

- **병렬 계산**: 합성곱 네트워크는 GPU를 이용한 훈련에 적합합니다. 특히 합성곱 층의 많은 행렬 연산은 그래픽 처리 과정의 일부인 행렬 계산을 수행하도록 구성된 GPU의 구조에 적합하기 때문입니다. 이로 인해 시간 합성곱 네트워크는 순환 신경망 보다 훨씬 빠르게 훈련할 수 있습니다.
- **유연성**: 시간 합성곱 네트워크는 다양한 도메인에 쉽게 적용할 수 있도록 입력 크기, 필터 크기, 확장계수 증가, 더 많은 층 쌓기 등을 변경할 수 있습니다.
- **일관된 그래디언트**: 시간 합성곱 네트워크는 합성곱 층으로 구성되기 때문에 순환 신경망과는 다르게 역전파되므로 모든 그래디언트가 저장됩니다. 순환신경망은 그래디언트 폭발이나 그래디언트 소실이라고 부르는 문제를 가지고 있는데, 계산된 그래디언트가 매우 크거나 매우 작아서 재조정된 가중치가 너무 극단적으로 변경되거나 상대적으로 거의 변화가 없는 경우가 있습니다. 이를 해결하기 위해서 LSTM, GRU, HF-RNN과 같은 순환 신경망유형이 개발되었습니다.

- **더 가벼운 메모리:** 장・단기 메모리는 셀 게이트에 정보를 저장하므로 입력 시퀀스가 길어지면 장・단기 메모리 네트워크에서 훨씬 더 많은 메모리를 사용합니다. 상대적으로 시간 합성곱 네트워크는 모두 각자의 필터를 공유하는 여러 층으로 구성되기 때문에 비교적 간단합니다. 그렇기 때문에 장・단기 메모리에 비해 시간 합성곱 네트워크는 메모리 사용량 측면에서 훨씬 가볍습니다.

그러나 시간 합성곱 네트워크에도 다음과 같은 몇 가지 단점이 있습니다:

- **평가 모드 중 메모리 사용량:** 순환 신경망은 은닉 상태 벡터를 통해 학습한 모든 내용을 요약하여 유지하므로 예측을 생성하기 위해서는 입력 x_t만 알면 됩니다. 이에 비해 시간 합성곱 네트워크는 평가를 위해 현재 시점까지의 시퀀스 전체가 필요하기 때문에 순환 신경망 보다 메모리 사용량이 더 높아 질 수 있습니다.
- **전이 학습의 문제:** 먼저 **전이 학습**(transfer learning)이 무엇인지 정의해 보겠습니다. **전이 학습은** 모델이 하나의 특정 작업(예: 차량 분류)에 대해 훈련을 받은 후 마지막 층을 꺼내 완전히 재교육하여 모델을 새로운 분류 작업(예: 동물 분류)에 사용할 수 있도록 하는 것을 말합니다. 컴퓨터 비전에는 성능을 달성하기 위해서 꽤 오랫동안 강력한 GPU로 훈련 된 inception−v3 모델과 같이 정말 강력한 모델들이 있습니다. 처음부터 자체적으로 합성곱 신경망(CNN)을 훈련하는 대신(대부분의 경우 GPU 하드웨어가 없거나 inception−v3처럼 매우 심층적인 모델을 장시간 훈련할 시간이 없습니다) inception−v3를 간단히 사용할 수 있습니다. 예를 들면 이 모델은 이미지로부터 특성을 추출하는데 매우 능하며, 추출한 특성을 완전히 새로운 클래스 세트와 연관되도록 훈련시킵니다. 이 과정은 전체 네트워크의 가중치가 이미 잘 최적화되어 있기 때문에 시간이 훨씬 적게 소요되므로 재 훈련 중인 층에 대한 최적의 가중치를 찾는 데만 관심을 두면 됩니다. 그렇기 때문에 전이 학습은 그만큼 가치있는 과정입니다; 사전에 훈련된 고성능 모델을 가져와서 하드웨어를 사용하여 마지막 층을 재 훈련하고 모델에게 새로운 분류 작업(CNN의 경우)을 가르칠 수 있습니다. 시간 합성곱 네트워크로 돌아가서, 모델은 예측을 하기 위해 다양한 수준의 시퀀스 이력을 기억해야 할 수 있습니다. 모델이 예측을 위해서 이전 작업에서 많은 이력을 사용할 필요가 없었다고 할 때, 새로운 작업에서 예측을 위해 훨씬 더 많거나 적은 이력을 사용해야 하는 경우에는 이슈가 발생할 수 있고 모델이 제대로 성능을 내지 못할 수 있습니다.

1차원 합성곱 층에서는 여전히 커널 또는 필터의 크기를 결정하는 파라미터 k를 가지고 있습니다. 합성곱 층이 작동하는 방식은 3장에서 살펴본 2차원 합성곱 층과 상당히 유사하지만, 여기에서는 벡터만을 다루고 있습니다.

여기에 1차원 합성곱 동작이 어떤지를 보여주는 예가 있습니다. 입력 벡터가 그림 7−1과 같이 정의되었다고 가정하면,

$$x = \begin{bmatrix} 10 & 5 & 15 & 20 & 10 & 20 \end{bmatrix}$$

그림 7-1. 해당 값으로 정의된 벡터 x (입력 벡터)

그리고 그림 7−2와 같이 초기화 된 필터,

필터 가중치

$$\begin{bmatrix} 1 & 0.2 & 0.1 \end{bmatrix}$$

그림 7-2. 이 1차원 합성곱 층과 관련된 필터 가중치

합성곱 층의 출력은 그림 7−3, 그림 7−4, 그림 7−5 및 그림 7−6과 같이 계산됩니다.

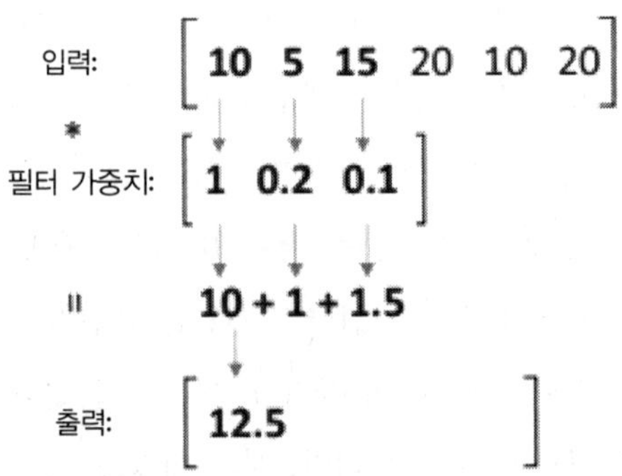

그림 7-3. 필터 가중치를 사용하여 출력 벡터의 첫 번째 항목을 계산하는 방법. 필터 가중치는 입력의 처음 3개 항목과 요소별로 곱한 후 결과를 합산하여 출력 값을 생성

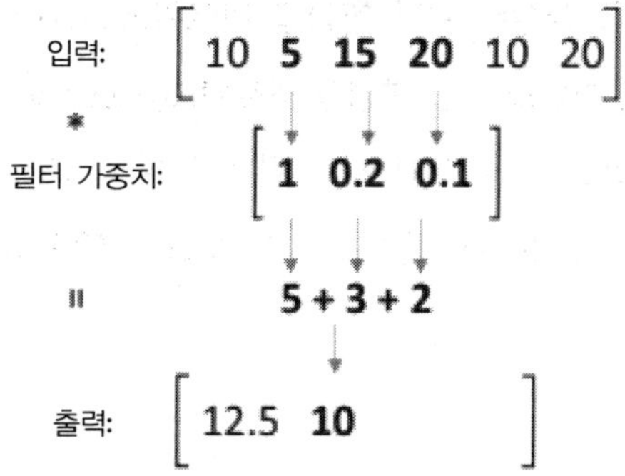

그림 7-4. 필터 가중치를 사용하여 출력 벡터의 두 번째 항목을 계산하는 방법. 이 절차는 그림 7-3과 동일하지만 필터 가중치는 오른쪽으로 이동

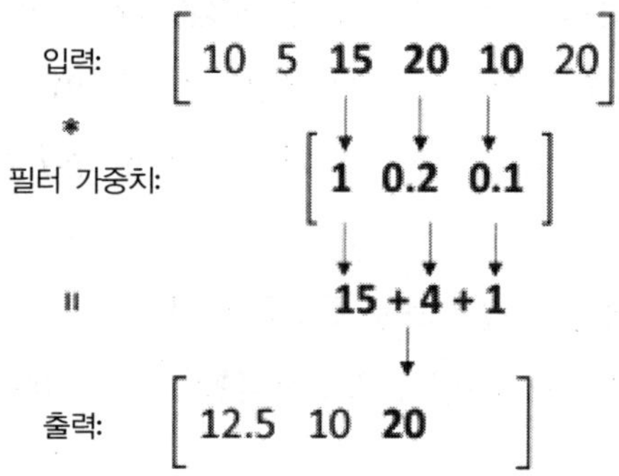

그림 7-5. 필터 가중치를 사용하여 출력 벡터의 세 번째 항목을 계산하는 방법

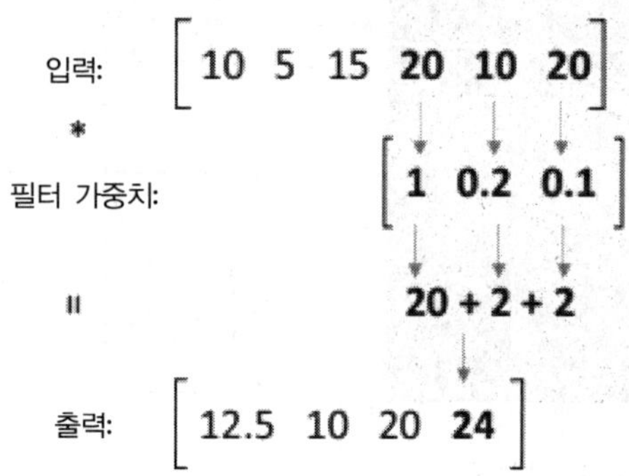

그림 7-6. 필터 가중치를 사용하여 출력 벡터의 마지막 항목을 계산하는 방법

이제 우리는 1차원 합성곱 층의 결과물을 얻었습니다. 이러한 1차원 합성곱 층은 2차원 합성곱 층이 작동하는 방식과 상당히 유사하며, 앞으로 살펴볼 두 가지 시간 합성곱 네트워

크의 대부분을 구성합니다: **확장된 시간 합성곱 네트워크**(dilated temporal convolutional network)와 **인코더-디코더 기반의 시간 합성곱 네트워크**(encoder decoder based temporal convolutional network). 인코더-디코더 시간 합성곱 네트워크는 오토인코더이기 때문에 준지도 이상 징후 탐지 기능을 갖추고 있지만 두 모델 모두 **지도 이상 징후 탐지**를 한다는 점에 유의해야 합니다.

확장된 시간 합성곱 네트워크

이러한 유형의 시간 합성곱 네트워크에서는 **확장**(dilation)이라고 알려진 새로운 속성을 처리합니다. 기본적으로, 확장 인자가 1보다 크면 확장 인자에 해당하는 출력 데이터의 간격이 생깁니다. 확장의 개념을 더 잘 이해하기 위해서 **2차원 합성곱 층**에서는 어떻게 작동하는지 알아보겠습니다.

이것은 3장에서 살펴본 것과 같은 표준 합성곱 입니다.

표준 합성곱 층은 확장 인자가 1인 것으로 생각할 수 있습니다(그림 7-7).

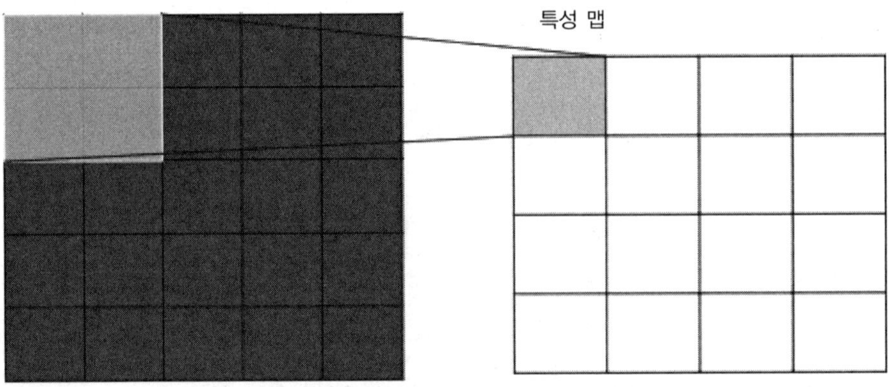

그림 7-7. 확장 인자가 1인 표준 합성곱

이번에는 **확장 인자**를 2로 늘리면 어떻게 되는지 알아보겠습니다. 특성 맵의 첫 번째 항목의 경우 합성곱은 그림 7-8과 같습니다.

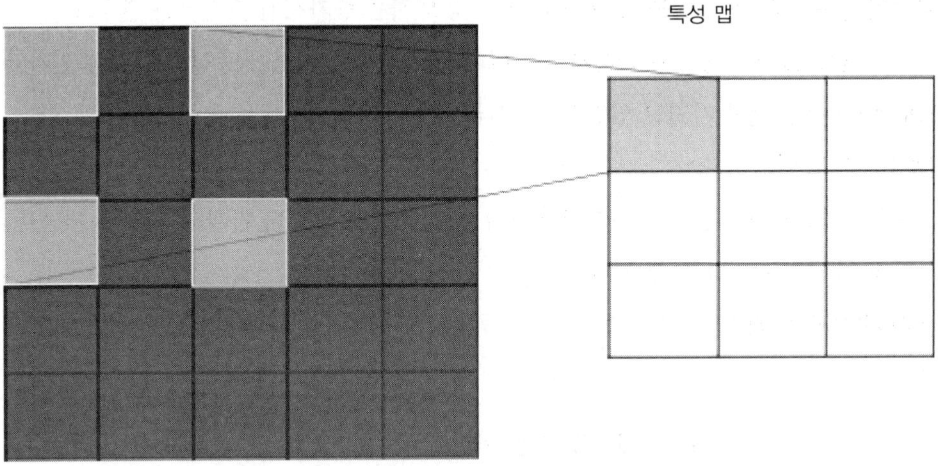

그림 7-8. 특성 맵에서 첫 번째 항목을 정의하는 확장 인자 2인 표준 합성곱

샘플링 된 각 항목 사이의 간격이 모든 방향에서 1씩 증가했다는 점에 주목하기 바랍니다. 수직, 수평 및 대각선으로 샘플링 된 항목은 모두 한 항목만큼 간격을 두고 있습니다. 기본적으로 이 간격은 d - 1(여기서 d는 **확장 인자**)로 결정됩니다. 확장 인자가 3인 경우 이 간격은 2입니다. 이제 두 번째 항목에서 합성곱 과정을 진행합니다(그림 7-9).

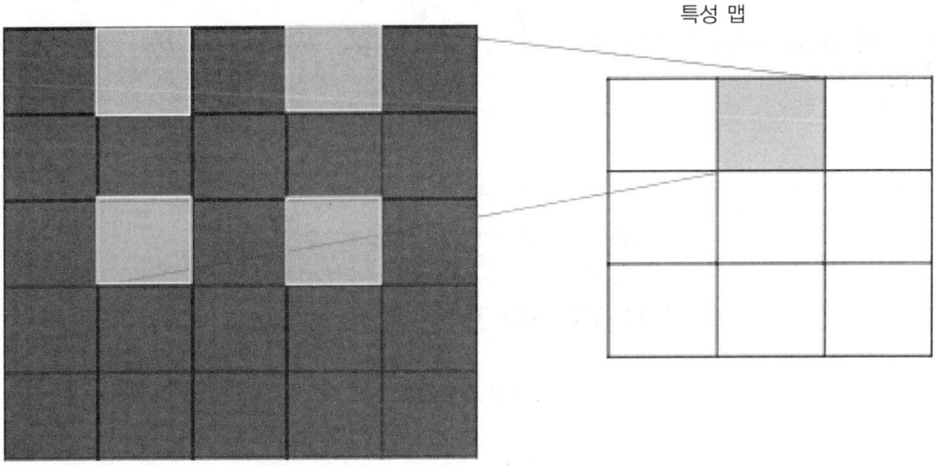

그림 7-9. 특성 맵에서 두 번째 항목을 정의하는 확장 인자가 2인 합성곱

과정이 종료되면 특성 맵을 갖게 됩니다. 확장 인자를 증가시킨 직접적인 결과로 특성 맵의 차원이 감소했다는 점에 주목하기 바랍니다. 표준 2차원 합성곱 층에서는 확장 인자가 1이므로 4×4 특성 맵을 가지고 있었지만, 지금은 이 확장 인자를 2로 늘렸기 때문에 3×3 특성 맵을 가지고 있습니다.

1차원의 확장된 합성곱도 비슷합니다. 1차원 합성곱 예제를 다시 살펴보고 이 개념을 설명하기 위해 약간 수정해 보겠습니다.

이제 새 입력 벡터 및 필터 가중치가 그림 7-10 및 그림 7-11과 같다고 가정합니다.

$$x = \begin{bmatrix} 2 & 8 & 12 & 4 & 6 & 4 & 2 & 12 \end{bmatrix}$$

그림 7-10. 새 입력 벡터

필터 가중치

$$\begin{bmatrix} 0.5 & 0.2 & 0.4 \end{bmatrix}$$

그림 7-11. 새 필터 가중치

이제 확장 인자가 1이 아니라 2라고 가정해 보겠습니다. 새 출력 벡터는 확장 인자가 2인 1차원 합성곱을 사용하여 다음과 같습니다(그림 7-12, 그림 7-13, 그림 7-14 및 그림 7-15).

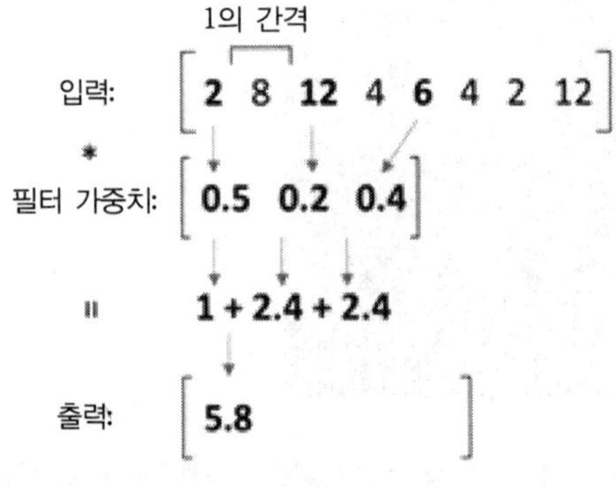

그림 7-12. 확장 인자가 2인 1차원 합성곱을 사용하여 출력 벡터의 첫 번째 항목을 계산

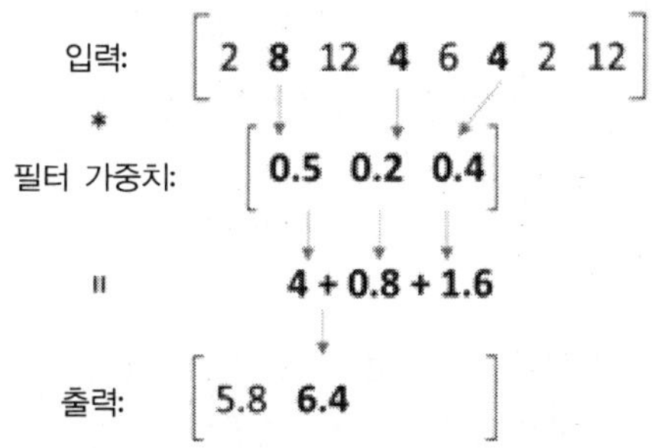

그림 7-13. 다음 세 개의 입력 벡터 값 세트에 필터 가중치를 곱하여 다음 출력 벡터 값을 생성

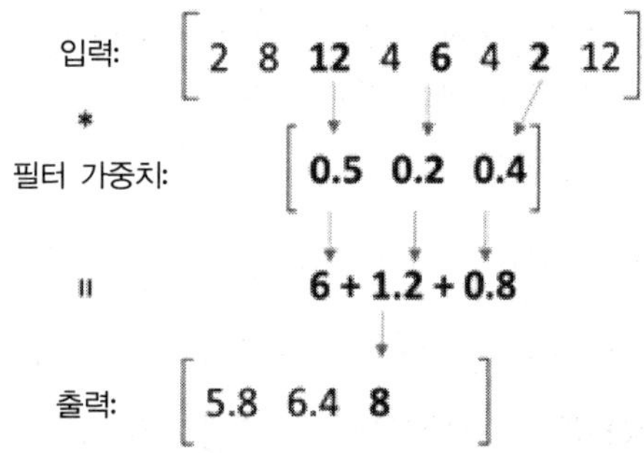

그림 7-14. 세 개의 입력 벡터 값의 세 번째 세트에 필터 가중치를 곱하여 다음 출력 벡터 값을 생성

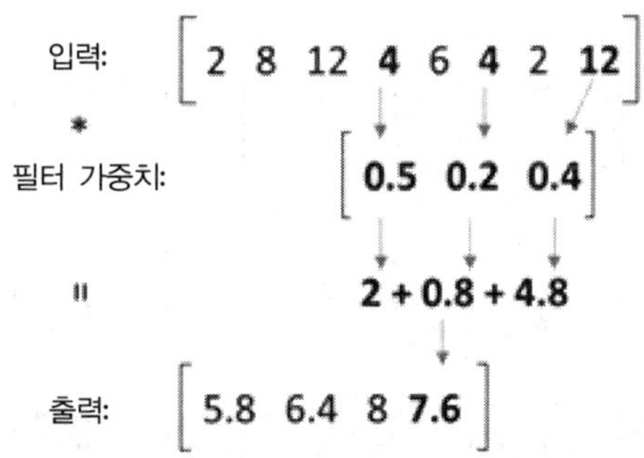

그림 7-15. 세 개의 입력 벡터 값의 최종 세트에 필터 가중치를 곱하여 마지막 출력 벡터 값을 생성

지금까지 1차원 합성곱에서 **확장된 합성곱**이 어떻게 보이는지 살펴보았고, 이제 **비인과적**(acausal)과 **인과적**(causal)으로 **확장된 합성곱**의 차이점을 살펴보겠습니다. 이 개념을 설명하기 위해 두 예제 모두 확장된 1차원 합성곱 층의 세트를 참조한다고 가정합니다. 이를 염두에 두고, 그림 7-16은 **비인과적** 네트워크를 보여줍니다.

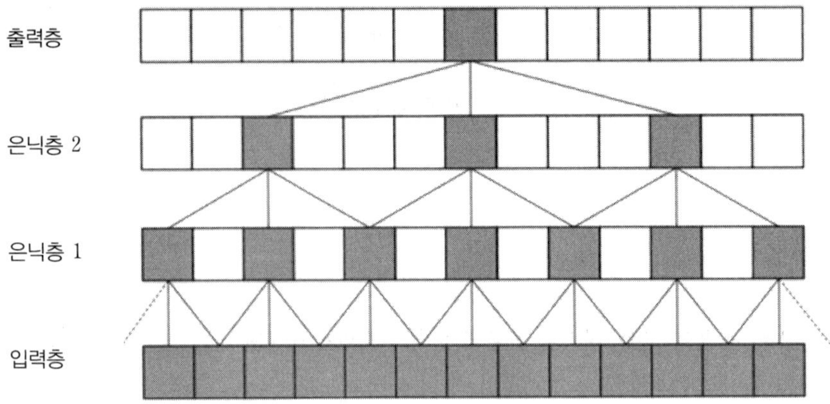

그림 7-16. 비인과적으로 네트워크가 확장되었습니다. 첫 번째 은닉 층은 확장인자가 2이고 두 번째 은닉 층은 확장인자가 4입니다. "시퀀스에서 앞으로 진행되는" 입력이 다음 층의 노드에 어떻게 기여하는지 주목하기 바랍니다.

아키텍처의 구조화 방식에서는 그렇게 분명하지 않을 수 있지만, 입력층을 시간 내에 진행되는 일부 데이터의 시퀀스로 생각한다면, 출력을 선택할 때 미래의 정보가 고려 된다는 것을 알 수 있습니다. **인과적인** 네트워크에서는 지금까지 학습한 정보만 필요하므로 미래의 정보는 모델의 예측에서 고려되지 않습니다. 그림 7-17은 **인과적인** 네트워크가 어떤 모습인지 보여줍니다.

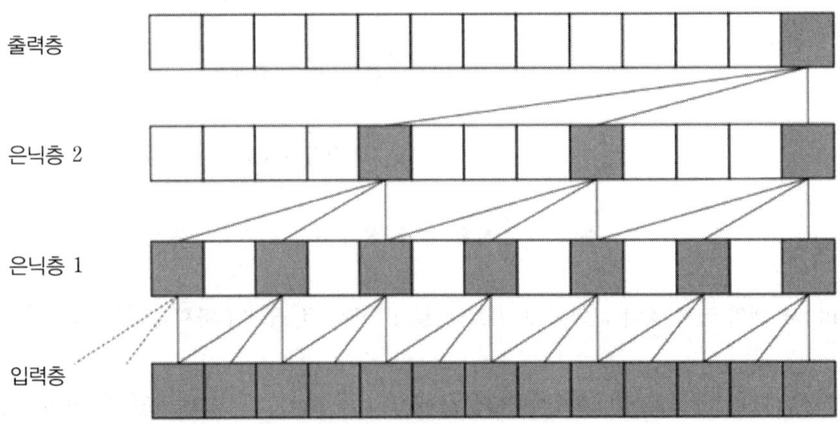

그림 7-17. 인과적으로 확장된 네트워크입니다. 첫 번째 은닉 층은 확장인자가 2이고 두 번째 은닉 층은 확장 인자가 4입니다. 시퀀스에서 앞으로 진행되는 입력이 다음 층의 노드에 어떻게 기여하지 않는 지 주목하기 바랍니다. 이러한 유형의 구조는 데이터 세트 내에서 일종의 흐름을 보존하는 것이 목표라면 이상적이며, 여기에서는 시간입니다.

여러분의 시간의 선형 특성이 모델에서 보존되는 방식과 미래의 정보가 모델에 의해서 학습되지 않는 방법을 알 수 있을 것입니다. 인과적인 네트워크에서는 과거에서 현재까지의 정보만 모델에 의해 고려됩니다. 우리가 언급하고 있는 확장된 시간 합성곱 네트워크는 출력층의 앞에 있는 각 층에서 확장된 인과적 합성곱을 활용하는 유사한 모델 아키텍처를 가지고 있습니다.

확장된 시간 합성곱 네트워크를 사용하여 이상 징후 탐지

이제 시간 합성곱 네트워크가 무엇인지, 어떻게 작동하는지 자세히 알아봤으니 확장된 시간 합성곱 네트워크를 신용카드 데이터 세트에 적용해 보겠습니다.

먼저 필요한 패키지를 모두 가져옵니다(그림 7-18a).

```
import keras
from keras import regularizers, optimizers
from keras import losses
from keras.models import Sequential, Model, load_model
from keras.layers import Dense, Input, Dropout, Embedding, LSTM
from keras.optimizers import RMSprop, Adam, Nadam
from keras.preprocessing import sequence

from keras.layers import Conv1D, Flatten, Activation, SpatialDropout1D
from keras.callbacks import ModelCheckpoint, TensorBoard
from keras.utils import to_categorical

import sklearn
from sklearn.preprocessing import StandardScaler, MinMaxScaler
from sklearn.model_selection import train_test_split
from sklearn.metrics import confusion_matrix, roc_auc_score
from sklearn.metrics import classification_report

import seaborn as sns
import pandas as pd
import numpy as np
import matplotlib

import matplotlib.pyplot as plt
import matplotlib.gridspec as gridspec
%matplotlib inline

import tensorflow
import sys
print("Python: ", sys.version)

print("pandas: ", pd.__version__)
print("numpy: ", np.__version__)
print("seaborn: ", sns.__version__)
print("matplotlib: ", matplotlib.__version__)
print("sklearn: ", sklearn.__version__)
print("Keras: ", keras.__version__)
print("Tensorflow: ", tensorflow.__version__)
```

```
Python:  3.7.3 (default, Apr 24 2019, 15:29:51) [MSC v.1915 64 bit (AMD64)]
pandas:  0.24.2
numpy:  1.16.4
seaborn:  0.9.0
matplotlib:  3.1.0
sklearn:  0.21.2
Keras:  2.2.4
Tensorflow:  1.13.1
```

그림 7-18a. 코드를 작성하기 전에 필요한 패키지를 모두 가져오기

그런 다음 오차 행렬 등의 시각화를 위한 클래스를 만들어야 합니다(그림 7−18b).

```
class Visualization:
    labels = ["Normal", "Anomaly"]

    def draw_confusion_matrix(self, y, ypred):
        matrix = confusion_matrix(y, ypred)

        plt.figure(figsize=(10, 8))
        colors=[ "orange","green"]
        sns.heatmap(matrix, xticklabels=self.labels, yticklabels=self.labels, cmap=colors, annot=True,
        plt.title("Confusion Matrix")
        plt.ylabel('Actual')
        plt.xlabel('Predicted')
        plt.show()

    def draw_anomaly(self, y, error, threshold):
        groupsDF = pd.DataFrame({'error': error,
                                 'true': y}).groupby('true')

        figure, axes = plt.subplots(figsize=(12, 8))

        for name, group in groupsDF:
            axes.plot(group.index, group.error, marker='x' if name == 1 else 'o', linestyle='',
                    color='r' if name == 1 else 'g', label="Anomaly" if name == 1 else "Normal")

        axes.hlines(threshold, axes.get_xlim()[0], axes.get_xlim()[1], colors="b", zorder=100, label='
        axes.legend()

        plt.title("Anomalies")
        plt.ylabel("Error")
        plt.xlabel("Data")
        plt.show()

    def draw_error(self, error, threshold):
            plt.plot(error, marker='o', ms=3.5, linestyle='',
                     label='Point')

            plt.hlines(threshold, xmin=0, xmax=len(error)-1, colors="b", zorder=100, label='Threshold'
            plt.legend()
            plt.title("Reconstruction error")
            plt.ylabel("Error")
            plt.xlabel("Data")
            plt.show()
```

그림 7-18b. 시각화 클래스 생성

그런 다음 데이터 세트를 가져와서 처리합니다(그림 7−19).

```
df = pd.read_csv("datasets/creditcardfraud/creditcard.csv",
sep=",", index_col=None)
print(df.shape)
df.head()
```

그림 7-19. 데이터 세트를 가져오고 처음 다섯 개의 항목을 표시

출력은 그림 7−20과 어느 정도 비슷해야 합니다.

```
In [171]: df = pd.read_csv("datasets/creditcardfraud/creditcard.csv", sep=",", index_col=None)
          print(df.shape)
          df.head()

(284807, 31)

Out[171]:
```

	Time	V1	V2	V3	V4	V5	V6	V7	V8	V9	...	
0	0.0	-1.359807	-0.072781	2.536347	1.378155	-0.338321	0.462388	0.239599	0.098698	0.363787	...	-0.(
1	0.0	1.191857	0.266151	0.166480	0.448154	0.060018	-0.082361	-0.078803	0.085102	-0.255425	...	-0.2
2	1.0	-1.358354	-1.340163	1.773209	0.379780	-0.503198	1.800499	0.791461	0.247676	-1.514654	...	0.2
3	1.0	-0.966272	-0.185226	1.792993	-0.863291	-0.010309	1.247203	0.237609	0.377436	-1.387024	...	-0.1
4	2.0	-1.158233	0.877737	1.548718	0.403034	-0.407193	0.095921	0.592941	-0.270533	0.817739	...	-0.(

5 rows × 31 columns

그림 7−20. 데이터 프레임의 처음 5개 항목

데이터 프레임은 그림 7−21에서 계속됩니다.

...	V21	V22	V23	V24	V25	V26	V27	V28	Amount	Class
...	-0.018307	0.277838	-0.110474	0.066928	0.128539	-0.189115	0.133558	-0.021053	149.62	0
...	-0.225775	-0.638672	0.101288	-0.339846	0.167170	0.125895	-0.008983	0.014724	2.69	0
...	0.247998	0.771679	0.909412	-0.689281	-0.327642	-0.139097	-0.055353	-0.059752	378.66	0
...	-0.108300	0.005274	-0.190321	-1.175575	0.647376	-0.221929	0.062723	0.061458	123.50	0
...	-0.009431	0.798278	-0.137458	0.141267	-0.206010	0.502292	0.219422	0.215153	69.99	0

그림 7−21. 그림 7−20의 출력이 오른쪽으로 스크롤

각 항목은 항목당 31개의 열이 있어 눈에 띄게 큽니다. 그림 7−22에서 데이터 프레임의 끝 부분을 확인하면 다음과 같습니다.

```
In [154]: df.tail()

Out[154]:
```

	Time	V1	V2	V3	V4	V5	V6	V7	V8	V9	...	
284802	172786.0	-11.881118	10.071785	-9.834783	-2.066656	-5.364473	-2.606837	-4.918215	7.305334	1.914428	...	C
284803	172787.0	-0.732789	-0.055080	2.035030	-0.738589	0.868229	1.058415	0.024330	0.294869	0.584800	...	C
284804	172788.0	1.919565	-0.301254	-3.249640	-0.557828	2.630515	3.031260	-0.296827	0.708417	0.432454	...	C
284805	172788.0	-0.240440	0.530483	0.702510	0.689799	-0.377961	0.623708	-0.686180	0.679145	0.392087	...	C
284806	172792.0	-0.533413	-0.189733	0.703337	-0.506271	-0.012546	-0.649617	1.577006	-0.414650	0.486180	...	C

5 rows × 31 columns

그림 7−22. 데이터 프레임의 끝 부분. 시간 값이 얼마나 큰지에 주목

총 284,807개 항목으로 데이터 세트가 상당히 크다는 것을 알 수 있습니다(인덱스는 0에서 시작). 또한, 시간의 값이 터무니없이 커지는 것에 주목하기 바랍니다. 이렇게 큰 값을 훈련용 모델에 전달하면 수렴 오류가 발생할 수 있습니다. 뿐만 아니라 모델에 더 작은 값을 전달하면 성능과 훈련 효율이 향상되므로 큰 값은 정규화 하는 것이 좋습니다. 그림 7−23의 코드를 실행하여 시간과 금액에 대한 값을 표준화 합니다.

```
df['Amount'] =
StandardScaler().fit_transform(df['Amount'].values.reshape(-1, 1))
df['Time'] =
StandardScaler().fit_transform(df['Time'].values.reshape(-1, 1))
df.tail()
```

그림 7-23. 시간 및 금액에 대한 값을 표준화하는 코드

이제 시간 열에 대한 값을 볼 수 있습니다(그림 7−24).

```
In [172]:
df['Amount'] = StandardScaler().fit_transform(df['Amount'].values.reshape(-1, 1))
df['Time'] = StandardScaler().fit_transform(df['Time'].values.reshape(-1, 1))
df.tail()
```

Out[172]:

	Time	V1	V2	V3	V4	V5	V6	V7	V8	V9
284802	1.641931	-11.881118	10.071785	-9.834783	-2.066656	-5.364473	-2.606837	-4.918215	7.305334	1.914428
284803	1.641952	-0.732789	-0.055080	2.035030	-0.738589	0.868229	1.058415	0.024330	0.294869	0.584800
284804	1.641974	1.919565	-0.301254	-3.249640	-0.557828	2.630515	3.031260	-0.296827	0.708417	0.432454
284805	1.641974	-0.240440	0.530483	0.702510	0.689799	-0.377961	0.623708	-0.686180	0.679145	0.392087
284806	1.642058	-0.533413	-0.189733	0.703337	-0.506271	-0.012546	-0.649617	1.577006	-0.414650	0.486180

5 rows × 31 columns

그림 7-24. 시간 열의 표준화된 값

그리고 금액(그림 7−25)

...	V21	V22	V23	V24	V25	V26	V27	V28	Amount	Class
...	0.213454	0.111864	1.014480	-0.509348	1.436807	0.250034	0.943651	0.823731	-0.350151	0
...	0.214205	0.924384	0.012463	-1.016226	-0.606624	-0.395255	0.068472	-0.053527	-0.254117	0
...	0.232045	0.578229	-0.037501	0.640134	0.265745	-0.087371	0.004455	-0.026561	-0.081839	0
...	0.265245	0.800049	-0.163298	0.123205	-0.569159	0.546668	0.108821	0.104533	-0.313249	0
...	0.261057	0.643078	0.376777	0.008797	-0.473649	-0.818267	-0.002415	0.013649	0.514355	0

그림 7-25. 금액 열의 표준화된 값입니다.

훨씬 작고 관리하기 쉬운 숫자입니다.

전체 데이터 세트에 항목이 너무 많기 때문에 전체 데이터 세트가 전달되면 모델이 이상 징후를 무시하는 것처럼 보이므로 모델에 공급하는 “정상” 데이터의 항목 수를 제한하는 것이 가장 좋습니다. 이상 징후 데이터 항목이 무시되지 않도록 정상 데이터 항목은 10,000개를 선택하여 훈련 및 시험 데이터 세트를 추출하도록 하겠습니다.

```
anomalies = df[df["Class"] == 1]
normal = df[df["Class"] == 0]

anomalies.shape, normal.shape
```

그림 7-26. 이상 징후와 정상의 두 가지 데이터 프레임 정의

출력은 그림 7-27과 어느 정도 비슷해야 합니다.

```
In [5]:  anomalies = df[df["Class"] == 1]
         normal = df[df["Class"] == 0]

         anomalies.shape, normal.shape

Out[5]:  ((492, 31), (284315, 31))
```

그림 7-27. 그림 7-26의 코드 실행 결과 출력

이 코드 블록에서 두 개의 새 데이터 프레임의 이름을 이상 징후 및 정상 데이터 프레임으로 지정하고 해당 프레임의 이름은 내용과 맞춥니다. 이들의 형태를 확인하면 이상 징후 데이터가 전체 데이터 세트의 약 0.173%로 정상 데이터에 비해 상대적으로 적다는 것을 알 수 있습니다.

```
for f in range(0, 20):
    normal = normal.iloc[np.random.permutation(len(normal))]

data_set = pd.concat([normal[:2000], anomalies])

x_train, x_test = train_test_split(data_set, test_size = 0.4,
random_state = 42)

x_train = x_train.sort_values(by=['Time'])
x_test = x_test.sort_values(by=['Time'])

y_train = x_train["Class"]
y_test = x_test["Class"]

x_train.head(10).head(10)
```

그림 7-28. 훈련 및 시험 세트를 정의하고 시간 별로 정렬하여 시간의 흐름을 유지

train_test_split 함수를 사용하여 무작위로 시험 및 훈련 샘플을 선택하는 것은 정상 데이터를 나타내기 위해 적절한 범위의 데이터 값을 선택하는 데 도움이 됩니다. 원하는 경우 코드 시작 시 for 루프의 반복 횟수를 제한할 수 있습니다.

여기에서 섞인 정상 데이터의 처음 10,000개 데이터 항목이 이상 징후 항목과 연결되어 훈련 및 시험 데이터 세트가 생성됩니다. 두 세트 모두 시간의 전체 흐름을 유지하기 위해서 시간 열을 기준으로 정렬됩니다.

출력은 그림 7-29와 어느 정도 비슷해야 합니다.

```
for f in range(0, 20):
    normal = normal.iloc[np.random.permutation(len(normal))]


data_set = pd.concat([normal[:2000], anomalies])

x_train, x_test = train_test_split(data_set, test_size = 0.4, random_state = 42)

x_train = x_train.sort_values(by=['Time'])
x_test = x_test.sort_values(by=['Time'])

y_train = x_train["Class"]
y_test = x_test["Class"]

x_train.head(10)
```

	Time	V1	V2	V3	V4	V5	V6	V7	V8	V9	...	V21
623	-1.986644	-3.043541	-3.157307	1.088463	2.288644	1.359805	-1.064823	0.325574	-0.067794	-0.270953	...	0.661696
890	-1.982432	1.238045	0.240101	0.171456	0.506075	-0.221120	-0.576537	-0.078469	0.010065	-0.083807	...	-0.267542
1195	-1.977062	1.040094	-1.719288	1.556730	-0.080816	-2.156667	0.754853	-1.708567	0.360145	1.174452	...	0.307719
1522	-1.971524	1.311511	0.388297	-0.084504	0.460422	0.195766	-0.488411	0.153118	-0.208485	-0.074848	...	-0.333871
1535	-1.971229	1.274773	-0.472615	-0.856227	-2.289194	0.057619	-0.662495	0.286438	-0.270717	1.426729	...	0.016321
1973	-1.964659	-0.839994	0.851995	1.494343	-0.716159	-0.355064	-0.751566	0.508639	0.226261	0.281235	...	-0.186890
2086	-1.962701	1.189404	0.688530	-0.002911	2.296324	0.448080	-0.314318	0.496391	-0.138754	-1.351795	...	0.025852
2760	-1.948171	-0.449091	1.011487	1.756903	-0.148778	0.094598	-0.846753	1.084048	-0.465112	0.175563	...	-0.369136
3101	-1.940527	0.026270	1.356428	-0.190907	0.680916	0.749422	-0.666152	1.009473	-0.224030	-0.334645	...	0.052675
3213	-1.937831	-0.678097	0.774112	1.069828	-2.205852	0.239830	-0.849156	0.966565	-0.140874	0.794798	...	0.120434

10 rows × 31 columns

그림 7-29. 시간 열에 의해 정렬된 데이터 세트

모든 인덱스는 시간 순으로 정렬되어 있지만, 숫자가 어떻게 다른지 확인하기 바랍니다.

이제 데이터 세트를 재구성하여 모델로 전달할 수 있습니다.

그림 7-30의 코드 블록을 실행하면 데이터 세트가 어떻게 구성되었는지 파악할 수 있습니다.

```
print("Shapes:\nx_train:%s\ny_train:%s\n" % (x_train.shape,
y_train.shape))
print("x—test:%s\ny_test:%s\n" % (x_test.shape,
y_test.shape))
```

그림 7-30. 데이터 세트의 구조를 이해하기 위해 형태를 출력

출력은 그림 7-31과 어느 정도 비슷해야 합니다.

```
print("Shapes:\nx_train:%s\ny_train:%s\n" % (x_train.shape, y_train.shape))
print("x_test:%s\ny_test:%s\n" % (x_test.shape, y_test.shape))
```

```
Shapes:
x_train:(1495, 31)
y_train:(1495,)

x_test:(997, 31)
y_test:(997,)
```

그림 7-31. 두 데이터 세트의 형태

데이터 세트를 모델로 전달하려면 x 세트가 3차원이고 y 세트가 2차원이어야 합니다. x 세트의 형태를 변경하고 y 세트를 범주형으로 변경할 수 있습니다(3장을 참조하여 케라스의 to_categorical() 함수의 기능을 확인하기 바랍니다).

그림 7-32의 코드를 실행합니다.

```
x_train = np.array(x_train).reshape(x_train.shape[0],
x_train.shape[1], 1)
x_test = np.array(x_test).reshape(x_test.shape[0],
x_test.shape[1], 1)
input_shape = (x_train.shape[1], 1)

y_train = keras.utils.to_categorical(y_train, 2)
y_test = keras.utils.to_categorical(y_test, 2)
```

그림 7-32. x 세트를 재구성하고 y 세트를 범주형으로 변경하여 x를 3차원으로 만들고 y 세트를 2차원으로 만듭니다. x 세트의 재구성은 모델의 입력 형태에 맞게 수행됩니다.

이 작업으로 데이터 세트가 어떻게 변경되었는지 살펴보겠습니다. 그림 7-33의 코드를 실행합니다.

```
print("Shapes:\nx_train:%s\ny_train:%s\n" % (x_train.shape,
y_train.shape))
print("x_test:%s\ny_test:%s\n" % (x_test.shape, y_test.shape))
print("input—shape:{}\n".format(input_shape))
```

그림 7-33. 작업으로 구조가 어떻게 변경되었는지 확인하기 위해 데이터 세트의 형태를 출력하는 코드

출력은 그림 7－34와 같습니다.

```
print("Shapes:\nx_train:%s\ny_train:%s\n" % (x_train.shape, y_train.shape))
print("x_test:%s\ny_test:%s\n" % (x_test.shape, y_test.shape))
print("input_shape:{}\n".format(input_shape))
```

```
Shapes:
x_train:(1495, 31, 1)
y_train:(1495, 2)

x_test:(997, 31, 1)
y_test:(997, 2)

input_shape:(31, 1)
```

그림 7-34. x 세트는 3차원이고 y 세트는 2차원

이제 두 데이터 세트 모두 성공적으로 재구성되었습니다. 입력 형태는 모델에 항목 당 몇 개의 열과 행을 허용할 지 알려 줍니다. 여기에서는 입력 형태가 행이 1개이고 열이 31개임을 나타냅니다.

이제 모델을 정의하는 단계로 넘어가겠습니다. 그림 7－35의 코드는 1차원 합성곱 층과 드롭아웃 층을 정의합니다.

```
input_layer = Input(shape=(input_shape ))

#Series of temporal convolutional layers with dilations increasing by
powers of 2.
conv_1 = Conv1D(filters=128, kernel_size=2, dilation_rate=1,
                padding='causal', strides=1, input_shape=input_shape,
                kernel_regularizer=regularizers.l2(0.01),
                activation='relu')(input_layer)

#Dropout layer after each 1D-convolutional layer
drop_1 = SpatialDropout1D(0.05)(conv_1)

conv_2 = Conv1D(filters=128, kernel_size=2, dilation_rate=2,
                padding='causal', strides=1,
kernel_regularizer=regularizers.l2(0.01),
                activation='relu')(drop_1)

drop_2 = SpatialDropout1D(0.05)(conv_2)

conv_3 = Conv1D(filters=128, kernel_size=2, dilation_rate=4,
                 padding='causal',
strides=1, kernel_regularizer=regularizers.l2(0.01),
                 activation='relu')(drop_2)

drop_3 = SpatialDropout1D(0.05)(conv_3)

conv_4 = Conv1D(filters=128, kernel_size=2, dilation_rate=8,
                 padding='causal',
strides=1, kernel_regularizer=regularizers.l2(0.05),
                 activation='relu')(drop_3)

drop_4 = SpatialDropout1D(0.05)(conv_4)
```

그림 7-35. 모델의 모든 1차원 합성곱 층과 드롭아웃 층을 정의

그림 7-36의 코드는 데이터를 플래튼(flatten)하기 위한 층과 두 클래스를 나타내는 하나의 층으로 구성된 마지막 두 층을 정의합니다.

```
#Flatten layer to feed into the output layer
flat = Flatten()(drop_4)

output_layer = Dense(2, activation='softmax')(flat)

TCN = Model(inputs=input_layer, outputs=output_layer)
```

그림 7-36. 플래튼 층과 두 클래스를 나타내는 층으로 구성된 마지막 두 층을 정의

이제 모델을 컴파일하고 모델에 대한 요약을 살펴보겠습니다(그림 7-37).

```
TCN.compile(loss=keras.losses.categorical_crossentropy,
              optimizer=optimizers.Adam(lr=0.002),
              metrics=['mae', 'accuracy'])

checkpointer = ModelCheckpoint(filepath="model—TCN—creditcard.hS",
                               verbose=0,
                               save_best_only=True)

TCN.summary()
```

그림 7-37. 데이터를 컴파일하고 주어진 파일 경로에 모델을 저장하기 위한 콜백을 정의한 다음 모델의 요약을 출력하는 코드

출력은 그림 7—38과 같아야 합니다.

```
TCN.compile(loss=keras.losses.categorical_crossentropy,
            optimizer=optimizers.Adam(lr=0.002),
            metrics=['mae', 'accuracy'])

checkpointer = ModelCheckpoint(filepath="model_TCN_creditcard.h5",
                               verbose=0,
                               save_best_only=True)

TCN.summary()
```

```
Layer (type)                 Output Shape              Param #
=================================================================
input_11 (InputLayer)        (None, 31, 1)             0
_________________________________________________________________
conv1d_41 (Conv1D)           (None, 31, 128)           384
_________________________________________________________________
spatial_dropout1d_41 (Spatia (None, 31, 128)           0
_________________________________________________________________
conv1d_42 (Conv1D)           (None, 31, 128)           32896
_________________________________________________________________
spatial_dropout1d_42 (Spatia (None, 31, 128)           0
_________________________________________________________________
conv1d_43 (Conv1D)           (None, 31, 128)           32896
_________________________________________________________________
spatial_dropout1d_43 (Spatia (None, 31, 128)           0
_________________________________________________________________
conv1d_44 (Conv1D)           (None, 31, 128)           32896
_________________________________________________________________
spatial_dropout1d_44 (Spatia (None, 31, 128)           0
_________________________________________________________________
flatten_11 (Flatten)         (None, 3968)              0
_________________________________________________________________
dense_11 (Dense)             (None, 2)                 7938
=================================================================
Total params: 107,010
Trainable params: 107,010
Non-trainable params: 0
```

그림 7-38. 모델의 요약. 이를 통해서 사용하여 층의 출력 형태가 후속 층의 입력 형태와 일치하는지를 확인하여 모델을 처음부터 작성할 때 디버깅할 수 있습니다.

모델 요약을 보면 각 층에서 무슨 일이 일어나고 있는지 더 잘 이해할 수 있습니다. 때로는 예상치 못하게 차원이 감소할 경우 디버깅에 도움이 될 수 있습니다. 예를 들어, 때때로 홀수 차원이 2배 감소하면 반올림될 수 있습니다. 이 때 다시 확장하면 새로운 차원이 이전 차원과 일치하지 않기 때문에 문제가 발생할 수 있습니다. 아키텍처의 전체 목표가 데이터를 압축하고 재구성하는 것이라면 오토인코더에서와 같은 문제가 발생 할 수 있습니다.

그림 7-39의 코드를 실행하여 훈련을 시작합니다.

```
TCN.fit(x_train, y_train,
          batch_size=128,
          epochs=25,
          verbose=1,
          validation_data=(x_test, y_test),
          callbacks=[checkpointer])
```

그림 7-39. 모델에 대한 훈련을 시작하는 코드

그림 7-40과 같은 훈련 과정을 볼 수 있습니다.

```
In [169]:
TCN.fit(x_train, y_train,
          batch_size=128,
          epochs=25,
          verbose=1,
          validation_data=(x_test, y_test),
          callbacks = [checkpointer])

Train on 6295 samples, validate on 4197 samples
Epoch 1/25
6295/6295 [==============================] - 4s - loss: 3.1321 - acc: 0.9633 - val_loss: 0.3182 - val_acc: 0.9881
Epoch 2/25
6295/6295 [==============================] - 0s - loss: 0.1426 - acc: 0.9873 - val_loss: 0.0958 - val_acc: 0.9888
Epoch 3/25
6295/6295 [==============================] - 0s - loss: 0.0857 - acc: 0.9889 - val_loss: 0.0809 - val_acc: 0.9909
Epoch 4/25
6295/6295 [==============================] - 0s - loss: 0.0716 - acc: 0.9900 - val_loss: 0.0748 - val_acc: 0.9909
Epoch 5/25
6295/6295 [==============================] - 0s - loss: 0.0722 - acc: 0.9897 - val_loss: 0.0728 - val_acc: 0.9909
Epoch 6/25
6295/6295 [==============================] - 0s - loss: 0.0669 - acc: 0.9906 - val_loss: 0.0826 - val_acc: 0.9852
```

그림 7-40. 훈련 과정 중의 출력

마지막에 그림 7-41과 같은 것을 볼 수 있습니다.

```
Epoch 21/25
6295/6295 [==============================] - 0s - loss: 0.0566 - acc: 0.9916 - val_loss: 0.0651 - val_acc: 0.9890
Epoch 22/25
6295/6295 [==============================] - 0s - loss: 0.0575 - acc: 0.9914 - val_loss: 0.0652 - val_acc: 0.9878
Epoch 23/25
6295/6295 [==============================] - 0s - loss: 0.0571 - acc: 0.9909 - val_loss: 0.0701 - val_acc: 0.9912
Epoch 24/25
6295/6295 [==============================] - 0s - loss: 0.0570 - acc: 0.9914 - val_loss: 0.0650 - val_acc: 0.9907
Epoch 25/25
6295/6295 [==============================] - 0s - loss: 0.0584 - acc: 0.9913 - val_loss: 0.0700 - val_acc: 0.9874
```

그림 7-41. 훈련 과정이 종료 됐을 때의 출력

훈련이 끝났으므로 모델의 성능을 평가할 수 있습니다(그림 7-42).

```
score = TCN.evaluate(x_test, y_test, verbose=0)
print('Test loss:', score[0])
print('Test mae:', score[1])
print('Test accuracy:', score[2])
```

그림 7-42. 시험 세트의 손실과 정확도를 평가하는 코드

출력은 그림 7-43과 어느 정도 비슷해야 합니다.

```
score = TCN.evaluate(x_test, y_test, verbose=1)
print('Test loss:', score[0])
print('Test mae:', score[1])
print('Test accuracy:', score[2])

997/997 [==============================] - 0s 101us/step
Test loss: 0.17798992889814655
Test mae: 0.06778481965109243
Test accuracy: 0.9648946840521565
```

그림 7-43. 시험 세트를 통해 생성된 손실 및 정확도 점수입니다. 정확도는 정말 좋지만, 정확도가 항상 모델을 평가하기에 가장 좋은 측정 기준은 아닙니다.

이제 AUC 점수를 확인할 수 있습니다(그림 7-44 참조).

```
from sklearn.metrics import roc_auc_score
preds = TCN.predict(x_test)
y_pred = np.round(preds)
auc = roc_auc_score(y_pred, y_test)
print("AUC: {:.2%}".format(auc))
```

그림 7-44. 시험 세트와 예측을 기반으로 AUC 점수를 생성하는 코드

출력은 그림 7-45a와 어느 정도 비슷해야 합니다.

```
from sklearn.metrics import roc_auc_score

preds = TCN.predict(x_test)
y_pred = np.round(preds)
auc = roc_auc_score( y_pred, y_test)
print("AUC: {:.2%}".format (auc))

AUC: 97.41%
```

그림 7-45a. 이 모델에 대해 생성된 AUC 점수는 97.41%입니다.

분류 보고서 및 오차 행렬은 그림 7-45b에 나와 있습니다.

```
print(classification_report(y_test, y_pred))

              precision    recall  f1-score   support

           0       0.96      1.00      0.98       799
           1       0.99      0.83      0.90       198

   micro avg       0.96      0.96      0.96       997
   macro avg       0.97      0.92      0.94       997
weighted avg       0.97      0.96      0.96       997
 samples avg       0.96      0.96      0.96       997
```

```
viz = Visualization()
y_pred2 = np.argmax(y_pred, axis=1)
y_test2 = np.argmax(y_test, axis=1)
viz.draw_confusion_matrix(y_test2, y_pred2)
```

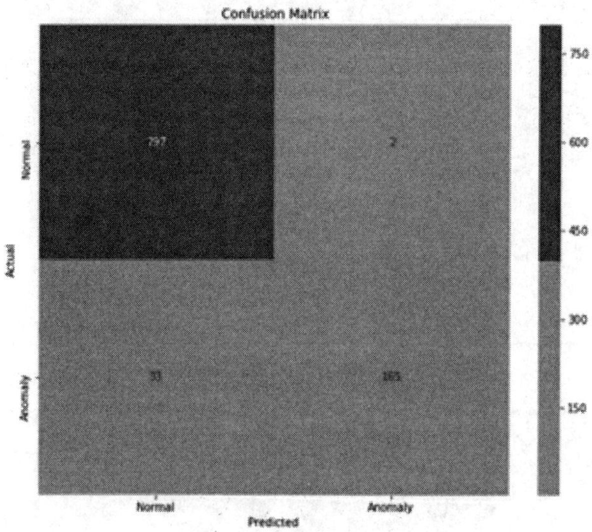

그림 7-45b. 오차 행렬과 분류 보고서

아주 좋은 AUC 점수입니다! 그러나 이것은 **지도 이상 징후 탐지**의 예로서 이상 징후와 정상 데이터에 레이블이 지정되어 있음을 의미합니다. 항상 이런 사치를 누릴 수 있는 것은 아니며, 관련될 수 있는 방대한 양의 데이터 때문에 기대할 수도 없습니다. 다음 예에서는 인코더-디코더 기반의 시간 합성곱 네트워크(ED-TCN)를 구현하지만, 유사한 작업이 주어진 확장된 시간 합성곱 네트워크 모델과 비교할 수 있도록 지도 이상 징후 탐지의 한 예가 될 것입니다. 그러나 오토인코더 프레임워크를 기반으로 하기 때문에 ED-TCN은 **준지도 이상 징후 탐지**도 수행할 수 있어야 합니다.

인코더-디코더 시간 합성곱 네트워크(ED-TCN)

여러분이 살펴볼 인코더-디코더 시간 합성곱 네트워크 버전은 인코딩 단계를 포함하기 위한 1차원 인과적(causal) 합성곱과 풀링층의 조합, 디코딩 단계를 구성하는 일련의 업샘플링 및 1차원 인과적 합성곱 층을 포함합니다. 이 모델의 합성곱 층은 확장되지 않지만 여전히 시간 합성곱 네트워크 층으로 간주됩니다. 이 모델의 구조를 더 잘 이해하기 위해서 그림 7-46을 보도록 하겠습니다.

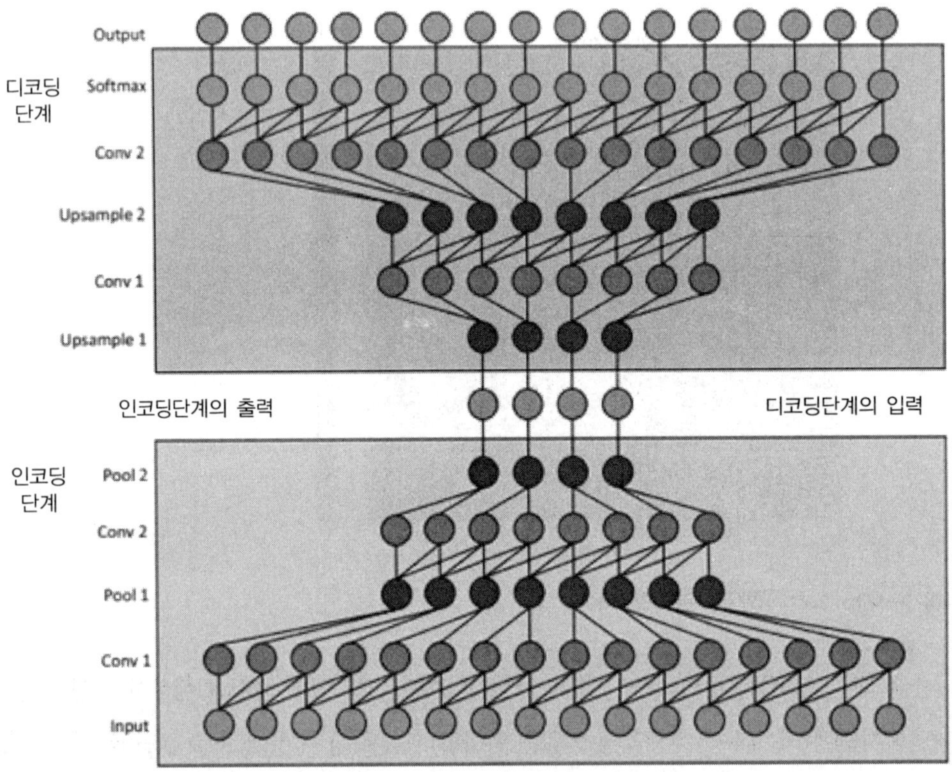

그림 7-46. 인코딩 단계와 디코딩 단계 모두 모델은 인과적 합성곱 층으로 구성되며, 층이 항상 인과적이 되도록 구조화됨

다이어그램이 상당히 복잡해 보일 수 있으니 한 층씩 차근차근 살펴보도록 하겠습니다. 먼저 인코딩 단계의 맨 아래에 있는 입력층부터 시작합니다.

이 층에서 첫 번째 합성곱 층의 일부로 입력에 대한 **인과적(causal) 합성곱**을 수행합니다. conv_1이라고 하는 첫 번째 합성곱 층의 출력은 이제 pool_1이라고 하는 첫 번째 **최대 풀링 층(max pooling layer)**의 입력이 됩니다.

3장에서 풀링층은 통과하는 영역의 최대값을 강조하여 가장 큰 값을 선택함으로써 입력을 효과적으로 일반화한다는 점을 기억하기 바랍니다. 여기에서 conv_2와 pool_2 층으로 구성된 또다른 인과적 합성곱과 최대 풀링 세트가 있습니다. 오토인코더의 특징인 인코딩 단계를 통과할 때 데이터의 크기가 점진적으로 감소한다는 점에 유의하기 바랍니다. 마지막으로, 두 단계 중간에 인코딩 단계의 최종 인코딩 된 출력뿐만 아니라 디코딩 단계의 인코딩 된 입력을 나타내는 밀집층이 있습니다.

디코딩 단계의 경우 **업샘플링(upsampling)**이라는 것을 사용하기 때문에 약간 다릅니다. 업샘플링은 n번 반복하여 인자 n에 따라 데이터를 스케일업하는 기법입니다. 최대 풀링 층에서는 데이터가 2배 감소합니다. 따라서 동일한 2배만큼 데이터를 업샘플링해서 늘리려면 데이터를 두 번 반복해야 합니다. 이 경우 1차원 업샘플링을 사용하므로 층은 시간 축에 대해 각 단계를 n번 반복합니다. 업샘플링이 무엇을 하는지를 더 잘 이해하기 위해 그림 7−47과 그림 7−48에 1차원 업샘플링을 적용해 보겠습니다.

$$x = \begin{bmatrix} 4 & 2 & 6 & 7 & 1 & 6 & 9 \end{bmatrix}$$

그림 7-47. 해당 값으로 정의된 벡터 x

n = 2
따라서 데이터는 2배씩 증가하고
각 단계는 두 번 반복 됩니다.

그림 7-48. 업샘플링 계수 n

각각의 시간 단계가 두 번 반복된다는 것을 알고 있으므로, 그림 7−49, 그림 7−50, 그림 7−51과 같은 것을 볼 수 있습니다.

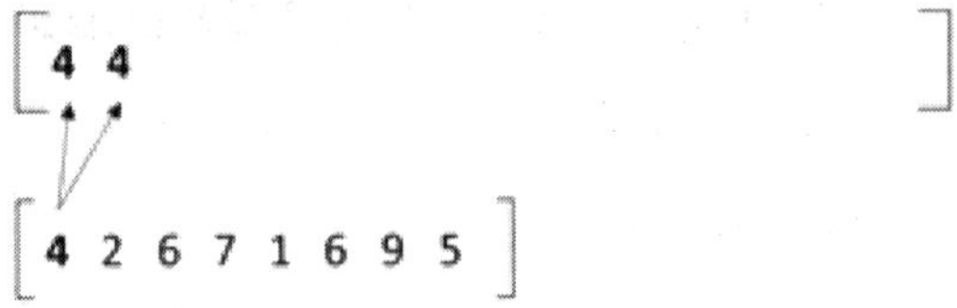

그림 7-49. 입력의 첫 번째 항목이 두 번 반복되어 업샘플링 된 출력 벡터에서 처음 두 개의 항목이 형성

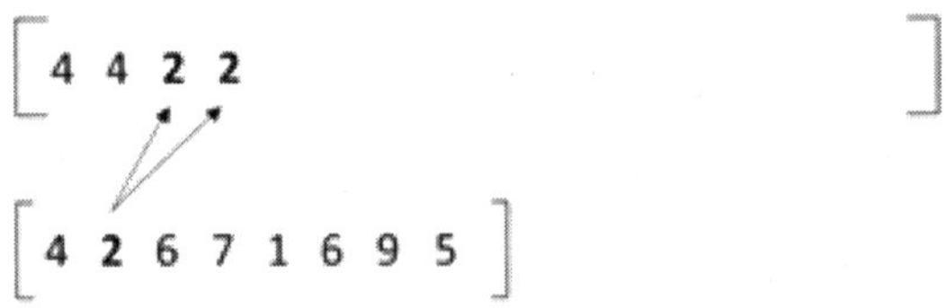

그림 7-50. 다음 항목이 두 번 반복되어 업샘플링 작업의 출력 벡터에서 다음 두 항목을 구성

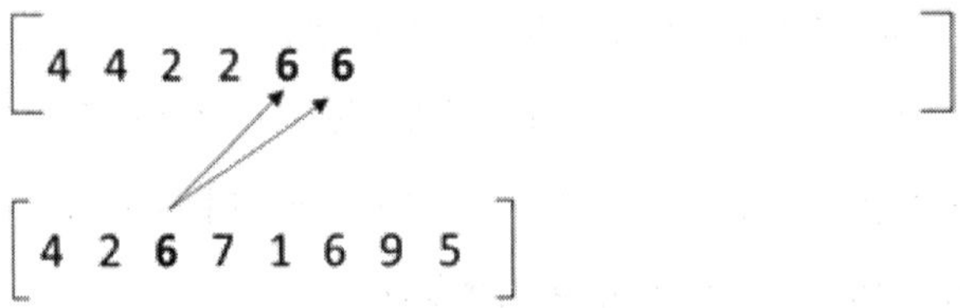

그림 7-51. 이 과정은 입력 벡터의 세 번째 항목과 반복되어 출력 벡터의 다음 세 번째 항목 쌍을 형성

그리고 그림 7-52를 얻을 때까지 계속합니다.

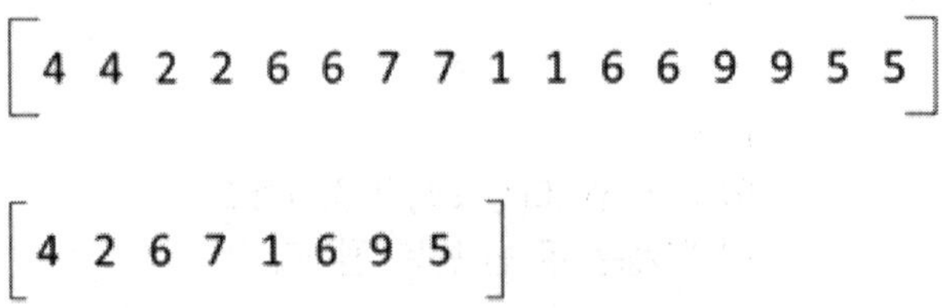

그림 7-52. 업샘플링 작업 후 출력 벡터와 아래의 원래 입력 벡터 비교

모델로 돌아가면 각 업샘플링 층은 1차원 합성곱 층에 연결되고, 업샘플링 층과 1차원 합성곱 층의 쌍은 최종 출력이 소프트맥스(softmax) 함수를 통해 전달되어 출력/예측될 때까지 다시 반복됩니다.

ED-TCN을 사용한 이상 징후 탐지

이 모델을 신용카드 데이터 세트에 적용해 보겠습니다. 이 예제는 **지도 학습**의 또 다른 예이므로 이상 징후 및 정상 데이터 레이블이 지정됩니다.

먼저 필요한 모듈을 모두 가져오는 것으로 시작합니다(그림 7−53).

```
import numpy as np
import pandas as pd
import keras
from keras import regularizers, optimizers
from keras.layers import Input, Conv1D, Dense, Flatten, Activation,
UpSampling1D, MaxPooling1D, ZeroPadding1D
from keras.callbacks import ModelCheckpoint, TensorBoard
from keras.models import Model, load_model
from keras.utils import to_categorical
from sklearn.model_selection import train_test_split
from sklearn.preprocessing.data import StandardScaler
```

그림 7-53. 필요한 모듈 가져오기

그런 다음 데이터를 불러오고 전처리 합니다. 단계는 첫 번째 예제와 기본적으로 동일합니다(그림 7−54).

```
df['Amount'] =
StandardScaler().fit_transform(df['Amount'].values.reshape(-1, 1))
df['Time'] =
StandardScaler().fit_transform(df['Time'].values.reshape(-1, 1))

anomalies = df[df["Class"] == 1]
normal = df[df["Class"] == 0]

for f in range(0, 20):
    normal = normal.iloc[np.random.permutation(len(normal))]

data_set = pd.concat([normal[:10000], anomalies])

x_train, x_test = train_test_split(data_set, test_size=0.4,
random_state=42)

x_train = x_train.sort_values(by=['Time'])
x_test = x_test.sort_values(by=['Time'])

y_train = x_train["Class"]
y_test = x_test["Class"]
```

그림 7-54. 시간 및 금액 열에 표준 스케일러를 사용하여 이상 징후 및 정상 값 데이터 세트를 정의한 다음, 훈련 및 시험 세트를 생성할 새 데이터 세트를 정의합니다. 마지막으로, 이 세트를 시간 순으로 정렬

이제 그림 7-55와 같이 데이터 세트를 재구성합니다.

```
x_train = np.array(x_train).reshape(x_train.shape[0],
x_train.shape[1], 1)
x_test = np.array(x_test).reshape(x_test.shape[0],
x_test.shape[1], 1)
input_shape = (x_train.shape[1], 1)

y_train = keras.utils.to_categorical(y_train, 2)
y_test = keras.utils.to_categorical(y_test, 2)
```

그림 7-55. 훈련 및 시험 세트를 모델의 입력 형태와 일치하도록 재구성

데이터 전처리가 완료되었으니 모델을 구축해 보겠습니다. 다음은 인코딩 단계입니다(그림 7-56).

```
input_layer = Input(shape=(input_shape))

### ENCODING STAGE
# Pairs of causal 1D convolutional layers and pooling layers comprising
the encoding stage
conv_1 = Conv1D(filters=int(input_shape[0]), kernel_size=2,
                   dilation_rate=1, padding='causal', strides=1,
                 input_shape=input_shape,
                 kernel_regularizer=regularizers.l2(0.01),
                 activation='relu')(input_layer)

pool_1 = MaxPooling1D(pool_size=2, strides=2)(conv_1)

conv_2 = Conv1D(filters=int(input_shape[0] / 2), kernel_size=2,
                 dilation_rate=1, padding='causal',strides=1,
                 kernel_regularizer=regularizers.l2(0.01),
                 activation='relu')(pool_1)

pool_2 = MaxPooling1D(pool_size=2, strides=3)(conv_2)

conv_3 = Conv1D(filters=int(input_shape[0] / 3), kernel_size=2,
                 dilation_rate=1, padding='causal', strides=1,
                 kernel_regularizer=regularizers.l2(0.01),
                 activation='relu')(pool_2)

### OUTPUT OF ENCODING STAGE
encoder = Dense(int(input_shape[0] / 6), activation='relu')(conv_3)
```

그림 7-56. 인코딩 단계를 정의하는 코드

다음은 블록은 디코딩 단계에 대한 코드입니다(그림 7-57).

```
### DECODING STAGE
# Pairs of upsampling and causal 1D convolutional layers comprising the
decoding stage
upsample_1 = UpSampling1D(size=3)(encoder)
conv_4 = Conv1D(filters=int(input_shape[0]/3), kernel_size=2,
                dilation_rate=1, padding='causal',strides=1,
                kernel_regularizer=regularizers.l2(0.01),
                activation='relu')(upsample_1)
upsample_2 = UpSampling1D(size=2)(conv_4)

conv_5 = Conv1D(filters=int(input_shape[0]/2), kernel_size=2,
                dilation_rate=1, padding='causal', strides=1,
                kernel_regularizer=regularizers.l2(0.05),
                activation='relu')(upsample_2)
zero_pad_1 = ZeroPadding1D(padding=(0,1))(conv_5)

conv_6 = Conv1D(filters=int(input_shape[0]), kernel_size=2,
                dilation_rate=1, padding='causal', strides=1,
                kernel_regularizer=regularizers.l2(0.05),
                activation='relu')(zero_pad_1)

### Output of decoding stage flattened and passed through softmax to
make predictions
flat = Flatten()(conv_6)
output_layer = Dense(2, activation='softmax')(flat)
TCN = Model(inputs=input_layer, outputs=output_layer)
```

그림 7-57. 디코딩 단계를 정의한 다음 최종 층을 정의하는 코드. 그런 다음 모델 초기화

이제 모델이 정의되었으니 컴파일하고 훈련시키겠습니다(그림 7-58).

```
TCN.compile(loss=keras.losses.categorical_crossentropy,
            optimizer=optimizers.Adam(lr=0.002), metrics=["accuracy"])

checkpointer = ModelCheckpoint(filepath="model—ED-TCN—creditcard.hS",
                               verbose=0,
                               save_best_only=True)

TCN.summary()
```

그림 7-58. 모델을 컴파일하고 체크포인트 콜백을 정의하고 모델 요약 함수를 호출

출력은 그림 7-59와 어느 정도 비슷해야 합니다.

```
Layer (type)                 Output Shape              Param #
=================================================================
input_18 (InputLayer)        (None, 31, 1)             0
_________________________________________________________________
conv1d_101 (Conv1D)          (None, 31, 31)            93
_________________________________________________________________
max_pooling1d_35 (MaxPooling (None, 15, 31)            0
_________________________________________________________________
conv1d_102 (Conv1D)          (None, 15, 15)            945
_________________________________________________________________
max_pooling1d_36 (MaxPooling (None, 5, 15)             0
_________________________________________________________________
conv1d_103 (Conv1D)          (None, 5, 10)             310
_________________________________________________________________
dense_32 (Dense)             (None, 5, 5)              55
_________________________________________________________________
up_sampling1d_45 (UpSampling (None, 15, 5)             0
_________________________________________________________________
conv1d_104 (Conv1D)          (None, 15, 10)            110
_________________________________________________________________
up_sampling1d_46 (UpSampling (None, 30, 10)            0
_________________________________________________________________
conv1d_105 (Conv1D)          (None, 30, 15)            315
_________________________________________________________________
zero_padding1d_7 (ZeroPaddin (None, 31, 15)            0
_________________________________________________________________
conv1d_106 (Conv1D)          (None, 31, 31)            961
_________________________________________________________________
flatten_15 (Flatten)         (None, 961)               0
_________________________________________________________________
dense_33 (Dense)             (None, 2)                 1924
=================================================================
Total params: 4,713
Trainable params: 4,713
Non-trainable params: 0
_________________________________________________________________
```

그림 7-59. 모델의 요약. 각 층의 출력 형태를 보고 인코딩 및 디코딩의 작동 방식을 파악할 수 있음

제로 패딩(zero padding) 층이 추가되는 것에 주목하기 바랍니다. 이 층의 기능은 차원이 일치하도록 데이터 시퀀스에 0을 추가하는 것입니다. 원래 데이터의 열 수가 홀수였기 때문에 디코더 단계의 출력에서 차원 수가 업샘플링된 후 원래 데이터의 차원과 일치하지 않습니다(모든 것이 정수이기 때문에 반올림 문제가 발생합니다). 이에 대응하기 위해 아래 코드를 사용합니다.

```
zero_pad_1 = ZeroPadding1D(padding=(0,1))(conv_5)
```

여기에서 튜플(tuple)은 패딩 방법을 사용자 정의하기 위해 (left_pad, right_pad)로 형식이 지정됩니다. 그렇지 않으면 정수가 통과할 때 양 끝에만 패딩이 됩니다. 요약하자면, **제로 패딩**은 데이터의 각 항목에서 왼쪽, 오른쪽 또는 둘 다(기본값)에 0이 추가됩니다.

모델이 컴파일 되면 데이터로 훈련하기만 하면 됩니다(그림 7−60).

```
TCN.fit(x_train, y_train,
        batch_size=128,
        epochs=25,
        verbose=1,
        validation_data=(x_test, y_test),
       callbacks=[checkpointer])
```

그림 7-60. 훈련 세트의 데이터로 훈련

잠시 후 그림 7−61과 같이 끝납니다.

```
Epoch 7/25
6295/6295 [==============================] - 0s - loss: 0.0891 - acc: 0.9889 - val_loss: 0.0909 - val_acc: 0.9907
Epoch 8/25
6295/6295 [==============================] - 0s - loss: 0.0848 - acc: 0.9895 - val_loss: 0.0843 - val_acc: 0.9902
Epoch 9/25
6295/6295 [==============================] - 1s - loss: 0.0804 - acc: 0.9900 - val_loss: 0.0827 - val_acc: 0.9907
Epoch 10/25
6295/6295 [==============================] - 0s - loss: 0.0775 - acc: 0.9908 - val_loss: 0.0806 - val_acc: 0.9907
Epoch 11/25
6295/6295 [==============================] - 0s - loss: 0.0749 - acc: 0.9911 - val_loss: 0.0811 - val_acc: 0.9905
Epoch 12/25
6295/6295 [==============================] - 1s - loss: 0.0764 - acc: 0.9913 - val_loss: 0.0781 - val_acc: 0.9907
Epoch 13/25
6295/6295 [==============================] - 0s - loss: 0.0752 - acc: 0.9903 - val_loss: 0.0788 - val_acc: 0.9907
Epoch 14/25
6295/6295 [==============================] - 1s - loss: 0.0746 - acc: 0.9911 - val_loss: 0.0768 - val_acc: 0.9907
Epoch 15/25
6295/6295 [==============================] - 1s - loss: 0.0733 - acc: 0.9916 - val_loss: 0.0826 - val_acc: 0.9905
Epoch 16/25
6295/6295 [==============================] - 1s - loss: 0.0703 - acc: 0.9906 - val_loss: 0.0753 - val_acc: 0.9907
Epoch 17/25
6295/6295 [==============================] - 0s - loss: 0.0731 - acc: 0.9906 - val_loss: 0.0741 - val_acc: 0.9909
Epoch 18/25
6295/6295 [==============================] - 1s - loss: 0.0688 - acc: 0.9909 - val_loss: 0.0769 - val_acc: 0.9902
Epoch 19/25
6295/6295 [==============================] - 1s - loss: 0.0695 - acc: 0.9916 - val_loss: 0.0754 - val_acc: 0.9909
Epoch 20/25
6295/6295 [==============================] - 0s - loss: 0.0694 - acc: 0.9905 - val_loss: 0.0782 - val_acc: 0.9902
Epoch 21/25
6295/6295 [==============================] - 0s - loss: 0.0696 - acc: 0.9909 - val_loss: 0.0765 - val_acc: 0.9905
Epoch 22/25
6295/6295 [==============================] - 1s - loss: 0.0723 - acc: 0.9898 - val_loss: 0.0739 - val_acc: 0.9905
Epoch 23/25
6295/6295 [==============================] - 1s - loss: 0.0687 - acc: 0.9909 - val_loss: 0.0710 - val_acc: 0.9912
Epoch 24/25
6295/6295 [==============================] - 1s - loss: 0.0665 - acc: 0.9913 - val_loss: 0.0703 - val_acc: 0.99140.
Epoch 25/25
6295/6295 [==============================] - 0s - loss: 0.0657 - acc: 0.9916 - val_loss: 0.0718 - val_acc: 0.9905
Out[73]: <keras.callbacks.History at 0x23907fc6be0>
```

그림 7-61. 이 출력은 훈련 과정이 종료된 후 표시되는 출력과 유사합니다.

이제 모델의 성능을 평가합니다(그림 7−62).

```
score = TCN.evaluate(x_test, y_test, verbose=0)
print('Test loss:', score[0])
print('Test accuracy:', score[1])
```

그림 7-62. 손실 및 정확도 측면에서 모델의 성능을 평가

그림 7−63과 유사한 출력이 표시되는 것을 볼 수 있습니다.

```
In [74]:

score = TCN.evaluate(x_test, y_test, verbose=0)
print('Test loss:', score[0])
print('Test accuracy:', score[1])

Test loss: 0.0717651191317761
Test accuracy: 0.9904693828925423
```

그림 7-63. 훈련 세트가 전달될 때 모델의 손실 및 정확도 출력

상당히 좋지만, AUC 점수는 어떤가요? 그림 7−64의 코드를 실행합니다.

```
from sklearn.metrics import roc_auc_score

preds = TCN.predict(x_test)
auc = roc_auc_score( np.round(preds), y_test)
print("AUC: {:.2%}".format(auc))
```

그림 7-64. 반올림된 예측과 시험 세트가 주어진 AUC 점수를 확인하는 코드

출력은 그림 7−65와 어느 정도 비슷해야 합니다.

```
In [75]: from sklearn.metrics import roc_auc_score

         preds = TCN.predict(x_test)
         auc = roc_auc_score( np.round(preds), y_test)
         print("AUC: {:.2%}".format (auc))

AUC: 98.64%
```

그림 7-65. 생성된 AUC 점수

멋진 AUC 점수입니다! 확장된 시간 합성곱 네트워크와 인코더-디코더 시간 합성곱 네트워크 아키텍처 모두 지도 학습 설정으로 신용 카드 데이터 세트에서 98% 이상의 AUC 점수를 획득했습니다. 두 모델 모두 이상 징후와 정상 항목에 레이블이 지정되었기 때문에 지도 학습 환경에서 훈련하고 실행되긴 했지만, 시간 합성곱 네트워크가 GPU를 사용하여 훈련할 때 놀랍도록 빠르고 실제로 성능도 뛰어나다는 것이 중요합니다.

요약

이번 장에서는 시간 합성곱 네트워크에 대해 설명하고 이상 징후 탐지에 적용되었을 때 네트워크가 어떻게 작동하는지 살펴보았습니다.

다음 장에서는 이상 징후 탐지의 실제 사용 사례를 살펴보겠습니다.

CHAPTER

08

이상 징후 탐지의 실제 사용 사례

이 장에서는 여러 산업 분야에서 이상 징후 탐지를 사용하는 방법에 대해 알아보겠습니다. 이상 징후 탐지 기술을 사용하여 실제 사용 사례와 비즈니스 환경에서의 현실적인 문제를 해결하는 방법을 살펴볼 것입니다. 비즈니스와 사용 사례가 모두 다르기 때문에 단순히 코드를 복제하여 모든 데이터 세트에서 이상 징후를 탐지하는 성공적인 모델을 구축할 수는 없지만, 이장에서는 아이디어를 제공하기 위해 많은 사용 사례를 다룰 것입니다.

간단히 말해서, 이 장 전체에서 다음 주제를 다룰 것입니다.

- 이상 징후 탐지란 무엇인가?
- 이상 징후 탐지의 실제 사용 사례
  - 통신
  - 은행
  - 환경
  - 의료
  - 운송
  - 소셜 미디어
  - 금융 및 보험
  - 사이버 보안
  - 비디오 감시
  - 제조
  - 스마트 홈
  - 소매
- 딥러닝 기반의 이상 징후 탐지 구현

이상 징후 탐지란 무엇인가?

이상 징후 탐지는 정상이거나 예상되는 행위가 아닌 패턴을 찾습니다. 기업들은 비정상적인 사건으로 인해 수백만 달러의 손실을 입을 수 있습니다. 소비자들 역시 수백만 달러를 잃을 수도 있습니다. 매일 사람들의 생명과 재산이 위험에 처할 수 있는 상황들이 많이 있습니다. 여러분의 은행 계좌가 다 소진되는 문제가 생길 수도 있고 수도관이 끊어져서 지하실이 침수되는 문제가 생기거나 공항에서 모든 항공편이 오랫동안 지연되는 문제가 생길 수도 있습니다. 여러분의 건강 문제에 있어서 오진이 되거나 아예 진단이 안되는 경우가 발생한다면 행복한 삶에 직접적으로 영향을 미치는 매우 큰 문제입니다.

그림 8-1은 푸른빛 물고기 과에 속하는 무지개빛 물고기를 보여주는 이상 징후의 예입니다.

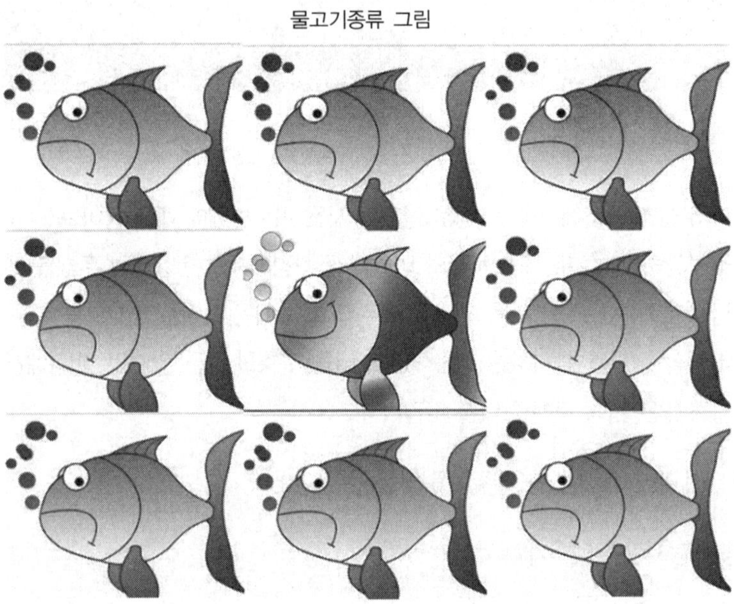

그림 8-1. 이상 징후의 예

비즈니스 사용 사례에서는 모든 것이 데이터 중심으로 이루어지는데, 이상 징후 탐지는 정상이나 일반적인 것으로 인식되는 데이터와는 현저히 다른 비정상적인 데이터 포인트나 이벤트 또는 관찰결과를 식별하는 것입니다.

이러한 많은 이상 징후들이 비즈니스 운영이나 수익에 큰 영향을 미칠 수 있기 때문에 특정 산업에서 이상 징후 탐지가 많은 관심을 받고 있으며, 선제적으로 비정상 행위를 식별할 수 있는 기술에 많은 투자를 하고 있습니다. 이러한 선제적인 이상 징후 탐지는 점점 가시화되고 있는데, AI 혁명의 일환으로 개발된 신기술로 인해 이전에는 불가능했던 방식으로 해결되고 있습니다.

그림 8-2는 샌프란시스코의 금문교를 건너는 일일 차량 수를 보여주는 예입니다.

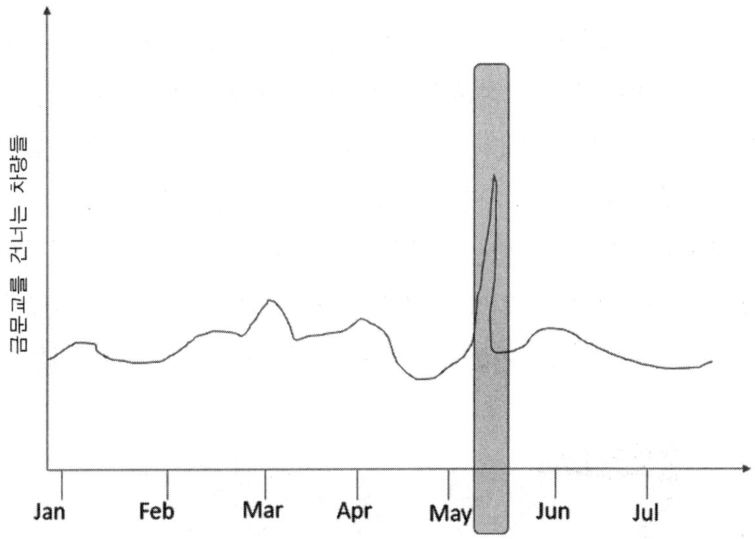

그림 8-2. 다리를 건너는 일일 차량 수

비즈니스에 잠재적으로 도움이 될 수 있는 이상 징후 탐지의 유형은 비즈니스 운영중에 수집된 데이터의 종류와 이상 징후 탐지를 수행하기 위한 전략에 사용되는 기술과 알고리즘의 종류에 따라 크게 달라집니다.

이상 징후 탐지의 실제 사용 사례

다양한 산업과 비즈니스에서 이상 징후 탐지가 어떻게 사용될 수 있는지 살펴보도록 하겠습니다.

통신

통신 분야에서 이상 징후 탐지의 사용 사례는 로밍 남용, 수익 사기, 서비스 장애 등을 탐지하는 것입니다. 그러면 통신 분야에서의 로밍 남용을 어떻게 탐지할 수 있을까요? 무선 기기의 위치를 살펴봄으로써, 특정 순간에 무선 기기에서 발생하는 행위를 정상 또는 비정상으로 분류할 수 있습니다. 또한 그 기간 동안 무선 기기의 사용량을 알아내는데 도움을 줄 것입니다. 우리가 일반적으로 알고 있는 로밍 활동에 관한 다른 모든 정보를 살펴보면 이 무선 기기가 어떻게 사용되고 있는지 그리고 로밍 남용이 일어나고 있는지를 알아낼 수 있습니다. 그림 8–3은 여러분이 전 세계를 여행할 때 전화기에서 로밍이 작동하는 방식을 보여줍니다.

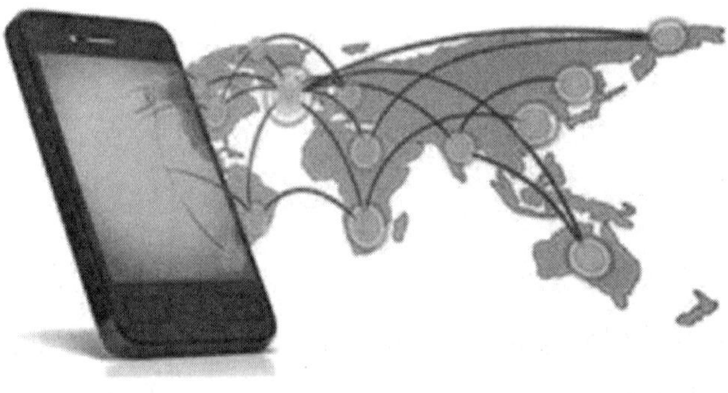

그림 8–3. 로밍

서비스 중단은 이상 징후 탐지가 매우 큰 영향을 미치는 또 다른 사례입니다. 무선 기기는 사방에 있는 무선 송신탑을 통해서 무선 통신망에 연결됩니다. 여러분의 휴대폰은 무선 통신망에 접속하기 위해 가장 가까운 무선 송신탑에 연결됩니다. 콘서트나 축구 게임과 같이 많은 인파가 참여하는 이벤트가 벌어지면 평소에는 아무 문제없이 잘 작동하던 무선 송신탑에 과부하가 발생하여 심각한 서비스 중단이 발생하고 고객들은 매우 불쾌한 경험을 하게 됩니다. 그림 8-4는 미국 북서부에서 발생한 전화 서비스 중단을 보여줍니다.

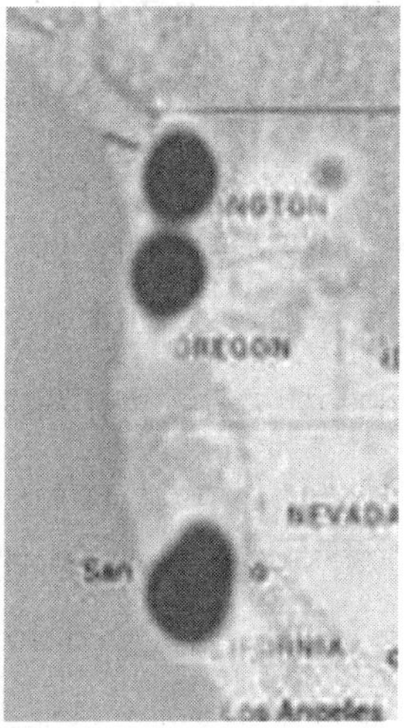

그림 8-4. 서비스 중단

만약 오랜 기간 동안의 무선 송신탑과 관련 장치의 다양한 측정항목을 알고 있다면, 무선 송신탑 근처에서 콘서트나 경기가 있었는지 아니면 큰 이벤트가 예상되는지와 관련하여 무선 송신탑 주변의 전형적인 활동 특성을 알 수 있습니다. 그러한 모든 활동을 나타내는 근거로 시계열을 사용할 수 있고, 시간 의존성이 있기 때문에 나중에 TCN이나 LSTM 알고리즘을 사용하여 주요 이벤트와 관련된 이상 징후를 탐지할 수 있습니다. 이것은 통신 서비스가 어떻게 사용되고 있는지, 특정 무선 송신탑에 얼마나 영향을 주는지 살펴보는데 도움이 될 것입니다.

통신사들은 이제 특정 시간에 개선이 필요한지 아니면 더 많은 탑을 세워야하는지 파악할 수 있습니다. 예를 들어, 특정 송신탑 근처에 큰 오피스 빌딩이 건설되고 있다면 무선 통신망에 연결된 모든 송신탑의 시계열 데이터를 사용하여 이상 징후를 탐지하고 새로 건설된 오피스 빌딩(수천 개의 휴대폰 연결이 추가될 것이고, 송신탑에 과부하를 야기할 수 있으며 가까운 미래에 송신탑이 사용되는 방식에 영향을 미칠 수 있음)의 영향을 받을 가능성이 있는 송신탑에 정책을 적용할 수 있을 것입니다.

은행

은행권에서의 이상 징후 탐지 사용 사례는 비정상적으로 높은 거래량, 사기행위, 피싱공격 등을 탐지하는 것입니다. 신용카드는 전 세계의 거의 모든 사람들이 사용하며 일반적으로 모든 개인은 다른 사람들과는 다르게 자신만의 특정한 방법으로 신용카드를 사용합니다.

그렇기 때문에 개인이 신용카드를 사용하는 방법, 사용 시기, 사용 이유, 사용 목적이라는 측면에서 신용카드를 사용하는 암묵적인 프로파일이 있습니다. 신용카드 회사가 매우 많은 소비자의 신용카드 사용 정보를 가지고 있다면, 이상 징후 탐지를 사용하여 특정 신용카드 거래가 사기일 가능성이 있는 시점을 탐지할 수 있습니다.

오토인코더는 이러한 이상 징후 탐지 사용 사례에서 매우 유용합니다. 개별 소비자들의 모든 신용카드 거래를 가져와서 특성을 포착하고 수치적인 특성으로 변환하여 거래가 정상인지 비정상인지를 나타내는 지표와 함께 다양한 요인에 근거해 모든 신용카드에 특정한 점수를 부여할 수 있습니다. 그런 다음 오토인코더를 사용하여 고객의 다른 모든 거래를 통해서 알고 있는 모든 사항을 고려하여 특정 거래를 정상 거래 또는 비정상 거래로 신속하게 판단할 수 있는 이상 징후 탐지 모델을 구축할 수 있습니다. 오토인코더는 극도로 복잡할 필요도 없습니다. 인코더를 위한 몇 개의 은닉층과 디코더를 위한 몇 개의 은닉층으로 구축할 수 있으며, 여전히 신용카드에서 비정상적인 활동(또는 사기 행위라고 알려진)을 상당히 잘 탐지할 수 있습니다. 그림 8−5는 신용카드 사기를 설명하는 그림입니다.

그림 8–5. 신용카드 사기를 설명하는 그림

환경

환경적인 측면에서 이상 징후 탐지를 적용할 수 있는 몇 가지 사용 사례가 있습니다. 삼림 벌채든 빙하의 용해든 대기질이나 수질이든 이상 징후 탐지는 비정상적인 활동을 식별하는 데 도움이 됩니다.

그림 8-6. 삼림 벌채
출처: commons.wikimedia.org

대기질 지수의 예를 살펴보겠습니다. 대기질 지수는 대기질 측정의 일종으로 지역 내 다양한 위치에 배치된 다양한 센서를 이용하여 측정할 수 있습니다. 이러한 센서들은 중앙집중식 시스템에서 수집해야하는 데이터를 주기적으로 측정하여 전송합니다. 각 측정값은 몇 가지 속성이나 특성으로 구성된 시계열로 바뀝니다. 각 시점마다 특정 개수의 특성이 있고, 이것을 오토인코더와 같은 신경망에 입력할 수 있기 때문에 이상 징후 탐지기를 구축할 수 있습니다. 물론, LSTM이나 TCN을 사용해서도 같은 일을 할 수 있습니다. 그림 8-7은 2015년 서울의 대기질 지수를 보여줍니다.

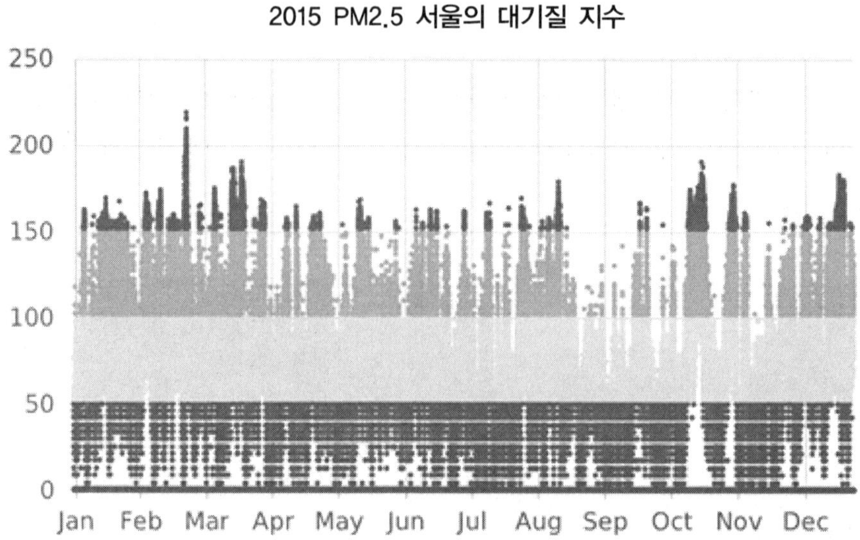

그림 8-7. 대기 질 지수
출처: commons.wikimedia.org

의료

의료 분야는 의료 사기 예방, 암이나 만성질환의 발견, 보행 서비스 개선 등 이상 징후 탐지로부터 많은 혜택을 받을 수 있는 분야 중 하나입니다.

건강관리에서 이상 징후를 탐지를 사용하는 대표적인 사례중 하나는 암의 존재를 알수있는 주요한 증상이 나타나기 전에 다양한 진단 보고서에서 암을 발견하는 것입니다. 이것은 암의 심각한 결과를 고려할 때 누구에게나 매우 중요합니다. 여기에 사용할 수 있는 이상 징후 탐지 기술 중 일부는 오토인코더와 결합된 합성곱 신경망을 포함합니다.

합성곱 신경망은 차원 감소 개념을 사용하여 많은 수의 색상이 있는 다수의 특성/픽셀을 신경망 층을 이용하여 훨씬 낮은 차원으로 축소합니다. 그래서 이 합성곱 신경망을 오토인코더와 결합하면 오토인코더를 이용하여 MRI 영상, 유방 조영술, 또는 의료 산업의 진단기술에서 나온 다른 이미지들을 살펴볼 수 있습니다. 그림 8-8은 CT 스캔 이미지입니다.

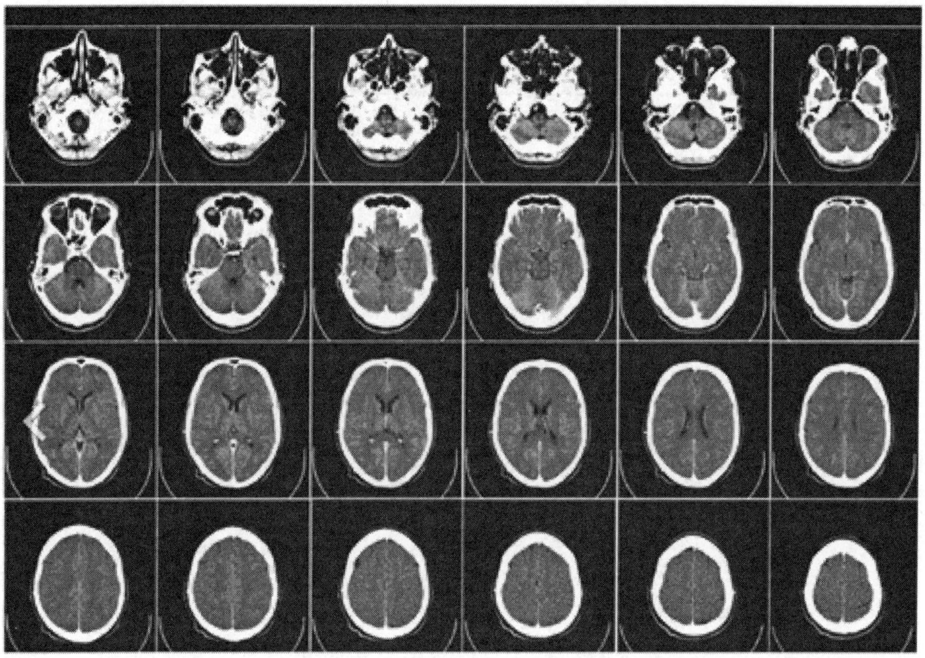

그림 8-8. CT 스캔 이미지

특정 지역 주민의 건강 이상 여부를 탐지하는 또 다른 사용 사례를 살펴보겠습니다. 일반적으로 지역 병원은 특정 지역의 거주자들이 이용합니다. 이러한 데이터를 활용해서 병원은 이 동네의 모든 주민으로부터 각종 건강 지표를 수집해 보관할 수 있습니다. 가능한 지표로는 혈액 검사 결과, 지질 프로파일, 혈당 값, 혈압, 심전도 등이 있습니다. 연령, 성별, 건강 상태 등과 같은 인구통계학적 데이터와 결합할 경우, 이 정보를 통해서 AI 기반의 정교한 이상 징후 탐지 모델을 구축할 수 있습니다.

그림 8–9는 심전도 결과를 통해 관찰된 다양한 건강 문제를 보여줍니다.

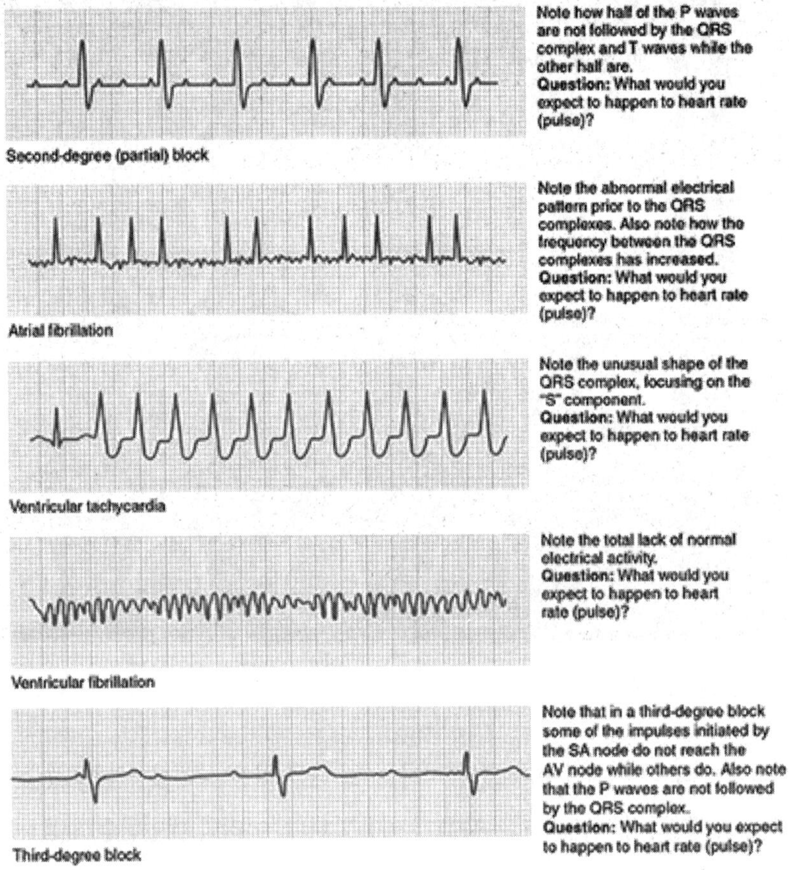

그림 8-9. 심전도(ECG) 결과

의료 분야에서는 다양한 이상 징후 탐지 알고리즘을 사용하여 예방 조치를 구현하는 사례가 많이 있습니다.

운송

운송 분야에서는 도로와 차량의 적절한 기능을 보장하기 위해 이상 징후 탐지를 사용할 수 있습니다. 만약 톨게이트, 신호등, 보안 카메라, GPS 신호등과 같이 도로에서 작동하는 모든 센서로부터 다양한 유형의 이벤트를 수집할 수 있다면 비정상적인 교통 패턴을 탐지하는데 사용할 수 있는 이상 징후 탐지 엔진을 구축할 수 있습니다. 또한 이상 징후 탐지를 사용하여 대중교통의 예정 시간을 확인하고 비슷한 지역의 관련 교통 상황을 살펴볼 수도 있습니다.

또한 연료소비, 대중교통 이용객 수, 계절적 추세 등에서도 비정상적인 활동을 찾아볼 수 있습니다. 그림 8-10은 피크 타임 때 예기치 않은 트래픽으로 인한 교통 체증 사진입니다.

그림 8-10. 교통 체증

소셜 미디어

트위터, 페이스북, 인스타그램 등 소셜 미디어 플랫폼에서는 모든 사람에게 스팸을 보내는 해킹된 계정, 허위 광고, 가짜 리뷰 등을 탐지하는데 이상 징후 탐지를 사용할 수 있습니다. 소셜 미디어 플랫폼은 수십억 명의 사람들에 의해 광범위하게 사용되기 때문에 소셜 미디어 플랫폼에서의 활동량은 매우 높고 계속 증가하고 있습니다. 소셜 미디어 플랫폼을 사용하는 개인의 프라이버시를 보장하고 모든 개인에게 적절한 경험을 보장하기 위해서 이 시스템의 능력을 향상시키는 데 사용할 수 있는 많은 기술이 있습니다. 이상 징후 탐지를 사용하면 모든 개별 활동에서 정상행위와 비정상 행위를 조사할 수 있습니다.

마찬가지로 모든 광고 플랫폼의 광고, 개인화된 친구 추천, 선거와 같이 개인이 관심을 가질 만한 뉴스 기사는 비정상적이거나 이상 징후인 활동에 대해 처리될 수 있습니다. 이상 징후 탐지가 트윗, 전파된 봇, 가짜 뉴스 등에서 악의적인 활동을 탐지할 수 있다면 이상 징후 탐지의 좋은 사용 사례가 될 것입니다. 또한 이상 징후 탐지는 여러분의 계정이 탈취되었는지를 탐지하기 위해 사용될 수 있습니다. 여러분의 계정이 갑자기 엄청난 양의 트윗을 게시하거나, 트윗이나 댓글을 일시 중지하거나, 다른 계정에 악의적인 행위를 하거나, 다른 모든 사람들에게 스팸을 발송할 수 있기 때문입니다. 그림 8－11은 페이스북의 가짜 뉴스에 관한 기사를 보여줍니다.

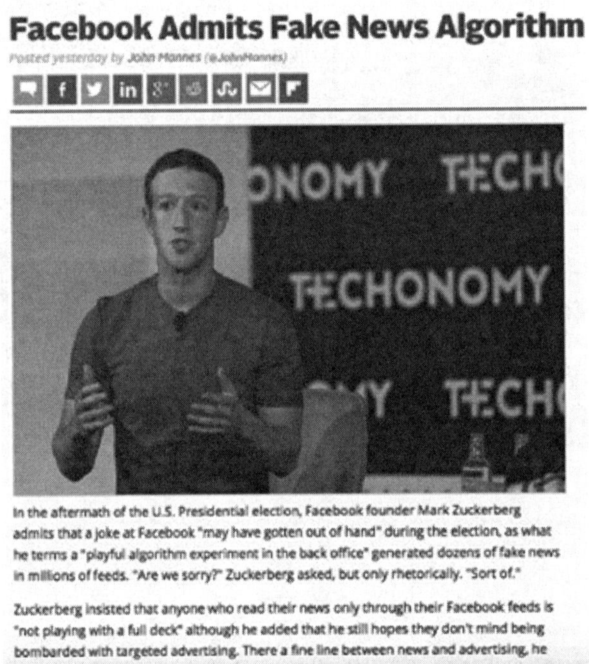
Facebook Admits Fake News Algorithm

Posted yesterday by John Mannes (@JohnMannes)

In the aftermath of the U.S. Presidential election, Facebook founder Mark Zuckerberg admits that a joke at Facebook "may have gotten out of hand" during the election, as what he terms a "playful algorithm experiment in the back office" generated dozens of fake news in millions of feeds. "Are we sorry?" Zuckerberg asked, but only rhetorically. "Sort of."

Zuckerberg insisted that anyone who read their news only through their Facebook feeds is "not playing with a full deck" although he added that he still hopes they don't mind being bombarded with targeted advertising. There a fine line between news and advertising, he

그림 8–11. 페이스북의 가짜 뉴스

금융과 보험

금융과 보험 업계에서는 부정 청구, 국내외 송금과 같은 부정 거래, 부정 여행 경비, 특정 정책이나 개인과 관련된 위험 등을 탐지하는데 이상 징후 탐지를 사용할 수 있습니다. 금융과 보험업계는 금융과 보험을 다룰 때 적절한 소비자를 공략하고 적절한 리스크를 감수할 수 있는 능력에 의존합니다. 예를 들어, 만약 특정 지역에 산불이나 지진 또는 매우 빈번하게 홍수가 발생한다는 것을 이미 알고 있다면, 집을 보증하는 보험 회사는 주택 소유자의 보험에 대한 정책을 만들 때 관련된 위험의 양을 정량화할 수 있는 모든 도구를 가질 필요가 있습니다.

또한 이상 징후 탐지는 여러 개의 다른 계좌를 사용하여 국내외로 많은 돈을 송금하는 금융 사기를 탐지하는데 사용될 수 있습니다. 매시간 발생할 수 있는 엄청난 양의 거래를 고려하면 인간이 눈으로 훑어보고 알아내기는 매우 어려운 것입니다. 이것은 AI 기술이 수십 년 동안 일을 해온 어떤 사람이나 많은 통계 기법의 능력을 넘어 매우 새롭고 혁신적인 금융 사기를 탐지 할 수 있도록 매우 많은 양의 데이터로 훈련될 수 있기 때문에 실현 가능한 것입니다. 딥러닝은 금융과 보험 산업에서 매우 중요한 문제를 해결하고 있는데, 그래픽 처리 장치(GPU)가 등장하면서 매우 까다롭고 어려운 많은 사용 사례에서 현실이 되고 있습니다. 이상 징후 탐지와 딥러닝은 비즈니스의 요구 사항에 부응하기 위해 함께 사용될 수 있습니다. 그림 8-12는 주택담보대출(모기지론) 사기 신고 추이를 보여줍니다.

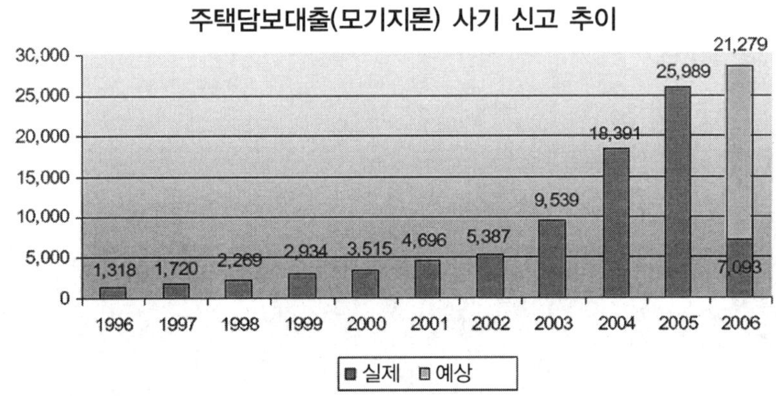

그림 8-12. 주택담보대출(모기지론) 사기 신고 추이

사이버 보안

이상 징후 탐지를 위한 또 다른 사용 사례는 사이버 보안이나 네트워킹입니다. 실제로, 이상 징후 탐지를 위한 가장 최초의 사용 사례 중 하나는 네트워크에 대한 침입 시도를 탐지하기 위해서 단지 통계 모델만 사용되었던 수 십년 전이었습니다. 사이버 보안 공간에서는 많은 일들이 일어날 수 있습니다. 가장 일반적인 공격 중 하나는 서비스 거부 공격(DOS)입니다. 고객에 대한 서비스를 방해하기 위해 회사의 웹 사이트나 포털에 대한 서비스 거부 공격이 실행되면 일반적으로 많은 수의 장치들이 포털(아마도 고객을 위한 일종의 지불 서비스

를 다루고 있을 것입니다)에 대해 동시 다발적인 접속과 임의의 무의미한 거래를 실행하기 위해 동원됩니다. 결과적으로 포털은 고객에 대해 반응하지 못하고 고객 경험을 매우 나쁘게 만들게 되어 사업 손실이 발생합니다.

이상 징후 탐지는 오랜 시간 동안 수집된 데이터로 시스템을 학습시키기 때문에 비정상적인 활동을 탐지할 수 있습니다. 이런 데이터는 일반적인 사용 행위, 결제 패턴, 활성 사용자 수, 그리고 특정 시점의 결제 금액, 결제 포털에 존재하는 계절적 행위 및 기타 동향으로 구성되어 있습니다. 결제 포털에 대해 DOS 공격이 갑자기 시작되면 이상 징후 탐지 알고리즘이 이러한 활동을 탐지하여 다른 방화벽 규칙을 설정하거나 더 나은 라우팅 규칙 설정과 같은 조치를 취할 수 있는 인프라 운영 팀에 신속하게 통보할 수 있습니다. 그림 8-13은 네트워크 트래픽에 대한 이상 징후 모니터링의 예입니다.

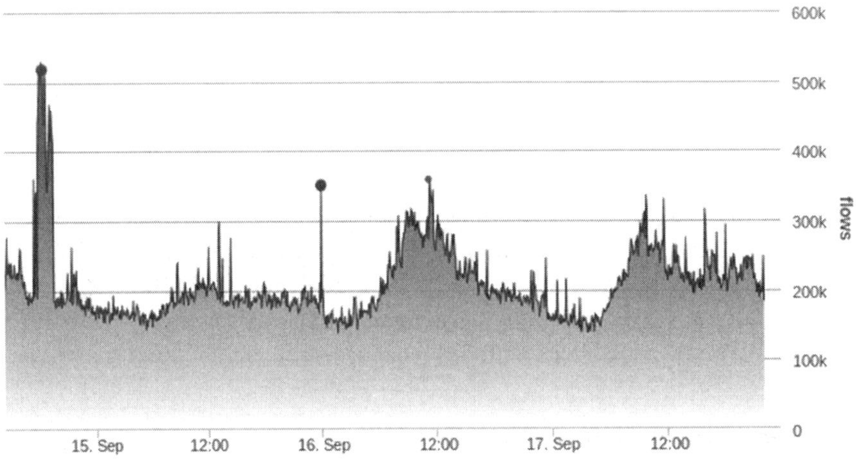

그림 8-13. 네트워크 트래픽에 대한 이상 징후 모니터링

또 다른 예는 해커가 네트워크에 침입하기 위한 첫번째 단계로 트로이 목마를 설치할 수 있는 시스템에 침입하려고 하는 경우입니다. 일반적으로 이 과정에는 네트워크에 존재하는 시스템을 확인하기 위해 포트 스캐닝이나 IP 스캐닝과 같은 많은 스캐닝이 포함됩니다. 시스템에서 SSH 및 텔넷(크랙하기 더 쉬움)이 실행되고 있을 수 있는데, 해커는 텔넷 또는 자산 서비스의 취약성을 이용하는 여러 가지 다른 유형의 공격을 시도할 수 있습니다. 결국, 대상 시스템 중 하나가 응답하고 해커가 시스템에 침입하여 원하는 것을 달성할 때까지 내부 네트워크에 대한 침투를 계속할 것입니다.

일반적으로 네트워크에는 사용 패턴이 있고 네트워크 내에는 데이터베이스 서버, 웹서버, 개발 서버, 급여 시스템, QA 시스템 및 최종 사용자 대면 시스템이 있습니다. 일반적으로 잘 알려져 있거나 예상되는 행위는 오랜 시간 동안 관찰됩니다. 그러면 장치가 사용되는 방식과 네트워크가 사용되는 방식에 대해 오랜 시간에 걸쳐 관찰되고 예상되는 변화가 있습니다. 또한 장치가 서로 통신하는 방식과 어떤 서비스/포트를 사용하는지를 측정할 수 있습니다.

이상 징후 탐지를 사용하면 특정 시스템이나 시스템의 특정 포트나 서비스가 비정상적인 속도로 연결되거나 처리되고 있는지 탐지할 수 있는데, 이는 어떤 침입자가 특정시스템이나 시스템들을 해킹하려고 하는 일종의 침입 활동이 일어나고 있음을 의미합니다. 이 정보는 운영 팀에게 매우 중요한 정보입니다. 운영 팀은 사이버 보안 전문가를 신속하게 참여시켜 실제 상황을 파악하고 재활성화 보다는 예방 또는 선제적인 조치를 취할 수 있습니다. 이는 사업을 유지하는 것과 최소한 일시적으로라도 사업을 중단하는 것의 차이일 수 있습니다. 단 한 번의 사이버 보안 침입으로 사업이 거의 파산할 뻔하여 수억 달러의 손해를 본 사례들이 있었습니다. 이것이 사이버보안 도메인이 딥러닝에 큰 관심을 가지는 이유이며, 딥러닝 기반의 이상 징후 탐지를 수반하는 활용 사례는 요즘 시대의 사이버 보안이나 네트워킹영역에서 가장 많이 사용되는 사용 사례입니다. 그림 8-14는 서로 다른 서비스 포트의 TCP 연결 수에서 나타나는 이상 징후를 보여줍니다.

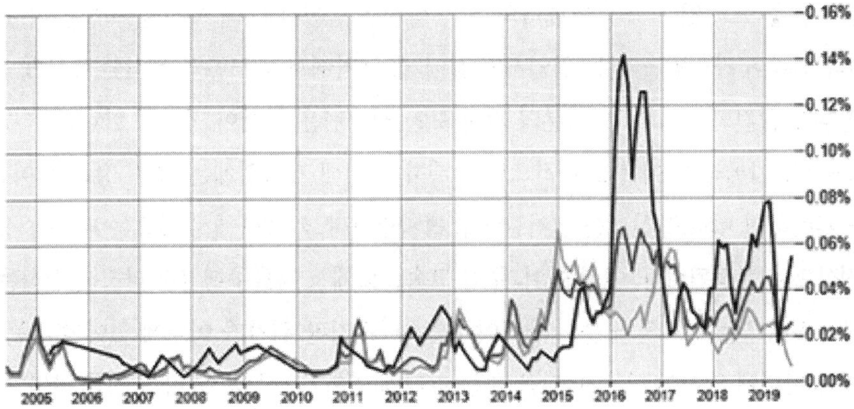

그림 8-14. 서비스 포트를 통한 TCP 연결

사이버 보안이나 네트워킹에서 모든 사용 사례가 암울한 것은 아닙니다; 이상 징후 탐지는 일부 시스템을 업그레이드해야 하는지, 시스템이 현재와 미래에 트래픽을 감당할 수 있는

지, 모든 것을 정상으로 되돌리기 위해 노드의 용량관리 계획을 실행해야 하는지 여부 등을 결정하는데도 관여할 수 있습니다. 이것은 운영팀에게 매우 중요하기 때문에 1년 전에는 예측하지 못했던 추세가 현재 네트워크의 정상적인 동작과 비정상적인 동작에 영향을 미치고 있는지 이해할 수 있습니다. 너무 늦었을 때보다 지금 당장 아는 것이 매우 중요하며, 특정 시스템이나 시스템들을 대상으로 네트워크에서 발생하고 있는 트래픽이나 거래를 처리하기 위한 사전 계획을 수립해야 합니다.

비디오 감시

이상 징후 탐지가 매우 중요해지고 있는 또 다른 영역은 비디오 감시입니다. 요즘에는 동네 학교, 동네 공원, 시내 중심가, 이웃집 근처 혹은 자기집 등 어디를 가도 보안 카메라와 비디오 감시 시스템을 보는 것이 매우 흔한 일입니다. 요점은, 비디오 감시가 여러분 주변에 있다는 것입니다. 스마트 앱과 스마트폰의 새로운 기술 발전을 고려할 때, 이것은 당분간 바뀌지 않을 것입니다. 오히려, 우리는 훨씬 더 많은 비디오 감시를 예상해야 합니다. 머지않아, 우리는 더 많은 스마트 자동차와 자율주행 자동차를 보게 될 것입니다. 그것들 역시 실시간 분석을 통한 비디오의 지속적인 처리와 다양한 물체 탐지에 의존합니다. 동시에 모든 종류의 이상 징후를 탐지할 수 있을 것입니다. 엄격한 보안 비디오 감시 차원에서, 이상 징후 탐지는 뒷마당을 보고 있는 특정 카메라의 정상 상태를 탐지하는 데 사용될 수 있습니다. 야생동물이나 심지어 잔디밭을 걷는 침입자와 같이 집 근처에서의 모종의 움직임 때문에 특정한 이상 징후가 발견되었을 때, 여러분의 가정 보안 시스템은 이것이 정상이 아니라는 것을 알 수 있습니다. 카메라가 이를 효과적으로 수행하기 위해 제조업체는 매우 정교한 머신러닝 모델을 훈련하여 비디오 신호를 실시간으로 평가합니다. 카메라에서 나오는 피드는 정상 또는 비정상으로 결정됩니다. 예를 들어, 주간 고속도로에서 자율주행차를 타고 운전하는 경우 자동차의 비디오는 도로의 모습이 어때야 하는지, 표지판 위치가 어디에 있어야 하는지, 나무 위치가 어디에 있어야 하는지, 다음 차는 어디에 있어야 하는지에 따라 지금 어떤 것이 정상인지 명확히 알 수 있습니다. 이상 징후 탐지를 사용해서 자율주행차는 경로에서 발생하는 이상 징후를 피하고 나쁜 일이 발생하기 전에 시정조치를 취할 수 있습니다.

그림 8-15는 사물 인식 비디오 감시 시스템입니다.

그림 8-15. 사물 인식 비디오 감시 시스템

제조

제조 분야에서도 이상 징후 탐지가 많이 사용되고 있습니다. 특히, 오늘날 제조의 대부분은 로봇과 함께 많은 자동화를 수반하기 때문에 이상 징후 탐지를 사용하여 제조 시스템의 부분적인 오작동이나 임박한 고장을 탐지하는데 사용될 수 있습니다.

제조업에서는 모든 종류의 자동화가 이루어지고 있기 때문에 다양한 종류의 센서와 다양한 유형의 평가지표가 실시간 또는 실시간에 가깝게 수집되는 것에 많은 중점을 두고 있습니다. 이 데이터는 공장 또는 제조 주기에서 곧 나타날 임박한 문제가 있는지를 탐지하기 위한 정교한 이상 징후 탐지 모델 구축에 사용될 수 있습니다.

이상 징후 탐지의 또 다른 사례로, 이상 징후 탐지가 어떻게 비즈니스에 활용되는지 볼 수 있는 석유 및 천연가스 플랫폼 사례가 있습니다. 석유 및 천연 가스 플랫폼은 일반적으로 플랜트를 작동시키기 위해서 다양한 방식으로 상호 연결된 수천 개의 구성요소를 가지고 있습니다. 물론 모든 구성 요소는 센서가 부착되어 있으며, 구성 요소의 다양한 파라미터에 대한 측정을 수행하는 센서를 사용하여 모니터링 할 수 있습니다. 이러한 모든 센서는 사물 인터넷(IoT) 플랫폼의 일부일 수 있습니다.

수만 개의 부품에 부착된 수만 개의 센서로부터 출력을 수집할 수 있다면, 우리는 더 오랜 시간 동안 이러한 데이터를 수집하고 오토인코더, LSTM, TCN과 같은 정교한 이상 징후 탐지 모델을 훈련시킬 수 있습니다.

그림 8−16은 센서 측정 값이 표시된 제조 공장을 보여줍니다.

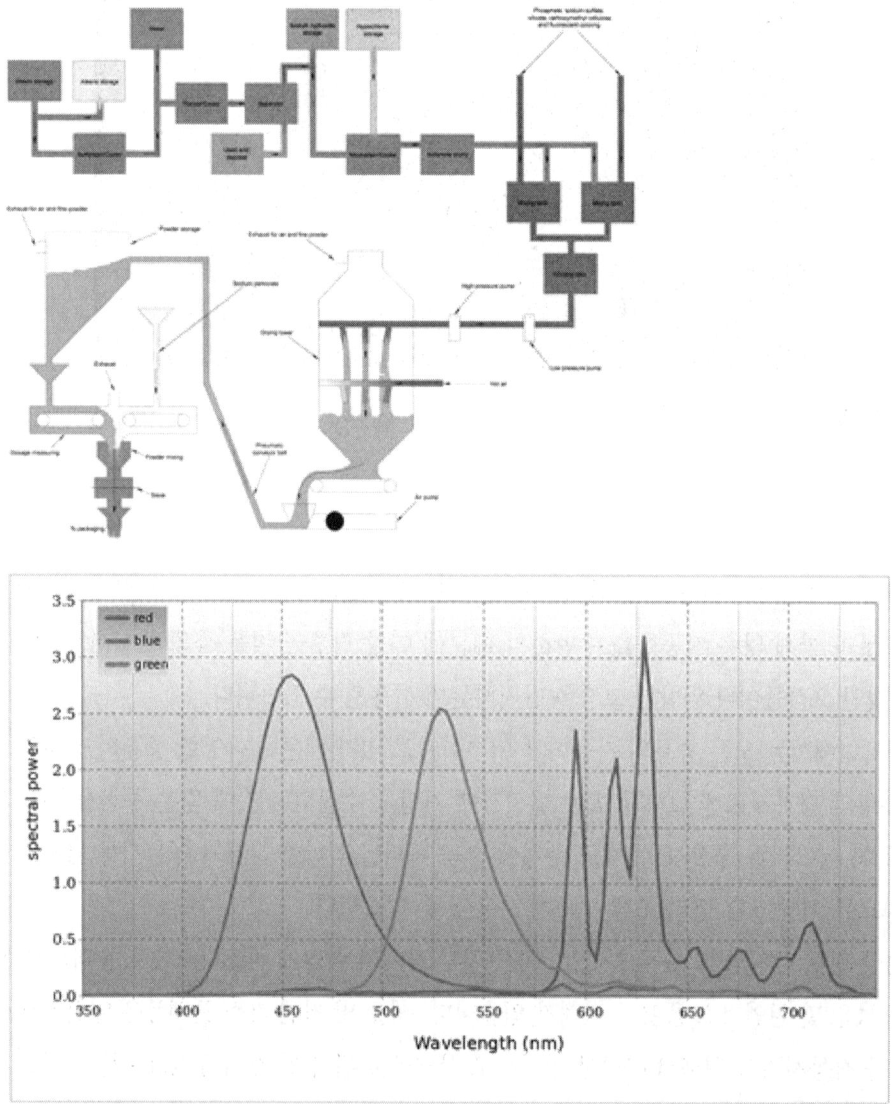

그림 8-16. 센서 측정 값이 있는 제조 공장

스마트 홈

이상 징후 탐지를 활용하는 또 다른 종류의 비즈니스는 스마트 홈 시스템입니다. 스마트 홈에는 스마트 자동 온도 조절 장치, 냉장고, 상호 연결된 장치 등 서로 연결된 많은 통합 구성 요소가 있습니다. 여러분이 아마존 알렉사를 가지고 있다고 가정해보십시오. 알렉사는 스마트 전구를 사용하는 스마트 조명과 통신할 수 있습니다. 모든 구성 요소는 스마트폰에서 매우 스마트한 앱을 통해서 사용할 수 있습니다. 온도 조절 장치도 서로 연결되어 있습니다. 그렇다면 이 사용 사례에서 실제로 이상 징후 탐지를 위해 사용하는 방법은 무엇일까요? 간단한 방법은 모든 기상 조건에서 온도 조절기를 최적의 온도로 설정하는 방법을 모니터링하고 일종의 권장 사항이나 권장되는 동작을 따르는 것입니다. 각 가정마다 온도 조절기가 어느 정도 개인화 되어 있기 때문에, 여러분의 집을 포함한 모든 가정에서 온도 조절기를 지속적으로 찾고 정상적으로 사용하고 있는 지를 탐지할 수 있는 아주 좋은 딥러닝 알고리즘이 있을 수 있습니다. 그림 8－17은 스마트 홈을 보여줍니다.

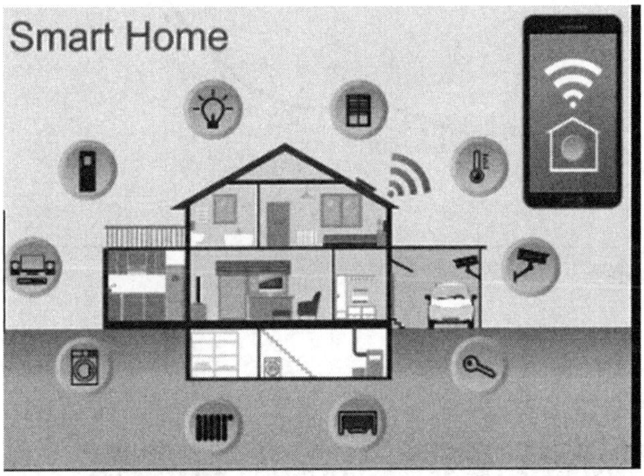

그림 8-17. 스마트 홈

소매

이상 징후 탐지 알고리즘을 사용하는 또 다른 대형 산업은 소매업입니다. 소매업에는 상품 및 서비스 유통 측면에서 공급망의 효율성과 같은 특정 사용 사례가 있습니다. 반품된 상품은 다루기 곤란하기 때문에 고객들로부터의 반품도 흥미롭습니다. 때로는 재입고하는 것보다 재고품 정리 세일에서 판매하는 비용이 더 적게 들기도 합니다.

고객 판매를 살펴보는 것은 판매에 의해 창출되는 수익과 향후 제품 및 판매 전략 계획, 특히 소비자를 더 잘 공략하기 위해서 매우 중요합니다.

그림 8－18은 제품의 과거 판매량을 보여줍니다.

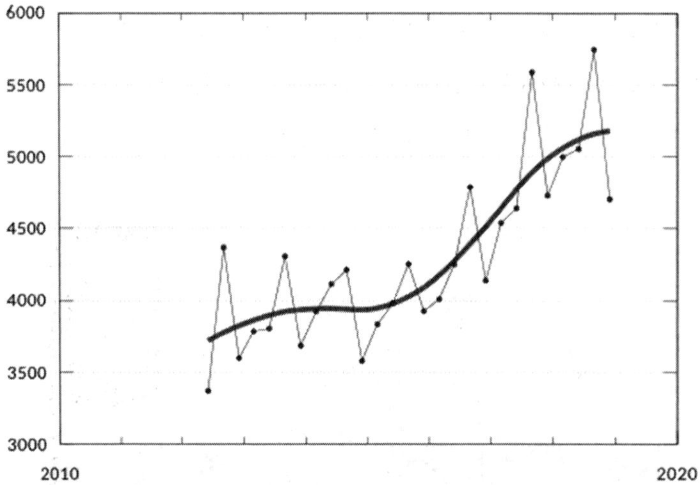

그림 8-18. 제품의 과거 판매량

딥러닝 기반의 이상 징후 탐지 구현

서로 다른 비즈니스에서의 사용 사례를 고려할 때 회사나 비즈니스에서 이상 징후 탐지 규칙을 수립하는데 있어 중요한 단계는 무엇일까요?

이상 징후 탐지와 관련된 중요한 단계는 다음과 같습니다.

- 비즈니스 활용 사례 파악 및 기대치 조정

- 사용 가능한 데이터를 정의하고 데이터 자체의 특성을 이해
- 데이터를 처리하기 위한 데이터 사용 절차 정의
- 사용할 모델의 유형을 설정
- 모델의 사용 및 실행 방법에 대한 전략적 논의
- 비즈니스에 영향을 미치는 결과 및 피드백 분석 조사
- 비즈니스의 일상적인 활동에 사용되는 모델 운영

특히 우리는 모델이 어떻게 만들어지고 어떤 종류의 모델을 사용해야 하는지에 관심이 많습니다. 사용되는 이상 징후 탐지 알고리즘의 유형은 이상 징후 탐지 전략을 통해 얻으려는 모든 것에 영향을 미칩니다. 또한 사용 가능한 데이터 유형과 데이터에 이미 레이블이 지정되었는지 또는 식별되었는지에 따라 달라집니다. 특정 사용 사례에 어떤 유형의 이상 징후 탐지가 가장 적합할 것인지를 결정하는 데 영향을 미치는 것 중 하나는 데이터 포인트의 이상 징후인지, 상황의 이상 징후인지 또는 패턴의 이상 징후인지입니다. 또한 우리는 이 데이터가 특정 시점의 즉각적인 스냅샷인지, 아니면 데이터가 지속적으로 진화하고 있는지, 끊임없이 변화하고 있는 실시간의 시계열 데이터인지를 살펴보는 것에도 관심이 있습니다. 또한 데이터의 특정 특성 또는 속성이 범주형, 숫자형, 명목형, 서수형, 이진형, 이산형 또는 연속형인지 여부가 중요합니다. 데이터 레이블이 이미 지정되어 있는지, 또는 이 데이터가 무엇인지에 대한 힌트가 제공되는지 확인하는 것도 매우 중요합니다. 왜냐하면 그것은 우리를 지도, 준지도 또는 비지도 알고리즘의 방향으로 이끌 수 있기 때문입니다.

기술과 알고리즘을 사용할 수 있지만 딥러닝을 기반으로 한 이상 징후 탐지의 접근 방식을 구현하는 데는 몇 가지 주요 과제가 있습니다:

- 기존 절차와 시스템에 AI를 통합하는 것은 어렵습니다.
- 필요한 기술과 전문 지식은 비용이 많이 듭니다.
- 경영진은 AI가 할 수 있고 할 수 없는 것에 대한 교육을 받을 필요가 있습니다.
- AI 알고리즘은 기본적으로 지능적이지 않습니다. 오히려 "좋은" 데이터를 분석함으로써 학습합니다.
- 특히 대기업에서는 "문화"의 변화가 필요합니다.

요약

이 장에서는 비즈니스 환경에서 이상 징후를 탐지하는 실제 사용 사례에 대해 살펴보았습니다. 많은 회사에서 이상 징후 탐지 기능을 사용하여 실제 문제를 해결하는 방법을 설명했습니다. 비즈니스와 사용 사례가 모두 다르기 때문에 단순히 코드를 복제하여 모든 데이터세트에서 이상 징후를 탐지하는 성공적인 모델을 구축할 수는 없지만, 이장에서는 아이디어를 제공하기 위해 많은 사용 사례를 다루었습니다.

이 분야는 현재 존재하는 알고리즘이 지속적으로 발명되고 개선되어 진화하고 있으며, 이는 앞으로 알고리즘이 동일하게 보이지 않을 것임을 의미합니다. 불과 몇 년 전만 해도 순환신경망(RNN)은 시계열을 위한 최고의 알고리즘이었지만, 지금은 장・단기 메모리(LSTM, 6장)가 과도하게 사용되고 있고 시간 합성곱 네트워크(TCN, 7장)는 시계열을 다루는 미래가 될 것입니다. 심지어 오토인코더도 상당히 많이 바뀌었습니다. 전통적인 오토인코더는 변이형 오토인코더로 발전했습니다(4장). 제한된 볼츠만 머신(RBM, 5장)은 더이상 사용되지 않습니다.

다음 장인 부록 A에서는 딥러닝의 인기 프레임워크인 케라스에 대해 살펴보겠습니다.

APPENDIX

A 케라스(Keras) 소개

이 부록에서는 케라스 프레임워크가 제공하는 기능과 함께 케라스 프레임워크를 소개합니다. 또한 백엔드로 텐서플로를 사용해서 케라스에서 저 수준의 연산을 수행하는 방법도 살펴봅니다. 다음과 같은 설정을 사용합니다.

- tensorflow-gpu version 1.10.0
- keras version 2.0.8
- torch version 0.4.1 (PyTorch)
- CUDA version 9.0.176
- cuDNN version 7.3.0.29

케라스란?

케라스는 텐서플로(TensorFlow), CNTK 또는 테아노(Theano)를 **백엔드**로 하여 실행되는 파이썬을 위한 고급 딥러닝 라이브러리입니다. 백엔드는 기본적으로 모든 작업을 수행하는 "엔진"으로 생각할 수 있으며, 케라스는 엔진과 인터페이스하는 소프트웨어를 포함한 자동차의 나머지 부분입니다.

케라스가 고수준이라는 것은 텐서플로와 같은 프레임워크의 복잡성을 상당 부분 추상화한다는 것을 의미합니다. 딥러닝 모델을 훈련하고 사용할 수 있도록 하려면 몇 줄의 코드만 작성하면 됩니다. 반면에 텐서플로가 저수준의 프레임워크에 속한다는 것은 케라스가 추상화한 작업을 정의할 수 있는 구문과 기능이 훨씬 많다는 것을 의미합니다. 동시에 텐서플로와 파이토치는 여러분이 무엇을 하고 있는지 알고 있다면 훨씬 더 많은 유연성을 제공합니다.

텐서플로 및 파이토치를 사용하면 개별 텐서(행렬과 유사하지만 2차원으로 한정되지 않고 벡터부터 행렬, n차원 객체까지 다양함)를 조작하여 사용자 정의 신경망 층을 만들고 사용자 정의 층을 포함하는 새로운 신경망 아키텍처를 만들 수 있습니다.

케라스는 텐서플로 및 파이토치와 동일한 작업을 수행할 수 있지만, 저 수준의 연산을 수행하려면 백엔드 자체(여기에서는 텐서플로)를 가져와야 합니다. 이는 케라스를 통해 텐서플로 구문을 사용하고 있기 때문에 기본적으로 텐서플로 자체에서 작업하는 것과 동일하므로 텐서플로 구문과 기능에 대해 잘 알고 있어야 합니다.

결국, 새로운 유형의 모델을 만들거나 텐서를 직접 조작해야 하는 연구 작업을 하지 않을 경우에는 케라스를 사용하기만 하면 됩니다. 초보자가 사용하기에 훨씬 쉬운 프레임워크이며 텐서플로 또는 파이토치가 제공하는 저수준의 기능이 필요할 정도로 충분히 진전될 때까지는 먼 길을 가야 할 것입니다. 또한 저수준의 작업을 수행해야 하는 경우에도 케라스를 통해 텐서플로(또는 여러분이 사용 중인 백엔드)를 계속 사용할 수 있습니다. 한 가지 주목할 점은 케라스가 실제로는 텐서플로에 통합되었기 때문에 텐서플로를 통해 케라스에 액세스할 수 있지만, 본 부록의 목적을 위해 케라스 API를 사용하여 케라스의 기능을 살펴보고 텐서플로 백엔드는 케라스를 통해 파이토치와 유사한 저수준의 연산을 설명할 것입니다.

케라스 사용하기

케라스를 사용하는 경우 필요한 패키지를 가져와서 데이터를 로드하고 처리한 다음 모델에 전달할 가능성이 높습니다. 이 절에서는 케라스에서의 모델 생성, 사용 가능한 여러 층, 케라스의 여러 하위 모델 및 백엔드를 사용하여 텐서 연산을 수행하는 방법을 설명합니다.

케라스에 대해 더 자세히 알고 싶다면 언제든지 공식 문서를 보시면 됩니다. 이 책에서는 케라스에 대해 알아야 할 기본 사항만 다루기 때문에 추가 질문이 있거나 자세히 알아보려면 설명서를 확인하는 것이 좋습니다.

구현에 대한 자세한 내용은 GitHub에서 `https://github.com/keras-team/keras/tree/master`로 제공됩니다.

공식 문서는 `https://keras.io/`에서 확인할 수 있습니다.

모델 생성

케라스에서는 **순차 모델**(sequential model)이나 **기능 모델**(functional model)을 작성할 수 있습니다. **순차 모델**은 그림 A−1과 정의할 수 있습니다.

```
In [2]:
### Sequential model

import keras
from keras.models import Sequential
from keras.layers import Dense

seq_model = Sequential()
seq_model.add(Dense(16, input_shape=(8,)))
seq_model.add(Dense(32, activation='relu'))
seq_model.add(Dense(16, activation='softmax'))

```

그림 A−1. 케라스에서 순차 모델을 정의하는 코드

순차 모델을 정의 했으면 `model_name.add()`를 호출하여 간단하게 층을 추가할 수 있는데, 여기에서 층 자체는 파라미터입니다. 원하는 층을 모두 추가했으면 어떤 데이터를 가지고 있든 모델을 컴파일하고 훈련할 준비가 된 것입니다.

이제 **기능 모델**을 살펴보겠습니다. 형식은 지금까지 책에서 사용한 것입니다(그림 A−2).

```
In [5]:
### Functional model

import keras
from keras.models import Model
from keras.layers import Input, Dense

input_layer = Input(shape=(8,))
dense_1 = Dense(32, activation='relu')(input_layer)
output_layer = Dense(16, activation='softmax')(dense_1)

func_model = Model(input_layer, output_layer)
```

그림 A-2. 케라스에서 기능 모델을 정의하는 코드

기능 모델은 신경망을 정의하는 방법에 있어 더 많은 유연성을 가질 수 있게 해 줍니다. 이를 통해 순차 모델에서처럼 이전 층에만 국한되지 않고 원하는 다른 층에 층을 연결할 수 있습니다. 이렇게 하면 층을 여러 다른 층과 공유하거나 같은 층을 재사용할 수 있어 더욱 복잡한 모델을 만들 수 있습니다.

모든 층을 정의한 후에는 입력 및 출력 파라미터를 사용하여 `Model()`을 호출하기만 하면 전체 모델을 완성할 수 있습니다. 이제 계속해서 모델을 컴파일하고 훈련할 수 있습니다.

모델 컴파일과 훈련

대부분의 경우 모델을 컴파일하는 코드는 그림 A-3과 유사합니다.

```
In [ ]:
model.compile(optimizer="",
              loss="",
              metrics="")
```

그림 A-3. 케라스에서 모델을 컴파일하는 코드

그러나 고려해야 할 더 많은 파라미터가 있습니다:

- optimizer: 문자열로 옵티마이저의 이름을 전달하거나 옵티마이저의 인스턴스를 전달합니다(원하는 파라미터를 사용하여 **옵티마이저**를 호출합니다. 아래 옵티마이저 절에서 자세히 설명합니다).
- loss: 파라미터가 손실 함수 또는 함수 자체의 이름으로 전달됩니다. 아래 **손실** 절에서 이것이 무엇을 의미하는지 자세히 설명합니다.

- **metrics:** 훈련 및 시험 과정 중에 모델이 평가할 측정항목 목록을 전달합니다. 사용할 수 있는 측정항목에 대한 자세한 내용은 **측정항목** 절을 참조합니다.
- **loss_weights:** 다중 출력과 다중 손실이 있는 경우 모델은 총 손실을 기준으로 평가합니다. loss_weights는 각 손실이 전체 결합 손실에 영향을 미치는 정도를 결정하는 목록이나 사전입니다. 새 가중치로 전체 손실은 이제 모든 손실의 가중 합이 됩니다.
- **sample_weight_mode:** 데이터에 시간단계별 샘플 가중치를 부여하는 2D 가중치가 있는 경우 "`temporal`"이 전달되어야 합니다. None(기본값)은 1D 샘플별 가중치입니다. 모델에 다중 출력이 있는 경우 sample_weight_mode의 목록이나 사전을 전달할 수도 있습니다. 한 가지 유의할 점은 3D 이상의 출력이 필요하며, 한 차원에서는 시간이 필요하다는 것입니다.
- **weighted_metrics:** 훈련 및 시험 과정 중에 sample_weight 또는 class_weight를 사용하여 평가하고 가중치를 부여할 모델의 평가항목 목록입니다.

모델을 컴파일 한 후 그림 A-4와 같이 함수를 호출하여 모형을 **저장**할 수도 있습니다.

```
In [ ]:
from keras.callbacks import ModelCheckpoint

checkpointer = ModelCheckpoint(filepath="saved_model.h5",
                               verbose=0,
                               save_best_only=True)
```

그림 A-4. 모델을 파일 경로에 저장하는 콜백함수

`ModelCheckpoint()`와 관련된 파라미터 세트는 다음과 같습니다.

- **filepath:** 모델 파일을 저장할 경로입니다. "saved_model.h5"만 입력하면 동일한 경로에 저장됩니다.
- **monitor:** 모델이 모니터링할 측정항목입니다. 기본적으로 "val_loss"로 설정됩니다.
- **verbose:** 다변모드를 0 또는 1로 설정합니다. 기본적으로 0으로 설정되어 있습니다.
- **save_best_only:** True로 설정하면 모니터링 되는 항목에 따라 성능이 가장 우수한 모델이 저장됩니다.
- **save_weights_only:** True로 설정하면 가중치만 저장됩니다. True이면 model.save_weights(filepath)이고, 그렇지 않으면 model. save(filepath)입니다.

- **mode**: auto, min 또는 max중에서 선택할 수 있습니다. `save_best_only`가 True인 경우 모니터링 되는 항목에 가장 적합한 것을 선택해야 합니다. monitor에 val_acc를 선택한 경우 max를 선택하고, 모니터에 val_loss를 선택한 경우 min을 선택합니다.
- **period**: 각 체크포인트 사이의 에포크 수입니다.

이제 그림 A-5와 유사한 코드를 사용하여 모델을 훈련할 수 있습니다.

```
In [ ]:
model.fit(x, y,
          batch_size=128,
          epochs=25,
          verbose=1,
          validation_data=(x_t, y_t),
          callbacks = [checkpointer])
```

그림 A-5. 모델을 훈련하기 위한 코드

`model.fit()` 함수는 많은 파라미터 목록을 가지고 있습니다.

- **x**: 훈련 데이터를 나타내는 넘파이 배열입니다. 여러 개의 입력이 있는 경우 이것은 모두 훈련 데이터인 넘파이 배열 목록입니다.
- **y**: 대상 또는 레이블이 지정된 데이터를 나타내는 넘파이 배열입니다. 마찬가지로, 여러 개의 출력이 있는 경우 이것은 대상 데이터의 넘파이 배열 목록입니다.
- **batch_size**: 기본적으로 32로 설정합니다. 정수값으로 그래디언트를 업데이트 하기 전에 네트워크를 통해 실행되는 샘플의 수입니다.
- **epochs**: 전체 x와 y 데이터가 네트워크를 통과하는 반복 횟수를 나타내는 정수 값입니다.
- **verbose**: 0은 아무것도 출력하지 않고 훈련하도록 하고, 1은 진행률 표시줄과 측정항목을 표시하며, 2는 에포크 당 한 줄을 표시합니다. 각 값이 정확히 어떻게 작동하는지는 아래 그림에서 확인하시기 바랍니다.

다변모드 1 (그림 A−6)

```
In [16]: TCN.fit(x_train, y_train,
                   batch_size=128,
                   epochs=25,
                   verbose=1,
                   validation_data=(x_test, y_test),
                   callbacks = [checkpointer])

Train on 6295 samples, validate on 4197 samples
Epoch 1/25
6295/6295 [==============================] - 0s - loss: 0.0620 - acc: 0.9911 - val_loss: 0.0641 - val_acc: 0.9900
Epoch 2/25
6295/6295 [==============================] - 0s - loss: 0.0656 - acc: 0.9895 - val_loss: 0.0655 - val_acc: 0.9890
Epoch 3/25
6295/6295 [==============================] - 0s - loss: 0.0622 - acc: 0.9905 - val_loss: 0.0630 - val_acc: 0.9907
Epoch 4/25
3712/6295 [=================>............] - ETA: 0s - loss: 0.0637 - acc: 0.9903
```

그림 A−6. 다변모드가 1일 때의 훈련 함수

다변모드 2 (그림 A−7)

```
In [17]: TCN.fit(x_train, y_train,
                   batch_size=128,
                   epochs=25,
                   verbose=2,
                   validation_data=(x_test, y_test),
                   callbacks = [checkpointer])

Train on 6295 samples, validate on 4197 samples
Epoch 1/25
1s - loss: 0.0633 - acc: 0.9900 - val_loss: 0.0639 - val_acc: 0.9914
Epoch 2/25
0s - loss: 0.0621 - acc: 0.9905 - val_loss: 0.0626 - val_acc: 0.9914
Epoch 3/25
0s - loss: 0.0639 - acc: 0.9897 - val_loss: 0.0637 - val_acc: 0.9912
Epoch 4/25
```

그림 A−7. 다변모드가 2일 때의 훈련 함수

- **callbacks:** `keras.callbacks.Callback` 인스턴스의 리스트입니다. 이전에 "checkpointer"라고 정의된 ModelCheckpoints를 기억하십니까? 여기에 포함시킬 수 있습니다. 어떻게 작동하는지 보려면 `model.fit()` 함수가 호출되는 위의 그림 중 하나를 참조합니다.
- **validation_split:** 0과 1 사이의 실수 값으로, 모델에게 얼마나 많은 훈련 데이터를 검증 데이터로 사용해야 하는지 알려 줍니다.
- **validation_data:** 검증 데이터와 선택적으로 val_sample_weights를 모델에 전달하는 가변 파라미터로 (x_val, y_val) 또는 (x_val, y_val, val_sample_weights)인 튜플입니다.

또한 validation_split이 재정의되므로 둘 중 하나를 사용합니다.

- **shuffle:** 각 에포크 이전에 훈련 데이터를 섞을지 여부를 모델에 알려주는 불리언 값, 또는 배치 크기 단위로 섞는 것을 의미하는 "batch" 문자열을 전달합니다.
- **class_weights:** (선택사항) 모델에게 훈련 과정에서 특정 클래스의 가중치를 측정하는 방법을 알려주는 사전입니다. 예를 들어, 과소 표현된 클래스의 가중치를 높이기 위해 사용할 수 있습니다.
- **sample_weight:** (선택사항) 훈련 샘플과 전달한 가중치 배열 사이에 1:1 맵이 있는 가중치 넘파이 배열입니다. 시계열 데이터(추가적인 시간 차원)가 있는 경우 형태(samples, sequence_length)가 있는 2D 배열을 전달하여 이러한 가중치를 샘플의 각 타임 스텝에 적용합니다. `model.compile()`에서 sample_weight_mode에 "temporal"을 설정하는 것을 잊지 마십시오.
- **initial_epoch:** 모델에게 훈련을 시작할 에포크를 알려주는 정수 값(훈련을 재개할 때 사용할 수 있음)입니다.
- **steps_per_epoch:** 모델이 하나의 epoch을 완료하기 전에 수행할 단계 또는 샘플 배치의 개수입니다.
- **validation_steps:** (step_per_epoch를 지정하는 경우에만 해당) 중지하기 전에 유효성 검사에 사용할 단계(샘플 배치)의 개수입니다.
- **validation_freq:** (검증 데이터를 전달하는 경우에만 해당) n을 전달하면 n 에포크마다 검증이 실행됩니다. [a, e, h]를 전달하면 에포크 a, 에포크 e, 에포크 h 이후 검증이 실행됩니다.

모델 평가와 예측

모델을 훈련한 후에는 시험 데이터로 성능을 평가할 수 있을 뿐만 아니라 원하는 다른 애플리케이션에서 예측 결과를 사용할 수 있습니다. 이전에는 예측을 통해서 AUC 점수를 생성하여 모델을 더 잘 평가할 수 있었지만(정확도가 모델 성능을 평가하기에 가장 좋은 측정 항목은 아닙니다), 특히 모델이 정말 좋은 경우 원하는 방식으로 이러한 예측을 사용할 수 있습니다.

일부 시험 데이터에 대해 모델을 평가하는 코드가 그림 A−8과 유사할 것입니다.

```
In [ ]:  model.evaluate(x, y, verbose=0)
```

그림 A-8. 주어진 x 및 y 데이터 세트를 평가하는 코드

model.evaluate()에서, 파라미터는 다음과 같습니다.

- **x:** 훈련 데이터를 나타내는 넘파이 배열입니다. 여러 개의 입력이 있는 경우 이것은 모두 훈련 데이터인 넘파이 배열 목록입니다.
- **y:** 대상 또는 레이블이 지정된 데이터를 나타내는 넘파이 배열입니다. 마찬가지로, 여러 개의 출력이 있는 경우 이것은 대상 데이터의 넘파이 배열 목록입니다.
- **batch_size:** None이 지정되면 기본값은 32입니다. 이 파라미터에는 배치 당 샘플 수를 나타내는 정수 값이 필요합니다.
- **verbose:** 0으로 설정하면 출력이 표시되지 않습니다. 1로 설정하면 진행률이 표시되고, 그림 A−9처럼 보입니다.

```
In [19]:

score = TCN.evaluate(x_test, y_test, verbose=1)
print('Test loss:', score[0])
print('Test accuracy:', score[1])

4197/4197 [==============================] - 1s
Test loss: 0.06095811567112381
Test accuracy: 0.9914224446032881
```

그림 A-9. 다변모드 1일 때의 검증 함수

- **sample_weight:** (선택사항) 각 시험 샘플에 대한 가중치 넘파이 배열입니다. 다시 말하지만, 시간 데이터가 아닌 경우 샘플과 가중치 사이의 1:1 맵입니다. 시계열데이터(추가적인 시간 차원)가 있는 경우 형태(samples, sequence_length)가있는 2D 배열을 전달하여 이러한 가중치를 샘플의 각 타임 스텝에 적용합니다. model.compile()에서 sam－ple_weight_mode에 "temporal"을 설정하는 것을 잊지 마십시오.
- **steps:** None으로 설정되면 무시됩니다. 그렇지 않으면 평가를 완료로 선언하기까지의 단계(샘플 배치) 개수인 정수 값 파라미터 n입니다.
- **callbacks:** `model.fit()`에 대한 콜백 파라미터와 동일한 방식으로 작동합니다.

마지막으로, 예측을 하기 위해 그림 A－10과 유사한 코드를 실행할 수 있습니다.

```
In [ ]:  1  model.predict(x)
```

그림 A-10. 예측 함수는 일부 데이터 세트 x에 따라 예측을 생성

이 경우 매개 변수는 다음과 같습니다.

- **x:** 예측 데이터를 나타내는 넘파이 배열입니다. 모델에 여러 개의 입력이 있는 경우 넘파이 배열 목록을 전달합니다.
- **batch_size:** None이 지정된 경우 기본값은 32입니다. 이 파라미터는 배치당 샘플 수를 나타내는 정수 값이 필요합니다
- **verbose:** 0 또는 1 중 하나입니다.
- **steps:** 예측 프로세스를 완료하기 전에 수행할 단계(샘플 배치) 개수입니다. None이 전달되면 무시됩니다.
- **callbacks:** `model.fit()`에 대한 콜백 파라미터와 동일한 방식으로 작동합니다.

한가지 더 언급할 것: 만약 당신이 모델을 저장했다면, 그림 A－11의 코드를 호출하여 다시 로드 할 수 있습니다.

```
In [ ]:
from keras.models import load_model

model = load_model('filepath.h5')
```

그림 A-11. 파일 경로가 지정된 모델 로드

이제 모델 구축과 연산의 기본을 다루었으므로 모델 자체를 구성하는 부분인 층으로 넘어가보도록 하겠습니다.

층(Layer)

입력층(Input Layer)

`keras.layers.Input()`

전체 모델의 입력 계층이며 다음과 같은 여러 파라미터가 있습니다.

- **shape**: 예상되는 형태를 층에 알려주는 정수 값의 튜플입니다. 이것은 층에게 어떤 형태를 기대할지 알려줍니다. 예를 들어 shape=(input_shape)고 input_shape 가 (31, 1)이면, 모델에 각각 차원이 (31, 1)인 항목을 예상하도록 알려주는 것입니다.
- **batch_shape**: 배치 크기를 포함하는 정수 값 형태의 튜플 입니다. input_shape가 (100, 31, 1)인 batch_shape = (input_shape)를 전달하면 모델에 100개의 31x1 차원 항목이 배치될 것으로 예상하라고 알립니다. (None, 31, 1)의 input_shape를 전달하면 배치의 수가 임의의 숫자가 될 수 있음을 모델에 알립니다.
- **name**: (선택사항) 문자열로된 층의 이름입니다. 고유해야 하며, 아무 것도 전달되지 않으면 임의의 이름이 자동 생성됩니다.
- **dtype**: 입력 데이터에 대해 층이 예상해야 하는 데이터 유형이 문자열로 지정됩니다. 'int32', 'float32' 등과 같은 것이 될 수 있습니다.
- **sparse**: 층에서 만드는 플레이스홀더의 희소 여부를 알려주는 불리언 값입니다.
- **tensor**: (선택사항) 입력의 플레이스홀더 역할을 하기 위해 층으로 전달되는 텐서입니다. 무엇인가 전달되면, 케라스는 플레이스홀더 텐서를 자동으로 만들지 않습니다.

밀집층(Dense Layer)

```
keras.layers.Dense()
```

이것은 조밀하게 연결된 뉴런들로 구성된 신경망 층입니다. 기본적으로 이 층의 모든 노드는 이전 층과 다음 층(있는 경우)과 완전히 연결됩니다.

다음은 파라미터입니다.

- units: 이 층에 있는 뉴런 수입니다. 이것은 출력 공간의 차원에도 영향을 미칩니다.
- activation: 이 층에 사용할 활성화 함수입니다.
- use_bias: 이 층에서 편향 벡터를 사용할 지 여부에 대한 불리언 값입니다.
- kernel_initializer: 가중치 행렬의 이니셜라이저입니다. 자세한 내용은 **이니셜라이저** 절을 참조하시기 바랍니다.
- bias_initializer: kernel_initializer와 유사하지만 편향에 대한 것입니다.
- kernel_regularizer: 가중치 행렬에 적용된 **레귤러라이저** 함수입니다. 자세한 내용은 레귤러라이저 절을 참조하시기 바랍니다.
- bias_regularizer: 편향에 적용되는 레귤러라이저 함수입니다.
- activity_regularizer: 레귤러라이저 함수가 층의 출력에 적용됩니다.
- kernel_constraint: 가중치에 적용되는 제약 조건 함수입니다. 자세한 내용은 **제약 조건** 절을 참조하시기 바랍니다.
- bias_constraint: 편향에 적용되는 제약 조건 함수입니다.

밀집층이 무엇인지 더 잘 알기 위해서 그림 A－12를 보도록 하겠습니다.

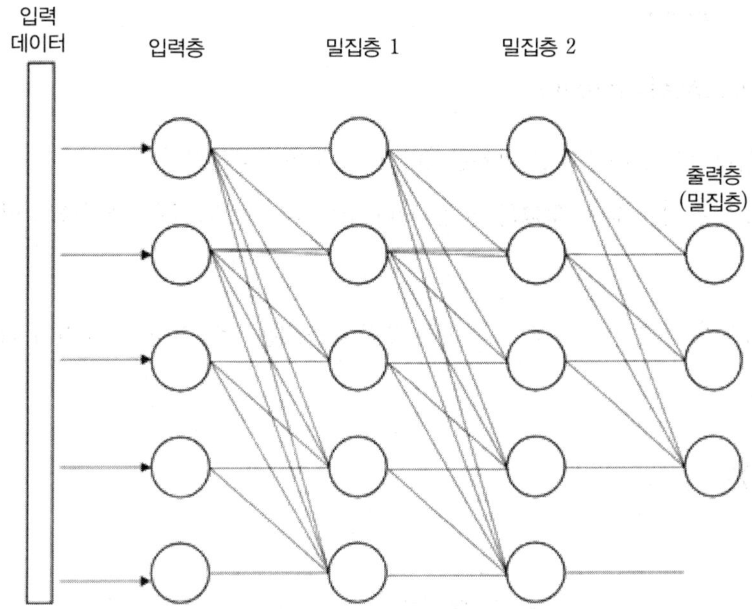

그림 A-12. 인공 신경망의 밀집층

활성화(Activation)

```
keras.layers.Activation()
```

이 층은 입력에 활성화 함수를 적용합니다. 다음은 파라미터입니다.

- activation: 활성화 함수(**활성화** 절 참조)나 몇 개의 테아노 또는 텐서플로 연산을 전달합니다.

활성화 함수가 무엇인지 이해하기 위해, 그림 A-13은 각각의 인공 뉴런이 어떻게 생겼는지 보여줍니다.

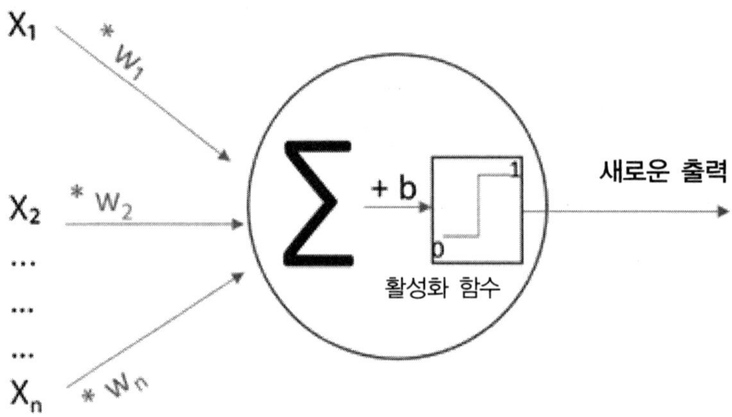

그림 A-13. 활성화 함수는 노드가 입력에 대해 수행하는 함수의 출력에 적용됩니다.

활성화는 입력 * 가중치 + 편향의 결과를 활성화 함수로 전달합니다. 활성화 함수가 없는 경우 해당 입력이 출력으로 전달됩니다.

드롭아웃(Dropout)

```
keras.layers.Dropout()
```

드롭아웃 층은 이전 층에서 실수 f의 비율 만큼의 일부 노드를 가져와서 "비활성화" 하는 것입니다. 즉, 다음 계층에 연결되지 않습니다. 이를 통해 훈련 데이터에 대한 과적합을 방지할 수 있습니다.

파라미터는 다음과 같습니다.

- **rate:** 드롭 시킬 입력 유닛의 비율을 나타내는 0과 1 사이의 실수 값입니다.
- **noise_shape:** 어떤 유닛을 켜거나 끌지 결정하기 위해 입력과 곱해지는 1D 정수 이진 텐서입니다. **비율**을 사용하여 무작위로 값을 선택하는 대신 여러분의 드롭아웃 마스크를 전달하여 드롭아웃 층에서 사용할 수 있습니다.
- **seed:** 난수 시드로 사용할 정수 값입니다.

플래튼(Flatten)

```
keras.layers.Flatten()
```

이 층은 모든 입력을 단일 차원으로 평탄하게 만듭니다.

컬러 이미지인 경우 이미지는 세 개의 채널을 가질 수 있습니다. RGB(빨간색, 녹색, 파란색), BGR(파란색, 녹색, 빨간색), HSV(색조, 채도, 값) 등이 될 수 있으므로, 이러한 이미지의 차원은 형식이 지정된 채널이 마지막에 있는 경우 실제로(높이, 너비, 채널) 이거나, 형식이 지정된 채널이 처음에 있는 경우 (채널, 높이, 너비)입니다. 이 형식을 유지하기 위해 플래튼 층에 전달할 수 있는 파라미터가 있습니다.

- **data_format:** 'channels_first' 또는 'channels_last'인 문자열입니다. 이것은 이 형식을 유지하기 위해 평탄화된 출력의 형식을 지정하는 방법을 플래튼 층에 알려줍니다.

층이 입력을 어떻게 평탄하게 하는지 더 잘 알기 위해, 합성곱 신경망의 그림 A-14에 있는 요약을 확인하시기 바랍니다.

```
In [5]:

import keras
from keras.models import Model
from keras.layers import Input, Dense, Convolution2D, Flatten

input_layer = Input(shape=(32, 32, 3))

conv_1 = Convolution2D(128, kernel_size=2, padding='same', activation='relu')(input_layer)

conv_2 = Convolution2D(128, kernel_size=2, padding='same', activation='relu')(conv_1)

flat_1 = Flatten()(conv_2)

classes = Dense(10, activation='softmax')(flat_1)

conv_net = Model(input_layer, classes)

conv_net.summary()
```

```
_________________________________________________________________
Layer (type)                 Output Shape              Param #
=================================================================
input_5 (InputLayer)         (None, 32, 32, 3)         0
_________________________________________________________________
conv2d_6 (Conv2D)            (None, 32, 32, 128)       1664
_________________________________________________________________
conv2d_7 (Conv2D)            (None, 32, 32, 128)       65664
_________________________________________________________________
flatten_2 (Flatten)          (None, 131072)            0
_________________________________________________________________
dense_2 (Dense)              (None, 10)                1310730
=================================================================
Total params: 1,378,058
Trainable params: 1,378,058
Non-trainable params: 0
_________________________________________________________________
```

그림 A-14. 평탄화 층이 입력의 차원을 어떻게 줄이는지에 주목

1D 공간 드롭아웃(Spatial Dropout 1D)

`keras.layers.SpatialDropout1D()`

이 함수는 뉴런 요소 대신 전체 1D 특성 맵을 드롭 한다는 점을 제외하고는 일반적인 드롭아웃 함수와 동일한 기능을 갖습니다. 이전 합성곱 층에서는 특성 맵이 밀접하게 관련되는 경향이 있기 때문에, 일반적인 드롭아웃 함수는 정규화(regularization)에 큰 도움이 되지 않습니다. 공간 드롭아웃은 이 문제를 해결하는 데 도움이 되며 특성 맵 간의 독립성을 향상시키는데에도 도움이 됩니다.

함수는 다음과 같은 하나의 파라미터를 사용합니다.

- **rate**: 드롭 시킬 입력 유닛의 비율을 결정하는 0과 1 사이의 실수 값입니다.

2D 공간 드롭아웃(Spatial Dropout 2D)

```
keras.layers.SpatialDropout2D()
```

이 함수는 2D 특성 맵에서 작동하는 것을 제외하면 공간 드롭아웃 1D 함수와 유사합니다. 컬러 이미지인 경우 이미지는 세 개의 채널을 가질 수 있습니다. RGB(빨간색, 녹색, 파란색), BGR(파란색, 녹색, 빨간색), HSV(색조, 채도, 값) 등이 될 수 있으므로, 이러한 이미지의 차원은 형식이 지정된 채널이 마지막인 경우(높이, 너비, 채널), 형식이 지정된 채널이 처음인 경우(채널, 높이, 너비)입니다.

이 기능은 SpaceDropout1D()와 비교하여 하나의 추가 파라미터를 사용합니다.

- **rate:** 드롭 시킬 입력 유닛의 비율을 결정하는 0과 1 사이의 실수 값입니다.
- **data_format:** 'channels_first' 또는 'channels_last'인 문자열입니다. 이것은 채널의 형식이 처음인지 마지막인지를 유지하기 위해 평탄화 된 출력의 형식을 지정하는 방법을 플래튼 층에 알려줍니다.

1D 합성곱(Conv1D)

```
keras.layers.Conv1D()
```

1차원 합성곱이 어떻게 동작하는지에 대한 자세한 설명은 7장을 참조하세요.

이 층은 1차원(또는 시간적) 합성곱 층입니다. 기본적으로 필터를 1차원 입력 위로 통과시키고 요소별로 값을 곱하여 출력 특성 맵을 만듭니다.

다음은 함수에 필요한 파라미터입니다.

- **filters:** 출력 공간의 차원을 결정하는 정수 값입니다. 즉, 이것은 합성곱의 필터 수이기도 합니다.
- **kernel_size:** 1D 합성곱에 사용되는 필터/커널 길이를 지정하는 정수 값(또는 단일 정수 값인 튜플/목록)입니다.
- **strides:** 필터와 입력 데이터를 요소별로 곱한 후 이동할 데이터 항목 수를 층에 알려주는 정수 값(또는 단일 정수 값인 튜플/목록)입니다.

참고 dilation_rate이 1이 아닌 경우 stride 값이 1이 아니면 호환되지 않습니다.

- **padding:** 'valid', 'causal', 또는 'same'입니다. 'valid'는 출력을 0으로 채우지 않습니다. 'same'은 입력과 길이가 같도록 출력을 '0'으로 채웁니다. 'causal' 패딩은 인과적이고 확장된 합성곱을 생성 합니다. 'causal' 패딩이 무엇인지에 대한 설명은 7장을 참조하시기 바랍니다.
- **data_format:** 'channels_first' 또는 'channels_last'인 문자열입니다. 이것은 채널의 형식이 처음인지 마지막인지를 유지하기 위해 평탄화된 출력의 형식을 지정하는 방법을 플래튼 층에 알려줍니다. 'channels_first'는 **(배치, 특성, 스텝)** 형식을 가지며, 'channels_last'는 **(배치, 스텝, 특성)** 형식을 가집니다.
- **dilation_rate:** 정수 값(또는 단일 정수 값의 튜플/목록)이며 확장된 합성곱 층의 확장 비율을 나타냅니다. 작동 방식에 대한 설명은 7장을 참조하시기 바랍니다.
- **activation:** 활성화 함수(활성화 절 참조)나 테아노 또는 텐서플로 연산을 전달합니다. 아무것도 지정되지 않은 경우 데이터는 합성곱 과정 후에 변경되지 않은 상태로 전달됩니다.
- **use_bias:** 이 층에서 편향 벡터를 사용할지 여부를 나타내는 불리언 값입니다.
- **kernel_initializer:** 가중치 행렬의 **이니셜라이저**입니다. 자세한 내용은 이니셜라이저 절을 참조하시기 바랍니다.
- **bias_initializer:** kernel_initializer와 유사하지만 편향에 대한 것입니다.
- **kernel_regularizer:** 가중치 행렬에 적용된 레귤러라이저 함수입니다. 자세한 내용은 **레귤러라이저** 절을 참조하시기 바랍니다.
- **bias_regularizer:** 편향에 적용되는 레귤러라이저 함수입니다.
- **activity_regularizer:** 층의 출력에 적용되는 레귤러라이저 함수입니다.
- **kernel_constraint:** 가중치에 적용되는 제약 조건 함수입니다. 자세한 내용은 **제약 조건** 절을 참조하시기 바랍니다.
- **bias_constraint:** 편향에 적용되는 제약 조건 함수입니다.

2D 합성곱(Conv2D)

```
keras.layers.Conv2D()
```

2D 합성곱 층의 작동 방식에 대한 자세한 설명은 3장을 참조하시기 바랍니다.

이 층은 2차원 합성곱 층입니다. 기본적으로 필터를 1차원 입력 위로 통과시키고 값을 요소별로 곱하여 출력 특성 맵을 만듭니다.

다음은 함수에 필요한 파라미터입니다:

- **filters:** 출력 공간의 차원을 결정하는 정수 값입니다. 즉, 이것은 합성곱의 필터 수이기도 합니다.
- **kernel_size:** 2D 합성곱에 사용되는 필터/커널 길이를 지정하는 정수 값(또는 단일 정수 값인 튜플/목록)입니다.
- **strides:** 필터와 입력 데이터를 요소별로 곱한 후 이동할 데이터 항목 수를 층에 알려주는 정수 값(또는 단일 정수 값인 튜플/목록)입니다.

  참고 dilation_rate이 1이 아닌 경우 stride 값이 1이 아니면 호환되지 않습니다.

- **padding:** 'valid', 'causal', 또는 'same'입니다. 'valid'는 출력을 0으로 채우지 않습니다. 'same'은 입력과 길이가 같도록 출력을 '0'으로 채웁니다.
- **data_format:** 'channels_first' 또는 'channels_last'인 문자열입니다. 이것은 채널의 형식이 처음인지 마지막인지를 유지하기 위해 평탄화된 출력의 형식을 지정하는 방법을 플래튼 층에 알려줍니다.
- **dilation_rate:** 정수 값(또는 단일 정수 값의 튜플/목록)이며 확장된 합성곱 층의 확장 비율을 나타냅니다. 작동 방식에 대한 설명은 7장을 참조하시기 바랍니다.
- **activation:** 활성화 함수(활성화 절 참조)나 테아노 또는 텐서플로 연산을 전달합니다. 아무것도 지정되지 않은 경우 데이터는 합성곱 과정 후에 변경되지 않은 상태로 전달됩니다.
- **use_bias:** 이 층에서 편향 벡터를 사용할지 여부를 나타내는 불리언 값입니다.
- **kernel_initializer:** 가중치 행렬의 **이니셜라이저**입니다. 자세한 내용은 이니셜라이저 절을 참조하시기 바랍니다.
- **bias_initializer:** kernel_initializer와 유사하지만 편향에 대한 것입니다.

- kernel_regularizer: 가중치 행렬에 적용된 **레귤러라이저** 함수입니다. 자세한 내용은 레귤러라이저 절을 참조하시기 바랍니다.
- bias_regularizer: 편향에 적용되는 레귤러라이저 함수입니다.
- activity_regularizer: 층의 출력에 적용되는 레귤러라이저 함수입니다.
- kernel_constraint: 가중치에 적용되는 제약 조건 함수입니다. 자세한 내용은 **제약 조건** 절을 참조하시기 바랍니다.
- bias_constraint: 편향에 적용되는 제약 조건 함수입니다.

1D 업샘플링(UpSampling 1D)

```
keras.layers.UpSampling1D()
```

업샘플링 작동 방법에 대한 자세한 설명은 7장을 참조하시기 바랍니다.

이 층은 기본적으로 시간과 관련하여 데이터를 n번 반복합니다(여기서 n은 전달된 파라미터입니다).

- size: 시간에 따라 각 데이터 항목을 반복할 횟수를 지정하는 정수 값 n입니다. 시간 순서는 보존되므로 각 요소는 시간 입력에 따라 n번 반복됩니다.

2D 업샘플링(UpSampling 2D)

```
keras.layers.UpSampling2D()
```

UpSampling1D()와 유사하지만 2D 입력의 경우입니다. 행과 열이 size[0]와 size[1]에 따라 n번 반복됩니다.

다음은 매개 변수 목록입니다.

- size: 정수 값 또는 두 정수 값의 튜플입니다. 정수 값은 행과 열 모두에 대한 업샘플링 인자이며, 튜플을 사용하면 행과 열에 대한 업샘플링 인자를 개별적으로 지정할 수 있습니다.
- data_format: 'channels_first' 또는 'channels_last'인 문자열입니다. 이것은 채널의형식이 처음인지 마지막인지를 유지하기 위해 평탄화된 출력의 형식을 지정하는 방법을 플

래튼 층에 알려줍니다.

- **interpolation:** 'nearest' 또는 'bilinear'입니다. CNTK는 아직 'bilinear'를 지원하지 않으며, 테아노는 size=(2,2)만 지원합니다. 'nearest'와 'bilinear'는 이미지 처리에 사용되는 보간법(interpolation)입니다.

1D 제로패딩(ZeroPadding1D)

```
keras.layers.ZeroPadding1D()
```

입력에 따라 입력 시퀀스를 양쪽에 0, 왼쪽에 0 또는 오른쪽에 0을 채웁니다.

다음은 매개 변수 목록입니다.

- **padding:** 정수 값, 두 정수 값의 튜플 또는 사전입니다. 정수 값은 왼쪽과 오른쪽 모두에 추가할 0의 개수를 층에 알려주는 값입니다. 1을 입력하면 왼쪽과 오른쪽 모두에 0을 하나 추가합니다. 튜플은 (`left_pad`, `right_pad`) 형식을 가지므로 (0, 1)을 전달하면 왼쪽에 0을 추가하지 말고 오른쪽에 0을 하나 추가하라고 알려 줄 수 있습니다.

2D 제로패딩(ZeroPadding1D)

```
keras.layers.ZeroPadding2D()
```

입력에 따라 이미지 텐서의 상단, 왼쪽, 오른쪽 및 하단에 0으로된 행과 열로 입력 시퀀스를 채웁니다.

다음은 매개 변수 목록입니다.

- **padding:** 정수 값 또는 두 개의 정수 값인 튜플, 두 개의 정수 값으로 된 튜플 두 개로 구성된 튜플입니다. 정수 값은 이미지 텐서의 상단 및 하단에 0으로된 n 행과 0으로 된 n 열을 추가하도록 알려 줍니다. 두 정수의 튜플은 (`symmetric_height_pad`, `symmetric_width_pad`)의 형식이므로 튜플(m, n)을 전달하면 각각 0으로된 m행과 0으로 된 n열을 추가하도록 층에 알려 줄 수 있습니다. 마지막으로 두 개의 튜플로 구성된 튜플은 ((`top_pad`, `bottom_pad`), (`left_pad`, `right_pad`)) 형식이므로, 층이 0으로된 행 또는 열을 추가하는 방법을 더 많이 원하는대로 지정할 수 있습니다.

- **data_format:** 'channels_first' 또는 'channels_last'인 문자열입니다. 이것은 채널의 형식이 처음인지 마지막인지를 유지하기 위해 평탄화된 출력의 형식을 지정하는 방법을 플래튼 층에 알려줍니다.

1D 최대풀링(MaxPooling1D)

```
keras.layers.MaxPooling1D()
```

1D 입력에 최대 풀링을 적용합니다. 최대 풀링이 어떻게 작동하는지 더 잘 알아보려면 3장을 참조하시기 바랍니다. 1D의 최대 풀링은 2D의 최대 풀링과 유사하지만 슬라이딩 윈도우가 왼쪽에서 오른쪽으로 한 차원에서만 작동한다는 점이 다릅니다.

다음은 파라미터 목록입니다.

- **pool_size:** 정수 값입니다. 정수 값 n이 주어진 경우 풀링 층의 창 크기는 1xn입니다. 또한 이러한 인자들은 다운스케일 기준이므로 정수 값 n이 전달되면 높이와 너비 모두의 차원이 해당 인자에 의해 다운스케일링됩니다.
- **strides:** 정수값 또는 None입니다. 기본적으로 스트라이드는 pool_size로 설정됩니다. 정수 값을 전달하면 항목 세트에서 풀링 연산을 완료한 후 풀링 윈도우가 정수 값 n만큼 이동합니다.
- **padding:** 'valid' 또는 'same'입니다. 'valid'는 제로 패딩이 없음을 의미하며, 'same'은 출력 시퀀스를 입력 시퀀스의 차원과 일치하도록 0으로 채웁니다.
- **data_format:** 'channels_first' 또는 'channels_last'인 문자열입니다. 이것은 채널의형식이 처음인지 마지막인지를 유지하기 위해 평탄화 된 출력의 형식을 지정하는 방법을 플래튼 층에 알려줍니다. 'channels_first'는 **(배치, 특성, 스텝)** 형식을 가지며, 'channels_last'는 **(배치, 스텝, 특성)** 형식을 가집니다.

2D 최대풀링(MaxPooling2D)

```
keras.layers.MaxPooling2D()
```

2D 입력에 최대 풀링을 적용합니다. 최대 풀링이 어떻게 작동하는지 더 잘 알아보려면 3장을 참조하시기 바랍니다.

다음은 파라미터 목록입니다.

- **pool_size:** 풀링 윈도우의 크기를 지정하는 정수 값입니다. 정수 값 n은 풀링 윈도우의 크기를 n으로 만듭니다. 즉, 한 번에 n개의 항목씩 이동하며 출력에 전달할 최대값을 선택합니다.
- **strides:** 정수 값 또는 None입니다. 기본적으로 스트라이드는 pool_size로 설정됩니다. 정수 값을 전달하면 항목 세트에서 풀링 연산을 완료한 후 풀링 윈도우가 정수 값 n만큼 이동합니다. 또한 파라미터 n이 n만큼 차원을 축소하기 때문에 차원을 얼마나 축소할지를 결정하는 요인입니다.
- **padding:** 'valid' 또는 'same'입니다. 'valid'는 제로 패딩이 없음을 의미하며, 'same'은 출력 시퀀스를 입력 시퀀스의 차원과 일치하도록 0으로 채웁니다.
- **data_format:** 'channels_first' 또는 'channels_last'인 문자열입니다. 이것은 채널의 형식이 처음인지 마지막인지를 유지하기 위해 평탄화된 출력의 형식을 지정하는방법을 플래튼 층에 알려줍니다.

손실 함수(Loss Function)

예제에서 y_true는 참 레이블이고 y_pred는 예측 레이블입니다.

평균 제곱 오차(MSE: Mean Squared Error)

```
keras.losses.mean_squared_error(y_true, y_pred)
```

이 방정식의 표기법에 대한 질문이 있는 경우 3장을 참조하시기 바랍니다. 그림 A-15의 방정식을 참조하세요.

$$J(\theta) = \frac{1}{n}\sum_{i=1}^{n}(h_\theta(x^i) - y^i)^2$$

그림 A-15. 평균 제곱 오차의 방정식

가중치 θ가 입력으로 주어지면 공식은 예측 값과 실제 값 사이의 제곱 평균 차이를 찾습니다. 파라미터 h_θ는 가중치 파라미터 θ가 전달된 모델을 나타내므로 $h_\theta(x^i)$는 모델의 가중치가 θ인 x^i에 대한 예측 값을 제공합니다. 파라미터 y^i는 인덱스 i의 데이터 포인트에 대한 실제 예측을 나타냅니다. 마지막으로 총 엔트리가 n개입니다.

이 손실 측정항목을 오토인코더에 사용하여 재구성된 출력과 원본의 차이를 평가할 수 있습니다. 이상 징후 탐지의 경우 이상 징후의 재구성 오류가 더 높기 때문에 이 측정항목을 사용하여 정상 데이터 포인트와 이상 징후를 구분할 수 있습니다.

범주형 교차 엔트로피(Categorical Cross Entropy)

```
keras.losses.categorical_crossentropy(y_true, y_pred)
```

그림 A-16의 방정식을 참조하세요.

$$J(\theta) =-\frac{1}{n}\sum_{i=0}^{n}y_i{*}\log(h_\theta(x_i)) + (1-y_i){*}\log(1-h_\theta(x_i))$$

그림 A-16. 범주형 교차 엔트로피 방정식

이 경우 **n**은 전체 데이터 세트의 샘플 수입니다. 파라미터 h_θ는 가중치 파라미터 θ가 전달된 모델을 나타내므로 $h_\theta(x_i)$는 모델의 가중치가θ인 x_i에 대한 예측 값을 제공합니다. 마지막으로, y_i는 데이터 포인트에 대한 실제 레이블을 나타냅니다.

데이터는 0과 1사이로 정규화될 필요가 있으므로 범주형 교차 엔트로피의 경우 소프트맥스 활성화 층을 통해 보내져야 합니다. 범주형 교차 엔트로피 손실을 **소프트맥스 손실**이라고도 합니다.

마찬가지로 그림 A−17과 같이 이전 방정식을 작성할 수 있습니다.

$$J(\theta) = -\frac{1}{n}\sum_{i=0}^{n}\sum_{j=0}^{m} y_{ij} * \log(h_\theta(x_{ij}))$$

그림 A-17. 범주형 교차 엔트로피 방정식을 작성하는 또 다른 방법

이 경우 m은 클래스 수입니다.

범주형 교차 엔트로피 손실은 분류 작업, 특히 합성곱 신경망을 사용하는 컴퓨터 비전에서 일반적으로 사용되는 측정항목입니다. **이진 교차 엔트로피**(Binary cross entropy)는 클래스 수 m이 2인 범주형 교차 엔트로피의 특별한 경우입니다.

희소 범주형 교차 엔트로피(Sparse Categorical Cross Entropy)

```
keras.losses.sparse_categorical_crossentropy(y_true, y_pred)
```

희소 범주형 교차 엔트로피는 기본적으로 범주형 교차 엔트로피와 동일하지만, 실제 레이블의 형식은 서로 다릅니다. 범주형 교차 엔트로피의 경우 레이블은 한 열에 **원-핫 인코딩**됩니다. 예를 들어, y_train이 원래 다음과 같은 형식으로 최대 6개의 클래스를 가진 경우 그림 A-18을 참조하세요.

그림 A-18. y_train 형식을 지정하는 방법의 예입니다. 각 인덱스의 값은 x_train에서 해당 인덱스의 값에 해당하는 클래스 값입니다.

n_classes를 6으로 지정하여 `Keras.utils.to_categoryical(y_train, n_classes)`을 호출함으로써 y_train을 그림 A-19에 표시된 것처럼 변환할 수 있습니다.

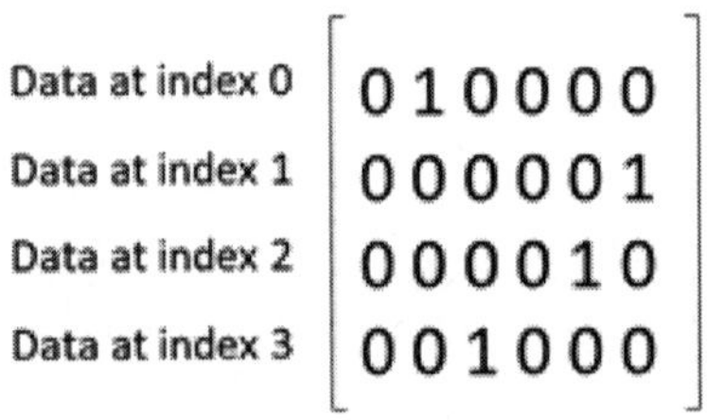

그림 A-19. 그림 A-18의 y_train은 원-핫 인코딩 형식으로 변환

이제 y_train이 그림 A-20과 같습니다.

```
In [7]: y_train = [1, 5, 4, 2]

        keras.utils.to_categorical(y_train, 6)

Out[7]: array([[0., 1., 0., 0., 0., 0.],
               [0., 0., 0., 0., 0., 1.],
               [0., 0., 0., 0., 1., 0.],
               [0., 0., 1., 0., 0., 0.]])
```

그림 A-20. 주피터에서 y_train을 원-핫 인코딩 형식으로 변환

이러한 유형의 정답 레이블 형식(**원-핫 인코딩**)은 범주형 교차 엔트로피가 사용합니다. 희소 범주형 교차 엔트로피의 경우 그림 A-21의 정보를 간단히 전달하기만 하면 됩니다.

그림 A-21. 희소 범주형 교차 엔트로피에 전달된 y_train

또는 그림 A-22에 표시된 코드입니다.

```
In [7]: y_train = [1, 5, 4, 2]
```

그림 A-22. 희소 범주형 교차 엔트로피가 측정항목인 경우 전달할 수 있는 코드에서 y_train의 예

측정항목(Metric)

이진 정확도(Binary Accuracy)

keras.metrics.binary_accuracy(y_true, y_pred)

이 함수를 사용하려면 '정확도'가 모델에 전달되는 측정항목이어야 합니다. compile() 함수와 이진 교차 엔트로피는 손실 함수여야 합니다.

기본적으로 함수는 실제 클래스 레이블이 반올림된 예측 레이블과 일치하는 인스턴스 수를 찾아 결과의 평균(정확하게 일치한 총 수를 샘플 수로 나눈 것과 동일)을 찾습니다.

신경망이 점점 더 훈련될수록 예측 값은 반올림되므로 예측 값은 실제로 1에 가깝고 나머지 값은 실제로 0에 가깝습니다. 예측된 값을 원래 정답 레이블(모두 정수 값)과 일치시키려면 단순히 예측 값을 반올림하기만 하면 됩니다.

GitHub에 대한 케라스 공식 문서에서 이 기능은 그림 A-23과 같이 정의됩니다.

```
def binary_accuracy(y_true, y_pred):
    '''Calculates the mean accuracy rate across all predictions for binary
    classification problems.
    '''
    return K.mean(K.equal(y_true, K.round(y_pred)))
```

그림 A-23. 케라스 GitHub 페이지에 있는 이진 정확도에 대한 코드 정의

범주형 정확도(Categorical Accuracy)

keras.metrics.categorical_accuracy(y_true, y_pred)

대부분의 문제는 범주형 교차 엔트로피(데이터 세트에 두 개 이상의 클래스가 있음)를 포함하는 경향이 있기 때문에 '정확도'가 model.compile() 함수에 전달될 때 이 값이 기본 정확도 측정항목이 되는 경향이 있습니다.

범주형 정확도는 실제 레이블과 반올림된 예측이 일치하는 모든 인스턴스를 찾는 대신 실제 레이블과 예측이 동일한 위치에 최대값을 갖는 모든 인스턴스를 찾습니다.

범주형 교차 엔트로피의 경우 레이블이 원-핫 인코딩되어 있다는 점을 기억하십시오. 따라서 정답 레이블은 예측과 함께 항목당 최대값이 하나만 있습니다(다시 말하지만 하나의

값은 실제로 1에 가깝고 다른 값은 실제로 0에 가깝습니다). 범주형 정확도는 항목의 최대값이 y_true 및 y_pred에 대해 동일한 위치에 있는지 확인하는 것입니다.

이러한 인스턴스를 모두 찾으면 결과의 평균을 찾아 정확도 값을 얻습니다.

기본적으로 이진 정확도(binary accuracy)에 대한 방정식과 유사하지만 y_true 및 y_pred에 대한 조건이 다릅니다.

이 함수는 그림 A−24와 같이 케라스에 의해 정의됩니다.

```
def categorical_accuracy(y_true, y_pred):
    '''Calculates the mean accuracy rate across all predictions for
    multiclass classification problems.
    '''
    return K.mean(K.equal(K.argmax(y_true, axis=-1),
                  K.argmax(y_pred, axis=-1)))
```

그림 A-24. 케라스 GitHub 페이지에 있는 범주형 정확도에 대한 코드 정의

물론 케라스 설명서에서 사용할 수 있는 측정항목이 더 많이 있으며 **사용자 정의 측정항목**을 정의할 수도 있습니다. 이를 위해서는 그림 A−25와 같이 y_true 및 y_pred를 입력하는 함수를 정의하고 측정항목에서 해당 함수 이름을 호출하기만 하면 됩니다.

```
In [ ]:
import keras.backend as K

def custom_metric(y_true, y_pred):
    matches = K.equal(y_true, K.round(y_pred))
    score = K.mean(matches)
    return  score

model.compile(optimizer='optimizer',
              loss='loss_function',
              metrics=['accuracy', custom_metric])
```

그림 A-25. 사용자 지정 측정항목을 정의하고 모델에 사용하는 코드

이 예에서는 이진 정확도 측정항목을 여러 줄로 다시 작성하고 점수를 반환합니다. 실제로이 함수를 위에 표시된 실제 구현에서와 같이 한 줄로 압축할 수 있지만 이것은 사용자정의 측정항목을 보여주는 예일 뿐입니다.

옵티마이저(Optimizer)

확률적 경사 하강법(SGD: Stochastic Gradient Descent)

```
keras.optimizers.SGD()
```

이것은 가중치를 조정하여 역전파 과정을 돕는 알고리즘의 일종인 **확률적 경사 하강법** 옵티마이저입니다. 일반적으로 신경망을 포함한 다양한 머신러닝 애플리케이션에서 훈련 알고리즘으로 사용됩니다.

옵티마이저에는 다음과 같은 몇 가지 파라미터가 있습니다.

- **lr**: 학습률 lr >= 0인 실수 값. 학습률은 손실 함수를 최적화 할 때 수행할 스텝의 크기를 결정하는 하이퍼파라미터입니다.
- **momentum**: 모멘텀 m >= 0인 실수 값입니다. 이 파라미터는 최적화 방향으로 최적화 스텝을 가속하고 지역 최소값이 초과될 때 진동을 줄이는 데 도움이 됩니다(손실 함수의 최적화 방법에 대한 이해를 돕기 위해서 3장 참조).
- **decay**: 감소 d >= 0인 실수 값입니다. 각 업데이트 후 학습률이 얼마나 감소하는지 확인하는데 도움이됩니다(지역 최소값에 도달하거나 몇 번의 훈련 반복 후에 학습률이 감소하여 스텝 크기가 작아집니다. 학습률이 크다는 것은 지역최소값을 더 쉽게 초과할 수 있다는 것을 의미합니다).
- **nesterov**: 네스테로프 모멘텀 적용 여부를 결정하는 불리언 값입니다. 네스테로프 모멘텀은 현재 위치가 아닌 모멘텀을 고려한 위치에서 그래디언트가 계산되는 모멘텀의 변형입니다. 이는 그래디언트가 항상 올바른 방향을 가리키지만 모멘텀이 위치를 너무 앞쪽 또는 초과할 수 있기 때문입니다. 현재 위치를 사용하지 않고 모멘텀을 고려한 중간 위치를 사용하기 때문에, 해당 위치의 그래디언트가 현재 코스를 수정하는데 도움이 되어 모멘텀이 새로운 가중치를 너무 멀리 앞으로 전달하지 않습니다.

기본적으로 더 정확한 가중치 업데이트와 더 빠른 수렴에 도움이 됩니다.

아담(Adam)

```
keras.optimizers.Adam()
```

아담 옵티마이저는 SGD를 기반으로 확장되는 알고리즘으로, 컴퓨터 비전과 자연어 처리에서 딥러닝 애플리케이션으로 널리 보급되었습니다.

다음은 알고리즘에 대한 파라미터입니다.

- **lr:** 학습률 lr >= 0인 실수 값. 학습률은 손실 함수를 최적화할 때 수행할 스텝의 크기를 결정하는 하이퍼파라미터입니다. 논문에서는 0.001의 값으로 좋은 결과를 설명합니다(논문에서는 학습률을 알파라고 함).
- **beta_1:** 0 < beta_1 < 1인 실수 값입니다. 이 값은 대개 1에 가까운 값이지만, 논문에서는 0.9의 값으로 양호한 결과를 설명합니다.
- **beta_2:** 0 < beta_2 < 1인 실수 값입니다. 이 값은 대개 1에 가까운 값이지만, 논문에서는 0.999의 값으로 양호한 결과를 설명합니다.
- **epsilon:** 엡실론 e >= 0인 실수 값입니다. None이면 기본값은 K.epsilon()입니다. 엡실론은 0으로 나눗셈을 방지하는 데 도움이 되는, 논문에서 10E−8로 서술되어 있는 작은 값입니다.
- **decay:** 감소 d >= 0인 실수 값입니다. 각 업데이트 후 학습률이 얼마나 감소하는지 확인하는데 도움이 됩니다(지역 최소값에 도달하거나 몇 번의 훈련 반복 후에 학습률이 감소하여 스텝 크기가 작아집니다. 학습률이 크다는 것은 지역 최소값을 더 쉽게 초과할 수 있다는 것을 의미합니다).
- **amsgrad:** 이 알고리즘의 AMSGrad 버전을 적용할지 여부에 대한 불리언 값입니다. 이 알고리즘의 구현에 대한 자세한 내용은 "On the Convergence of Adam and Beyond."를 참조하시기 바랍니다.

RMSprop

```
keras.optimizers.RMSprop()
```

RMSprop은 순환 신경망을 위한 좋은 알고리즘입니다. RMSprop은 그래디언트가 너무 크거나 너무 작아지는 문제를 해결하기 위해 개발된 그래디언트 기반 최적화 기법입니다. RMSprop은 제곱된 그래디언트의 평균을 사용하여 그래디언트 자체를 정규화함으로써 이 문제를 해결하는 데 도움이 됩니다. 7장에서 RNN의 문제점 중 하나가 소실/폭발 그래디언트 문제이며, LSTM과 GRU 네트워크의 개발로 이어진다고 설명했습니다. RMSprop이 순환 신경망과 잘 어울린다는 것은 놀라운 일이 아닙니다.

학습률 외에 나머지 파라미터들은 기본 설정으로 유지하는 것이 좋습니다. 이를 염두에 두고, 이 옵티마이저에 대한 파라미터는 다음과 같습니다.

- lr: 학습률 lr >= 0인 실수 값. 학습률은 손실 함수를 최적화할 때 수행할 스텝의 크기를 결정하는 하이퍼파라미터입니다.
- rho: rho >= 0인 실수 값 입니다. Rho는 그래디언트의 제곱에 대한 지수 가중 평균(exponentiallyweightedaverage)을 계산하는 데 도움이 되는 파라미터 입니다.
- epsilon: 엡실론 e >= 0인 실수 값 입니다. None이면 기본값은 K.epsilon()입니다. 엡실론은 매우 작은 값으로 0으로 나누기를 방지하고 RMSprop에서 그래디언트가 폭발하는 것을 방지 합니다.
- decay: 감소 d >= 0인 실수 값입니다. 각 업데이트 후 학습률이 얼마나 감소하는지 확인하는데 도움이 됩니다(지역 최소값에 도달하거나 몇 번의 훈련 반복 후에 학습률이 감소하여 스텝 크기가 작아집니다. 학습률이 크다는 것은 지역최소값이 더 쉽게 초과할 수 있다는 것을 의미합니다).

활성화(Activation)

층의 활성화 파라미터로 'activation_function' 또는 사용자 정의하려는 경우 `keras.activation.activation_function()` 전체 함수를 전달할 수 있습니다. 그렇지 않으면 층에서 기본적으로 초기화된 활성화 함수가 사용됩니다.

소프트맥스(Softmax)

```
keras.activations.softmax()
```

이 함수는 입력 x 및 지정된 축에서 소프트맥스 활성화를 수행합니다. 두 파라미터는 다음과 같습니다.

- **x:** 입력 텐서
- **axis:** 소프트맥스 정규화를 사용할 축입니다. 기본적으로 -1로 설정됩니다.

소프트맥스의 일반 공식은 그림 A-26(K는 샘플 수)에 나와 있습니다.

$$\sigma(x)_i = \frac{e^{x_i}}{\sum_{j=1}^{K} e^{x_i}} \quad \text{For } i = 1, \ldots, \text{K and x} = (\text{x}_1, \cdots, \text{x}_\text{k}) \in R^k$$

그림 A-26. 일반적인 소프트 맥스 공식

렐루(ReLU: Rectified LinearUnit)

```
keras.activations.relu()
```

ReLU는 그림 A-27에 표시된 함수를 기반으로 간단한 활성화를 수행합니다.

$$f(x) = \max(0, x)$$

그림 A-27. 일반적인 ReLU 공식

파라미터는 다음과 같습니다.

- x: 입력 텐서
- alpha: 음수 부분의 기울기를 결정하는 실수 값입니다. 기본적으로 0으로 설정합니다.
- max_value: 상한 임계값을 나타내는 실수 값이며 기본적으로 None으로 설정되어 있습니다.
- threshold: 하한 임계값으로 기본적으로 0.0으로 설정된 실수 값입니다.

max_value가 설정된 경우 그림 A−28에 표시된 방정식을 얻을 수 있습니다.

$$f(x) = \mathrm{max\_value} \quad \mathrm{for}\ x \geq \mathrm{max\_value}$$

그림 A-28. max_value가 설정된 경우 ReLU 공식

threshold도 설정되어 있으면 그림 A−29에 표시된 방정식을 얻을 수 있습니다.

$$f(x) = x \quad \mathrm{for\ threshold} \leq x < \mathrm{max\_value}$$

그림 A-29. threshold도 설정된 경우 ReLU 공식

그렇지 않으면 그림 A−30에 표시된 방정식을 얻을 수 있습니다.

$$f(x) = alpha * (x - threshold)$$

그림 A-30. alpha와 threshold가 설정된 경우 ReLU 공식

기본 ReLU 함수에 대한 예는 그림 A-31에 나와 있습니다.

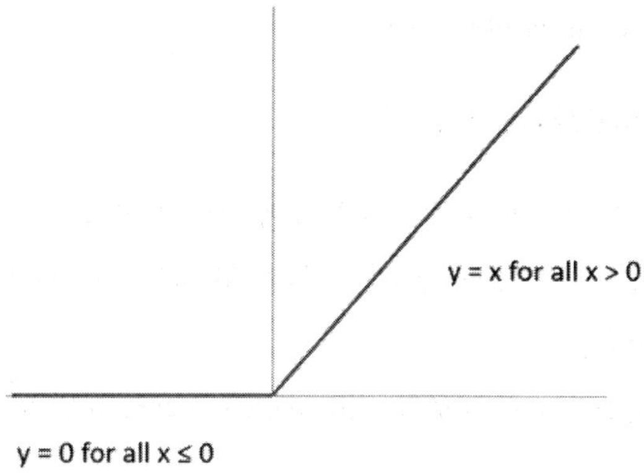

그림 A-31. 기본 ReLU 함수에 대한 그래프입니다.

시그모이드(Sigmoid)

```
keras.activations.sigmoid(x)
```

이것은 입력 텐서 x이외의 파라미터가 없을 때 호출할 수 있는 간단한 활성화 함수입니다.

시그모이드 함수는 주로 입력을 0과 1사이로 강제하기 때문에 그 용도가 있지만, 그래디언트 소실 문제를 일으키기 쉬우므로 은닉층에서는 거의 사용되지 않습니다.

그래프를 나타낼 때 방정식이 어떤 것인지 이해하려면 그림 A-32에 나와 있습니다.

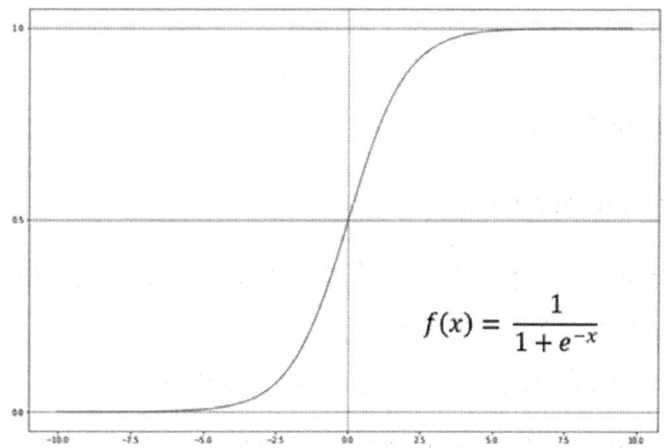

그림 A-32. 시그모이드 함수의 그래프

콜백(Callback)

모델체크포인트(ModelCheckpoint)

```
keras.callbacks.ModelCheckpoint()
```

모델체크포인트는 기본적으로 파라미터를 통해 달리 지시되지 않으면 모든 에포크마다 모델을 저장하는 함수입니다. 이를 수행하는 방법은 ModelCheckpoint()와 관련된 파라미터 세트로 구성할 수 있습니다.

- filapath: 모델 파일을 저장할 경로입니다. “model_name.h5”만 입력하면 동일한 디렉토리에 저장됩니다.
- monitor: 모델이 모니터링할 측정항목입니다. 기본적으로 “val_loss”로 설정됩니다.
- verbose: 다변모드를 0 또는 1로 설정합니다. 기본적으로 0으로 설정되어 있습니다.
- save_best_only: True로 설정하면 모니터링 측정 값에 따라 성능이 가장 우수한 모델이 저장됩니다.
- save_weights_only: True로 설정하면 가중치만 저장됩니다. 기본적으로 True면 `model.save_weight`(filepath); 그렇지 않으면 `model. save`(filepath)입니다.
- mode: auto, min 또는 max 중에서 선택합니다. save_best_only가 True인 경우 모니터링 되는 측정 값에 가장 적합한 항목을 선택해야 합니다. 모니터로 val_acc를 선택한 경우 max를 선택하고 모니터에 val_loss를 선택한 경우 min을 선택합니다.
- period: 각 체크포인트 사이의 에포크 수

텐서 보드(Tensor Board)

```
keras.callbacks.TensorBoard()
```

텐서 보드는 텐서플로와 함께 제공되는 시각화 도구입니다. 이것은 여러분이 모델 훈련 과정을 자세히 살펴 볼 수 있도록 도와 줍니다.

텐서 보드를 시작하려면 명령 프롬프트에 다음을 입력합니다.

```
tensorboard --logdir=/full_path_to_your_logs
```

```
keras.callbacks.TensorBoard(log_dir='./logs', histogram_freq=0, batch_
size=32, write_graph=True, write_grads=False, write_images=False,
embeddings_freq=0, embeddings_layer_names=None, embeddings_metadata=None,
embeddings_data=None, update_freq='epoch')
```

다음은 파라미터 목록입니다.

- **log_dir:** 모델이 로그 파일을 저장할 디렉토리의 경로입니다. 명령 프롬프트에서 인자로 전달되는 것과 같은 디렉토리입니다. 기본적으로 './logs'입니다.
- **histogram_freq:** 모델의 층에 대해 활성화 및 가중치 히스토그램을 계산할 빈도(에포크)입니다. 기본적으로 0으로 설정되어 히스토그램을 계산하지 않습니다. 이러한 히스토그램을 시각화하려면 validation_data(또는 validation_split)를 전달해야 합니다.
- **batch_size:** 히스토그램을 계산하기 위해 네트워크로 전달할 각 입력 배치의 크기입니다. 기본적으로 32로 설정합니다.
- **write_graph:** 그래프가 텐서 보드에서 시각화되도록 허용할지 여부입니다. 기본적으로 True로 설정합니다.

  참고 True로 설정하면 로그 파일이 커질 수 있습니다.

- **write_grads:** 텐서 보드가 그래디언트 히스토그램을 시각화할 수 있도록 허용할지 여부를 나타냅니다. 기본적으로 False로 설정되며 histogram_freq도 0보다 큰 값이어야 합니다.
- **write_images:** 텐서 보드에서 모델 가중치를 이미지로 시각화할지 여부를 나타냅니다. 기본적으로 False로 설정합니다.
- **embeddings_freq:** 선택한 임베딩 층을 저장하는 빈도(에포크)입니다. 기본적으로 0으로 설정되어 있으면 임베딩이 계산되지 않습니다. 텐서 보드의 임베딩 탭에서 데이터를 시각화하려면 데이터를 embadding_data로 전달합니다.
- **embeddings_layer_names:** 텐서 보드가 추적할 층 이름 목록입니다. None 또는 빈 목록이 있으면 모든 층이 감시됩니다. 기본적으로 None으로 설정합니다.
- **embeddings_metadata:** 이 임베딩 층의 메타데이터가 저장된 파일 이름에 해당 층 이름을 매핑하는 사전입니다. 기본적으로 None으로 설정합니다. 모든 임베딩 층에 대해 동일한 메타데이터 파일이 사용되는 경우 문자열을 전달할 수 있습니다.

- **embeddings_data:** embedding_layer_names에 지정된 층에 포함될 데이터입니다. 모델에 단일 입력이 필요한 경우 넘파이 배열이고 모델에 여러 개의 입력이 있는 경우 여러 개의 넘파이 배열입니다. 기본적으로 None으로 설정합니다.
- **unique_freq:** 'batch', 'epoch' 또는 정수 값입니다. 'batch'는 각 배치 후 손실과 측정항목을 텐서 보드에 기록합니다. 각 에포크 이후에 손실과 측정항목이 텐서 보드에 기록된다는 점을 제외하면 'epoch'는 동일합니다. 정수 값은 측정항목과 손실을 n 개의 샘플마다 텐서 보드에 기록하도록 알려줍니다. 여기서 n은 전달된 정수 값입니다.

참고 텐서 보드에 너무 자주 기록하면 훈련 과정이 느려질 수 있습니다.

그림 A-33은 MNIST 데이터 세트에서 합성곱 신경망을 훈련할 때 텐서 보드를 콜백으로 사용하는 예를 보여줍니다.

```
tensorboard = keras.callbacks.TensorBoard(log—dir='./Graph',
histogram_freq=0,
          write—graph=True, write—images=True)


checkpoint =
keras.callbacks.ModelCheckpoint(filepath="keras—MNIST—CNN.hS",
                               verbose=0,
                               save—best—only=True)

model.fit(x—train, y—train,
          batch—size=batch—size,
          epochs=n—epochs,
          verbose=1,
          validation—data=(x—test, y—test),
          callbacks=[checkpoint, tensorboard])
```

그림 A-33. 텐서 보드 콜백을 정의하고 훈련 시 사용

이 코드를 실행하면 훈련 과정이 시작됩니다. 이때 명령 프롬프트에

```
tensorboard —logdir=/full_path_to_your_logs
```

을 입력하고 엔터 키를 누릅니다. 그림 A-34와 같은 것을 보여 줄 것입니다.

```
TensorBoard 1.10.0 at http://MSI:6006 (Press CTRL+C to quit)
```

그림 A-34. 명령 프롬프트에서 위 행을 실행하면 이와 같은 것이 표시됩니다. 이 경우 http://MSI:6006 인 텐서 보드에 접속할 주소를 알려줍니다.

해당 링크를 따라가면 그림 A-35에 표시된 화면이 나타납니다.

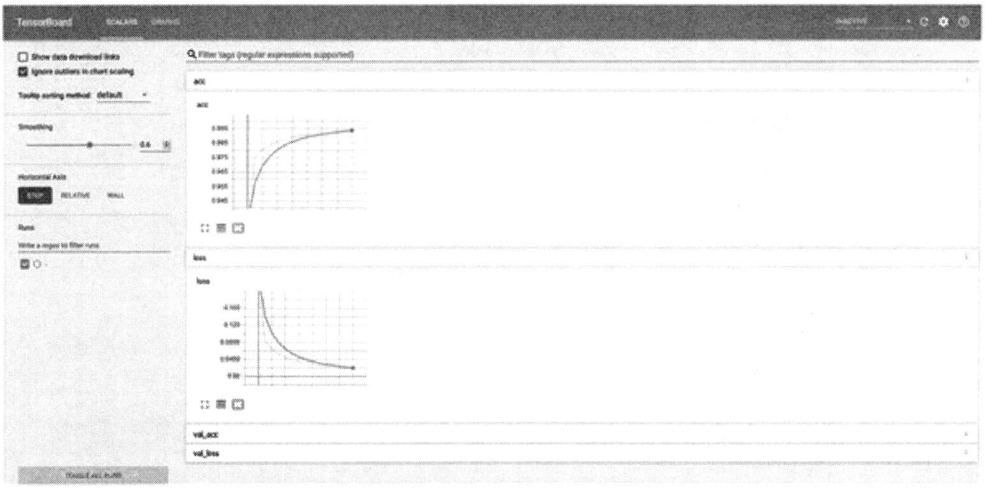

그림 A-35. 텐서 보드를 시작할 때 나타나는 일반적인 페이지

여기서 측정항목 정확도 및 손실에 대한 그래프를 볼 수 있습니다. 다른 두 가지 측정항목인 val_acc와 val_loss를 확장하여 해당 그래프를 볼 수도 있습니다(그림 A-36).

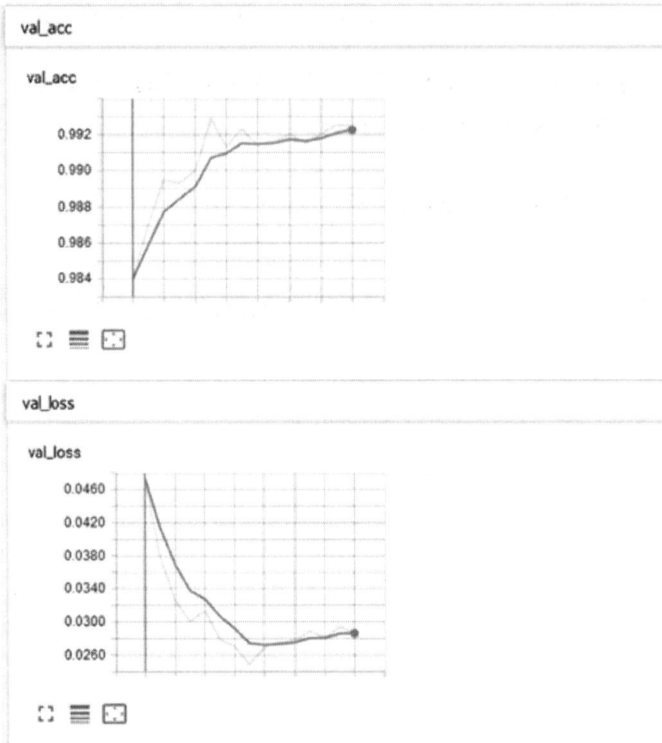

그림 A-36. val_acc 및 val_loss 그래프

개별 그래프는 그래프 아래의 맨 왼쪽 버튼을 눌러서 확장할 수 있으며 그림 A-37에서 볼 수 있듯이 마우스를 움직일 때 그래프의 데이터를 볼 수 있습니다.

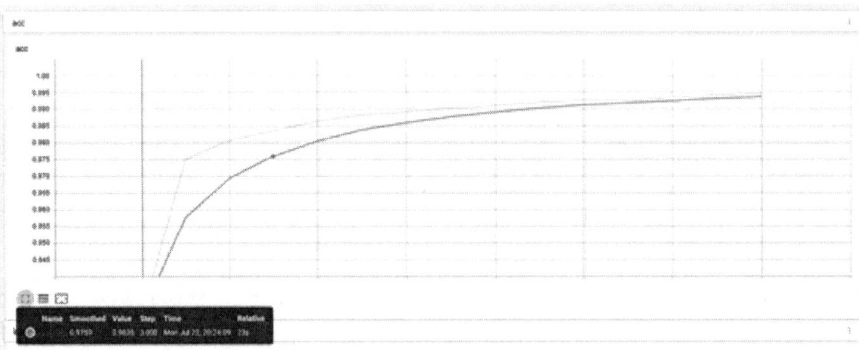

그림 A-37. 그래프 아래 맨 왼쪽 버튼을 누른 결과입니다. 그래프를 확장하면 그래프가 확장되었는지 여부에 관계없이 그래프를 따라 아무 지점에서나 마우스 커서를 가리키면 해당 지점에 대한 자세한 정보를 볼 수 있습니다.

그림 A-38과 같이 그래프 탭을 눌러 전체 모형의 그래프를 볼 수도 있습니다.

그림 A-38. 두 개의 탭이 있습니다. SCALARS라는 탭에서 시작했습니다. GRAPHS를 눌러 탭을 전환합니다.

이렇게 하면 그림 A-39와 유사한 그래프가 만들어집니다.

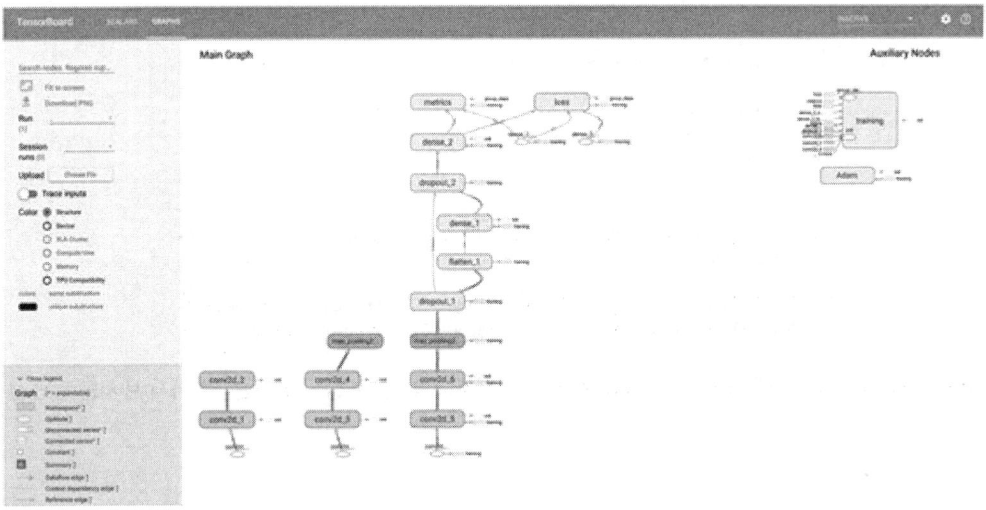

그림 A-39. GRAPES 탭을 클릭한 결과

텐서 보드는 확실히 더 많은 특징과 기능을 제공하지만, 일반적인 아이디어는 모델을 훨씬 더 나은 방식으로 검사할 수 있다는 것입니다.

백엔드(텐서플로 연산)

백엔드를 가져와 케라스를 통해 텐서플로(백엔드인 경우)로 연산을 수행할 수도 있습니다. 아래에서는 몇 가지 기본 기능을 보여 주지만, 텐서플로는 매우 다양한 연산 및 함수가 있습니다.

백엔드를 사용하여 사용자 정의 층, 측정항목, 손실 함수 등을 생성하여 훨씬 더 깊은 수준의 사용자 정의 수준을 제공 할 수 있습니다. 그러나 이 모든 것을 달성하려면 기본적으로 텐서플로에 대해 잘 알고 있어야 합니다. 왜냐하면 이것은 실제로 텐서플로를 사용하는 것이기 때문입니다.

가능한 한 사용자 정의 기능을 최대한 활용하려면 tf.keras를 텐서플로와 함께 사용하는 것이 더 낫습니다. tf.keras는 텐서플로 완전히 호환되고 케라스 백엔드만으로는 얻을 수 없는 더 많은 텐서플로 명령에 액세스할 수 있기 때문입니다.

다음은 백엔드를 사용하여 실행할 수 있는 몇 가지 명령입니다(그림 A-40, 그림 A-41, 그림 A-42, 그림 A-43).

```
In [125]:
import keras.backend as K

#Declaring a placeholder
a = K.placeholder(shape=(1,2,3)) # Equivalent to tf.placeholder()
print(a)

vals = [0, 1, 2, 3, 4, 5]
b = K.variable(value=vals) # Equivalent to tf.Variable()
print(b)

Tensor("Placeholder_62:0", shape=(1, 2, 3), dtype=float32)
<tf.Variable 'Variable_65:0' shape=(6,) dtype=float32_ref>
```

그림 A-40. 케라스 백엔드를 통해 수행되는 플레이스홀더 및 변수 정의와 같은 몇 가지 텐서플로 연산

```
In [126]:
import keras.backend as K

c = K.placeholder(shape=(1, 2))
d = K.placeholder(shape=(2, 5))

print(K.dot(c, d))

Tensor("MatMul_13:0", shape=(1, 5), dtype=float32)
```

그림 A-41. 케라스 백엔드를 사용하여 두 개의 플레이스홀더 변수 c 및 d의 내적 찾기

```
In [134]:
print(K.sum(c, axis=0))
print(K.sum(c, axis=1))

Tensor("Sum_7:0", shape=(2,), dtype=float32)
Tensor("Sum_8:0", shape=(1,), dtype=float32)
```

그림 A-42. 케라스 백엔드를 사용하여 다른 축을 따라 c의 합 찾기

```
In [136]:  1 print(K.mean(c, axis=0))
           Tensor("Mean_1:0", shape=(2,), dtype=float32)
```

그림 A-43. 케라스 백엔드를 사용하여 c의 평균 찾기

이것들은 백엔드를 통해 사용할 수 있는 가장 기본적인 함수들 중 일부일 뿐입니다. 백엔드 함수의 전체 목록은 https://keras.io/backend/에서 확인할 수 있습니다.

요약

케라스는 딥러닝 모델을 생성하고, 훈련하고, 시험하는 데 쉽게 참여 할 수 있도록 도와주는 훌륭한 도구이며, 텐서플로의 복잡한 구문을 추상화하면서도 많은 기능을 제공합니다. 케라스 자체로도 충분할 수 있지만, 컨텐츠가 고도화 될수록 텐서플로 또는 파이토치가 제공하는 수준의 사용자 정의 및 유연성을 갖추는 것이 좋습니다. 케라스는 백엔드를 통해 다양한 기능을 사용할 수 있으므로 사용자 정의 층, 사용자 정의 모델, 측정항목, 손실 함수 등을 작성할 수 있지만, 신경망을 원하는 방식(특히 완전히 새로운 유형의 신경망을 만들고자 하는 경우)으로 최대한 사용자 정의와 유연하게 사용하기 위해서는 tf.keras + 텐서플로 또는 파이토치가 여러분의 요구사항에 더 적합할 것입니다.

APPENDIX

B 파이토치 소개

이 부록에서는 파이토치 프레임워크가 제공하는 기능을 소개합니다. 파이토치는 케라스보다 훨씬 더 복잡한 저수준의 프레임워크(구문이 더 많고 케라스처럼 요소들이 추상화되지 않는다는 의미)입니다. 다음과 같은 설정을 사용합니다.

- Torch version 0.4.1 (PyTorch)
- CUDA version 9.0.176
- cuDNN version 7.3.0.29

파이토치란?

파이토치는 파이썬의 딥러닝 라이브러리로 페이스북의 인공지능 연구자들이 개발했으며 토치 라이브러리를 기반으로 하고 있습니다. 파이토치 또한 텐서플로와 같은 저수준의 언어이지만, 구문의 큰 차이로 인해서 더 쉽게 이해할 수 있습니다. 텐서플로는 학습곡선이 훨씬 가파르고, 파이토치에서보다 훨씬 더 많은 요소를 정의해야 합니다.

현재 텐서플로는 파이토치 보다 훨씬 많은 커뮤니티 지원을 제공합니다. 이는 파이토치가 상대적으로 새로운 프레임워크이기 때문입니다. 텐서플로에 대한 더 많은 리소스를 찾을 수 있지만, 텐서플로와 실질적으로 동일한 기능을 제공하면서도 보다 직관적이기 때문에 파이토치로 전환하는 사람들이 점점 더 늘어나고 있습니다(텐서플로에는 파이토치가 제공하지 않는 일부 기능이 있지만, 로직이 무엇인지 알고 있으면 파이토치에서 이러한 함수를 쉽게 구현할 수 있습니다; 예를 들어 arctanh 함수가 있습니다).

결국 텐서플로나 파이토치를 사용하기로 결정할 때는 대부분 개인적인 선호도의 문제입니다. 작업의 맥락에 따라 한 프레임워크가 다른 프레임워크보다 더 적합할 수 있습니다.

파이토치는 구문에 따른 부담이 줄어들기 때문에 프로토타입 제작이 더 쉽다는 점을 고려하면 연구 목적으로는 사용하기 더 쉬울 수 있습니다. 반면, 텐서플로는 더 많은 리소스와 텐서 보드를 사용할 수 있는 이점이 있습니다. 모델이 파이썬으로 훈련될 수 있지만 자바로 배포될 수 있어 확장성이 향상되기 때문에 플랫폼 간 호환성에 더 적합합니다. 모델을 로드하고 저장하는 것이 우선이라면 텐서플로가 더 적합할 수 있습니다. 이 모든 것은 개인 선호로 귀결됩니다. 다시 말하지만 두 프레임워크 모두 직면할 수 있는 많은 문제에 대한 해결책이 있기 때문에 선택은 모두 개인 선호도에 달려 있습니다.

파이토치 사용하기

이 절은 이전 부록과 약간 다를 것입니다. 여기서는 몇 가지 기본적인 텐서 연산 방법을 시연한 다음 7장에서의 시간 합성곱 네트워크와 동등한 파이토치 모델을 살펴보면서 파이토치를 사용하는 방법을 설명합니다.

먼저 간단한 텐서 연산부터 살펴보겠습니다. 프레임워크 자체와 프레임워크가 지원하는 기능에 대해 자세히 알고 싶으시면 https://pytorch.org/docs/0.4.1/index.html의 문서를 확인하시기 바랍니다.

https://github.com/pytorch/pytorch에서 코드 구현에 대한 정보를 제공합니다. 시작하겠습니다(그림 B-1).

```
In [53]: import torch
         import torch.nn
         import numpy as np

         a = np.random.randint(0, 10, 5)
         a = torch.tensor(a)
         a

Out[53]: tensor([0, 3, 0, 9, 4], dtype=torch.int32)

In [54]: b = torch.tensor(np.random.randint(0, 10, 5))
         b

Out[54]: tensor([3, 9, 7, 4, 2], dtype=torch.int32)

In [55]: c = torch.add(a, b)
         c_summed = torch.sum(c)

         c, c_summed

Out[55]: (tensor([ 3, 12,  7, 13,  6], dtype=torch.int32), tensor(41))

In [56]: d = torch.tanh(b.float())
         d

Out[56]: tensor([0.9951, 1.0000, 1.0000, 0.9993, 0.9640])

In [57]: torch.mean(d)

Out[57]: tensor(0.9917)
```

그림 B-1. 파이토치에서 일련의 텐서 연산입니다. 코드는 연산을 나타내고 출력은 해당 텐서에서 연산이 수행된 후의 결과를 보여줍니다.

파이토치를 사용하면 텐서플로와 달리 텐서와 같은 데이터 값이 일종의 배열임을 알 수 있습니다. 텐서플로에서 데이터 값을 보려면 해당 변수를 세션에서 실행해야 합니다.

비교를 위해서 그림 B-2는 텐서플로를 보여줍니다.

```
In [78]:
import tensorflow as tf
import numpy as np

f = tf.constant(np.random.randint(0, 10, 5), shape=(1, 5), dtype=tf.int32)
print(f)
g = tf.constant(np.random.randint(0, 10, 5), shape=(1, 5), dtype=tf.int32)
print(g)
result = A + B
tanh = tf.tanh(tf.to_float(result))


with tf.Session() as sess:
    print("f: {}    g: {}\n".format(sess.run(f), sess.run(g)))
    print("f + g: {}\n".format(sess.run(result)))
    print("tanh(f+g): {}".format(sess.run(tanh)))

Tensor("Const_37:0", shape=(1, 5), dtype=int32)
Tensor("Const_38:0", shape=(1, 5), dtype=int32)
f: [[5 6 9 7 0]]    g: [[3 9 4 8 9]]

f + g: [[14 16  6  5 16]]

tanh(f+g): [[1.         1.         0.99998784 0.99990916 1.        ]]
```

그림 B-2. 텐서플로에서 일부 텐서 연산이 수행되었습니다. 실제로 결과를 보려면 텐서플로 세션을 통해 모든 항목을 전달해야 합니다.

파이토치는 텐서를 조작할 수 있는 훨씬 더 많은 기능을 가지고 있으므로, 파이토치 설명서를 확인하지 않았다면 설명서를 확인해 볼 필요가 있습니다.

이제 어느 정도 발전되고 체계적인 형식으로 파이토치 모델을 만들어 보겠습니다. 모델의 정의, 훈련 과정 및 시험 과정을 각 파트로 분할하면 이러한 모델의 생성, 훈련 및 평가 방법을 이해하는 데 도움이 됩니다.

좀 더 사용자 정의 가능한 훈련 형식을 보여주기 위해서 MNIST 데이터 세트에 합성곱 신경망을 적용하는 것으로 시작합니다.

평소와 마찬가지로, 모듈을 가져오는 것으로 시작합니다(그림 B-3 및 그림 B-4).

```
import torch
import torch.nn as nn
import torchvision
import torchvision.transforms as transforms
import torch.optim as optim
import torch.nn.functional as F
import numpy as np

device torch.device('cuda:0' if torch.cuda.is available()
else 'cpu')
```

그림 B-3. 네트워크를 생성하는데 필요한 기본 모듈 가져오기

```
In [1]:
import torch
import torch.nn as nn
import torchvision
import torchvision.transforms as transforms
import torch.optim as optim
import torch.nn.functional as F
import numpy as np

device = torch.device('cuda:0' if torch.cuda.is_available() else 'cpu')
```

그림 B-4. 주피터 셀에서의 그림 B-3 코드

3장에서는 기본적으로 형식과 유사한 방식으로 코드가 소개되었으므로, 필요한 모듈을 가져온 직후 하이퍼 파라미터를 정의하고 데이터 세트(이 경우에는 데이터 로더)를 로드 했습니다.

이제 모델을 정의합니다(그림 B−5 및 그림 B−6).

```
class CNN(nn.Module):
    def__init__(self):
      super(CNN, self).__init__()
      self.conv1 = nn.Conv2d(1, 32, 3, 1)
      self.conv2 = nn.Conv2d(32, 64, 3, 1)
      self.dense1 = nn.Linear(12*12*64, 128)
      self.dense2 = nn.Linear(128, num_classes)

    def forward(self, x):
        x = F.relu(self.conv1(x))
        x = F.relu(self.conv2(x))
        x = F.max pool2d(x, 2, 2)
        x = F.dropout(x, 0.25)
        x = x.view(-1, 12*12*64)
        x = F.relu(self.dense1(x))
        x = F.dropout(x, 0.5)
        x = self.dense2(x)
        return F.log softmax(x, dim=1)
```

그림 B-5. 모델 정의

In [2]:

```
class CNN(nn.Module):
    def __init__(self):
        super(CNN, self).__init__()
        self.conv1 = nn.Conv2d(1, 32, 3, 1)
        self.conv2 = nn.Conv2d(32, 64, 3, 1)
        self.dense1 = nn.Linear(12*12*64, 128)
        self.dense2 = nn.Linear(128, num_classes)

    def forward(self, x):
        x = F.relu(self.conv1(x))
        x = F.relu(self.conv2(x))
        x = F.max_pool2d(x, 2, 2)
        x = F.dropout(x, 0.25)
        x = x.view(-1, 12*12*64)
        x = F.relu(self.dense1(x))
        x = F.dropout(x, 0.5)
        x = self.dense2(x)
        return F.log_softmax(x, dim=1)
```

그림 B-6. 주피터 셀에서의 그림 B-5 코드

이제 훈련 및 시험 함수를 모두 정의할 수 있습니다(훈련 함수는 그림 B-7 과 그림 B-8, 시험 함수는 그림 B-9와 그림 B-10).

```
def train(model, device, train_loader, criterion, optimizer, epoch,
save_dir='model.ckpt'):
    total_step = len(train_loader)
    for i, (images, labels) in enumerate(train_loader):
        images = images.to(device)
        labels = labels.to(device)

        # Forward pass
        outputs = model(images)
        loss = criterion(outputs, labels)

        # Backward and optimize
        optimizer.zero_grad()
        loss.backward()
        optimizer.step()

        if (i+1) % 100 == 0:
            print ('Epoch {}/{}], Step {}/{}], Loss:
{:.4f}'.format(epoch+1, num_epochs, i+1, total_step, loss.item()))

    torch.save(model.state_dict(), 'pytorch_mnist_cnn.ckpt')
```

그림 B-7. 훈련 알고리즘. for 루프는 이미지와 레이블의 각 쌍을 가져 와서 텐서로 GPU에 전달합니다. 그런 다음 모델안에서 이동하고 그래디언트가 계산됩니다. 에포크 및 손실에 대한 정보가 출력됩니다.

```
In [6]:
def train(model, device, train_loader, criterion, optimizer, epoch, save_dir='model.ckpt'):
    total_step = len(train_loader)
    for i, (images, labels) in enumerate(train_loader):
        images = images.to(device)
        labels = labels.to(device)

        # Forward pass
        outputs = model(images)
        loss = criterion(outputs, labels)

        # Backward and optimize
        optimizer.zero_grad()
        loss.backward()
        optimizer.step()

        if (i+1) % 100 == 0:
            print ('Epoch [{}/{}], Step [{}/{}], Loss: {:.4f}'
                   .format(epoch+1, num_epochs, i+1, total_step, loss.item()))

    torch.save(model.state_dict(), 'pytorch_mnist_cnn.ckpt')
```

그림 B-8. 주피터 셀에서의 그림 B-7 코드

훈련 함수는 다음과 같은 파라미터를 사용합니다.

- **model:** 모델 클래스의 인스턴스입니다. 이 경우 위에서 정의한 CNN 클래스의 인스턴스입니다.
- **device:** 기본적으로 파이토치에게 실행할 장치(GPU가 옵션인 경우 실행할 GPU, 그렇지 않은 경우 CPU)를 알려줍니다. 이 경우 임포트 직후에 장치를 정의합니다.
- **train_lader:** 훈련 데이터 세트의 로더입니다. 이 경우 data_loader를 사용하면 토치비전에서 가져올 때 MNIST 데이터의 형식이 지정됩니다. 이 데이터 로더에는 MNIST 데이터 세트에 대한 훈련 샘플이 포함되어 있습니다.
- **criterion:** 사용할 손실 함수입니다. 훈련 함수를 호출하기 전에 이를 정의합니다.
- **optimizer:** 사용할 옵티마이저 함수입니다. 훈련 함수를 호출하기 전에 이를 정의합니다.
- **epoch:** 어떤 에포크가 실행 중인지를 나타냅니다. 이 경우 이터레이션을 에포크로서 전달하면서 for 루프에서 훈련 함수를 호출합니다.

시험 기능은 그림 B−9 및 그림 B−10에 나와 있습니다.

```
from sklearn.metrics import roc_auc_score


def test(model, device, test_loader):


    preds = []
    y_true = []
    # Test the model
    model.eval()  # Set model to evaluation mode.
    with torch.no_grad():
        correct = 0
        total = 0
        for images, labels in test_loader:
            images = images.to(device)
            labels = labels.to(device)
            outputs = model(images)
            _, predicted = torch.max(outputs.data, 1)
            total += labels.size(0)
            correct += (predicted == labels).sum().item()
            detached_pred = predicted.detach().cpu().numpy()
            detached_label = labels.detach().cpu().numpy()
            for f in range(0, len(detached_pred)):
                preds.append(detached_pred [f])
                y_true.append(detached_label [f])

        print('Test Accuracy of the model on the 10000 test images:
{:.2%}'.format(correct / total))


        preds = np.eye(num_classes) [ preds]
        y_true = np.eye(num_classes) [y_true]
        auc = roc_auc_score(preds, y_true)
        print("AUC: {:.2%}".format(auc))
```

그림 B-9. 시험 알고리즘의 코드입니다. for 루프는 이미지와 레이블 쌍을 가져와서 모델을 통과시켜 예측을 얻습니다. 그런 다음 모든 쌍에 예측이 있으면 AUC 점수가 계산됩니다.

```
In [7]:
from sklearn.metrics import roc_auc_score

def test(model, device, test_loader):

    preds = []
    y_true = []
    # Test the model
    model.eval()  # Set model to evaluation mode.
    with torch.no_grad():
        correct = 0
        total = 0
        for images, labels in test_loader:
            images = images.to(device)
            labels = labels.to(device)
            outputs = model(images)
            _, predicted = torch.max(outputs.data, 1)
            total += labels.size(0)
            correct += (predicted == labels).sum().item()
            detached_pred = predicted.detach().cpu().numpy()
            detached_label = labels.detach().cpu().numpy()
            for f in range(0, len(detached_pred)):
                preds.append(detached_pred[f])
                y_true.append(detached_label[f])

        print('Test Accuracy of the model on the 10000 test images: {:.2%}'.format(correct / total))

        preds = np.eye(num_classes)[preds]
        y_true = np.eye(num_classes)[y_true]
        auc = roc_auc_score(preds, y_true)
        print("AUC: {:.2%}".format (auc))
```

그림 B-10. 주피터 셀에서의 그림 B-9 코드

시험 측정항목의 일부로 AUC 점수를 사용합니다. 이 작업을 수행할 필요는 없지만 단순한 정확도 보다는 모델의 성능을 더 잘 나타내는 지표일 수 있기 때문에 이 예제에 포함되었습니다.

모델이 사용하는 파라미터는 다음과 같습니다.

- **model:** 모델 클래스의 인스턴스입니다. 이 경우 위에서 정의한 CNN 클래스의 인스턴스입니다.
- **device:** 기본적으로 파이토치에게 실행할 장치(GPU가 옵션인 경우 실행할 GPU, 그렇지않은 경우 CPU)를 알려줍니다. 이 경우 임포트 직후에 장치를 정의합니다.
- **test_loader:** 시험 데이터 세트의 로더입니다. 이 경우 data_loader를 사용하면 토치비전에서 가져올 때 MNIST 데이터의 형식이 지정됩니다. 이 데이터 로더에는 MNIST 데이터 세트에 대한 시험 샘플이 포함되어 있습니다.

이제 하이퍼파라미터와 데이터 로더를 정의하고 훈련 및 시험 함수를 호출할 수 있습니다(그림 B−11 ~ B−13).

```
# Hyperparameters
num_epochs = 15
num_classes = 10
batch_size = 128
learning_rate = 0.001

# Load MNIST data set
train_dataset = torchvision.datasets.MNIST(root='../../data/',
                                           train=True,

transform=transforms.ToTensor(),
                                           download=True)



test—dataset = torchvision.datasets.MNIST(root='../../data/',
                                           train=False,

transform=transforms.ToTensor())


# Data loader
train_loader = torch.utils.data.DataLoader(dataset=train_dataset,
                                           batch_size=batch_size,
                                           shuffle=True)

test_loader = torch.utils.data.DataLoader(dataset=test_dataset,
                                          batch_size=batch_size,
                                          shuffle=False)
```

그림 B-11. 하이퍼파라미터를 정의하고 MNIST 데이터 로드, 훈련 및 시험 세트 데이터 로더를 정의

```
model = CNN().to(device)
criterion = nn.CrossEntropyLoss()
optimizer = torch.optim.Adam(model.parameters(), lr=learning—rate)


## Training phase


for epoch in range(0, num—epochs):
    train(model, device, train—loader, criterion, optimizer, epoch)


## Testing phase


test(model, device, test—loader)
```

그림 B-12. 모델을 초기화하여 GPU로 전달하고 criterion함수(교차 엔트로피 손실)를 정의하고 아담 옵티마이저를 정의합니다. 그런 다음, 훈련 및 시험 함수가 호출됩니다.

```
In [8]:
#Hyperparameters
num_epochs = 15
num_classes = 10
batch_size = 128
learning_rate = 0.001

#Load MNIST data set
train_dataset = torchvision.datasets.MNIST(root='../../data/',
                                           train=True,
                                           transform=transforms.ToTensor(),
                                           download=True)

test_dataset = torchvision.datasets.MNIST(root='../../data/',
                                          train=False,
                                          transform=transforms.ToTensor())

#Data loader
train_loader = torch.utils.data.DataLoader(dataset=train_dataset,
                                           batch_size=batch_size,
                                           shuffle=True)

test_loader = torch.utils.data.DataLoader(dataset=test_dataset,
                                          batch_size=batch_size,
                                          shuffle=False)



model = CNN().to(device)
criterion = nn.CrossEntropyLoss()
optimizer = torch.optim.Adam(model.parameters(), lr=learning_rate)


## Training phase

for epoch in range(0, num_epochs):
    train(model, device, train_loader, criterion, optimizer, epoch)

## Testing phase


test(model, device, test_loader)
```

그림 B-13. 그림 B-11과 B-12의 코드를 주피터 셀에 붙여 넣은 후의 모습

훈련 과정이 끝나면 그림 B-14와 그림 B-15가 나옵니다.

```
Epoch [1/15], Step [100/469], Loss: 0.1852
Epoch [1/15], Step [200/469], Loss: 0.0556
Epoch [1/15], Step [300/469], Loss: 0.1524
Epoch [1/15], Step [400/469], Loss: 0.0332
Epoch [2/15], Step [100/469], Loss: 0.0494
Epoch [2/15], Step [200/469], Loss: 0.1003
Epoch [2/15], Step [300/469], Loss: 0.0534
Epoch [2/15], Step [400/469], Loss: 0.0329
Epoch [3/15], Step [100/469], Loss: 0.0387
Epoch [3/15], Step [200/469], Loss: 0.0379
Epoch [3/15], Step [300/469], Loss: 0.0055
Epoch [3/15], Step [400/469], Loss: 0.0183
Epoch [4/15], Step [100/469], Loss: 0.0283
Epoch [4/15], Step [200/469], Loss: 0.0250
Epoch [4/15], Step [300/469], Loss: 0.0210
Epoch [4/15], Step [400/469], Loss: 0.0637
Epoch [5/15], Step [100/469], Loss: 0.0109
Epoch [5/15], Step [200/469], Loss: 0.0091
Epoch [5/15], Step [300/469], Loss: 0.0243
Epoch [5/15], Step [400/469], Loss: 0.0095
Epoch [6/15], Step [100/469], Loss: 0.0310
Epoch [6/15], Step [200/469], Loss: 0.0254
```

그림 B-14. 훈련 과정의 초기 출력

```
Epoch [12/15], Step [200/469], Loss: 0.0017
Epoch [12/15], Step [300/469], Loss: 0.0006
Epoch [12/15], Step [400/469], Loss: 0.0026
Epoch [13/15], Step [100/469], Loss: 0.0010
Epoch [13/15], Step [200/469], Loss: 0.0002
Epoch [13/15], Step [300/469], Loss: 0.0025
Epoch [13/15], Step [400/469], Loss: 0.0014
Epoch [14/15], Step [100/469], Loss: 0.0000
Epoch [14/15], Step [200/469], Loss: 0.0000
Epoch [14/15], Step [300/469], Loss: 0.0001
Epoch [14/15], Step [400/469], Loss: 0.0064
Epoch [15/15], Step [100/469], Loss: 0.0024
Epoch [15/15], Step [200/469], Loss: 0.0000
Epoch [15/15], Step [300/469], Loss: 0.0017
Epoch [15/15], Step [400/469], Loss: 0.0003
Test Accuracy of the model on the 10000 test images: 98.93%
AUC: 99.40%
```

그림 B-15. 훈련 과정이 완료

케라스 예제에서는 훈련 및 시험 함수를 분리하지 않았지만(각각 한 줄에 불과하기 때문에) 사용자 정의 층, 모델 등을 포함하는 더 복잡한 모델 구현은 위의 파이토치 예제와 유사한 방식으로 구성될 수 있습니다. 파이토치에서 신경망을 구현하고, 훈련 및 시험하는 방법에 대해 조금 더 이해하셨으면 합니다.

다음에는 파이토치가 제공하는 기본 기능 중 몇 가지를 모델 층(활성화 포함), 손실 함수 및 옵티마이저 등의 측면에서 설명한 후에 7장에서 찾은 데이터 세트에 대해 시간 합성곱 신경망의 파이토치 애플리케이션을 살펴봅니다.

순차적(Sequential) vs. 모듈목록(ModuleList)

케라스와 유사하게 파이토치도 모델을 정의하는 몇 가지 다른 방법이 있습니다. **순차적**으로는, 그림 B-16과 같습니다.

```
In [ ]:
## sequential
import torch.nn as nn

model = nn.Sequential(
            nn.Conv2d(1, 32, 3, 1),
            nn.ReLU(),
            nn.Conv2d(32, 64, 3, 1),
            nn.Sigmoid()
            )
```

그림 B-16. 파이토치의 순차 모델

이는 한 번에 하나씩 순서대로 층을 추가하는 케라스의 순차 모델과 유사합니다. **모듈목록**은, 그림 B-17과 같습니다.

```

## ModuleList

class ModuleListModel(nn.Module):
    def __init__(self):
        super(ModuleListModel, self).__init__()
        self.conv_1 = nn.Conv2d(1, 32, 3, 1)
        self.conv_2 = nn.Conv2d(32, 64, 3, 1)
        self.dense_1 = nn.Linear(64*64, 128)
        self.output = nn.Linear(128, n_classes)


    def forward(self, x):
        x = nn.functional.relu(self.conv_1(x))
        x = nn.functional.relu(self.conv_2(x))
        x = nn.functional.max_pool2d(x, 2, 2)
        x = nn.functional.dropout(x, 0.25)
        x = x.view(-1, 64*64)
        x = nn.functional.reu(self.dense_1(x))
        x = nn.functional.dropout(x, 0.5)
        x = nn.functional.log_softmax(self.output(x), dim=1)
        return x


model = ModuleListModel().to(device)
```

그림 B-17. 모듈목록 형식으로 정의된 파이토치의 모델이는 케라스에서 만들 수 있는 기능 모델과 유사합니다. 이렇게 하면 좀 더 사용자 정의가 가능하도록 모델을 만들 수 있으며, 모델을 제작할 때 훨씬 더 많은 유연성을 확보할 수 있습니다.

층(Layer)

모델을 만드는 방법에 대해 살펴보았습니다. 이제 만들 수 있는 몇 가지 일반적인 층의 예를 살펴보겠습니다.

1D 합성곱(Conv1d)

`torch.nn.Conv1d()`

1차원 합성곱 층에 대한 자세한 설명은 7장을 참조하세요.

이 층은 1차원(또는 시간적) 합성곱 층입니다. 기본적으로 필터를 1차원 입력 위로 통과시키고 요소별로 값을 곱하여 출력 특성맵을 만듭니다.

다음은 함수에 필요한 파라미터입니다.

- **in_channels:** 입력 공간의 차원수, 입력 노드의 개수입니다.
- **out_channels:** 출력 공간의 차원수, 출력 노드의 개수입니다.
- **kernel_size:** 커널/필터의 차원입니다. 정수 값 n은 커널 nxn의 차원을 만들고, 두 정수 값의 튜플을 사용하면 정확한 차원(**높이, 너비**)를 지정할 수 있습니다.
- **stride:** 하나의 필터/커널 연산 후 오른쪽으로 이동할 항목의 수입니다. 정수 값 n은 커널을 해당 값 만큼 오른쪽으로 이동합니다. 두 정수 값의 튜플을 사용하면 (vertical_shift, horizontal_shift)로 지정할 수 있습니다. 기본값은 1입니다.
- **padding:** 출력에서 층에 추가할 제로 패딩의 양입니다. 정수 값 n은 n개의 항목을 행과 열에 채웁니다. 두 정수의 튜플을 사용하면 (vertical_padding, horizontal_ padding)으로 지정할 수 있습니다. 기본값은 0입니다.
- **dilation:** 확장에 대한 설명은 7장을 참조하세요. 정수 값 n은 n의 확장 인자를 의미합니다. 기본값은 1입니다.

- **groups:** 입력 노드와 출력 노드 간의 연결을 제어합니다. Groups=1은 모든 입력이 모든 출력과 관계가 있음을 의미합니다. Groups=2는 실제로 두 개의 합성곱 층이 나란히 있음을 의미하므로 입력의 절반이 출력의 절반으로 이동합니다. 기본값은 1입니다.
- **bias:** 편향을 사용할지 여부를 나타냅니다. 기본값은 True입니다.

2D 합성곱(Conv2d)

`torch.nn.Conv2d()`

2D 합성곱 층의 작동 방식에 대한 자세한 설명은 3장을 참조하시기 바랍니다.

이 층은 2차원 합성곱 층입니다. 기본적으로 2D 필터를 입력 위로 통과 시키면서 값을 요소별로 곱하여 출력 특성 맵을 만듭니다.

다음은 함수에 필요한 파라미터입니다.

- **in_channels:** 입력 공간의 차원수, 입력 노드의 수입니다.
- **out_channels:** 출력 공간의 차원수, 출력 노드의 수입니다.
- **kernel_size:** 커널/필터의 차원입니다. 정수 값 n은 커널 nxn의 차원을 만들고, 두 정수 값의 튜플을 사용하면 정확한 차원(**높이, 너비**)를 지정할 수 있습니다.
- **stride:** 하나의 필터/커널 연산 후 오른쪽으로 이동할 항목의 수입니다. 정수 값 n은 커널을 해당 값 만큼 오른쪽으로 이동합니다. 두 정수 값의 튜플을 사용하면 (vertical_shift, horizontal_shift)로 지정할 수 있습니다. 기본값은 1입니다.
- **padding:** 출력에서 층에 추가할 제로 패딩의 양입니다. 정수 값 n은 n개의 항목을 행과 열에 채웁니다. 두 정수의 튜플을 사용하면 (vertical_padding, horizontal_ padding)로 지정할 수 있습니다. 기본값은 0입니다.
- **dilation:** 확장에 대한 설명은 7장을 참조하세요. 정수 값 n은 n의 확장 인자를 의미합니다. 기본값은 1입니다.
- **groups:** 입력 노드와 출력 노드 간의 연결을 제어합니다. Groups=1은 모든 입력이 모든 출력과 관계가 있음을 의미합니다. Groups=2는 실제로 두 개의 합성곱 층이 나란히 있음을 의미하므로 입력의 절반이 출력의 절반으로 이동합니다. 기본값은 1입니다.
- **bias:** 편향을 사용할지 여부를 나타냅니다. 기본값은 True입니다.

선형(Linear)

이것은 조밀하게 연결된 뉴런들로 구성된 신경망 층입니다. 기본적으로 이 층의 모든 노드는 이전 및 다음 층(있는 경우)과 완전히 연결됩니다.

다음은 파라미터입니다.

- **in_features:** 각 입력 샘플의 크기, 입력 개수입니다.
- **out_features:** 각 출력 샘플의 크기, 출력 개수입니다.
- **bias:** 편향을 사용할지 여부를 나타냅니다. 기본값은 True입니다.

1D 최대풀링(MaxPooling1D)

`torch.nn.MaxPool1d()`

이것은 1D 입력에 최대 풀링을 적용합니다. 최대 풀링이 어떻게 작동하는지 더 잘 알아보려면 3장을 참조하세요. 1D의 최대 풀링은 2D의 최대 풀링과 유사하지만 슬라이딩 윈도우가 왼쪽에서 오른쪽으로 한 차원에서만 작동한다는 점이 다릅니다.

다음은 파라미터 목록입니다.

- **kernel_size:** 풀링 윈도우의 크기입니다. 정수 값 n이 주어진 경우 풀링 윈도우의 크기는 1xn입니다.
- **stride:** 아무 것도 전달되지 않으면 기본적으로 kernel_size로 설정됩니다. 정수 값을 전달하면 항목 세트에서 풀링 연산을 완료한 후 풀링 윈도우가 정수 값 n만큼 이동합니다.
- **padding:** 양쪽에 추가할 제로 패딩을 나타내는 정수 값 n입니다. 기본값은 0입니다.
- **dilation:** 최대 풀링이라는 것을 제외하고는 합성곱 층의 확장 인자와 유사합니다. 기본값은 1입니다.
- **return_indices:** True로 설정하면 출력과 함께 최대값의 인덱스가 반환됩니다. 기본값은 False입니다.
- **ceil_mode:** True로 설정하면 내림 연산(floor) 대신 올림 연산(ceil)을 사용하여 출력 형태를 계산합니다. 이 기능은 차원 축소가 수반되기 때문에 작동합니다(커널 크기 n은 차원을 n 인자만큼 줄입니다).

2D 최대풀링(MaxPooling2D)

`torch.nn.MaxPool2d()`

2D 입력에 최대 풀링을 적용합니다. 최대 풀링이 어떻게 작동하는지 더 자세히 알아보려면 3장을 참조하세요.

다음은 매개 변수 목록입니다.

- **kernel_size:** 풀링 윈도우의 크기입니다. 정수 값 n이 주어진 경우 풀링 층의 윈도우의 크기는 1xn입니다. 두 정수 값의 튜플을 사용하면 정확한 차원(**높이**, **너비**)를 지정할 수 있습니다.
- **stride:** 아무 것도 전달되지 않으면 기본적으로 kernel_size로 설정됩니다. 정수값을 전달하면 항목 세트에서 풀링 연산을 완료한 후 풀링 윈도우가 정수 값 n만큼 이동합니다. 두 정수 값의 튜플을 사용하여 (vertical_shift, horizontal_shift)로 지정할 수 있습니다.
- **padding:** 양쪽에 추가할 제로 패딩을 나타내는 정수 값 n입니다. 두 정수 값의 튜플을 사용하여 (vertical_padding, horizontal_padding)을 지정할 수 있습니다. 기본값은 0입니다.
- **dilation:** 최대 풀링이라는 것을 제외하고는 합성곱 층의 인자와 유사합니다. 정수 값 n은 n의 확장 인자를 의미합니다. 두 정수 값의 튜플을 사용하여 (vertical_dilation, horizontal_dilation)을 지정할 수 있습니다. 기본값은 1입니다.
- **return_indices:** True로 설정하면 출력과 함께 최대값의 인덱스가 반환됩니다. 기본값은 False입니다.
- **ceil_mode:** True로 설정하면 내림 연산(floor) 대신 올림 연산(ceil)을 사용하여 출력 형태를 계산합니다. 이 기능은 차원 축소가 수반되기 때문에 작동합니다(커널 크기 n은 차원을 2 계수만큼 줄입니다).

2D 제로패딩(ZeroPadding2D)

`torch.nn.ZeroPad2d()`

입력에 따라 이미지 텐서의 상단, 왼쪽, 오른쪽 및 하단에 0으로된 행과 열을 사용하여 입력 시퀀스를 채웁니다.

다음은 파라미터입니다.

- **padding:** 정수 값 또는 4개의 정수 값의 튜플입니다. 정수는 이미지 텐서의 상단 및 하단에 0으로된 행 n개와 n열을 추가하도록 알려 줍니다. 네 개의 정수 값의 튜플은 (padding_left, padding_right, padding_top, padding_bottom) 형식으로 지정되므로 층이 0으로된 행 또는 열을 추가하는 더 많은 방법을 원하는 대로 지정할 수 있습니다.

드롭아웃(Dropout)

`torch.nn.Dropout()`

파이토치에서 드롭아웃 층이 수행하는 작업은 입력 값을 가져와서 베르누이 분포의 샘플을 사용하여 확률 p에 따라 임의로 원소를 0으로 만듭니다. 이 과정은 무작위이므로 모델을 통과할 때마다 다른 원소가 0으로 선택됩니다. 이 과정은 층 출력을 정규화(regularization)하는데 도움이 되며 과적합을 방지하는 데 도움이 됩니다.

다음은 매개 변수입니다.

- **p:** 원소가 0이될 확률입니다. 기본값은 0.5입니다.
- **inplace:** True로 설정하면 연산을 제자리에서 수행합니다. 기본값은 False입니다.

이를 모델 자체 내의 층으로 정의하거나, 다음과 같이 정방향 함수에 드롭아웃을 적용할 수 있습니다.

`torch.nn.functional.Dropout(input, p = 0.5, training=False, inplace=False)`

입력은 이전 층이며, **훈련**은 이 드롭아웃 층이 훈련 과정 밖(예 : 평가 중)에서도 작동할지 여부를 결정하는 매개 변수입니다.

그림 B-18은 정방향 함수에서 이 층을 사용하는 방법에 대한 예를 보여줍니다.

```
In [ ]:
def forward(self, x):
    x = nn.functional.relu(self.conv_1(x))
    x = nn.functional.dropout(x, 0.25)
    x = nn.functional.relu(self.conv_2(x))
    ...
```

그림 B-18. 모델의 정방향 함수에서의 드롭아웃 층

드롭아웃은 두 가지 방법으로 적용할 수 있는데, 둘 다 유사한 결과를 만들어 냅니다. 사실, 층 자체는 그 자체가 인터페이스인 드롭아웃의 기능적인 버전의 확장입니다. 둘 다 여전히 드롭아웃 층이고 실제 동작에 차이가 없기 때문에 이것은 정말로 개인의 선호도에 달려 있습니다.

렐루(ReLU: Rectified Linear Unit)

```
torch.nn.ReLU()
```

ReLU는 그림 B−19에 표시된 대로 함수를 기반으로 간단한 활성화를 수행합니다.

$$f(x) = \max(0, x)$$

그림 B-19. ReLU가 따르는 일반 공식

다음은 매개 변수입니다.

- **inplace:** True로 설정하면 연산을 제자리에서 수행합니다. 기본값은 False입니다.

ReLU의 경우 그래프는 그림 B−20과 같습니다.

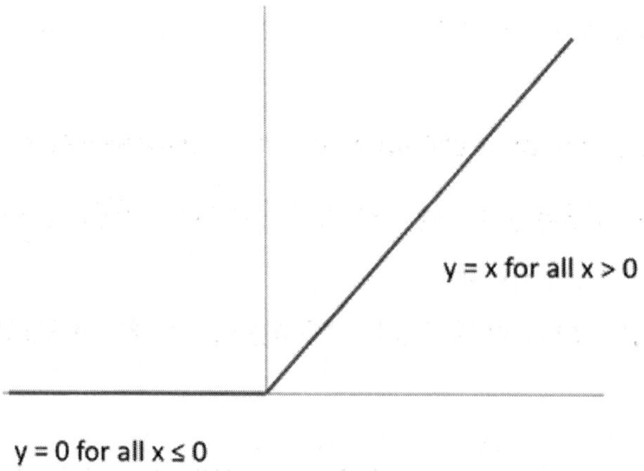

그림 B-20. ReLU 함수의 일반 그래프

드롭아웃과 마찬가지로, 이를 모델 자체 내의 층으로 정의하거나 정방향 함수에 ReLU를 적용할 수 있습니다.

`torch.nn.functional.relu(input, inplace=False)`

input은 이전 층입니다.

그림 B-21은 정방향 함수에서 이 층을 사용하는 방법에 대한 예를 보여줍니다.

드롭아웃과 마찬가지로, ReLU를 적용하는 두 가지 방법이 있지만 이는 모두 개인의 선호도로 귀결됩니다.

```
In [ ]:
def forward(self, x):
    x = nn.functional.relu(self.conv_1(x))
    x = nn.functional.dropout(x, 0.25)
    x = nn.functional.relu(self.conv_2(x))
    ...
```

그림 B-21. 모델의 정방향 함수에서의 ReLU 층

소프트맥스(Softmax)

`torch.nn.Softmax()`

지정된 차원에 대해 소프트맥스를 수행합니다.

소프트맥스의 일반 공식은 그림 B-22에 나와 있습니다(K는 샘플 수).

$$\sigma(x)_i = \frac{e^{x_i}}{\sum_{j=1}^{K} e^{x_j}} \quad \text{For } i = 1, \dots, K \text{ and } x = (x_1, \dots, x_k) \in R^k$$

그림 B-22. 소프트맥스의 일반 공식. 파라미터 i는 총 샘플 수 (K)까지 증가

다음은 파라미터입니다.

- **dim**: 정수 값 **n**으로 결정되는 소프트맥스를 계산할 차원입니다. 따라 차원을 따르는 모든 조각의 합이 1이 됩니다. 기본값은 None.

이것을 모델 자체 내의 층으로 정의하거나 소프트맥스를 정방향 함수에 적용할 수 있습니다.

`torch.nn.functional.softmax(input, dim=None, _stacklevel=3)`

input은 이전 층입니다.

그림 B-23은 정방향 함수에서 이 층을 사용하는 방법에 대한 예를 보여줍니다.

```
In [ ]:
def forward(self, x):
    ...
    x = nn.functional.dropout(x, 0.5)
    x = nn.functional.softmax(self.dense_1(x), dim=1)
    return x

```

그림 B-23. 모델의 정방향 함수에서 소프트맥스 층

그러나 NLL(음수 로그 유사도) 손실을 사용하는 경우에는 이 기능이 제대로 작동하지 않기 때문에 log_softmax를 대신 사용해야 합니다.

로그 소프트맥스(Log_Softmax)

`torch.nn.LogSoftmax()`

이 기능은 지정된 차원에 대해 소프트맥스 활성화를 수행하지만 로그 함수를 통해서 전달합니다.

log_softmax의 일반 공식은 그림 B-24에 나와 있습니다(K는 샘플 수).

$$\sigma(x)_i = \log\left(\frac{e^{x_i}}{\sum_{j=1}^{K} e^{x_j}}\right) \quad \text{For } i = 1, \dots, K \text{ and } x = (x_1, \dots, x_k) \in R^k$$

그림 B-24. log_softmax의 일반 공식. i 값은 총 샘플 수인 K까지 증가

다음은 매개 변수입니다.

- **dim**: 정수 값 n으로 결정되는 소프트맥스를 계산할 차원입니다. 따라서 차원을 따라 모든 조각의 합이 1이 됩니다. 기본값은 None.

이것을 모델 자체 내의 층으로 정의하거나 소프트맥스를 정방향 함수에 적용할 수 있습니다.

`torch.nn.functional.log_softmax(input, dim=None, _stacklevel=3)`

input은 이전 층입니다.

그림 B-25는 정방향 함수에서 이 층을 사용하는 방법에 대한 예를 보여줍니다.

```
In [ ]:
def forward(self, x):
    ...
    x = nn.functional.dropout(x, 0.5)
    x = nn.functional.log_softmax(self.dense_1(x), dim=1)
    return x
```

그림 B-25. 모델의 정방향 함수에서 로그 소프트맥스 층

시그모이드(Sigmoid)

`torch.nn.Sigmoid()`

이것은 시그모이드 활성화를 수행합니다.

시그모이드 함수는 주로 입력을 0과 1사이로 강제하기 때문에 그 용도가 있지만, 그래디언트 소실 문제를 일으키기 쉬우므로 은닉층에서는 거의 사용되지 않습니다.

파라미터가 없기 때문에 간단히 호출할 수 있는 함수입니다.

그래프로 나타낼 때 방정식이 어떤 것인지에 대한 이해하기 위해서 그림 B-26을 보도록 하겠습니다.

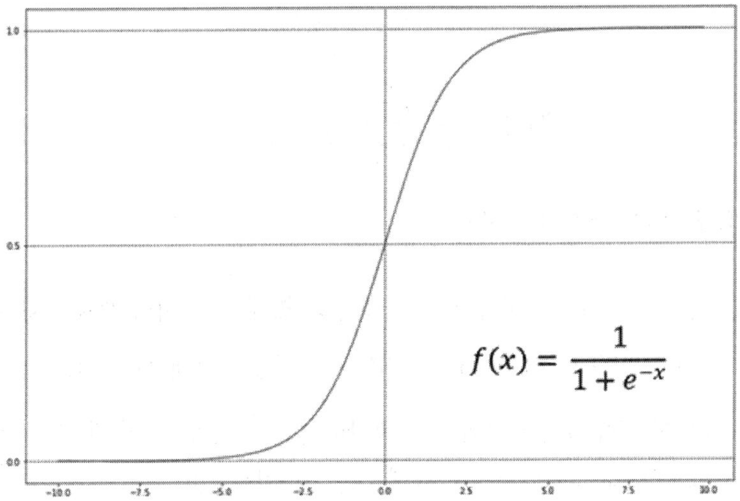

그림 B-26. 시그모이드 함수의 일반 그래프

이것을 모델 자체 내의 층으로 정의하거나 시그모이드를 정방향 함수에 적용할 수 있습니다.

```
torch.nn.functional.sigmoid(input)
```

`input`은 이전 층 입니다.

그림 B−27은 정방향 함수에서 이 층을 사용하는 방법에 대한 예를 보여줍니다.

```
In [ ]:
def forward(self, x):
    ...
    x = nn.functional.dropout(x, 0.5)
    x = nn.functional.sigmoid(self.dense_1(x), dim=1)
    return x
```

그림 B-27. 모델의 정방향 함수에서의 시그모이드 층

손실 함수(Loss Function)

평균 제곱 오차(MSE: Mean Squared Error)

```
torch.nn.MSELoss()
```

이 방정식의 표기법에 대해 궁금한 경우에는 3장을 참조합니다. 이 방정식은 그림 B−28에 나와 있습니다.

$$J(\theta) = \frac{1}{n}\sum_{i=1}^{n}(h_\theta(x^i) - y^i)^2$$

그림 B-28. 평균 제곱 오차에 대한 일반 공식

입력으로 가중치 θ가 주어지면 공식이 예측 값과 실제 값 사이의 제곱 평균 차이를 찾습니다. 파라미터 h_θ는 가중치 파라미터 θ가 전달된 모델을 나타내므로 $h_\theta(x^i)$는 모델의 가중치가 θ인 x^i에 대한 예측 값을 제공합니다. 파라미터 y^i는 인덱스 i의 데이터 포인트에 대한 실제 예측을 나타냅니다. 마지막으로 총 n개의 항목이 있습니다.

이 함수에는 몇 가지 파라미터가 있습니다(두 개는 더 이상 사용되지 않음).

- **size_average:** (축소를 위해 더 이상 사용되지 않습니다) 손실은 기본적으로(True 일 때) 각 배치의 손실 요소에 대해 평균을 냅니다. False로 설정하면 각 미니 배치에 대한 손실이 대신 합산됩니다. 기본값은 True입니다.
- **reduce:** (축소를 위해 더 이상 사용되지 않습니다) 손실은 기본적으로 size_average (True)에 따라 각 미니 배치에 대한 관측치에 대해 평균 또는 합산됩니다. False로 설정하면 배치 요소 당 손실을 반환하고 size_average를 무시합니다. 기본값은 True입니다.
- **reduction:** 수행할 축소 유형을 지정하는 문자열 값입니다. 'none', 'elementwise_mean' 또는 'sum' 중에서 선택합니다. 'sum'은 축소가 적용되지 않는다는 의미이며, 'elementwise_mean'은 출력의 합을 출력의 원소로 나눈다는 의미이고, 'sum'은 출력을 합산 한다는 의미입니다. 기본값은 'elementwise_mean'입니다.

참고 size_average 또는 reduce 중 하나를 지정하면 이 매개 변수가 무시됩니다.

이 손실 측정항목은 오토인코더에 사용되어 재구성된 출력과 원본의 차이를 평가하는데 도움이 됩니다. 이상 징후를 탐지하는 경우 이상 징후의 재구성 오류가 더 높기 때문에 이 측정항목을 사용하여 정상적인 데이터 포인트와 이상 징후를 구분할 수 있습니다.

교차 엔트로피(Cross Entropy)

```
torch.nn.CrossEntropyLoss()
```

이 방정식은 그림 B-29에 나와 있습니다.

$$J(\theta) = -\frac{1}{n}\sum_{i=0}^{n} y_i * \log(h_\theta(x_i)) + (1-y_i) * \log(1-h_\theta(x_i))$$

그림 B-29. 교차 엔트로피의 일반 방정식

이 경우 n은 전체 데이터 세트의 샘플 수입니다. 파라미터 h_θ는 가중치 파라미터 θ가 전달된 모델을 나타내기 때문에 $h_\theta(x_i)$는 모델의 가중치가 θ인 x_i에 대한 예측 값을 제공합니다. 마지막으로 y는 인덱스 i의 데이터 포인트에 대한 실제 레이블을 나타냅니다. 데이터는 0과 1 사이로 정규화될 필요가 있으므로 범주형 교차 엔트로피의 경우 소프트맥스 활성화 층을 통해 전달되어야 합니다. 범주형 교차 엔트로피 손실을 **소프트맥스 손실**이라고도 합니다.

마찬가지로 이전 방정식을 그림 B−30으로 쓸 수 있습니다.

$$J(\theta) = -\frac{1}{n}\sum_{i=0}^{n}\sum_{j=0}^{m} y_{ij} * \log(h_\theta(x_{ij}))$$

그림 B-30. 그림 B-29의 방정식을 작성하는 다른 방법

이 경우 m은 클래스 개수입니다.

범주형 교차 엔트로피 손실은 분류 작업, 특히 합성곱 신경망이 있는 컴퓨터 비전에서 일반적으로 사용되는 측정항목입니다.

이 함수에는 몇 가지 매개 변수가 있습니다(두 개는 더 이상 사용되지 않음).

- **weight:** (선택사항) 클래스 수가 n개인 텐서입니다. 이는 기본적으로 각 클래스에 주어진 가중치이므로, 일부 클래스는 전체 손실과 최적화 문제에 어떻게 영향에 미치는지에 더 큰 가중치를 부여합니다.
- **size_average:** (축소를 위해 더 이상 사용되지 않습니다) 손실은 기본적으로(True 일 때) 각 배치의 손실 요소에 대해 평균을 냅니다. False로 설정하면 각 미니 배치에 대한 손실이 대신 합산됩니다. 기본값은 True입니다.
- **ignore_index:** (선택사항) 입력 그래디언트에 영향을 미치지 않도록 무시되는 대상 값을 지정하는 정수 값입니다. size_average이 True인 경우는 무시되지 않는 대상에 대해 손실 평균이 계산됩니다.
- **reduce**(축소를 위해 더 이상 사용되지 않습니다) 손실은 기본적으로 size_average(True)에 따라 각 미니 배치에 대한 관측치에 대해 평균 또는 합산됩니다. False로 설정하면 배치 요소 당 손실을 반환하고 size_average를 무시합니다. 기본값은 True입니다.
- **reduction:** 수행할 축소 유형을 지정하는 문자열 값입니다. 'none', 'elementwise_mean' 또는 'sum' 중에서 선택합니다. 'sum'은 축소가 적용되지 않는다는 의미이며, 'elementwise_mean'은 출력의 합을 출력의 원소로 나눈다는 의미이고, 'sum'은 출력을 합산한다는 의미입니다. 기본값은 'elementwise_mean'입니다.

  참고 size_average 또는 reduce 중 하나를 지정하면 이 매개 변수가 무시됩니다.

옵티마이저(Optimizer)

확률적 경사 하강법(SGD: Stochastic Gradient Descent)

`torch.optim.SGD()`

이것은 가중치를 조정하여 역전파 과정을 돕는 알고리즘의 일종인 **확률적 경사 하강법** 옵티마이저입니다. 일반적으로 신경망을 포함한 다양한 머신러닝 애플리케이션에서 훈련 알고리즘으로 사용됩니다.

이 함수에는 다음과 같은 몇 가지 파라미터가 있습니다.

- **params:** 최적화해야 할 일부 반복가능한 파라미터 또는 파라미터 그룹이 있는 사전입니다. 이것은 `model.parameters()`와 같은 것일 수 있습니다.
- **lr:** 학습률을 지정하는 실수 값입니다.
- **momentum:** (선택사항) 모멘텀 인자를 지정하는 실수 값입니다. 이 파라미터는 최적화 방향으로 최적화 스텝을 가속하고 지역 최소값을 초과할 때 진동을 줄이는 데 도움이 됩니다(손실 함수의 최적화 방법에 대한 복습을 위해서 3장을 참조). 기본값은 0입니다.
- **weight_decay:** 너무 높은 가중치에 대한 l2_penality로, 더 작은 모델 가중치를 유도하는데 도움이 됩니다. 기본값은 0입니다.
- **dampening:** 모멘텀의 감쇠 인자입니다. 기본값은 0입니다.
- **nesterov:** 네스테로프 모멘텀 적용 여부를 결정하는 불리언입니다. 네스테로프 모멘텀은 현재 위치가 아닌 모멘텀을 고려한 위치에서 그래디언트가 계산되는 모멘텀의 변형입니다. 이는 그래디언트가 항상 올바른 방향을 가리키지만 모멘텀이 위치를 너무 앞쪽 또는 초과할 수 있기 때문입니다. 현재 위치를 사용하지 않고 모멘텀을 고려한 중간 위치를 사용하기 때문에, 해당 위치의 그래디언트가 현재 코스를 수정하는데 도움이 되어 모멘텀이 새로운 가중치를 너무 멀리 앞으로 전달하지 않습니다. 기본적으로 더 정확한 가중치 업데이트와 더 빠른 수렴에 도움이 됩니다. 기본값은 False입니다.

아담(Adam)

`torch.optim.Adam()`

아담 옵티마이저는 SGD를 기반으로 확장되는 알고리즘으로, 컴퓨터 비전과 자연어 처리에서 딥러닝 애플리케이션으로 널리 보급되었습니다.

이 함수에는 다음과 같은 몇 가지 파라미터가 있습니다.

- **params:** 최적화해야 할 일부 반복가능한 파라미터 또는 파라미터 그룹이 있는 사전입니다. 이것은 model.parameters()와 같은 것일 수 있습니다.
- **lr:** 학습률을 지정하는 실수 값입니다. 기본값은 0.001(또는 1e−3)입니다.
- **betas:** (선택사항) 베타 값 beta_1과 beta_2를 정의하기 위해 두 개의 실수 값으로 구성된 튜플입니다. 논문에서는 (0.9, 0.999)을 사용하여 양호한 결과를 설명하며, 기본 값입니다.
- **eps:** (선택사항) 엡실론e >= 0인 실수 값입니다. 엡실론은 0으로 나눗셈을 방지하는데 도움이 되는, 논문에서 10E−8로 서술되어 있는 작은 값입니다. 기본값은 1e−8입니다.
- **weight_decay:** 너무 높은 가중치에 대한 l2_penality로, 더 작은 모델 가중치를 유도하는데 도움이 됩니다. 기본값은 0입니다.
- **amsgrad:** 이 알고리즘의 AMSGrad 버전을 적용할지 여부에 대한 불리언 값입니다. 이 알고리즘의 구현에 대한 자세한 내용은 "On the Convergence of Adam and Beyond."를 참조하시기 바랍니다. 기본값=False입니다.

RMSProp

`torch.optim.RMSprop()`

RMSprop은 순환 신경망을 위한 좋은 알고리즘입니다. RMSprop은 그래디언트가 너무 크거나 너무 작아지는 문제를 해결하기 위해 개발된 그래디언트 기반 최적화 기법입니다. RMSprop은 제곱된 그래디언트의 평균을 사용하여 그래디언트 자체를 정규화하여 이 문제를 해결하는 데 도움이 됩니다. 7장에서 RNN의 문제점 중 하나가 소실/폭발 그래디언트 문제이며, LSTM과 GRU 네트워크의 개발로 이어진다고 설명했습니다. RMSprop이 순환 신경망과 잘 어울린다는 것은 놀라운 일이 아닙니다.

이 함수에는 다음과 같은 몇 가지 파라미터가 있습니다.

- **params:** 최적화해야 할 일부 반복가능한 파라미터 또는 파라미터 그룹이 있는 사전입니다. 이것은 `model.parameters()`와 같은 것일 수 있습니다.
- **lr:** 학습률을 지정하는 실수 값입니다. 기본값은 0.01(또는 1e−2)입니다.
- **momentum:** (선택사항) 모멘텀 인자를 지정하는 실수 값입니다. 이 파라미터는 최적화 방향으로 최적화 스텝을 가속하고 지역 최소값이 초과될 때 진동을 줄이는 데 도움이됩니다(손실 함수의 최적화 방법에 대한 복습을 위해서 3장을 참조). 기본값은 0입니다.
- **alpha:** (선택사항) 평활 상수(smoothing constant)입니다. 기본값은 0.99입니다.
- **eps:** (선택사항) 엡실론 e >= 0인 실수 값입니다. 엡실론은 0으로 나눗셈을 방지하는 데 도움이 되는, 논문에서 10E−8로 서술되어 있는 작은 값입니다. 기본값은 1e−8입니다.
- **centered:** (선택사항) True이면 중심 RMSprop을 계산하고 분산을 추정하여 그래디언트를 정규화합니다. 기본값은 False입니다.
- **weight_decay:** 너무 높은 가중치에 대한 l2_penality로, 더 작은 모델 가중치를 유도하는데 도움이 됩니다. 기본값은 0입니다.

지금쯤 파이토치가 제공하는 몇 가지 기능을 살펴보면서 파이토치의 작동 방식을 이해할 수 있기를 바랍니다. MNIST 데이터 세트에 정리된 형식으로 모델을 작성 및 적용하고 층, 모델 구성 방법, 활성화 방법, 손실 함수와 옵티마이저 등에 대해 알아봄으로써 파이토치의 몇 가지 기본 사항을 살펴보았습니다.

파이토치의 시간 합성곱 네트워크

이제 파이토치를 사용하여 시간 합성곱 신경망을 구성하고 7장의 신용카드 데이터 세트에 적용하는 예를 살펴보겠습니다.

확장된 시간 합성곱 네트워크(Dilated Temporal Convolutional Network)

파이토치에서 재구성할 특정 TCN은 7장의 확장된 TCN입니다.

다시 한번 필요한 모듈을 가져오고 장치를 정의합니다(그림 B-31 및 그림 B-32).

```
import numpy as np
import pandas as pd
import keras
from sklearn.model selection import train test split
from sklearn.preprocessing.data import StandardScaler
import torch
import torch.nn as nn
import torch.nn.functional as F


# Hyperparameters
num epochs = 30
num classes = 2
learning rate = 0.002

device = torch.device('cuda:0' if torch.cuda.is available() else 'cpu')
```

그림 B-31. 필요한 모듈 가져오기

```
In [14]:
import numpy as np
import pandas as pd
from sklearn.model_selection import train_test_split
from sklearn.preprocessing.data import StandardScaler
import torch
import torch.nn as nn
import torch.nn.functional as F

# Hyperparameters
num_epochs = 30
num_classes = 2
learning_rate = 0.002

device = torch.device('cuda:0' if torch.cuda.is_available() else 'cpu')
```

그림 B-32. 그림 B-31의 코드는 주피터 셀에 있습니다.

그런 다음 데이터 세트를 로드합니다(그림 B-33).

```
df = pd.read csv("datasets/creditcardfraud/creditcard.csv",
sep=",", index col=None)
print(df.shape)
df.head()
```

그림 B-33. 데이터 세트를 로드하고 처음 다섯 행을 표시

출력은 그림 B-34와 어느 정도 비슷해야 합니다.

```
In [2]:
df = pd.read_csv("datasets/creditcardfraud/creditcard.csv", sep=",", index_col=None)
print(df.shape)
df.head()

(284807, 31)
```

Out[2]:

	Time	V1	V2	V3	V4	V5	V6	V7	V8	V9	...	V:
0	0.0	-1.359807	-0.072781	2.536347	1.378155	-0.338321	0.462388	0.239599	0.098698	0.363787	...	-0.0183
1	0.0	1.191857	0.266151	0.166480	0.448154	0.060018	-0.082361	-0.078803	0.085102	-0.255425	...	-0.2257
2	1.0	-1.358354	-1.340163	1.773209	0.379780	-0.503198	1.800499	0.791461	0.247676	-1.514654	...	0.2479
3	1.0	-0.966272	-0.185226	1.792993	-0.863291	-0.010309	1.247203	0.237609	0.377436	-1.387024	...	-0.1083
4	2.0	-1.158233	0.877737	1.548718	0.403034	-0.407193	0.095921	0.592941	-0.270533	0.817739	...	-0.0094

5 rows × 31 columns

그림 B-34. 그림 B-33의 코드 출력

여러분은 이후 커질 수 있는 시간과 금액의 값을 표준화할 필요가 있습니다. 다른 모든 것은 이미 데이터 세트에서 표준화되었습니다. 그림 B−35의 코드를 실행합니다.

```
df['Amount'] =
StandardScaler().fit_transform(df['Amount'].values.reshape(-1, 1))
df['Time'] =
StandardScaler().fit_transform(df['Time'].values.reshape(-1, 1))
df.tail()
```

그림 B-35. 금액 및 시간 열의 값을 표준화

출력은 그림 B−36과 어느 정도 비슷해야 합니다.

```
In [3]:
df['Amount'] = StandardScaler().fit_transform(df['Amount'].values.reshape(-1, 1))
df['Time'] = StandardScaler().fit_transform(df['Time'].values.reshape(-1, 1))
df.tail()
```

Out[3]:

	Time	V1	V2	V3	V4	V5	V6	V7	V8	
284802	1.641931	-11.881118	10.071785	-9.834783	-2.066656	-5.364473	-2.606837	-4.918215	7.305334	1.91
284803	1.641952	-0.732789	-0.055080	2.035030	-0.738589	0.868229	1.058415	0.024330	0.294869	0.58
284804	1.641974	1.919565	-0.301254	-3.249640	-0.557828	2.630515	3.031260	-0.296827	0.708417	0.43
284805	1.641974	-0.240440	0.530483	0.702510	0.689799	-0.377961	0.623708	-0.686180	0.679145	0.39
284806	1.642058	-0.533413	-0.189733	0.703337	-0.506271	-0.012546	-0.649617	1.577006	-0.414650	0.48

5 rows × 31 columns

그림 B-36. 그림 B-35 코드의 출력

이제 정상 및 이상 징후 데이터 세트를 정의 합니다(그림 B−37).

```
anomalies = df[df["Class"] == 1]
normal = df[df["Class"] == 0]

anomalies.shape, normal.shape
```

그림 B-37. 이상 징후 및 정상 데이터 세트를 정의

출력은 그림 B-38과 같아야 합니다.

```
In [4]:  anomalies = df[df["Class"] == 1]
         normal = df[df["Class"] == 0]

         anomalies.shape, normal.shape

Out[4]:  ((492, 31), (284315, 31))
```

그림 B-38. 그림 B-37 코드의 출력

이상 징후를 정상 데이터에서 분리한 후에 훈련 및 시험 세트를 만들어 보겠습니다(그림 B-39).

```
for f in range(0, 20):
    normal = normal.iloc[np.random.permutation(len(normal))]



data set = pd.concat([normal[:10000], anomalies])


x train, x test = train test split(data set, test size = 0.4,
random state = 42)


x train = x train.sort values(by=['Time'])
x test = x test.sort values(by=['Time'])

y train = x train["Class"]
y test = x test["Class"]

x train.head(10)
```

그림 B-39. 훈련 및 시험 데이터 세트를 생성 출력은 그림 B-40과 비슷해야 합니다.

In [5]:

```
for f in range(0, 20):
    normal = normal.iloc[np.random.permutation(len(normal))]


data_set = pd.concat([normal[:10000], anomalies])

x_train, x_test = train_test_split(data_set, test_size = 0.4, random_state = 42)

x_train = x_train.sort_values(by=['Time'])
x_test = x_test.sort_values(by=['Time'])

y_train = x_train["Class"]
y_test = x_test["Class"]

x_train.head(10)
```

Out[5]:

	Time	V1	V2	V3	V4	V5	V6	V7	V8	
8	-1.996436	-0.894286	0.286157	-0.113192	-0.271526	2.669599	3.721818	0.370145	0.851084	-0.392
99	-1.995151	1.232996	0.189454	0.491040	0.633673	-0.511574	-0.990609	0.066240	-0.196940	0.075
118	-1.994983	-0.997176	0.228365	1.715340	-0.420067	0.560838	0.564725	0.846047	0.197491	-0.097
177	-1.994182	1.194066	-0.072582	0.635286	0.768616	-0.735584	-0.673466	-0.146299	-0.065653	0.646
225	-1.993488	-2.687978	4.390230	-2.360483	0.360829	1.310192	-1.645253	2.327776	-1.727825	4.324
259	-1.992729	0.726749	-0.528042	0.050366	1.373621	-0.124122	0.415688	0.259555	0.085114	-0.003
356	-1.991087	1.260328	0.299161	0.527681	0.614899	-0.420592	-0.977533	0.108485	-0.244502	-0.058
374	-1.990834	1.124355	-0.132953	0.588467	0.804871	-0.726266	-0.521875	-0.167010	0.059298	0.368
379	-1.990729	-1.092301	0.430750	1.249785	0.429757	1.272076	0.548203	-0.120592	0.452571	-0.414
400	-1.990476	-0.695818	0.581773	2.378180	0.063396	0.329119	-0.449865	1.269104	-0.758363	0.381

10 rows × 31 columns

그림 B-40. 그림 B-39 코드의 출력

데이터 세트를 정의한 후에는 신경망이 이를 수용할 수 있도록 값들의 형태를 재구성해야 합니다(그림 B−41).

```
x—train np.array(x—train).reshape(x—train.shape[0], 1,
x—train.shape[1])
x—test np.array(x—test).reshape(x—test.shape[0], 1,
x—test.shape[1])


y—train np.array(y—train).reshape(y—train.shape[0] , 1)
y—test np.array(y—test).reshape(y—test.shape[0], 1)

print("Shapes:\nx—train:%s\ny—train:%s\n" % (x—train.shape,
y—train.shape))
print("x—test:%s\ny—test:%s\n" % (x—test.shape,
y—test.shape))
```

그림 B-41. 훈련 및 시험 데이터 세트를 재구성하여 모델에 전달

출력은 그림 B−42와 같아야 합니다.

```
In [6]:
x_train = np.array(x_train).reshape(x_train.shape[0], 1, x_train.shape[1])
x_test = np.array(x_test).reshape(x_test.shape[0], 1, x_test.shape[1])

y_train = np.array(y_train).reshape(y_train.shape[0] , 1)
y_test = np.array(y_test).reshape(y_test.shape[0], 1)

print("Shapes:\nx_train:%s\ny_train:%s\n" % (x_train.shape, y_train.shape))
print("x_test:%s\ny_test:%s\n" % (x_test.shape, y_test.shape))

Shapes:
x_train:(6295, 1, 31)
y_train:(6295, 1)

x_test:(4197, 1, 31)
y_test:(4197, 1)
```

그림 B-42. 그림 B-41 코드의 출력

이제 모델을 정의할 수 있습니다(그림 B−43 및 그림 B−44).

```
class TCN(nn.Module):
    def __init__(self):
        super(TCN, self).__init__()

        self.conv_1 nn.Conv1d(1, 128, kernel_size 2, dilation 1,
padding ((2-1) * 1))
        self.conv_2 nn.Conv1d(128, 128, kernel_size 2, dilation 2,
padding ((2-1) * 2))
        self.conv_3 nn.Conv1d(128, 128, kernel_size 2, dilation 4,
padding ((2-1) * 4))
        self.conv_4 nn.Conv1d(128, 128, kernel_size 2, dilation 8,
padding ((2-1) * 8))
        self.dense_1 = nn.Linear(31*128, 128)
        self.dense_2 = nn.Linear(128, num_classes)
```

그림 B−43. TCN 클래스의 첫 번째 부분

```
def forward(self, x):
        x self.conv_1(x)
        x x[:, :, :-self.conv_1.padding[0]]
        x F.relu(x)
        x F.dropout(x, 0.05)
        x self.conv_2(x)
        x x[:, :, :-self.conv_2.padding[0]]
        x F.relu(x)
        x F.dropout(x, 0.05)
        x self.conv_3(x)
        x x[:, :, :-self.conv_3.padding[0]]
        x F.relu(x)
        x F.dropout(x, 0.05)
        x self.conv_4(x)
        x x[:, :, :-self.conv_4.padding[0]]
        x F.relu(x)
        x F.dropout(x, 0.05)
        x x.view(-1, 31*128)
        x F.relu(self.dense_1(x))
        x self.dense_2(x)
        return F.log_softmax(x, dim 1)
```

그림 B−44. TCN 클래스의 정방향 함수

모델의 코드는 그림 B−45와 같아야 합니다.

```
In [13]:
class TCN(nn.Module):
    def __init__(self):
        super(TCN, self).__init__()

        self.conv_1 = nn.Conv1d(1, 128, kernel_size=2, dilation=1, padding=((2-1) * 1))
        self.conv_2 = nn.Conv1d(128, 128, kernel_size=2, dilation=2, padding=((2-1) * 2))
        self.conv_3 = nn.Conv1d(128, 128, kernel_size=2, dilation=4, padding=((2-1) * 4))
        self.conv_4 = nn.Conv1d(128, 128, kernel_size=2, dilation=8, padding=((2-1) * 8))
        self.dense_1 = nn.Linear(31*128  , 128)
        self.dense_2 = nn.Linear(128, num_classes)

    def forward(self, x):
        x = self.conv_1(x)
        x = x[:, :, :-self.conv_1.padding[0]]
        x = F.relu(x)
        x = F.dropout(x, 0.05)
        x = self.conv_2(x)
        x = x[:, :, :-self.conv_2.padding[0]]
        x = F.relu(x)
        x = F.dropout(x, 0.05)
        x = self.conv_3(x)
        x = x[:, :, :-self.conv_3.padding[0]]
        x = F.relu(x)
        x = F.dropout(x, 0.05)
        x = self.conv_4(x)
        x = x[:, :, :-self.conv_4.padding[0]]
        x = F.relu(x)
        x = F.dropout(x, 0.05)
        x = x.view(-1, 31*128)
        x = F.relu(self.dense_1(x))
        x = self.dense_2(x)
        return F.log_softmax(x, dim=1)
```

그림 B−45. 주피터 셀에 있는 그림 B−43과 B−44의 코드. 전체 모델을 정의

이제 훈련 및 시험 함수를 정의할 수 있습니다(그림 B−46, 그림 B−48 및 그림 B−49).

```
def train(model, device, x_train, y_train, criterion, optimizer,
epoch, save_dir 'TCN_CreditCard_PyTorch.ckpt'):
    total_step len(x_train)

    x_train torch.Tensor(x_train).cuda().float()
    y_train torch.Tensor(y_train).cuda().long()

    x_train.to(device)
    y_train.to(device)

    # Forward pass
    outputs model(x_train)
    loss criterion(outputs, y_train.squeeze(1))

    # Backward and optimize
    optimizer.zero_grad()
    loss.backward()
    optimizer.step()

    print('Epoch {}/{}, Loss: {:.4f}'.format(epoch+1,
num_epochs, loss.item()))

    torch.save(model.state_dict(), save_dir)
```

그림 B-46. 훈련 함수입니다. 데이터 로더가 없으므로 x_train 및 y_train을 텐서로 변환한 후 GPU로 직접 전달합니다. 그런 다음 입력이 통과하고 그래디언트가 계산됩니다.

그런 다음 입력이 통과하고 그래디언트가 계산됩니다.

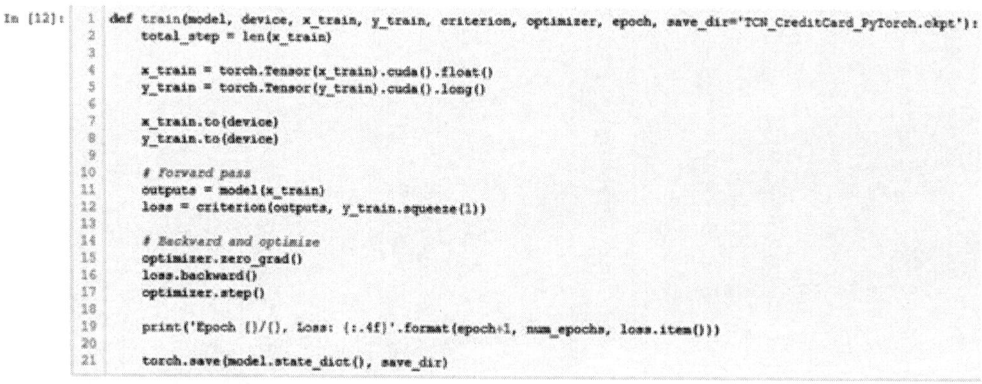

```
In [12]:
def train(model, device, x_train, y_train, criterion, optimizer, epoch, save_dir='TCN_CreditCard_PyTorch.ckpt'):
    total_step = len(x_train)

    x_train = torch.Tensor(x_train).cuda().float()
    y_train = torch.Tensor(y_train).cuda().long()

    x_train.to(device)
    y_train.to(device)

    # Forward pass
    outputs = model(x_train)
    loss = criterion(outputs, y_train.squeeze(1))

    # Backward and optimize
    optimizer.zero_grad()
    loss.backward()
    optimizer.step()

    print('Epoch {}/{}, Loss: {:.4f}'.format(epoch+1, num_epochs, loss.item()))

    torch.save(model.state_dict(), save_dir)
```

그림 B-47. 그림 B-46의 코드는 주피터 셀에 있습니다.

```
from sklearn.metrics import roc_auc_score


def test(model, device, x_test, y_test):
    preds = []
    y_true = []


    # Set model to evaluation mode.
    model.eval()
    with torch.no_grad():
       correct = 0
       total = 0


    x_test = torch.Tensor(x_test).cuda().float()
    y_test = torch.Tensor(y_test).cuda().long()

    x_test = x_test.to(device)
    y_test = y_test.to(device)
    y-test = y_test.squeeze(1)
    outputs = model(x—test)
    _, predicted = torch.max(outputs.data, 1)
    total += y_test.size(0)
    correct += (predicted == y_test).sum().item()
    detached_pred = predicted.detach().cpu().numpy()
    detached_label = y_test.detach().cpu().numpy()
```

그림 B-48. 시험 함수. 데이터 로더가 없으므로 시험 세트를 텐서로 변환하여 GPU로 전달해야 예측을 할 수 있습니다. 그런 다음 AUC 점수가 정확도 값과 함께 생성됩니다.

나머지 시험 함수 코드는 그림 B-49에 나와 있습니다.

```
    for f in range(0, len(detached_label)):
        preds.append(detached_pred[f]]
        y_true.append(detached_label[f])

        print('Test Accuracy of the model on the 10000 test images:
{:.2%}'.format(correct / total))

      preds = np.eye(num_classes)[preds]
      y_true = np.eye(num_classes)[y_true]
      auc = roc_auc_score(np.round(preds), y_true)
    print(11AUC: {:.2%}11.format (auc))
```

그림 B-49. 나머지 시험 함수. 이것은 AUC 점수 및 정확도 값을 계산

전체 테스트 함수는 그림 B-50과 같아야 합니다.

```
In [218]:
from sklearn.metrics import roc_auc_score

def test(model, device, x_test, y_test):
    preds = []
    y_true = []

    # Set model to evaluation mode.
    model.eval()
    with torch.no_grad():
        correct = 0
        total = 0

        x_test = torch.Tensor(x_test).cuda().float()
        y_test = torch.Tensor(y_test).cuda().long()

        x_test = x_test.to(device)
        y_test = y_test.to(device)
        y_test = y_test.squeeze(1)
        outputs = model(x_test)
        _, predicted = torch.max(outputs.data, 1)
        total += y_test.size(0)
        correct += (predicted == y_test).sum().item()
        detached_pred = predicted.detach().cpu().numpy()
        detached_label = y_test.detach().cpu().numpy()
        for f in range(0, len(detached_label)):
            preds.append(detached_pred[f])
            y_true.append(detached_label[f])

        print('Test Accuracy of the model on the 10000 test images: {:.2%}'.format(correct / total))

        preds = np.eye(num_classes)[preds]
        y_true = np.eye(num_classes)[y_true]
        auc = roc_auc_score(np.round(preds), y_true)
        print("AUC: {:.2%}".format (auc))
```

그림 B-50. 그림 B-48과 B-49의 코드로 구성된 전체 시험 함수

마지막으로 그림 B-51과 같이 우리 모델을 훈련할 수 있습니다.

```
model = TCN().to(device)
criterion = nn.CrossEntropyLoss()
optimizer = torch.optim.Adam(model.parameters(),
lr = learning_rate)



## Training phase


for epoch in range(0, num_epochs):
    train(model, device, x_train, y_train, criterion,optimizer, epoch)
```

그림 B-51. TCN 모델을 초기화하고, 평가 기준을 교차 엔트로피 손실로 정의하며, 옵티마이저(아담 옵티마이저)를 정의

출력은 그림 B-52와 어느 정도 비슷해야 합니다.

```
In [15]:
model = TCN().to(device)
criterion = nn.CrossEntropyLoss()
optimizer = torch.optim.Adam(model.parameters(), lr=learning_rate)


## Training phase

for epoch in range(0, num_epochs):
    train(model, device, x_train, y_train, criterion, optimizer, epoch)

Epoch 1/30, Loss: 0.7319
Epoch 2/30, Loss: 0.5128
Epoch 3/30, Loss: 0.3454
Epoch 4/30, Loss: 0.2430
Epoch 5/30, Loss: 0.1245
Epoch 6/30, Loss: 0.1041
Epoch 7/30, Loss: 0.0684
Epoch 8/30, Loss: 0.0737
Epoch 9/30, Loss: 0.0646
Epoch 10/30, Loss: 0.0672
Epoch 11/30, Loss: 0.0650
Epoch 12/30, Loss: 0.0545
Epoch 13/30, Loss: 0.0526
Epoch 14/30, Loss: 0.0428
Epoch 15/30, Loss: 0.0403
Epoch 16/30, Loss: 0.0409
Epoch 17/30, Loss: 0.0453
Epoch 18/30, Loss: 0.0366
Epoch 19/30, Loss: 0.0357
Epoch 20/30, Loss: 0.0358
Epoch 21/30, Loss: 0.0351
Epoch 22/30, Loss: 0.0347
Epoch 23/30, Loss: 0.0342
Epoch 24/30, Loss: 0.0333
Epoch 25/30, Loss: 0.0329
Epoch 26/30, Loss: 0.0322
Epoch 27/30, Loss: 0.0316
Epoch 28/30, Loss: 0.0314
Epoch 29/30, Loss: 0.0307
Epoch 30/30, Loss: 0.0304
```

그림 B-52. 훈련 과정의 출력

이제 모델을 평가할 수 있습니다(그림 B-53 참조).

```
## Testing phase


test(model, device, x_test, y_test)
```

그림 B-53. 시험 함수를 호출

출력은 그림 B-54와 어느 정도 비슷해야 합니다.

```
In [16]:  ## Testing phase

          test(model, device, x_test, y_test)

Test Accuracy of the model on the 10000 test images: 99.14%
AUC: 98.98%
```

그림 B-54. 시험 함수에서 출력된 AUC 값

이 예제를 마치면서, 여러분은 케라스와 파이토치 모두에서 TCN을 작성해 보았습니다. 이렇게 하면 두 프레임워크 모두에서 모델을 구축, 훈련 및 평가되는 방식을 비교해 볼 수 있어 두 프레임워크가 해당 과정을 처리하는 방식의 유사성과 차이를 살펴볼 수 있습니다.

지금쯤이면 파이토치의 작동 방식, 특히 더 직관적인 작동 방식을 더 잘 이해할 수 있을 것입니다. 훈련 함수와 데이터 세트를 변환하여 GPU와 모델에 전달하고, 그래디언트를 계산하고, 역전파 하는 과정을 다시 생각해 봅시다. 케라스에서처럼 추상화되지는 않았지만, 여전히 호출된 함수들이 신경망의 훈련 과정과 직접적으로 관련이 있다는 점에서 여전히 논리적으로 의미가 있습니다.

요약

파이토치는 케라스에서 동일한 작업을 하는 것보다 훨씬 더 복잡하지만 자신만의 딥러닝 모델을 신속하게 생성하고 훈련 및 시험을 할 수 있는 저수준의 도구입니다. 그러나 케라스에 비해 훨씬 더 많은 기능과 유연성, 사용자 정의 기능을 제공하며 텐서플로에 비해서는 구문이 훨씬 가볍습니다. 파이토치를 사용하면 프레임워크가 제공하는 기능성 때문에, 더욱 발전 할수록 프레임워크 전환에 대해 걱정할 필요가 없으며, 딥러닝 연구를 수행할 때 사용할 수 있는 훌륭한 도구입니다. 딥러닝에 대한 경험이 풍부해짐에 따라 파이토치는 대부분의 요구를 충족할 것이며, 파이토치나 텐서플로(또는 tf.keras + 텐서플로)를 사용하는 것은 개인적인 선호도의 문제일 뿐입니다.

찾아보기